經學研究 第四輯

曹元弼的生平與學術

于春松 陳壁生 主編

中國人民大學出版社
· 北京 ·

前　言

曹元弼，號叔彥，江蘇省蘇州府吳縣（今蘇州）人，生於有清同治六年，正當中國文明風雨如晦之際，卒於 1953 年，正當中華民族重啓世運之時。叔彥先生人經三代，世歷三世，懋遺一老，俾守君社，守先待後，千折不回，於《詩》、《書》、《禮》、《易》、《孝經》、經學史，咸有著述，卓然而爲一代經學大師。

叔彥先生之學，自禮學入，而遍於群經。其《禮經校釋》一書，《序》云：“始於光緒九年，成於十七年十有一月。”成書之時，叔彥先生不過二十五歲。此書之精審，當時名儒江瀚讀之，於光緒二十一年日記曰：“閱曹叔彥《禮經校釋》訖，……其書可及，其年不可及也。”光緒二十四年，先生成《孝經六藝大道錄》之《述孝》，沈曾植讀之，以爲救世之言，其致黃紹箕書云：“叔彥新著《孝經六藝大道錄》，粹然儒言，有關世教。”當時名儒之書信、日記中，表彰之語，不勝枚舉。

時神州激蕩，大道將墜，志士奮發，扶危繼絕，張文襄作《勸學篇》，倡中體西用之學，中體在人倫，西用在器物，欲保人倫，必使人人有經義在心，知愛敬父君，然經書浩瀚，不能求人人遍治，故《勸學篇》立“守約”之法，專求大義，以爲經學教育之宗旨。叔彥先生遵張文襄之請，編《十四經學》，約以明例、要旨、圖表、會通、解紛、關疑、流別七目。先生盡心竭力，從事斯役，所著已刻者，有《周易學》八卷、《禮經學》九卷、《孝經學》七卷，刻而未竟者，有《毛詩學》《周禮學》《孟子學》各若干卷。

然自辛亥鼎革，叔彥先生既知事不可爲，又不能以身殉節，乃守孤忠之志，抱待死之身，蟄居吳縣舊宅，遍注先聖群經。自辛亥以至於己丑，自己丑以至於癸巳，四十餘年之間，在人世間風雲變幻、地覆天翻，在先生不過孤燈黃紙、江山北望，唯以待死之身，繼往聖絕學而已。

四十年餘間，叔彥先生專志繼承清儒之遺法，發明鄭學千年之隱奧。《周易》鄭注久佚，先生乃歷十七年而作《周易鄭氏注箋釋》二十八卷，復作《周易集解補釋》十七卷，鄭君《易》學，昭昭可見。《孝經》鄭注，前有皮鹿門《孝經鄭注疏》，而先生以爲《治要》所輯不足信，唯《釋文》、邢疏所遺鄭注可據，故作《孝經鄭氏注箋釋》，發明忠孝之義，《孝經》亦因先生之學而爲六藝總會也。《尚書》鄭注，孫星衍、袁鈞皆有輯佚，先生乃發奮作《古文尚書鄭氏注箋釋》四十二卷，復作《孫氏尚書今古文注疏校補》，是書《太誓》以下未成。三經鄭注，因先生一人之力，而得以再明於世。

叔彥先生早歲肄業南菁，從學於定海禮學大師黃以周，故其學兼采漢宋，擇善而從。其兼采之學，最見於《大學通義》與《中庸通義》。先生以爲《大學》之書，“鄭注鉤聯潰會，融洽分明，非獨治經精審，神與古會，亦由禮家師説，傳述有本”，“宋朱子《章句》更以精理實之，惟移易篇章，區分經傳，學者不無疑議。然其純義至言，實足闡揚聖文，垂法後學，世教人心賴以維持數百年矣”。又云《中庸》“鄭注淵源深大，文約道純，確得先聖元意，孔疏皆本師師相傳之説，朱子從而精之，脈絡分明，義理深美，爲百世學者準繩”。故先生作《大學通義》與《中庸通義》二書，皆融通漢宋之學，自成一家之言。

叔彥先生之學，王欣夫《吳縣曹先生行狀》概之曰：“先生説經，一以高密鄭氏爲宗，而亦兼采程、朱二子，平質通達，與番禺陳氏爲近，而著書二百餘卷，總三百餘萬言，則又過之。同縣吳文安公嘗謂：‘吾蘇二百六十年，前後得兩人焉，昆山則有亭林先生，吳縣則爲吾叔彥先生，振綱常，扶名教，爲宇宙間特立獨行之真儒。’識者謂爲千古之公論。”然自民元以來，經學科廢，斯文墜地，先生耿介孤忠，没於人世，先生名山大著，湮在塵灰，於今忽忽百祀矣。大凡麟經墜地，《詩》《書》火劫，宗廟丘墟，大典廢絕之世，必有仁人志士，以一身性命，念念不絶，萬千日夜，生死相守，叔彦先生者，可謂百年來經學之神州托命人也。

　　《經學研究》特以此輯，紀曹叔彦先生守先待後之鴻志。

目　録

專題:曹元弼的生平與學術

曹元弼學術年譜

宮志翀 *

一、提要

曹元弼（1867—1953），字穀孫，又字師鄭，一字懿齋，號叔彥，晚號復禮老人。江蘇省蘇州府吳縣（今蘇州）人。

少受黃體芳器異，選入南菁書院肄業，從黃以周受經，在院與從兄曹元忠、唐文治、張錫恭等交善。又從管禮耕、葉昌熾問故。早歲專力於三禮之學，治經嚴守鄭玄家法，著成《禮經校釋》，爲海内所推重，後以是書得賞翰林院編修。

丁酉，應張之洞聘，爲兩湖書院經學總教，在院與梁鼎芬、馬貞榆、陳宗穎、王仁俊等相論甚得。戊戌，張之洞撰《勸學篇》，曹元弼作《原道》《述學》《守約》三篇以輔翼之，亦其所自道，嘗反覆講説此三篇。又受張之洞命，依《勸學篇》所論治經之法撰《十四經學》，閉户論撰，覃思研精。成僅及半，刊竣《禮經學》《孝經學》《周易學》三種。丁未，張之洞立湖北存古學堂，重招曹元弼爲經學總教。戊申，蘇省效立存古，曹氏任蘇存古經學總教，與鄒福保、葉昌熾、王仁俊、唐文治共襄其事，仍兼鄂學。是時，清廷開禮學館，重修《大清通禮》，從兄曹元忠薦曹元弼入館任纂修。曹元弼以方兼存古教事辭，僅存顧

---

* 宮志翀，北京大學哲學系 2015 級博士生。

問，然與陳寶琛、張錫恭、曹元忠就議禮事多有函劄往還。辛亥六月，曹元弼辭蘇存古教席，居家撰《周易鄭氏注箋釋》。旋即，存古議廢，清帝退位，民國肇立。

自是，曹元弼爲清遺民，遯世著述，以守先待後爲己任。箋釋《周易》《孝經》《尚書》三經鄭氏學，又有《復禮堂文集》《周易集解補釋》《大學通義》《中庸通義》《復禮堂述學詩》等作，一生著書二百餘卷，總三百餘萬言。及門弟子金松岑、王欣夫、沈文倬等人，又嘗爲無錫國專唐蘭、王蘧常、蔣天樞、錢仲聯諸生講授《禮經》大義。身後著作文稿由弟子王欣夫董理。

曹元弼一生纂著以全面表彰、恢復鄭學爲依歸，然其所以刊誤補遺，疏釋群經，與清人分文析字、旁徵廣引之漢學有別，而終構建一以人倫愛敬爲宗旨，以禮爲體，六藝同歸共貫之經學系統，爲經學史之獨特景象。其少受南菁學風之浸染，長爲張之洞招入幕下，先後致力於張氏設立之兩湖存古等事業，以辟邪説、正人心、維世運自任。辛亥後，與遺民以故國之思相維係，故舊漸凋，又爲摯友刊刻保存著作。一生經歷，亦爲近世學術傳承、學風轉移軌迹之注脚，以及師儒命運浮沉之寫照。

二、凡例

1. 本譜記載年、時、月、日悉依夏曆，須標明公曆者以（）標出。

2. 紀事之體，事係於日，而日、月、時、年轉相係焉。譜主行事均力求考訂至日；遇不知其日期者，係於月末，以"是月"領起；依次類推。然其爲一年中所常行者，以"本年"領起，係於年首。

3. 凡譜主所作文章、序跋、傳記行狀及書信、日記等，足以表見其學術氣象者，酌情節錄或全錄。

4. 凡他人年譜、傳記、書信、日記等文獻足徵者，酌情采入。

5. 本譜旨在表見譜主之學術面貌，其相過從者，僅載有關學術之事迹，交游燕飲等概從略之，以免文煩。

6. 隨文略述相關背景事件及關係世變之事件，俾讀者知人論世，識者有取焉。

三、年譜

清穆宗同治六年　丁卯（1867）　一歲

春正月初八日（2月12日）　酉時，曹元弼生於江蘇省蘇州府吳縣。①

> 《吳縣曹先生行狀》："先生姓曹氏，諱元弼，字穀孫，又字師鄭，一字懿齋，號叔彦，晚號復禮老人，又號新羅仙吏。"②
>
> 又："生於清同治六年丁卯正月初八日酉時。"③

始祖彬，仕宋，以功封平陽王，諡武惠。十世祖春樓公，世居安徽歙縣。八世祖侍樓公，始遷吳縣。祖名維坤，字雲洲，素精岐黃，爲吳下名醫。父名毓俊，字錦濤，同治甲戌科考取漢贍録。母倪氏。伯兄名元恒，字智涵，以内科名冠吳中，光緒三十三年，應召入宮爲光緒帝診疾。仲兄名福元，字邃翰，癸未進士，歷官至署河南布政使，護理河南巡撫。居在蘇州城閶門内泰伯廟橋下塘。

師友而先出者：

> 黃以周，40 歲；黃體芳，36 歲；張之洞，31 歲；陸潤庠，27 歲；馬貞榆，26 歲；勞乃宣，25 歲；管禮耕，20 歲；孫詒讓，20 歲；葉昌熾，19 歲；沈曾植，17 歲；王樹枏，16 歲；鄒福保，16 歲；黃紹

---

① 按：復旦大學藏曹元弼鄉試硃卷，履歷一欄填："曹元弼，字穀孫，號叔彦，行三，同治己巳年正月初八日吉時生。"（《曹元弼鄉試硃卷》，復旦大學圖書館藏，館藏號：935018）晚清科場，虛報年齡爲常事。曹元弼後自叙云："《禮經纂疏序》據應試注册年書十三，歷來風氣，童子應試報名輒減兩歲。此由長老愛憐至情，樂小子之有造。且以見國家教澤之深，士食舊德，易於成才，湯文正時已然。"〔曹元弼：《復禮堂述學詩》卷一，民國二十七年（1938）刊本，國家圖書館藏，館藏號：240〕故仍當以同治六年生爲是。且依此例，本譜遇《禮經纂疏序》所係年齡，自十一歲後徑添二歲。又，坊間有記曹元弼生於光緒五年己卯（1879）者，誤。（參許全勝：《沈曾植年譜長編》，北京：中華書局，2007 年，33 頁。冒懷蘇：《冒鶴亭先生年譜》，上海：學林出版社，1998 年，65 頁）

② 王欣夫：《吳縣曹先生行狀》，見卜孝萱、唐文權編：《民國人物碑傳集》，北京：團結出版社，1995 年，522 頁。

③ 同上書，524 頁。

箕，14 歲；費念慈，13 歲；蒯光典，11 歲；張錫恭，10 歲；梁鼎芬，9 歲；陳慶年，6 歲；唐文治，4 歲；曹元忠，3 歲；王仁俊，2 歲。

同治七年　戊辰（1868）　二歲

居吳縣。

同治八年　己巳（1869）　三歲

居吳縣。

本年，祖父曹維坤授曹元弼以八卦奇偶。

《周易鄭氏注箋釋序》："元弼之生，當同治之初大亂削平、文治重光之日。憶三歲時，先祖考雲洲公示以八卦奇偶，頗能辨別。"①

《吳縣曹先生行狀》："先生生而奇慧，三歲，雲洲公教以八卦奇偶，頗能辨別。"②

同治九年　庚午（1870）　四歲

居吳縣。

本年，父曹毓俊授曹元弼以《易本義》前卦歌，進及於四書五經。

《周易鄭氏注箋釋序》："四歲識方名畢，先考錦濤公府君教以《易本義》前卦歌，乃授讀四子書以及群經。朝夕趨承庭訓，依奉慈親。"③

《禮經纂疏序》："四歲，教之方名。既卒業，家大人授以聖經賢傳，課讀甚嚴。……稍長，從兩昆後，不令有燕朋昵友。"④

---

① 曹元弼：《周易鄭氏注箋釋》卷首，民國十五年（1926）刊本，國家圖書館藏，館藏號：1809。
② 王欣夫：《吳縣曹先生行狀》，見卞孝萱、唐文權編：《民國人物碑傳集》，北京：團結出版社，1995 年，522 頁。
③ 曹元弼：《周易鄭氏注箋釋》卷首。
④ 曹元弼：《禮經纂疏序》，見《復禮堂文集》卷四，收入王有立主編：《中華文史叢書》之四十六，據民國六年（1917）刊本影印，臺北：華文書局，1968 年，455 頁。

同治十年　辛未（1871）　五歲

居吳縣。

同治十一年　壬申（1872）　六歲

居吳縣。

同治十二年　癸酉（1873）　七歲

居吳縣。

夏六月，張之洞任四川鄉試副考官。冬十月，任四川學政。

同治十三年　甲戌（1874）　八歲

居吳縣。

春正月，張之洞議建尊經書院。

冬十二月五日，同治帝卒。清廷詔立載湉繼文宗爲子，入承大統爲嗣皇帝。

德宗光緒元年　乙亥（1875）　九歲

居吳縣。

春正月二十日，光緒帝載湉即位。

春，尊經書院建成。張之洞仿詁經精舍、學海堂例，手訂學規十八條，選高材生百人肄業其中，又撰《輶軒語》《書目答問》以教士。

光緒二年　丙子（1876）　十歲

居吳縣。

光緒三年　丁丑（1877）　十一歲

本年，從兄曹元忠從管禮耕學，曹元弼亦得請益。

《誥授通議大夫内閣侍讀學士君直從兄家傳》："（曹元忠）讀書

穎悟，年十三，從名儒管申季先生禮耕學。……余（曹元弼）少兄（曹元忠）二歲，自少相與論文至歡。兄既爲管先生入室弟子，余亦時時從先生問故。"①

秋九月，張佩綸奏請廣開言路以拯時艱。此後，張佩綸、張之洞、黃體芳并寶廷四人數次上奏，言辭激切，時稱"翰林四諫"。

光緒四年　戊寅（1878）　十二歲

居吳縣。

光緒五年　己卯（1879）　十三歲

本年，曹元弼從學於其舅倪濤。②

《禮經纂疏序》："年十一③，從舅氏倪先生濤學。先生教以多讀經史，詳爲指示，勗以古大儒之業。"④

《復禮堂述學詩》："元弼年十三，受業于先舅氏倪聽松先生。先生諱濤，吳縣人。秉行純篤，器識宏遠，與先君子道義切磋至相得，講學屬文爲吳中大師。教弟子以敦實行、讀古書爲首務，講解精詳，于經傳辭氣脈絡，纖微必辨，神與古會。元弼讀注疏，雖遇盤根錯節，而反覆推求，尚易通曉，實由於此。"⑤

光緒六年　庚辰（1880）　十四歲

居吳縣。

冬十月，黃體芳接任江蘇學政。

---

① 曹元弼：《誥授通議大夫內閣侍讀學士君直從兄家傳》，見曹元忠：《箋經室遺集》，收入《清代詩文集彙編》第 790 册，據民國三十年（1941）王氏學禮齋鉛印本影印，上海：上海古籍出版社，2010 年，435 頁。

② 按：據曹元弼《鄉試履歷》，前此，其受業師尚有邱雨芳夫子派、陳叔卿夫子清傑、譚建侯夫子之標等人。然未明曹氏何時受學於上述三人，姑附記於此。

③ 按：實爲十三，詳見本書第 5 頁注①。

④ 曹元弼：《禮經纂疏序》，見《復禮堂文集》卷四，455 頁。

⑤ 曹元弼：《復禮堂述學詩》卷六，民國二十七年（1938）刊本。

光緒七年　辛巳（1881）　十五歲

春，黃體芳主持吳縣科試。是科，曹元弼以第四名入縣學。①

《吳縣曹先生行狀》："光緒辛巳，以幼童科試第四名入庠。"②

《禮經纂疏序》："年十三③，受知于座主督學里安黃先生體芳。時先生以經學提倡江南，示諸生以通經致用之方。元弼得聞緒論，日夜將經文尋誦，不敢廢倦。"④

光緒八年　壬午（1882）　十六歲

秋九月，黃體芳籌建南菁書院，仿詁經精舍例，設經學、古學兩門，專課蘇省經士。

光緒九年　癸未（1883）　十七歲

本年，曹元弼粗明各經師法，而治經專力在《詩》，由此始服膺鄭學。

《禮經纂疏序》："年十五⑤，讀《毛詩注疏》，大好之，日夜研求，幾忘寢食。以餘力略涉各經注疏，見《儀禮》經文古懋淵懿，向所未習，慕而讀之，似有所會，潛與讀《詩》所得合記之。是時私心已嚮往鄭學，讀《後漢書》鄭君傳，想見其爲人，不勝悠然千載之情。嗣見陳氏《毛詩稽古編》及惠氏《易》，江氏、孫氏《書》，孔氏《公羊》，江氏、凌氏《禮》，段氏《説文》，郝氏《爾雅》之學，粗明各經師法，而專力在《詩》。"⑥

《復禮堂述學詩》："元弼年十七，此據實年，較應試注册多二歲，

---

① 參《曹元弼鄉試硃卷》，復旦大學圖書館藏。
② 王欣夫：《吳縣曹先生行狀》，見卞孝萱、唐文權編：《民國人物碑傳集》，北京：團結出版社，1995 年，522 頁。又參曹元弼：《皇清誥封宜人晉封恭人先室唐恭人哀辭》，見《復禮堂文集》卷十，993～994 頁。
③ 按：實爲十五，詳見本書第 5 頁注①。
④ 曹元弼：《禮經纂疏序》，見《復禮堂文集》卷四，456 頁。
⑤ 按：實爲十七，詳見本書第 5 頁注①。
⑥ 曹元弼：《禮經纂疏序》，見《復禮堂文集》卷四，456 頁。

詳《述〈書〉》注。始治《詩》，讀《注疏》及《毛詩稽古編》，深好之。"①

春，黃體芳主持歲試，曹元弼得第一等第六名，補廩生。②

是春，廖平赴京會試，不第，舟車南北，始明《春秋》素王之義。

夏四月二十八日，下詔張之洞署理兩廣總督。

六月，南菁書院落成。黃體芳聘張文虎爲山長，張錫恭隨從入院肄業。③

冬十一月，黃體芳聘黃以周主講南菁。

光緒十年　甲申（1884）　十八歲

本年，曹元弼治經由《詩》及《禮》，三禮中專力於《儀禮》，熟讀鄭注、賈疏，與眾本相參校。

《禮經纂疏序》："十六④，家大人授以陳氏奐《毛詩傳疏》，謹受而讀之。見其舍《箋》疏《傳》，於文字、聲音、訓詁詳矣，而言禮多與鄭異，疑其說之不合於經，非毛公本義也。取鄭《箋》、孔《正義》反覆求之，竊思鄭君以禮箋《詩》，必專精三禮，乃能通《箋》。以三禮之中《儀禮》爲本，又用力差多，乃取《十七篇注》熟讀深思，詳繹《疏》義。《疏》文脫訛不可讀，則求之《校勘記》所載各本，又不得，則就其原本，旁推互勘，以義讀正。日有常課，以餘力讀《周禮疏》《禮記正義》。"⑤

《復禮堂述學詩》："十八，先君子授以陳氏《毛詩傳疏》，教以

---

①　曹元弼：《復禮堂述學詩》卷三，民國二十七年（1938）刊本。又參《復禮堂述學詩》卷六。

②　參《曹元弼鄉試硃卷》，復旦大學圖書館藏。

③　張錫恭：《張伊卿行述》，清光緒十五年（1889）稿本，上海圖書館藏，轉引自吳飛：《風雨難推伏氏壁，弦歌終賸竇公音——張聞遠先生學述》，見上海交通大學經學文獻研究中心編：《經學文獻研究集刊》第十二輯，上海：上海書店出版社，2014年，319～320頁。

④　按：實爲十八，詳見本書第5頁注①。

⑤　曹元弼：《禮經纂疏序》，見《復禮堂文集》卷四，457頁。

擇善而從。自是由《詩》入《禮》，以及他經。"①

夏，黃體芳主持蘇省科試，曹元弼"四書"一門兩場均爲吳縣一等一名。其"經古"一門覆試，作《擬進呈孫星衍〈尚書今古文注疏〉表》，爲黃體芳所深賞。② 曹元弼謁之，黃體芳以學問、經濟、氣節三事期之，曹氏深自勉勵。

《古文尚書鄭氏注箋釋序》："我先師里安黃淑蘭先生督學江蘇，以經史實學、經濟、氣節教士。元弼不敏，竊好經術。光緒甲申科試，經古覆試命題《擬呈孫星衍〈尚書今古文注疏〉與今文〈尚書〉並行表》，猥以淺學爲師所激賞，評云：'於今古源流瞭如指掌，髫年碩學，大是奇才。'"③

《禮經纂疏序》："其年，黃先生選拔以備貢士。因謁先生，先生勖以學問、經濟、氣節，責以名臣之學，有體有用。因益深自奮於學。"④

《復禮堂述學詩》："年十八，應科試，四書文、經解、策論均極蒙賞識。進謁時，勖以名臣事業，有體有用。"⑤

秋，曹元弼在上海求志書院參加考課，列史學超等。⑥

冬十二月初二日，葉昌熾來訪仲兄曹福元，始結識曹元弼。此後，曹元弼常從葉氏問學。

《緣督廬日記鈔》："十二月初二日，訪再韓，並晤其弟叔彥，

---

① 曹元弼：《復禮堂述學詩》卷三，民國二十七年（1938）刊本。又參《復禮堂述學詩》卷六。

② 按：據黃體芳於光緒十一年（1885）所刻《江左校士錄》，曹元弼於"四書"一門第一場題爲《"之其所親愛而辟焉"五句》［黃體芳編：《江左校士錄》卷一，清光緒十一年（1885）刊本］，第二場題爲《行己有恥使于四方不辱君命》（黃體芳編：《江左校士錄》卷一）。又，"經古"一門第二場作《擬進呈孫星衍〈尚書今古文注疏〉表》（黃體芳編：《江左校士錄》卷四），與下引《古文尚書鄭氏注箋釋序》所言小異，今以《江左校士錄》爲準。

③ 曹元弼：《古文尚書鄭氏注箋釋》，見《續修四庫全書》第53~54冊，上海：上海古籍出版社，2003年，454頁。

④ 曹元弼：《禮經纂疏序》，見《復禮堂文集》卷四，457~458頁。

⑤ 曹元弼：《復禮堂述學詩》卷二，民國二十七年（1938）刊本。

⑥ 《上海求志書院甲申秋季課案》，載《申報》光緒十一年四月二十七日。

新科拔萃也，英年好學，黃學使極賞之。"①

《皇清誥授通議大夫翰林院侍講甘肅學政葉公墓誌銘》："叔彥年十七八，就公問故。公深執謙讓，然知無不言，言無不盡，自蒼籀訓詁，《詩》、《書》、《禮》、典章、《易》、《春秋》義例，經師家法，微言大義，有叩斯應，剖析窮根。叔彥於是知經神學海，淵源深大，而德盛禮恭尤不可及。"②

光緒十一年　乙酉（1885）　十九歲

本年，曹元弼校讀《禮經》。母倪氏授以《儀禮正義》，曹元弼日將賈《疏》與《正義》參讀，因《注疏》脫訛，《正義》亦未盡善，欲重疏《禮經》。

《復禮堂述學詩》："十九，先太夫人授以胡竹村先生《儀禮正義》，不揣愚陋，篤好潛研，誦讀考辨，每至中夜，寒暑無間，寢食俱忘。"③

《禮經纂疏序》："十七④，問學于定海黃元同先生以周。又得交婁君子張氏錫恭，論禮甚相得，以學行交勉。歸就吳名儒管氏禮耕質諸疑義，多有所授。于時，校讀《禮經》，時有闡發，而疑難百出，憤悱相尋。先太恭人授以胡氏《正義》，受讀之下，積疑多釋，中心好之。乃取賈氏《疏》與《正義》互相參證，日有所得。誦讀考辨，每至中夜，嚴寒盛暑，未嘗廢離。……以此而論，胡氏之書盡美矣，未盡善也。於是竊取鄭君讚辨二鄭之義，有重疏《禮經》之志。"⑤

又，曹元弼未即屬草《禮經纂疏》，先反覆推求《注疏》《正義》，

①　葉昌熾撰，王季烈鈔：《緣督廬日記鈔》，收入吳相湘主編：《中國史學叢書》，臺北：學生書局，1964 年，90 頁。

②　曹元弼：《皇清誥授通議大夫翰林院侍講甘肅學政葉公墓誌銘》，見《復禮堂文集》卷十，967～968 頁。

③　曹元弼：《復禮堂述學詩》卷六，民國二十七年（1938）刊本。

④　按：實爲十九，詳見本書第 5 頁注①。

⑤　曹元弼：《禮經纂疏序》，見《復禮堂文集》卷四，458～463 頁。

勘定辨正，以所得匯爲《儀禮正義訂誤》《儀禮注疏後校》二書。

《禮經纂疏序》："然未敢遽作也，仍取《疏》《正義》反覆推求，條録所得，積二年，得若干條，爲《儀禮正義訂誤》。又從管氏禮耕段張氏敦仁所刊注疏本，其書阮氏以配《十三經注疏》，而阮本與此又有小異，張多得之，實此經注疏本之最善者。據以爲本，正其一二訛文，合前所讀正，録之爲《儀禮注疏後校》。"①

《禮經校釋序》："憫賈氏之書，條例詳整而剝蝕叢殘，沈藴千載，平心讀之，順其上下，推其本意，正訛補脱，乙衍改錯，不下千餘處，爲《賈疏後校》，而後賈免於誣。又以胡氏之書，體大思精，深恐小疵或累大醇，取其所引各説異於注者，推其致誤之由，爲《正義訂誤》，而後經義不爲異説所淆。弼之爲《訂誤》也，非敢與胡氏立異，祛其疑所以堅其信，糾其違所以成其美。且胡氏之訂注，非求勝注也，於注義偶有未達耳。後人苟能達其所未達，固胡氏之所取也。"②

春正月上旬，曹元弼入南菁書院肄業，問學於黄以周。

《吳縣曹先生行狀》："乙酉，調取江陰南菁書院肄業，從定海黄先生以周問故。"③

《復禮堂述學詩》卷九："元弼少肄業南菁書院，從院長黄元同先生問故。……先生誨人不倦，因才設教，元弼嘗侍坐，承間言'治經，當以家法爲主'，先生正之曰：'治經，當以經爲主。'元弼由此不敢以株守舊説爲遵家法，務由注以通經，不強經以就傳，深推諸家離合異同之故，歸於案之經而合，問之心而安。久之，乃益知鄭義之不可輕議。"④

---

① 曹元弼：《禮經纂疏序》，見《復禮堂文集》卷四，463～464 頁。

② 曹元弼：《禮經校釋序》，見《復禮堂文集》卷四，422～423 頁。

③ 王欣夫：《吳縣曹先生行狀》，見卞孝萱、唐文權編：《民國人物碑傳集》，北京：團結出版社，1995 年，522 頁。

④ 曹元弼：《復禮堂述學詩》卷九，民國二十七年（1938）刊本。按：王欣夫《禮經大義》叙録并言及此，讀者可參觀之。參見王欣夫：《蛾術軒篋善本書録》，上海：上海古籍出版社，2012 年，1499 頁。

正月十八日，南菁書院甄別經學科，曹元弼列名特等。①

正月二十日，南菁書院甄別古學科，曹元弼列名啓等。②

在院，與張錫恭、唐文治交誼最篤。

> 《吳縣曹先生行狀》："時大江南北才俊士咸集南菁，朝夕切磋，而尤與婁東張錫恭、太倉唐文治交篤。"③

> 《純儒張聞遠徵君傳》："時先師里安黃公漱蘭先生督學江蘇，以經史實學、經濟、氣節教士，建南菁書院于江陰，以造就人才。大江南北，英儒瞻聞之士，鴻筆麗藻之客，蔚然並臻。君與余均在調取中，邂逅相遇，色溫神定，貌恭言從，肅然心敬，以爲儒者氣象。論學甚相得，以聖賢志行、忠孝事業相勉。"④

> 《茹經先生自訂年譜》："交吳縣曹君叔彥，……曹君精于《易》、《禮》諸學，篤守鄭君家法，尤爲純實。"⑤

然曹元弼因體弱多病，居南菁未久即歸。居家從管禮耕、葉昌熾等問學。

> 《禮經纂疏序》："歸就吳名儒管氏禮耕質諸疑義，多有所授。"⑥

從兄曹元忠每從南菁書院假歸，即與曹元弼講論學術，甚相得。

> 《誥授通議大夫內閣侍讀學士君直從兄家傳》："然余從定海師質正諸大義不久即歸，而兄止宿南菁有年，每假旋相就論學，各舉

---

① 《南菁書院正月十八日甄別經學題》，載《申報》光緒十一年二月初一日。

② 《南菁書院正月十八日甄別古學題》，載《申報》光緒十一年二月初一日。

③ 王欣夫：《吳縣曹先生行狀》，見卞孝萱、唐文權編：《民國人物碑傳集》，北京：團結出版社，1995 年，522 頁。

④ 曹元弼：《純儒張聞遠徵君傳》，見張錫恭：《茹荼軒續集》，收入《清代詩文集彙編》第 768 册，據民國三十年（1941）王氏學禮齋鉛印本影印，上海：上海古籍出版社，2010 年，143 頁。

⑤ 唐文治：《茹經先生自訂年譜》，見沈雲龍主編：《近代中國史料叢刊續編》第四輯，據無錫國學專修學校學生會校印版影印，臺北：文海出版社，1974 年，2251 頁。又唐文治《譜弟曹君叔彥七秩雙壽序》云："初，乙酉歲，余肄業江陰南菁書院，君訪余於章子齋中。君年十九，治《詩》《禮》，余年二十一，研性理，一見如舊相識，訢合無間然。"（唐文治：《茹經堂文集四編》卷五，見沈雲龍主編：《近代中國史料叢刊續編》第四輯，據無錫國學專修學校學生會校印版影印，臺北：文海出版社，1974 年，1665 頁）

⑥ 曹元弼：《禮經纂疏序》，見《復禮堂文集》卷四，458 頁。

心得相證，往往不謀而合。爾雅辨言，斷斷如也；相説以解，怡怡如也。蓋自是終身以爲常。"①

又："迨弱冠後，兄每自南菁歸，與余及故執友王虞笙廣文大綸考辨經史，縱論古今得失之林，天下興衰治亂之故，其味醰醰，其芬鬱鬱，其聲洋洋。古人所謂漸離擊築，旁若無人，高鳳讀書，不知暴雨者，真未足喻其樂也。"②

春、夏間，黃體芳主持蘇省拔貢試，曹元弼得第一名。

《吳縣曹先生行狀》："是年選充拔貢生第一名。學政里安黃公體芳奇賞之，於卷後加批云：'他日當以經濟氣節名世。'"③

秋八月，鄉試，曹元弼中式第二十七名舉人。

《吳縣曹先生行狀》："旋中式本省鄉試第二十七名舉人。"④

九月初五日⑤，張錫恭第一次致函曹元弼，自叙從姚春木學，以《大學》爲始基與歸宿。

乙酉九月初五日《張聞遠致曹叔彥書》略謂："叔彥仁兄同年大人我師，白下瀕行，彼此相候不值，悵悵。展玩惠書，勉以書問往還，講明斯道，此則錫恭有志未逮，而願請益于吾兄者。……姚先生師桐城姚氏，宗宋學，而參以漢，持論極大而正，錫恭嘗反覆其遺言，略曉爲學之大概，以爲學者所學，不外《大學》一書。考據訓詁爲格物致知之導源，學之始基也。窮理力行爲身心家國之大要，學之歸宿也。平生之志，盡在於斯，惟大君子有以誨正之。"⑥

九月二十日，曹氏訪葉昌熾談，有鄭玄非馬融弟子之論。

---

① 曹元弼：《誥授通議大夫内閣侍讀學士君直從兄家傳》，見曹元忠：《箋經室遺集》，收入《清代詩文集彙編》第 790 册，435 頁。
② 同上書，437 頁。
③④ 王欣夫：《吳縣曹先生行狀》，見卞孝萱、唐文權編：《民國人物碑傳集》，北京：團結出版社，1995 年，522 頁。
⑤ 承吳飛先生惠示《茹荼軒復禮堂往還編年録》（未刊稿），其中據《茹荼軒日記》考訂此函爲本年九月初五日作。
⑥ 王欣夫輯：《復禮堂朋舊書牘録存》第四册，抱蜀廬鈔本，復旦大學圖書館藏，25～27 頁。

《緣督廬日記鈔》："二十日，曹叔彥來，力辨鄭康成非馬融弟子。"①

是秋，黃體芳選歲、科試及南菁課藝之優者，刊成《江左校士錄》六卷，曹元弼甲申科試三篇及試帖一篇入選。②

冬十二月初六日，葉昌熾來訪，曹元弼以所作《南交解》示之。

《緣督廬日記鈔》："初六日，午後訪叔彥，方讀《士禮》，出示所作《南交解》，不主交趾之說。又見淮安秦其增伯厚、六合唐思益女虞二函，皆與叔彥論學，並能實事求是。"③

是冬，曹元弼在上海求志書院參加考課，列經學特等，史學超等，掌故超等。④

光緒十二年　丙戌（1886）　二十歲

春，張錫恭來函，言欲從事專精之學，以義理、典禮為主，兼及史學輿地。

丙戌春《張聞遠與曹叔彥書》略謂："去歲九月，接奉手牋，教誨諄諄，甚為感悚。韓子不云乎：'吾師道也，庸知其年之先後生於吾乎？'兄真弟之師矣。……兄所論急就之章程，固當奉為圭臬矣，然恭之鄙意，與其博覽，不如專精。平生所願學者，敢輒陳君子之前，幸賜教正：一曰義理，一曰典禮。非義理無以立人道之端，非典禮無以考王政之要，是二者途轍雖殊，未嘗不體用兼資，所願探究以為正課者也。行有餘力則為史學，史學以輿地為大綱，地理諸書，又願從事以為餘課者也。守此三者，奉以終身，不敢誇多，為庶其一藝成名，不知兄尚以為可教否。"⑤

---

① 葉昌熾撰，王季烈鈔：《緣督廬日記鈔》，100 頁。
② 參黃體芳編：《江左校士錄》卷一、卷四及卷六。
③ 葉昌熾撰，王季烈鈔：《緣督廬日記鈔》，103 頁。
④ 《求志書院乙酉冬季課案》，載《申報》光緒十二年六月初五日。
⑤ 王欣夫輯：《復禮堂朋舊書牘錄存》第四冊，28～29 頁。

三月初六日，張之洞開廣雅書局，延梁鼎芬等爲總校。

三、四月間，曹元弼赴京應禮部試，於黃體芳座上結識孫詒讓，并與黃體芳之子黃紹箕訂交。

> 《吳縣曹先生行狀》："明年，應禮部試赴京，於里安客座識孫先生詒讓，論《禮》甚相得，並與公子紹箕訂昆弟交。"①
>
> 《孫衣言孫詒讓父子年譜》："時吳縣曹叔彥元弼亦入都應試，始識詒讓于黃淑蘭侍郎客席，侍郎即以詒讓所著《古籀拾遺》一書贈之。"②
>
> 《復禮堂述學詩》："年二十，應禮部試，謁先生（黃體芳）于京邸，退見世兄仲弢前輩紹箕，論學甚相得，出所著《尚書今古文篇目考》見示，折衷群言，至爲精核。"③

夏六月初一日，廖平成《今古學考》二卷。

秋八月初七日，曹元弼訪葉昌熾談，言近補正胡培翬《喪服正義》事，并向其介紹張錫恭。

> 《緣督廬日記鈔》："初七日，叔彥來，竟日談。爲言近補正胡氏《喪服正義》百餘條。又言婁縣張錫恭聞遠，年二十四，苦志劬學，作《父在爲母服期辨》《兩漢廟制考》，皆博通可據。"④

九月二十九日，葉昌熾來信，稱許《子鄭子非馬融弟子考》一文。⑤

> 丙戌九月晦《葉昌熾與曹叔彥書》略謂："在寓伏讀大著，援據賅洽，足爲高密辨誣。以《月令注》證成《別傳》，尤爲確不可

---

① 王欣夫：《吳縣曹先生行狀》，見卞孝萱、唐文權編：《民國人物碑傳集》，北京：團結出版社，1995 年，522 頁。

② 孫延釗撰，徐和雍、周立人整理：《孫衣言孫詒讓父子年譜》，上海：上海社會科學院出版社，2003 年，219 頁。

③ 曹元弼：《復禮堂述學詩》卷二，民國二十七年（1938）刊本。

④ 葉昌熾撰，王季烈鈔：《緣督廬日記鈔》，117 頁。

⑤ 按：《子鄭子非馬融弟子考》收入《復禮堂文集》卷七，文末曹氏按語曰："此光緒丙戌年作"（曹元弼：《子鄭子非馬融弟子考》，見《復禮堂文集》卷七，752 頁），據葉氏信，蓋於本年秋寫定。

易，無任傾倒。原件謹繳，即希察入。"①

冬十一月二十六日，汪鳳瀛來函，代陳慶年請與曹元弼訂交。

　　丙戌十一月二十六日《汪荃台與曹叔彥書》："弟有好友曰陳善余，慶年，丹徒庠。博聞強識，篤志研經。今歲亦肄業南菁，爲元同師所商異，久慕大雅，欲訂神交，將來質疑問難，彼此付之郵筒，不啻覿面。屬弟以一言爲介，想亦執事之所樂。"②

冬，曹元弼娶妻唐氏。

光緒十三年　丁亥（1887）　二十一歲

於時，曹元弼校讀《禮經》已三年，《後校》《訂誤》二書粗有端緒。

　　《禮經纂疏序》："於是專治《禮經》三年矣。校賈《疏》之訛，十得七八；正胡氏所引諸家之誤，十得五六。確然知鄭注之萬不可易。"③

春二月初一日，曹元弼定《禮經纂疏》條例，爲撰《禮經纂疏》之始。先著《十七篇釋疑》爲《禮經纂疏》之長編，由《喪服》篇始。

　　《禮經校釋序》："校訂既有端緒，欲刪合賈、胡之書，貫穿經傳，捃摭祕逸，撰《禮經纂疏》。先爲《十七篇釋疑》，自《喪服》始，詳考博辨，覃思研精。"④

　　《禮經纂疏序》略謂："確然知鄭注之萬不可易。而自量竭畢生之力，尚足以發明之。乃于光緒十三年丁亥二月初吉，定《禮疏》條例。依鄭注解經文，據賈氏、胡氏爲本，備載其是，刊去其非，隱惡揚善，增簡削繁，屏絶肅、繼公、敬邪説，以正人心，閑聖道。自《周官》、二《戴》、《易》、《書》、《詩》、《春秋》三傳、《國

---

① 王欣夫輯：《復禮堂朋舊書牘録存》第三册，3頁。
② 同上書，159頁。
③ 曹元弼：《禮經纂疏序》，見《復禮堂文集》卷四，464頁。
④ 曹元弼：《禮經校釋序》，見《復禮堂文集》卷四，423頁。

語》、《論語》、《孝經》、《孟子》、《荀子》、《爾雅》、《説文》、《鄭志》、《禘祫義》以及愍緯逸書，周秦兩漢至唐以前古籍，列代《禮書》、《禮樂志》，《通典》、《玉海》等篤實可據之書，有涉此經一字一義爲賈氏、胡氏所未及引者，搜輯靡遺。以經證經，以注證注，補凌氏之《例》，正張氏之《圖》，博采通人，稽譔其説。於經之正例、變例，注之曲達經意、迥異俗説之處，精思而詳辨之。一器物之陳設，一行禮之節次，必推求其義，以合乎人心之所同然，由名物訓詁以達聖人作述之原，所以治人七情，修十義，講信修睦，尚辭讓、去爭奪，以天下爲一家，中國爲一人之故。俾學者知禮之所尊，尊其義，帝王質文，世有損益，而尊尊、親親、長長、男女有別，不可得與民變革。爲之，人也；舍之，禽獸也。真積力久，以行其義，則始乎爲士，終乎爲聖人，修身及家，平均天下之道，一以貫之也。大意既定，乃先爲《十七篇釋疑》，備引各家之説，別其是非，爲《禮疏》長編。以《喪服》一篇，五禮之本，聖人精義之學，彝倫攸敍，於是乎在，賈、胡疏義亦最精詳，首從事焉。”①

閏四月十五日，張之洞委王秉恩等督建廣雅書院。

夏，母倪氏病，曹元弼與妹重刊《太上感應篇惠氏注》，以祈母愈。

秋八月，《太上感應篇惠氏注》刊竣，曹元弼序之。②

光緒十四年　戊子（1888）　二十二歲

春三月十四日，葉昌熾來訪，曹元弼出示《禮服釋疑》稿及張錫恭《讀士禮注疏日記》，并言欲撰《經儒法則篇》。

> 《緣督廬日記鈔》：“十四日，……造叔彥齋，見所作《禮服釋疑》稿。又欲撰《經儒法則編》，斷自《孔子世家》始，次《仲尼弟子列傳》，次《孟荀列傳》，漢以下經師嘉言懿行，無不登焉。又見婁縣張錫恭聞遠所著《讀士禮注疏日記》。”③

---

①　曹元弼：《禮經纂疏序》，見《復禮堂文集》卷四，464～466頁。

②　曹元弼：《重刊太上感應篇惠氏注序》，見《復禮堂文集》卷八，795頁。

③　葉昌熾撰，王季烈鈔：《緣督廬日記鈔》，148頁。

按：曹元弼嘗於先聖前誓以《禮經纂疏》《孝經纂疏》《歷代經儒法則篇》三書自任。

《禮經纂疏序》："元弼嘗於先聖前自誓，願爲《禮疏》《孝經纂疏》《歷代經儒法則篇》三書，以闡明聖道于萬一。以《孝經》者，製作禮樂，仁之本。子曰：'先王有至德要道，以順天下'，至德，孝弟也，要道，禮樂也。古之君子盡愛敬於事親，而後推以及人，言思可道，行思可樂，德義可尊，作事可法，容止可觀，進退可度，以臨其民。是以其民畏而愛之，則而象之，謂之有禮。後儒不務躬行，孝弟之道寖薄，禮俗日壞，記問之學不足以爲人師。故撰集前言往行，輔翼聖經。三書者，殊途而同歸。"①

又按：《孝經纂疏》之前，曹元弼有《孝經鄭氏注後定》之作，二書今均未得見。茲略録曹氏自述撰《後定》并《孝經纂疏》之旨意、條例，以備稽考。

《吳刻孝經鄭氏注序》："元弼不敏，治鄭氏禮學十餘年，夙興必莊誦《孝經》。竊歎冠、婚、喪、祭、聘、覲、射、鄉無一非因嚴教敬、因親教愛，與《孝經》之旨融合無間，通《孝經》而後知禮之協乎天性，順乎人情。以鄭君之注，百世不易，惜其殘闕失次，據近儒臧氏庸、嚴氏可均輯本拾遺訂誤，削《群書治要》僞文，爲《孝經鄭氏注後定》。因徧輯經傳、周秦漢古籍、各經師注涉《孝經》義者爲之箋，而博采魏晉以來《孝經》説之有師法、應禮道者，貫以積思所得疏之。約之以《禮》，達之以《春秋》，合之以《論語》，考之以《易》《詩》《書》。疏文有所不盡，則師黃氏之意而擴充之，兼采史傳孝行足裨補經意者，別爲《孝經證》。往時，敬其此書與《禮疏》《經儒法則篇》同於先聖前立誓自任。此書與《禮疏》相須成體，功亦相亞，《禮疏》成則亦成。"②

夏四月二十六日，曹元弼同費念慈訪葉昌熾，言讀凌廷堪《校禮堂文集·黃鐘考》，不滿其尊崇西學，至有"西方有聖人"之語。

《緣督廬日記鈔》："廿六日，屺懷、叔彦偕來暢談。叔彦讀凌次仲《校禮堂集·黃鐘考》，尊崇西學，有'西方有聖人'一語，憤不能平，爲之廢寢。"③

---

① 曹元弼：《禮經纂疏序》，見《復禮堂文集》卷四，468～469頁。
② 曹元弼：《吳刻孝經鄭氏注序》，見《復禮堂文集》卷六，646～647頁。
③ 葉昌熾撰，王季烈鈔：《緣督廬日記鈔》，150頁。

六月初一日，葉昌熾來訪，曹元弼出示欲著書目，三十餘種，如《許氏禮》《鄭氏雅》等。

> 《緣督廬日記鈔》："初一日，訪叔彥暢談，見示欲著書目，約三十餘種，勇哉不可及。《許氏禮》《鄭氏雅》二種如卒業，不刊之作也。"①

按：據王大綸《禮經校釋跋》，此間曹氏"著《周易鄭氏注集箋》《尚書集疏》《詩箋釋例》《禮注釋例》《許氏禮》《鄭氏雅》等書，不下數十種，類能創通大義，嘉惠來喆"②。

是夏，梁鼎芬受張之洞聘，主講兩湖書院。

秋七月初二日，曹元弼訪葉氏談，言欲添著《穀梁詁》一種，及欲刻章二枚。

> 《緣督廬日記鈔》："初二日，叔彥來談，云欲著書目又添《穀梁詁》一種。又云欲刻印章二，一曰：'入則孝，出則弟，守先王之道，以待後之學者'，一曰：'憂深思遠'。"③

冬十一、二月間，張錫恭來書，論吳嘉賓《喪服會通》。

> 戊子年末《張聞遠與曹叔彥書》略謂："委查吳氏嘉賓《喪服會通》，此君禮學弟未能測其淺深。如論姊妹服一條，以爲姊妹無期服，未嫁則爲之服殤服大功，已嫁則出而降服大功，唯無主者爲之服期。此論聞所未聞，按之經傳，皆不能合。《小記》云：'婦人而不爲殤'，《雜記》云：'女雖未許嫁，年二十而笄'，是婦人未嫁而不殤之明證也。乃云未嫁之姊妹盡爲之殤服大功，不亦誣乎？彼其意以爲在厚男女之別，不知内外雖異居，而骨肉無異體，不厚其別於生前，而厚其別於死後之持服，何其慎也！餘條未及細視，其不恪《注疏》，則概可知矣。"④

---

① 葉昌熾撰，王季烈鈔：《緣督廬日記鈔》，155 頁。
② 王大綸：《禮經校釋跋》，見曹元弼：《禮經校釋》，收入《續修四庫全書》第 94 册，541 頁。
③ 葉昌熾撰，王季烈鈔：《緣督廬日記鈔》，156 頁。
④ 王欣夫輯：《復禮堂朋舊書牘錄存》第四册，34 頁。

光緒十五年　己丑（1889）　二十三歲

春一、二月間，曹元弼覆張錫恭函，論吳嘉賓書，并以聖人之道相許。

　　己丑春《曹叔彥與張聞遠書》略謂："所示駁正吳氏嘉賓説，至精至當。吳氏書弟後見之，真如兄所謂聞所未聞者，不獨此一條而已。《禮經疏》讀至何卷，心得有幾何條？周公、孔子、鄭君、朱子之道，當賴吾兄明之，千秋大業，擔荷至重也。拙著諒蒙垂閲，其中紕繆，千萬指示。"①

秋七月，張之洞任湖廣總督。

九月初一日，母倪氏去世，曹元弼哀毀甚。其居喪守禮甚嚴，日讀喪祭之禮以自警，疏《禮》之業亦暫輟。②

　　《禮經纂疏序》："如是者一期有半，而先太恭人抱恙，輟《禮疏》業。不意奉待無狀，天降鞠凶，又越一年餘，太恭人竟棄養，苫塊餘生，心摧氣絶。"③

　　庚寅四月二十八日《曹叔彥與張聞遠書》："弟自去年上書後，日將兄所賜兩書，與所上書稿，及《禮經》《記》中喪禮若干篇讀之，以自警惕。"④

　　辛卯二月晦《曹叔彥與張聞遠書》："疏《禮》之功久輟。"⑤

光緒十六年　庚寅（1890）　二十四歲

本年，居家服喪。

---

　　①　王欣夫輯：《復禮堂書牘》，3～4頁。
　　②　按：先此七月末，張錫恭亦遭父喪。居喪期間，二人數次通函，自揭悖禮違義之行，可見二人循禮約身之苛刻，文煩不録。讀者可參王欣夫輯《復禮堂書牘》第5～21頁以及王欣夫輯《復禮堂朋舊書牘録存》第四册第35～41頁。
　　③　曹元弼：《禮經纂疏序》，見《復禮堂文集》卷四，466～467頁。
　　④　王欣夫輯：《復禮堂書牘》，15頁。
　　⑤　同上書，21頁。

春正月，費念慈延請曹元弼爲其子授經。

庚寅四月二十八日《曹叔彥與張聞遠書》："今年正月，因費屺懷兄固請，至其家授其子經兩月。"①

夏四月，曹元弼擬撰《北堂立言記》，以志其母之嘉言懿行。②

庚寅四月二十八日《曹叔彥與張聞遠書》："先慈行述尚未作成，弼擬更作一書，名《北堂立言記》，纂述先慈一生嘉言懿行，成後當錄副呈政。"③

《吳縣曹先生行狀》："己丑，倪太夫人棄養，先生哀毀甚，撰《北堂侍立記》，以志懿德。"④

光緒十七年　辛卯（1891）　二十五歲

本年，居家服喪。

秋七月，康有爲《新學僞經考》刊成。

按：康氏是書最具破壞力者，在論《周禮》爲劉歆僞造以助莽篡。曹元弼當時何以辨之今不得見，然其《復禮堂述學詩》有數處針對康氏此論，兹錄二則，以窺其大旨。

《復禮堂述學詩》："子政校《周禮》，即已錄而奏之，時歆年尚幼，去莽篡時甚遠，且歆但有助莽篡逆，並無改竄古書之罪，漢人所共知。當時不信《周禮》者，林孝存不過以爲瀆亂不驗，何休不過以爲六國陰謀，其言固皆不足信，然從未有以爲莽、歆增竄者。後儒歸獄亡新，直齊東野語，無稽不更之尤者耳。非聖誣經，貽禍後世，其極至於康有爲《新學僞經考》。"⑤

又："近康有爲學不及王安石，而堅僻躁妄，言偽而辯，欺罔朝廷，流毒天下，遂致四海分崩，三綱橫決。新莽篡禍，暴秦焚坑之禍，倉猝並起，生

---

① 王欣夫輯：《復禮堂書牘》，15 頁。
② 按：《北堂立言記》未刊，其稿本一冊由王欣夫保藏，參王欣夫：《蛾術軒篋善本書錄》，1336 頁。
③ 王欣夫輯：《復禮堂書牘》，15～16 頁。
④ 王欣夫：《吳縣曹先生行狀》，見卞孝萱、唐文權編：《民國人物碑傳集》，北京：團結出版社，1995 年，522 頁。
⑤ 曹元弼：《復禮堂述學詩》卷四，民國二十七年（1938）刊本。

民糜爛，乾坤或息，大亂蔓延，未知所底。而始作俑者之邪説餘毒，猶將盡圓顱方趾之民，剝其膚而喋其血，籲可悲夫。安石假《周禮》，有爲毀《周禮》，而皆以私智矜言變法。夫法非不可變，其在《易》，每卦六爻失位者當變，得位者不可變。'形而上者謂之道，形而下者謂之器'，器可變也，道不可變也。其在禮，立權度量衡考文章之等，可與民變革者也，尊尊、親親、長長、男女有別，不可得與民變革者也。若安石、若有爲，直以不法之尤者耳，何足以變法？……昔孔子作《春秋》，一秉《周禮》。安石假《周禮》而廢《春秋》，有爲誣《春秋》而毀《周禮》。其爲貪饕權利、壞法亂紀之小人，則一而已矣。"①

九、十月間，曹元弼以《儀禮注疏後校》、《儀禮正義訂誤》及《十七篇釋疑》未成稿三種合編，刪定爲《禮經校釋》二十二卷。

《禮經校釋序》："燧火再更，讀《禮》之下，檢視舊稿，以《正義》之書太恭人所手授，考正已得十九，乃取《後校》、《訂誤》及《釋疑》未成稿合編之，補其闕略，去其未安，寫成二十二卷。"②

《禮經纂疏序》："日征月邁，及將再期，乃於讀《祭禮》外，粗理舊稿。竊念《儀禮正義》爲太恭人手澤所存，元弼歷年考正，粗有端緒。謹取往時《後校》、《訂誤》及《釋疑》未成稿合而編之，補其闕漏，刊其乖違，勒成一書，名爲《禮經校釋》。"③

按："校釋"之體，曹氏自叙云："校者，校經注疏之訛文；釋者，釋經注疏之隱義，務求按之經而合，問之心而安。先儒説已是者，不復繁文，凡所辨證者，皆於義難明者也。"④

冬十一月，《禮經校釋》編成，父曹毓俊命以授梓。仲兄曹福元及友王大綸助其校讎。

《禮經纂疏序》："寫成清本，以呈家君。家君以爲近得其正，命

---

① 曹元弼：《復禮堂述學詩》卷四，民國二十七年（1938）刊本。
② 曹元弼：《禮經校釋序》，見《復禮堂文集》卷四，423～424頁。
③ 曹元弼：《禮經纂疏序》，見《復禮堂文集》卷四，467～468頁。又參曹元弼：《復禮堂述學詩》卷六，民國二十七年（1938）刊本。
④ 曹元弼：《禮經校釋序》，見《復禮堂文集》卷四，424頁。

授梓人，以質當世達於禮者。又與兩昆詳論可否，無所疑滯，乃鋟諸版。……《禮經校釋》始於光緒九年①，成於十七年十有一月。”②

《禮經校釋·條例》：“校勘之功，仲昆及執友王氏大綸爲多。《燕禮》一卷，仲昆所繕録，文義之間多所是正。”③

光緒十八年　壬辰（1892）　二十六歲

春正月九日，曹元弼作《禮經纂疏序》④。十一日，作《禮經校釋序》⑤。

本月，《禮經校釋》刊成。

《吳縣曹先生行狀》：“越歲，刊成以質當世。會稽李慈銘、長洲王頌蔚感推爲高密功臣。”⑥

按：曹元弼晚年嘗撰《禮經校釋補正》一册，由王欣夫校録，未詳何年，姑記於此。⑦

夏，張錫恭來函，訂正《禮經校釋》數條。⑧

春、夏時，梁鼎芬致函曹元弼，有《小雅》盡廢，中國衰微之歎。⑨

---

① 按：實爲光緒十一年，詳見本書第5頁注①。

② 曹元弼：《禮經纂疏序》，見《復禮堂文集》卷四，468～470頁。

③ 曹元弼：《禮經校釋》，見《續修四庫全書》第94册，530頁。

④ 同上書，541頁。

⑤ 同上書，529頁。按：本年，唐文治代程式東作《禮經校釋序》，文載《茹經堂文集二編》卷五。見唐文治：《茹經堂文集》，見沈雲龍主編《近代中國史料叢刊續編》第四輯，臺北：文海出版社，1974年，731～736頁。

⑥ 王欣夫：《吳縣曹先生行狀》，見卞孝萱、唐文權編：《民國人物碑傳集》，北京：團結出版社，1995年，523頁。按：李慈銘説未見，《復禮堂朋舊書牘録存》有王頌蔚一函，案其上下，蓋稱表此書，其言略謂：“承賜大著，驩忭無量，略一繙䚱，擇精語詳，謹守家法，有功鄭學匪細，庸止不朽盛業乎？欽佩欽佩。近世學人若臨海、南園之屬，説《禮》好與鄭君事異，螢爝之光奚能争明日月？下走嘗持此論，今讀執事書，適與鄙悃符合，喜可知矣。”（王欣夫輯：《復禮堂朋舊書牘録存》第一册，19頁）

⑦ 參曹元弼撰，王欣夫校録：《禮經校釋補正》，收入《民國時期經學叢書》第6輯第31册，臺中：文聽閣圖書有限公司，2013年。

⑧ 按：是函今不存，此據曹元弼光緒十九年二月十日覆函推斷。見王欣夫輯：《復禮堂書牘》，22頁。

⑨ 按：曹、梁二人何年相識於費念慈處，今不可考。然是秋，梁鼎芬即赴鄂主講兩湖書院，而其下年三月初一信又有“《小雅》盡廢，不必四夷交侵，已可危矣”之語，隱然與此函相呼應，故係此事於本年秋季前。

《復禮堂述學詩》："往余初識文忠於費屺懷前輩客席，論學甚合。別後年餘，自焦山寄余書云：'《小雅》盡廢，則四夷交侵，中國微矣。風雨淒淒，君子不改其度，願與君同誦之也。'"①

秋九月十一日②，張錫恭致函曹元弼，辨正《儀禮正義》從敖繼公說之誤一條。

壬辰九月十一日《張聞遠致曹叔彥書》略謂："弟索居歊日，每誦尊論，則悚然如臨師保，使人不敢自暴棄。切切偲偲，感人深矣。所論禮者理也，識議精到，證以傳、記，俾弟之錮蔽曠若發蒙，自當濯去舊見，敬佩尊訓。大著《禮經喪服正義訂誤》，屬稿已定否？竹邨先生禮學，《喪服》尤精。但其論爲人後者服其本宗，從敖氏君善說，唯爲其父母兄弟姊妹由本服降一等，餘悉以所後之親疏爲斷，所言似誤。《喪服記》'爲人後於兄弟降一等'，按，《傳》曰：'小功以下爲兄弟。'注于上文'于兄弟降一等'云：'兄弟者，族親也。'《記》言'于兄弟降一等'，言爲小功者降服緦麻。推此而大功以上皆降一等可知，舉輕以概重也。此條錄在《小功》章，且記者補經之未備。經于爲人後者止言父母昆弟姊妹，故記此補之。胡氏言，此兄弟即昆弟，則非經所未備矣。胡氏又從段氏若膺說，經未言報，故記補言報。按，《不杖期》章'爲人後者爲其父母，報'，則爲其昆弟姊妹皆報，義可互明，無須補言報也。又，《小功》章'爲人後者爲其姊妹適人者'，注不言姑者，舉其親者，而恩輕者降可知。賈《疏》于'爲人後者爲其昆弟皆降一等'，由此注推之也。《開元禮》有爲人後者爲其姑在室大功，適人小功，中殤、下殤緦麻，爲其從父昆弟之長殤緦麻。《政和禮》有爲人後者爲其從父兄弟小功，女適人者爲其姪之爲人後者小功，近人《吾學錄》據律例及道光四年大學士托津等奏議，創'爲人後者爲其本宗服圖'，皆本鄭氏此注以推之。鄭義固得乎人心之同爾。胡氏力

---

① 曹元弼：《復禮堂述學詩》卷三，民國二十七年（1938）刊本。
② 按：是函據吳飛《茹荼軒復禮堂往還編年錄》（未刊稿）考訂。

宗敖説，轉斥注義爲非，未免昧於所蔽矣。且其言曰：'爲後有受重之義，抑其本宗之親，使厚於所後之親。孟子曰"天之生物，使之一本"是也。若本宗之親悉以本服推之，一一爲降等之服，非二本而何？'是亦未之思也。夫以服其本宗爲二本乎？則爲其父母、爲其昆弟姊妹何以不爲二本？如云降其本服即不爲二本，則于餘親之服，鄭、賈亦云降一等，非如馬氏不降之説也。且一本之義，于父母爲尤切，服父母不爲二本，服餘親乃反爲二本乎？此亦胡氏千慮一失矣。知吾兄著《訂誤》，敢質所疑，幸詳教之。"①

是秋，梁鼎芬赴鄂主講兩湖書院，入張之洞幕。

光緒十九年　癸巳（1893）　二十七歲

春二月十日，曹元弼覆張錫恭函，改正張氏所示《校釋》之誤。

癸巳二月十日《曹叔彥與張聞遠書》略謂："承示訂正拙著數事，精確之至。弟半年中亦自悟違失數條，容再録呈兄前。言近人成書大易，弟正中此病。惟望執事理而董之，俾得隨時更正，且《纂疏》不至遂非，則弟他日詭亂聖經、疑誤後學之罪稍可末減者，皆大君子之賜也。……'宗婦'節'亨者'，校曰云云，來示謂毛本於'尸卒食'上有圈，當云'尸卒食'節，甚是。張氏、胡氏亦以'尸卒食'句別爲一節。拙著分節，但依嚴本及張刻注疏，有注間之，即以爲節，惟疏明標某某至某某者，乃依疏分之，以後儒分節皆以義定，互有異同，不如據本之畫一也。然古經本意實不如此，作《纂疏》時當悉如尊意，參酌先儒更定之。《少牢》'羹定'節疏：'魚臘爨在廟門外東南，魚臘爨在其南。'來示謂'在廟門'上脱'亞之'。又，《特牲記》云，'牲爨'九字，按之《士虞》《特牲》兩經及本疏吻合無間，至當不易，已於拙著引尊說改定矣。《有司》'司士'節謂，'上司士所設於豕鼎之西'，來示謂'司士'當爲'雍人'，未經校出。按，上注言之甚明，而

① 王欣夫輯：《復禮堂朋舊書牘録存》第四册，41～45頁。

弼失校，疏略已甚，兄言至確，即引‘補辨受爵’節注，‘位不繼于主人’云云，拙著此條駁疏，來示據《特牲》經正之，確然無疑。然則此亦封建尊尊之制，於此益歎疏之未可輕議也。敬即引改。”①

是春，曹元弼赴京，預備會試。

三月初一日，梁鼎芬來函，詢在京見聞，并寄《東塾集》一部。

> 癸巳三月朔《梁節庵致曹叔彦書》略謂：“數年之隔，至得一面，又當乖離，使人悶悶。北上可喜，早脫場屋之苦，可省舟車之勞，非謂志士必當科第也。此回到京，有所聞見否。菩華之箋，想不勝歎，《小雅》盡廢，不必四夷交侵，已可危矣。先師文集刻成，奉寄一部。”②

秋，曹元弼妹發願刻《孝經》以祈妹舅病愈，欲以其《孝經鄭氏注後定》授梓。曹元弼以未寫定，爲之刊臧庸輯本《孝經鄭注》。

> 《吳刻孝經鄭氏注序》：“去秋，余以刊《孝經》祈舅疾。既效，欲以余《後定》授梓，以文字未定，先取臧氏鄭注輯本刊之。讀《孝經》者必治鄭注，鄭注世無專行本，今而後可家置一編。注文闕佚，通人達士自當即單辭只義推見，童蒙之流，則成句可讀者讀之，不成句不可讀者暫置之可也。”③

光緒二十年　甲午（1894）　二十八歲

春正月十五日，曹元弼作《吳刻孝經鄭氏注序》《跋》。④

二月十二日，康有爲、梁啓超入京會試。

---

① 王欣夫輯：《復禮堂書牘》，22～26 頁。另，王欣夫輯《復禮堂書牘》叙録亦論及此函，讀者可參觀之。（王欣夫：《蛾術軒篋善本書録》，1399～1400 頁）

② 王欣夫輯：《復禮堂朋舊書牘録存》第一册，64 頁。

③ 曹元弼：《吳刻孝經鄭氏注序》，見《復禮堂文集》卷六，647～648 頁。

④ 曹元弼刊，臧庸輯：《孝經鄭氏解》，清光緒二十年（1894）刊本，北京大學圖書館藏。又曹元弼：《吳刻孝經鄭氏注序》，見《復禮堂文集》卷六，635 頁。

夏四月十二日，曹元弼會試中式①，後以目疾未與殿試。

《吳縣曹先生行狀》："甲午會試中式，以目疾未與廷試。"②

五月初六日，康有爲離京返粵。

按：本年曹元弼致梁鼎芬書，叙在京見聞，其中怒斥康有爲。惜爲殘劄，無從係其時月，姑附記於此。

《曹叔彥致梁節庵書》："去夏見寸手教，意氣肫摯，誨以所不逮，誠感誠荷。承賜《東塾集》，謹敬受讀。側聞講席近在鐘山，大江南北得張制君以爲帥，得執事以爲師，孤獨困窮之士，顛越奸宄之民，復性遂生，在今日矣。弼在京年餘，萬目時艱，言之痛心。小人陵君子，夷狄侵中國，滄海橫流，至斯而極。賊民康有爲貪天之禍，以匹夫熒惑天子，崇飾惡言，助夷猾夏，其意以爲義、農、堯、舜、周、孔皆不足法，而惟夷狄是從。人頭畜鳴，豈不哀哉！夫法久則弊生，設法救弊，似也然，必以聖賢至公無利、至正無邪之心處之……"③

秋七月一日，清廷對日宣戰，甲午戰爭爆發。

七月四日，清廷命兩廣總督李瀚章銷毀康有爲《新學僞經考》。

冬十月，張之洞赴江寧，署理兩江總督。

光緒二十一年　乙未（1895）　二十九歲

春正月十六日，日本攻陷威海衛，北洋海軍覆没。

夏四月初八日，康有爲發起公車上書。

是月，曹元弼補行殿試。

五月初五日，曹元弼因試卷字迹模糊，由二等降列三等五十名。

《吳縣曹先生行狀》："乙未，補行殿試，時殿廷試競尚書法，習以成風。先生自幼以用精太過，目疾甚，不能作楷。閱卷者既列

---

① 按：是科四月十二日放榜，曹元弼列名其中。見《電傳甲午恩科會試題名全録》，載《申報》光緒二十一年四月十三日。

② 王欣夫：《吳縣曹先生行狀》，見卞孝萱、唐文權編：《民國人物碑傳集》，北京：團結出版社，1995年，523頁。

③ 虞和平主編：《近代史所藏清代名人稿本鈔本》第135册，鄭州：大象出版社，2011年，509～510頁。

二等矣，有御史熙麟參奏，奉旨提卷呈覽。常熟翁文恭公方入直，面奏曹元弼雖寫不成字，實大江以南通經博覽之士。卒以字跡模糊，降列三等五十名，以中書用。文恭嘗太息謂：經生安能與時流爭筆劃之工哉！"①

六月初，曹元弼返蘇。②

六月十二日，曹元弼始記《懿齋日記》。③

《懿齋日記》："夏六月十有二日，令月吉日，始記茲簡。"④

秋七月初，康有爲在京師發起強學會，張之洞捐五千金襄助。

七月中旬，曹元弼致梁鼎芬函，痛論中國將漸入於夷狄禽獸，并言即赴金陵謁見張之洞。

乙未七月中《曹叔彥與梁節庵書》略謂："嗚呼，洪水而後，爲中國患者，莫如夷狄禽獸。然必中國先夷狄，而後夷狄入之；民人先禽獸，而後禽獸乘之。今天下滔滔，日趨於夷狄，相率爲禽獸矣。民我同胞，物我與也，有心人能不赴水蹈火而救之乎。六月上旬，返自京師，擬即泝江而上，與執事痛論，且因執事以見於張制軍。因途中觸暑遇疾，困滯月餘，近始獲愈。將以明日買棹前往，以慰積年風雨之思。張制軍處，望爲先容。《禮相見》之辭曰：'某

---

① 王欣夫：《吳縣曹先生行狀》，見卞孝萱、唐文權編：《民國人物碑傳集》，北京：團結出版社，1995年，523頁。又，《翁同龢日記》云："初四日，……熙麟封奏朝考閱卷不公，是非顛倒。奉明發一道。……臣面奏曹元弼雖寫不成字，實大江以南通經博覽之士。……端五日，……入時見發下試卷七本，幸無餘閱者，同人斟酌伍文跋一卷詩出韻，卓孝先一卷無疵，曹元弼（編按：原誤'炳'）一卷字跡模糊。入見，遂請志，定伍文跋已改知縣毋庸議，卓孝先拔二等一百，曹元弼抑三等五十。原閱卷之汪鳴鑾、啓秀、徐郁皆察議。"（翁同龢撰，陳義傑整理：《翁同龢日記》，北京：中華書局，1997年，2806～2807頁）另參葉昌熾撰，王季烈鈔：《緣督廬日記鈔》，224頁。又見《本館接奉電音》，載《申報》光緒二十一年五月初六日、初七日。

② 曹元弼：《皇清誥封宜人晉封恭人先室唐恭人哀辭》，見《復禮堂文集》卷十，998頁。

③ 按：據王氏《復禮堂日記》敘錄及張錫恭丙戌春致曹元弼信（王欣夫輯：《復禮堂朋舊書牘錄存》第四冊，29頁），曹氏前此已有日記，惜不傳。即王氏鈔輯之《復禮堂日記》，亦遺失甚多。（詳見王欣夫：《蛾術軒篋善本書錄》，1334～1335頁）又，曹氏書日記意在繩過糾愆，於交游、時事、掌故均略，本譜僅擇其有關學術者錄之。

④ 王欣夫輯：《復禮堂日記》第一冊，抱蜀廬鈔本，復旦大學圖書館藏，5頁。

也願見，無由達，某子以命命某見。'鄭君曰：'某子，今所因緣之
姓名也。以命者，稱述主人之意。'博選方正廉潔有道之人，就所
長任以事，審權勢之宜，折常變之中，方能救法弊而不至滋弊，豈
患得患失之鄙夫所能徼幸而爲之乎。雖然，有爲其著聞者，其貪冒
詖邪、包藏禍心而未經暴露者，奚啻千百其人。弼常謂今日天下之
患，在於無人才。所以無人才者，由於無人心。所以無人心者，由
於無學術。所望大君子闢聖道，息邪説，發揮許鄭之徽言，張惶程
朱之精義，俾孔孟彝訓昭昭，揭日月而行，爲天地蘇人心，爲國家
培元氣。弼亦當勉竭駑鈍，隨執事後，與子言子，與弟言弟，與臣
言忠，堅持古訓，理申正道。"①

七月十九日，曹元弼至金陵，送李文田致張之洞書。

《懿齋日記》："十九日，至金陵，送石農師所屬致香帥書。"②

七月二十三日，曹元弼謁見張之洞。

《懿齋日記》："二十三日，見香帥。"③

七月二十四日，柯逢時來訪。

《懿齋日記》："二十四日，巽庵見過。……至下關。夕始入城，
從巽庵飲。"④

七月二十八日，曹元弼訪王樹枏，以著作互贈。

《懿齋日記》："二十八日，訪王晉卿大令，以拙著就正。大令
亦出所著各書見貽。"⑤

按：《復禮堂述學詩》："余又于金陵識王君晉卿，以所著《大戴禮記補注
剳記》見貽。"⑥ 或即此時事。

---

① 虞和平主編：《近代史所藏清代名人稿本鈔本》第135册，505～508頁。
② 王欣夫輯：《復禮堂日記》第一册，10頁。
③④ 同上書，11頁。
⑤ 同上書，12～13頁。
⑥ 曹元弼：《復禮堂述學詩》卷八，民國二十七年（1938）刊本。

八月十六日，曹元弼自金陵返。

《懿齋日記》；"十六日，由金陵返，次於鎮江。"①

九月二十九日，曹元弼再赴金陵。

《懿齋日記》："二十九日，如金陵。"②

冬十月八日，曹元弼謁黃體芳。

《懿齋日記》："八日，見黃漱蘭師。"③

十月十二日，梁鼎芬來訪。

《懿齋日記》："十二日，星海見過。"④

十月十五日，張之洞聘曹元弼爲書局總校。

《懿齋日記》："十五日，香帥延爲書局總校。"⑤

《吳縣曹先生行狀》："時南皮張文襄公方督兩江，延爲書局總校。"⑥

十月十七日，蒯光典來訪。

《懿齋日記》："十七日，禮卿見過。"⑦

十一月六日，楊模來訪。

《懿齋日記》："六日，楊範夫見過。"⑧

十一月十日，父曹毓俊歿，曹元弼得家電，即歸。十四日，至家。

《懿齋日記》："十日……夕得家中電，云'父病即歸'。方寸大亂，不知所出。翼日曉發。十四日，至家，則父親已于十日辰刻

① 王欣夫輯：《復禮堂日記》第一册，16頁。

②③ 同上書，22頁。

④⑤ 同上書，23頁。

⑥ 王欣夫：《吳縣曹先生行狀》，見卜孝萱、唐文權編：《民國人物碑傳集》，北京：團結出版社，1995年，523頁。

⑦ 王欣夫輯：《復禮堂日記》第一册，23頁。

⑧ 同上書，27頁。

棄養。"①

十一月二十八日，《强學報》第一號刊發光緒帝閏五月二十七日廷寄，并用孔子紀年。後張之洞數電强學會戒之，康有爲及其弟子固執不改，遂相決裂。

十二月朔，曹元弼日記別爲《倚廬紀痛》。②

光緒二十二年　丙申（1896）　三十歲

本年，居喪，日誦《金剛經》，讀《孝經》《論語》《易》《禮》與朱子書。

本年日記有《明發廬日記》。③

光緒二十三年　丁酉（1897）　三十一歲

本年日記有《不遠復齋日記》《潛聖齋日記》。④

春二月朔，曹元弼得汪鳴鑾轉送張之洞電，聘爲兩湖書院經學總教。

《不遠復齋日記》："二月朔，讀《孝經》。汪師來書，以香帥電并所寄行用見貽。即定於初六日啓行。"⑤

二月初六日，曹元弼啓程赴鄂。十四日，至武昌。

《不遠復齋日記》："六日，如楚啓行。……十四日，至武昌。香帥授館機器公所。"⑥

二月十五日，曹元弼謁張之洞未見，見王秉恩、姚晉圻、張孝謙、

---

① 王欣夫輯：《復禮堂日記》第一册，27頁。
② 按：王欣夫所輯《懿齋日記》始夏六月十二日，至冬十一月十六日止；《倚廬紀痛》始冬十二月朔，至二十七日止。（王欣夫輯：《復禮堂日記》第一册，30～31頁）
③ 按：王欣夫所輯《明發廬日記》始春正月朔，至夏四月初五日止。
④ 按：王欣夫所輯《不遠復齋日記》始春二月朔，至夏四月廿九日止；《潛聖齋日記》始秋九月十七日，至冬十二月朔止。
⑤ 王欣夫輯：《復禮堂日記》第一册，51頁。
⑥ 同上書，52頁。

劉洪烈等人。①

> 《不遠復齋日記》："十五日，……謁香帥未見，約十七往。見提調王戌臣觀察名秉恩、張勝之同年名孝謙，語久，甚相得。見史學分教姚□□主政名□□、監院劉聘之名宏烈、謝□□名□□。兩廣文見過。是日，香帥致饗。"②

二月二十三日，曹元弼拜見楚地官長，見瞿廷韶。又訪蒯光典。

> 《不遠復齋日記》："二十三日，拜楚地當道，見瞿廉訪廷韶。訪蒯禮卿同年。"③

三月初六日，曹元弼謁見張之洞，并晤陳慶年等人。梁鼎芬來訪。

> 《不遠復齋日記》："六日，見香帥。晤陳善余、盧海田、潘樾堂、馬□□。星海見過。"④

三月八日，曹元弼訪蒯光典。陳宗穎來訪。

> 《不遠復齋日記》："訪禮卿。陳孝堅名宗穎見過。蘭浦先生哲嗣也。"⑤

三月十日，曹元弼作《孝經疏》。

> 《不遠復齋日記》："十日，讀《孝經》、朱子書、《說文》、《詩》、《周禮》。疏《孝經》。讀古文。講《說文》。"⑥

三月十一日，蒯光典命其兄子來學，曹元弼授之《說文》。

> 《不遠復齋日記》："十一日，……禮卿同年命其兄子壽民、若

---

① 按：曹元弼主講兩湖時，與諸君過從甚密，講論不絕。本譜或標其初晤，或有關其學術之事迹、其交游燕飲等皆略之，以免文煩。

② 王欣夫輯：《復禮堂日記》第一冊，53頁。

③ 同上書，54頁。

④ 同上書，56頁。

⑤ 同上書，57頁。

⑥ 同上書，57頁。按：曹元弼主講兩湖時，《孝經》、《詩正義》、《周禮疏》、《禮》二記、《說文》、朱子書、古文等爲每日常課，舉此一日，餘可想見。

木來受業，以《説文》授之。"①

三月二十五日，兩湖書院開館。

《不遠復齋日記》："二十五日，兩湖書院開館。"②

夏四月初八日，曹元弼始上堂，爲諸生講六經大義。

《不遠復齋日記》："八日，兩湖書院始教，講六經大義。諸生屬以所講筆之於書，從之。"③

四月初九日，曹元弼始爲諸生講《説文》。

《不遠復齋日記》："九日，始以《説文》授諸生。本日講《序》四葉，依段注。"④

四月二十六日，曹元弼自筮得與斯文否，遇《大有》之《乾》。

《不遠復齋日記》："二十六日，自筮終得與於斯文否，遇《大有》之《乾》。"⑤

夏六月，《湘學報》刊出"素王改制"之説。

七月十二日，張之洞致電湖南學政江標，戒勿陳此義。

《張文襄公年譜》："《湘學報》卷首即有素王改制云云，嗣後又復兩見。此説乃近日《公羊》家新説，創始于四川廖平，而大盛於廣東康有爲。其説過奇，甚駭人聽。竊思孔子新周王魯、爲漢製作，乃漢代經生附會增出之説，傳文並無此語，先儒已多議之。然猶僅就《春秋》本經言。今日廖、康之説，乃竟謂六經皆孔子所自造，唐、虞、夏、商一切制度事實，皆孔子所定治世之法，託名於二帝三王，此所謂素王改制也，是聖人僭妄而有作僞，似不近理。"⑥

按：張之洞極惡《公羊》學素王改制、黜周王魯等説，辟康、廖之謬論邪説，

---

① 王欣夫輯：《復禮堂日記》第一册，57頁。
② 同上書，59頁。
③④ 同上書，63頁。
⑤ 同上書，65頁。
⑥ 許同莘：《張文襄公年譜》，上海：商務印書館，1946年，116頁。

蓋爲張氏幕府中一主題，曹元弼當亦參與其中。其後，曹氏作《周易學》，於《會通》一節專論素王、王魯等說乃漢《公羊》家有爲言之，非《春秋》本義，與張之洞誠江標電云"孔子新周王魯、爲漢製作，乃漢代經生附會增出之説"，若合符節，其辟康黨之意甚顯白。茲節錄一則：

> 《周易學·會通》："漢儒當秦糜爛生民、創鉅痛深之後，喜天下之有王，急欲以孔子之道活夷滅創殘之余民，賈生、董子之徒務引其君以當道，志於仁，蕩亡秦之毒螫，復三代之善治。董子治《公羊春秋》，以爲《春秋》孔子爲萬世而作，漢繼周而王，萬世之始，則《春秋》即爲漢作。故推衍《春秋》，以備時王制禮作樂、興太平之用。太史公曰：'上大夫董仲舒推《春秋》義'，可謂知言。《春秋》尊周，故《公羊》家推以尊漢。所謂'黜周王魯'者，黜周王漢也，以漢繼周，不以漢繼秦也；所謂'以《春秋》當新王'者，以《春秋》當漢也；所謂'素王'者，謂孔子有王德，已爲漢立王法，猶孟子所謂王者師，班孟堅所謂孔佐也；所謂'改制'者，《春秋》爲漢製作，漢當准之以作禮樂、興太平也。《春秋》通三統，周存夏、殷之後，在漢則當存殷、周，故曰'黜杞、新周、故宋'，王跡熄于周而興於《春秋》。《春秋》尊周，則中興之象也；漢儒謂《春秋》爲漢作，則異姓之象也。于時漢未興，不可云王漢，以《春秋》魯史，故假魯爲受命王，當漢處。……《春秋》之義，莫著乎《中庸》。《中庸》曰：'爲下不倍''非天子不議禮，不制度，不考文''雖有其德，苟無其位，不敢作禮樂''吾學周禮，今用之，吾從周''仲尼祖述堯、舜，憲章文、武'，《春秋》之謹嚴如此。故素王也，王魯也，以《春秋》當新王也，漢儒始言之，《春秋》絕無是義也，《公羊》亦無是文也，周人絕無是説也。"[1]

夏、秋間，曹元弼歸家。

秋九月二十七日，曹元弼赴楚。冬十月九日，抵武昌。

> 《潛聖齋日記》："二十七日，啓程赴楚。……九日，濟江，抵

---

[1] 曹元弼：《周易學》卷四，宣統元年（1909）刊本，國家圖書館藏，館藏號：66377。按：曹元弼《復禮堂述學詩》具引此節，其後回憶云："案：漢儒推衍引申，本以求堯、舜君民，雖非經義，而立心甚善。乃近世邪説，巧借其語，以誣衊《春秋》，隳壞名教，妄作聰明，變亂舊章，學非而博，心達而險，其罪浮於少正卯楊朱、墨翟。適遭厄運，遂啓大亂，天下蒼生，並受其禍，將未有已。吾是以大聲疾呼，正本清源，申《春秋》之大義，表漢儒之苦心，以告天下萬世。"［曹元弼：《復禮堂述學詩》卷十二，民國二十七年（1938）刊本］

鄂城既濟宫。謁香丈未見。"①

十月十一日，王仁俊來訪，痛論學術人心之弊，曹元弼深韙之。

《潛聖齋日記》："十一日，王幹臣兄見過，痛論學術人心之弊，慨然以拯衰銷逆、斥佞黜邪爲己任，君子哉。"②

十月十二日，陳慶年、王仁俊各贈書兩種。

《潛聖齋日記》："十二日，善餘貽書兩種。幹臣貽自著書兩種，意在息邪説，正人心。風雨雞鳴，足以振聾發聵。"③

十月二十日，王仁俊致函曹元弼，約請爲《實學報》撰文。

丁酉十月二十日《王幹臣與曹叔彦書》略謂："近日横議滔天，名教掃地，得執事振臂一呼，孔聖正學，如日中天，風雨如晦，雞鳴不已，詎惟三楚人文之幸。敝館設報，宗旨在尊君權、扶聖教，是以于民主之弊、改制之謬，皆斷斷致辨。近廣雅尚書深以爲然，並及改制邪説。《湘報》現已改正，知恥會敘兩湖縣爲屬禁，見《湘學新報補正》並兩湖書院告示。光氣大開，群邪漸息。先生盍著一議，綜述敝報大旨、南皮扶持世教之苦心，並執事主講專宗綱常之宗旨，並略及西政之流弊，乘興爲之，即當照刊敝報，以張吾軍何如？節庵先生，吾道干城也，盍慫恿其論撰乎？"④

十一月十七日，曹元弼與梁鼎芬結爲兄弟，兄事梁氏。

《潛聖齋日記》："十七日，與星海先生通譜，事以兄禮。"⑤

十二月初五日，馬貞榆致曹元弼函，議效朱一新掌教廣雅之法，改定學堂章程。

丁酉十二月初五日《馬貞榆與曹叔彦函》略謂："故不如使諸

---

① 王欣夫輯：《復禮堂日記》第一册，70～71頁。
②③ 同上書，71頁。
④ 王欣夫輯：《復禮堂朋舊書牘録存》第二册，156～157頁。
⑤ 王欣夫輯：《復禮堂日記》第一册，76頁。

生各執一藝，經、史、圖、地、算各擬執一書。而我輩提綱挈領以教
之。如用功先後之節目，經史之要義、難義之類。今日講授，明日諸生
各貢所疑，或各抒所見，我輩不必即答，退堂檢書，詳明答之。即
抄所答、所問存在院中，以爲學案。朱蓉生侍御在廣雅掌教時如此，故
成《無邪堂答問》。則可以知諸生材力之高下，其獲益勝於每日課程
百倍，收效又捷於每日課程百倍也。弟懷此欲言之甚久，今乘此
會，請吾兄及姚、陳三兄堅力持此議上聞如何。"①

光緒二十四年　戊戌（1898）　三十二歲

春正月元日，《孔子改制考》刊成，康有爲序之。

按：曹元弼後於《周易學·會通》力辟康有爲《新學僞經考》《孔子改制考》
之説②，兹録其言，以窺曹氏當時反應：

《周易學·會通》："我國家尊行孔子之道，如天之仁，覆育萬物，作人養
士，三百餘年。方今中原多故，士之感憤報禮宜何如？而彼賊臣者，乃乘國
步艱難之際，挾其無厭叵測之亂心，拔本塞源，狂狺反噬，先變亂聖經，淆
惑人心，而後公然致難於君父，奸詐逆惡，至此而極。此《春秋》所當首誅
之亂臣賊子也。嗚呼，君子小人處心之不同，其順逆相去豈止天壤耶？文王
不稱王，而周人推尊以爲王，是周人尊周也。魯實諸侯，而魯之儒者以成王
賜魯重祭謂魯爲王禮，是魯人尊魯也。孔子爲萬世明王法，而漢人以爲漢作，
以《春秋》當新王，且因孔子豫爲漢立法，而謂孔子爲素王，是漢人尊漢也。
雖其説不合於《春秋》，不合於《公羊》，而其意則勤勤至忠以尊其君，是固
《春秋》尊周之義也。古人推《春秋》以尊君，賊臣乃巧藉以誣《春秋》、以
叛國家。是賊臣者，非惟我孔子致罪人，《春秋》之罪人，《公羊》之罪人，
乃尊周之周人、尊魯之魯人、尊漢之漢人之罪人也。孟子曰：'世衰道微，邪

① 王欣夫輯：《復禮堂朋舊書牘録存》第一册，107～108頁。
② 曹元弼《復禮堂述學詩》具引其文，下按語云："此爲康有爲《新學僞經考》《孔子
改制考》而發，力辟邪説，冀塞亂源也。有爲之派，出於廖平。平之派，出於王闓運。闓運
恃才傲物，倡狂無忌憚，爲禮教人心害久矣。謬種流傳，遂成洪水滔天，猛獸咥人之禍。上
誣聖王，下害蒼生，元氣剥盡，權奸乘機，而大亂不可止矣。聞有爲他日亦頗自悔，或天良
尚未喪盡，其彌天大罪，蓋由於誤服狂藥。學術邪正，關係世運，豈不大哉？余是以上法孟
子，閑先聖之道，息邪説，距詖行，放淫辭，數十年不遺餘力者，爲此也。"

説暴行有作’，暴行必以邪説爲先驅。夫天下之所以尊尊親親者，以孔子六經
三綱之教深入人心也。賊臣欲致難於國家，必先搖惑人心，決裂三綱，必先
廢六經，排孔子。《春秋》專爲正人倫而作，又賊臣所深忌而欲去其籍者，適
有《公羊》家有爲言之之説，可以巧借而倒持之。賊臣以爲謗毀孔子，以激
衆怒，不如誣衊孔子，以惑人心。於是騰其奸言，以誣《公羊》，以誣《春
秋》，以誣孔子，使漢儒抱無窮之憾於千載之上。其餘六經與《春秋》相表裏
足以破其奸言者，概斥以爲僞，而豈知《春秋》之文具在，《公羊》之文
具在，漢儒之説其意昭然，萬萬非賊臣之所得而誣借者乎？亂臣賊子，非
一朝一夕之故，所由來者漸矣，由辨之不早辨也。”①

正月初四日，張之洞致電曹元弼詢張錫恭，擬延其爲兩湖經學
分教。

　　《致蘇州閶門内翰林院内閣曹叔彦》：“知初十日後來鄂，慰甚。
務望早臨，以便豫商課程，早向諸君議定，免致久延，切禱。除服
時仍可回蘇。聞松江孝廉張君錫恭經學甚深，與閣下至好。張君系
治何經？能兼通諸經否？祈示知。擬延請來鄂作幫分教，以爲閣下
之助。尊體稍可節勞，束脩擬六百金，即望速作專函詢商。如有意
願來，請即同來，商酌一切，尤感。張君川資當即寄，關聘到鄂再
送，祈即電復。支。”②

正月初五日，光緒帝召見康有爲。

正月初七日，張之洞再來電，聞張錫恭講《公羊》，則不必來，另
請尋史學分教一位。

　　《致蘇州閶門内内閣曹叔彦》：“聞張君錫恭系講《公羊》，如此
則於書院既不相宜，前電請作罷論。如閣下知有博通史學之人，祈
速示。擬添延史學分教一位，以助姚、陳兩君，務即示覆。陽。”③

二月初一日，梁啓超、譚嗣同、唐才常在湘創設南學會，皮錫瑞爲

　　① 曹元弼：《周易學》卷四，清宣統元年（1909）刊本。
　　② 苑書義、孫華鋒、李秉新主編：《張之洞全集》第9冊，石家莊：河北人民出版社，
1998年，7471頁。
　　③ 同上書，7474頁。

學長。

三月末，張之洞撰成《勸學篇》，以辟邪說，正學術，維世道。曹元弼因撰《原道》《述學》《守約》三篇廣之，以示諸生治學之方，亦其所自道。

《吳縣曹先生行狀》："先生撰《原道》《述學》《守約》三篇，示諸生治學之方，亦先生所以自道也。"①

《復禮堂述學詩序》："公既爲《勸學篇》，又屬元弼編《十四經學》。先爲《原道》《述學》《守約》三篇，以提其綱。"②

是時，由守約之法，曹元弼撰《孝經六藝大道録》一書，以《孝經》會通群經，先作《述孝》篇，并列綱目百則。

《孝經鄭氏注箋釋》："承閣師張文襄公見商，竊欲以《孝經》會通群經，撰《孝經六藝大道録》一書，以明聖教，挽狂瀾，先為《述孝》一篇。公然之。"③

《復禮堂述學詩》："戊戌間，邪說橫流，暴行將作。學非而博，言偽而辯之徒，謀亂天下，先亂聖經。張文襄師與余商榷，欲將經義提綱挈領，昭示學林，以閑聖道，放淫辭。余謂六經之本在《孝經》，因靜思窮神，爲《述孝》一篇，以《孝經》貫通群經，列目凡百，公深然之。"④

又，張之洞屬曹元弼依《勸學篇·守約》所立七目，經別爲書，撰《十四經學》，立治經提要鈞玄之法。

《周易鄭氏注箋釋》："文襄師以世道衰微，人心陷溺，邪說橫行，敗綱戰倫，作《勸學篇》以拯世心，内有《守約》一章，立治經提要鈞元之法，約以明例、要旨、圖表、會通、解紛、闕疑、流

---

① 王欣夫：《吳縣曹先生行狀》，見卞孝萱、唐文權編：《民國人物碑傳集》，北京：團結出版社，1995 年，523 頁。
② 曹元弼：《復禮堂述學詩》，民國二十七年（1938）刊本。
③ 曹元弼：《孝經鄭氏注箋釋》，民國二十三年（1934）刊本，國家圖書館藏，館藏號：3922。
④ 曹元弼：《復禮堂述學詩》卷十三，民國二十七年（1938）刊本。

別七目，冀事少功多，人人有經義數千條在心，則終身可無離經叛道之患，屬元弼依類撰集《十四經學》。"①

《吳縣曹先生行狀》："未幾，文襄命編《十四經學》，立治經提要鈎玄之法，約以明例、要旨、圖表、會通、解紛、闕疑、流別七目。"②

夏四月二十三日，光緒帝頒布明定國是詔，戊戌變法開始。

五月十一日，沈曾植應張之洞聘，來鄂主講兩湖書院史學。

六月初七日，黃紹箕進張之洞所著《勸學篇》，頒各省。

是夏，張之洞擬刊《正學報》，辟諸報謬論。先作《正學報序例》，曹元弼與梁鼎芬、王仁俊等兩湖同人列名焉。③

是夏，沈曾植讀《孝經六藝大道錄》後，言當以"弟""順"義作文，輔翼此書。

戊戌十二月十二日《沈制植與黃穆琴書》："夏間曾與叔彥言而太息，謂暇時當以弟字、順字貫串作一文字，與渠書相爲表裏。"④

秋八月初六日，慈禧下旨捉拿康有爲等人，戊戌變法失敗。

按：曹元弼《復禮堂述學詩》論及康有爲戊戌變法事云："我朝列聖厚澤深仁，浹民肌髓，皇祚歷年，當過殷周。孝欽顯皇后任用賢將相，戡夷大亂，宏濟蒼生。德宗景皇帝勵精圖治，明目達聰，親政之初，庶績咸熙，將成中興莫大之業。遭時艱厄，不得已而通變作新，爲我民禦災捍患。時大學士翁同龢延攬人才，既得識時務之豪傑，而康有爲以一知半解，鹵莽滅裂，亂次以濟，貽誤大政，遂爲奸臣袁世凱上誣聖王、下愚黔首、反易大常、窺竊神器之資。如堯憂洪水，四嶽薦鯀，而神奸於共、驩，敷治未得舜、禹，五行汩陳，亂靡有定。此非獨我朝之不幸，乃萬萬生靈之大不幸，五帝、三王以來中國人倫之大不幸也。"⑤

---

① 曹元弼：《周易鄭氏注箋釋》，33 頁。
② 王欣夫：《吳縣曹先生行狀》，見卞孝萱、唐文權編：《民國人物碑傳集》，北京：團結出版社，1995 年，523 頁。
③ 張之洞：《正學報序例》，見《張之洞詩文集》卷六，上海：上海古籍出版社，2008 年，218～222 頁。
④ 許全勝：《沈曾植年譜長編》，211 頁。
⑤ 曹元弼：《復禮堂述學詩》卷四，民國二十七年（1938）刊本。

冬十一月二十二日，《孝經六藝大道録》之《述孝》篇及其目録刊竣。

　　《篤信齋日記》："二十二日，《孝經六藝大道録》首篇及目録刊成。"①

十一月二十三日，梁鼎芬請曹元弼爲其子開蒙。

　　《篤信齋日記》："二十三日，節庵命爲其長子學蠡開學成禮。"②

　　戊戌十二月十二日《沈制植與黃穆琴書》："節庵書院中極忙，前月其郎入塾，請曹叔彦開蒙，自言此十六年來第一稱心事。"③

十一月二十九日，曹元弼將歸，謁張之洞論學。

　　《篤信齋日記》："二十九日，……謁香文論學。"④

十二月初一日，曹元弼自鄂歸家。

　　《篤信齋日記》："十二月朔，節庵招飲。與孝堅、海田同行歸。"⑤

十二月十二日，沈曾植致函黃紹箕，信中盛贊曹元弼《孝經六藝大道録》。

　　戊戌十二月十二日《沈制植與黃穆琴書》："叔彦新著《孝經六藝大道録》，粹然儒言，有關世教，而此間名士多輕之訕笑之者，漢宋之障，乃至於此乎？今日世道知大患在少陵長，賤犯貴，其捄之術曰：出則事公卿，入則事父兄。《論語》開章首言學，舉世知之；第二章重言孝弟，乃舉世忽之。犯上之與作亂相去幾何？而有

---

　　①②　王欣夫輯：《復禮堂日記》第一册，81 頁。按：梁鼎芬是書簽云："光緒二十四年七月刻於兩湖書院經學分教堂"，殆爲是書付刊時日，其刊竣時日仍以曹氏日記爲準。
　　③　許全勝：《沈曾植年譜長編》，211 頁。
　　④　王欣夫輯：《復禮堂日記》第一册，81 頁。
　　⑤　同上書，82 頁。

子之言警切如此。"①

是年，曹元弼與梁鼎芬感於近世文義破碎，經術晦亡，因同輯《經學文鈔》，以明大義、正人心。先成《周易文鈔》兩冊。

《經學文鈔序》："道咸以來，考據之學漸流破碎，小言害義，耗心絕氣於一名一物。既于先王大道經世之務，扞格不入，迷惑無聞，而巧説騁辭，變本加厲，遂以倡狂怪誕之言，蕩眾心而召世禍。近復雜以支離鄙倍之名詞，奇衺不衷生於其心，發於其言。文義亂則古訓亡，經術晦，是非無正，三綱五常無不可橫決倒懸。揆厥由來，未始非分文析字，説不急之言，不能使學者因文見道，明體達用，階之屬也。光緒戊戌，元弼應閣師南皮張相國聘，主講兩湖書院經學，與執友梁節庵先生慨論此事，不勝斯文墜地之懼。節庵以爲不興其藝，不能樂學，造就人才自正人心始，正人心自明經術始，明經術自深通文義、好之樂之始。因撰集自漢以來經師指説大義之文，足以羽翼聖經，扶持名教感發人之善心者，匯爲一編，淺闇一得，亦蒙采錄。復屬元弼更加搜補。"②

《周易鄭氏注箋釋序》："光緒丁酉、戊戌間，應閣師張文襄公聘，主講兩湖書院經學。與執友梁文忠公同編《經學文鈔》，先成《周易》二冊，皆發明大義，通貫源流之文。"③

《復禮堂述學詩》："尋文襄移節兩湖，節庵游吳中，避暑鎮江焦山海西菴。臨江讀《易》，俯仰乾坤，清氣浩然，取法亭林，熟復程傳，遇切中學術治道利病處，輒連圈識別之。光緒戊戌，與余同掌兩湖書院教事，出此編見示，想與極論世運否泰之由，深慨學術文體之壞，約與余同編《經學文鈔》。當時即成《易鈔》兩冊，商榷去取，具有微意。"④

---

① 許全勝：《沈曾植年譜長編》，210～211頁。
② 曹元弼：《經學文鈔序》，見《復禮堂文集》卷一，62～64頁。
③ 曹元弼：《周易鄭氏注箋釋》，33頁。
④ 曹元弼：《復禮堂述學詩》，民國二十七年（1938）刊本。

是年，曹元弼用力在《易》，欲著《周易鄭氏義》，先作序，定義例。①

《周易鄭氏注箋釋》："余功兼及諸經，而于《易》用功較多……與執友梁文忠公同編《經學文鈔》，先成《周易》二冊，皆發明大義，通貫源流之文。講授之暇，恭讀《周易折中》，每卦以《注疏》，《集解》，惠、張、姚三家之書，及其他《易》說之善者比次觀之。欲爲《周易鄭氏義》，先作序文，定義例。"②

光緒二十五年　己亥（1899）　三十三歲

本年日記爲《篤信齋日記》。③

本年，曹元弼居家論撰《十四經學》，自《周易學》始。

《周易鄭氏注箋釋》："屬元弼依類撰集《十四經學》，自《周易》始，積年沉思。"④

《吳縣曹先生行狀》："先生以茲事體大物博，任重道遠，發憤覃思，閉户論撰，寢食俱忘，晷刻必爭，冀速撰于成。"⑤

春一、二月間，張之洞、梁鼎芬屬曹元弼延張錫恭爲兩湖書院經學分教。

《純儒張文遠徵君傳》："余夙與梁文忠公言君行高學深，當世罕儔。文忠以語張文襄師。己亥，師及文忠屬余轉延君爲兩湖書院經學分教。"⑥

二月十日，張錫恭來函，言先受松江府聘，不能就兩湖分教。曹元弼欲電告梁鼎芬，并作函詳述之。

---

① 按：《周易鄭氏義序》存於《復禮堂文集》卷二及《周易鄭氏注箋釋》卷首。
② 曹元弼：《周易鄭氏注箋釋》卷首，32～33頁。
③ 按：王欣夫所輯《篤信齋日記》始春正月朔，至夏四月二十一日。
④ 曹元弼：《周易鄭氏注箋釋》卷首，33頁。
⑤ 王欣夫：《吳縣曹先生行狀》，見卞孝萱、唐文權編：《民國人物碑傳集》，北京：團結出版社，1995年，523頁。
⑥ 曹元弼：《純儒張聞遠徵君傳》，見張錫恭：《茹荼軒續集》，收入《清代詩文集彙編》第768冊，146頁。

《篤信齋日記》："十日，聞遠來書，以先受松江府聘，不能就兩湖分教。其不失信若此，可敬也。當專電復星海，並作書詳述厥故。"①

三月初六日，張之洞電招曹元弼赴兩湖任教。七日，曹元弼以《十四經學》之編輯任重道遠，辭兩湖講席。

《篤信齋日記》："六日，……南皮公來電見招。七日，……復南皮公電。"②

《經學文鈔序》："其明年（己亥），元弼以南皮師命編《十三經學》，辭講席，歸杜門著書。"③

三月二十四日，張之洞來電，允曹元弼辭兩湖教席。

《篤信齋日記》："二十四日，……南皮先生來電，辭分教得命矣。"④

三、四月間，黃紹箕致信曹元弼，以京師大學堂講席相邀。

己亥七月《黃仲弢與曹叔彥書》："嗣又爲大學堂事所牽，率曾有書奉，懇高賢屈臨講席，以培植闔堂中西諸學之根本。徑寄鄂渚，不審曾否轉達台端。"⑤

夏四月初六日，張錫恭來函，言初七日赴鄂應兩湖教席。

《篤信齋日記》："六日，聞遠來書，言初七日啓行赴鄂矣。"⑥

五月初九日，黃體芳卒。曹元弼悲痛甚，爲作挽聯一幅。

《黃體芳集》載曹元弼挽聯："爲天下紀綱人才教化國運，爲挽

---

① 王欣夫輯：《復禮堂日記》第一冊，92 頁。按：是函存於《茹茶軒續集》卷四，讀者可參之。
② 同上書，98 頁。
③ 曹元弼：《經學文鈔序》，見《復禮堂文集》卷一，64 頁。
④ 王欣夫輯：《復禮堂日記》第一冊，100 頁。
⑤ 王欣夫輯：《復禮堂朋舊書牘錄存》第一冊，62 頁。
⑥ 王欣夫輯：《復禮堂日記》第一冊，102 頁。

狂瀾，身在社稷，功在斯民，江漢秋陽，明德必祀百世；與海内忠臣孝子義士仁人，同聲痛哭，生我父母，成我夫子，天高地厚，心喪豈獨三年。"①

自春及夏，曹元弼居家選《經學文鈔》，并校疏《禮經》。

《篤信齋日記》："二十五日，……選《經學文鈔》。

"二十六日……每日自八點至十二點，編《禮》，述而不作，即有深悟卓見，亦俟暇日補之；十二點至一點，疏《禮》；一至二，讀《孝經》及他經，並選先儒説經文；二至四，校《禮》；四至五，讀詩古文，陶寫性情，或縱筆所之，發抒藴蓄；五點後，講書；六點至七點，閉目數息。"②

己亥夏《曹叔彦與張聞遠書》："弟編書邇來始得續前業，努力為之。"③

六、七月間，曹元弼致信張錫恭，詢兩湖書院近狀。

己亥夏《曹叔彦與張聞遠書》略謂："兄此行宣教明化，楚士之幸，天下之幸也。聞有大著數篇，乞見示。節庵古之君子，與兄以道義相切磋，其視脂韋面諛之交，相去奚啻天壤。我輩求友，固惟責善救過是望。其勸兄為羅（原誤'盧'）忠節，尤深合鄙見。忠節自言兵法在'知止而後有定'一節，名言至言，非兄其孰能與於斯。鄂中情形如何，同事尤相得者幾人？乞示知以慰懸思。"④

秋七月，張錫恭覆函，自述師羅忠節從"宏毅"二字著眼，并及兩湖書院近狀。

《張聞遠與曹叔彦書》略謂："節庵教以師羅忠節公，弟未知下

---

① 黃體芳著，俞天舒編：《黃體芳集》，上海：上海社會科學院出版社，2004 年，377 頁。

② 王欣夫輯：《復禮堂日記》第一冊，100～101 頁。

③ 王欣夫輯：《復禮堂書牘》，28 頁。

④ 同上書，27～28 頁。

手處。近因讀《羅山遺集》，竊謂忠節之學，宏毅二字盡之。蓋其以《西銘》爲標準，而於理一中知其分殊，站定腳根，硬著脊樑做去，非所謂仁以爲己任者乎？觀其處貧困而益堅，風雨如晦，雞鳴不已，傷病瀕危，神思不亂，非所謂死而後已者乎？師忠節者，宜在此等處著眼。……自到鄂時，節庵令紓所見，即草《經學大指》四篇。前日即擬録稿呈政，因稿本爲父執顧香遠先生攜去，今尚未擲還。一俟還下，即當録呈。……弟之到鄂，爲兄攝館也。南皮關聘須兄到鄂後決之。同事諸君馬季立先生最相得，馬君與李仲約夫子友善。弟以兄長之禮事之。陳君善餘則固素友善者也。承詢及，附聞。"①

七月二十三日，曹元弼覆函張錫恭，言八月二十前啓程赴鄂，并勸張氏代己主講經學教席等事。

　　己亥七月二十三日《曹叔彥與張聞遠書》略謂："尊論學羅忠節在宏毅二字，精當切實，願相與免之。弟雖不才，敢不自力。大著《經説》，急思一讀，如不及付鈔，請攜至鄂中。……大約極遲至八月二十必起程，盡八月必能相敔，快承大教，且讀尊著也。執事主講經學一席，學術行誼皆足上紹先賢，下法多士，弟所萬不能及。弟一事且恐不給，兩事斷難勝任，請兄萬勿固執謙讓。弟到鄂後當以此面達南皮公及節庵先生。"②

秋八月下旬，曹元弼赴鄂。

光緒二十六年　庚子（1900）　三十四歲

本年，曹元弼居家論撰《十四經學》。

夏五月二十五日，清廷對八國聯軍宣戰。

五月三十日，張之洞、劉坤一派代表共訂《東南保護約款》。

---

① 王欣夫輯：《復禮堂朋舊書牘録存》第四册，46～49頁。
② 王欣夫輯：《復禮堂書牘》，29～31頁。

秋七月二十一日，慈禧太后一行倉皇西逃，八國聯軍攻陷北京城。

光緒二十七年　辛丑（1901）　三十五歲

本年，曹元弼居家論撰《十四經學》。

光緒二十八年　壬寅（1902）　三十六歲

本年，曹元弼居家論撰《十四經學》。

夏秋間，曹元弼以内表弟丁吉庵之請，作《丁氏重修族譜序》，大善此舉敦睦親族，挽救世道。①

是年，正誼書院改辦爲蘇省中學堂，學堂總辦劉體乾請曹元弼主講經學，曹氏以《孝經》《説文》爲教。

> 《復禮堂述學詩》："往者吾吳正誼書院初改學堂，劉健之觀察體乾固請余主講經學。余以《孝經》大義、《説文》要旨授諸生，作《轉注説》一篇示之。"②

光緒二十九年　癸卯（1903）　三十七歲

本年，曹元弼居家論撰《十四經學》。

冬十一月二十六日，清廷頒布《欽定學堂章程》，史稱"癸卯學制"。

光緒三十年　甲辰（1904）　三十八歲

本年，曹元弼居家論撰《十四經學》。

春，曹元弼爲吳縣學子説《原道》《述學》《守約》三篇，并刊行之。

> 《經學通義開宗》："甲辰春，授吾黨學人經義，開張宗本，説此三篇。"③

---

① 曹元弼：《丁氏重修族譜序》，見《復禮堂文集》卷八，799～802 頁。
② 曹元弼：《復禮堂述學詩》卷十四，民國二十七年（1938）刊本。
③ 曹元弼：《經學通義開宗》，清光緒刊本，北京大學圖書館藏。按：《經學通義開宗》即《原道》《述學》《守約》三篇，後《周易學》民國十五年（1926）年刊本前附《十四經學開宗》，亦此三篇。疑曹氏所謂"刊行之"即合刊爲《經學通義開宗》一書而已。

《復禮堂文集・守約》篇末："光緒甲辰，爲吾鄉後進説此三篇，刊行之。"①

光緒三十一年　乙巳（1905）　三十九歲

本年，曹元弼居家論撰《十四經學》。

本年日記有《日知後録》《尋孔顏樂齋日記》。②

夏，張錫恭來函，言松江將辦中學堂，請曹元弼薦教員。

　　癸卯夏《張聞遠與曹叔彥書》略謂："敝地現欲起辦中學堂，而居近申江，尨言喧雜，聘請分教尤難其人。吾兄意中如有品學端方、兼通算術、圖畫、物理、化學者，幸舉以相高。弟意欲求名師，當不惜重費，苟無其人，科不必備。若使非聖無法之人倡鳴邪説，縱嫻欲藝，其如非道藝何？惟兄取友必端平，日以閑先聖之道爲己任，伏祈詳示爲幸。"③

六月二十三日，曹元弼覆張錫恭函，薦汪仲嘉、唐堯棟等人，并言可選兩湖舊生充任教習。

　　癸卯六月二十三日《曹叔彥與張聞遠函》略謂："離索四年，風雨之思，靡日去懷。其間中原變故，心折骨驚，兄悲家事，弟困身病。……弟編書歲月半爲病侵，所成過半，爽諾已久，欲速不能，實深慚歉。目光益短，百事廢弛，欲求養身、讀書兩不相妨之術而卒未能。……承屬代延圖算各門教習。弟意中有兩人，一世丈汪仲嘉明經，……其一，小徒唐樸丞堯棟，即唐蔚之之從弟，……如兩人或以他事不能遠出，弟意可致書梁節庵或黃仲弢，招兄兩湖書院舊徒來充教習。兩湖諸生素無離經非聖惡習，又兼通經史圖算，一人可兼兩三人之用。修脯從豐，亦不至有支絀之慮，兄意以

---

① 曹元弼：《守約》，見《復禮堂文集》卷一，59頁。

② 按：王欣夫所輯《日知後録》始秋八月初五日，至冬十月初七日止；《尋孔顏樂齋日記》始十月十三日，至十二月十八日止。

③ 王欣夫輯：《復禮堂朋舊書牘録存》第四册，55～56頁。

爲何？"①

秋七月初，張錫恭來訪，暢談。

　　癸卯七月二十九日《張聞遠與曹叔彦書》："月初暢聆雅教，一
洗塵襟。"②

秋八月四日，清廷准張之洞、袁世凱奏，自明年廢科舉，推廣
學堂。

八月九日，曹元弼思定撰著日程。

　　《日知後錄》："九日，獨坐沈思，日月逾邁，如水東流，喟然
大息。思所以補既往而策將來者，度精力，計時日，定程期，自一
日以迄没身，無惑心無棄言焉。"③

八月十日，曹元弼撰《孝經學》"要旨"一節，并辨圖書先天後
天等。

　　《日知後錄》："十日，八點至九點，究《孝經》大義；九至兩，
辨河圖洛書先天後天；兩至三，讀古人文詩，若經師文，以暢懷導
氣；三至四，作友朋書問；四至五，溫《周禮》；五以後，
百家。"④

八月十一日，曹元弼撰《孝經學·明例》一節。

　　《日知後錄》："十一日，八至九，釋《孝經》例；至十三日畢。
九至兩以後，同前。"⑤

八月十三日，曹元弼撰《周易學》"圖表"一節，并定即日起撰著
《十四經學》日程。

　　《日知後錄》："十三日，九至兩，定《易》圖。餘如前。

――――――――――

① 王欣夫輯：《復禮堂書牘》，31～33頁。
② 王欣夫輯：《復禮堂朋舊書牘錄存》第四冊，56～57頁。
③ 王欣夫輯：《復禮堂日記》第一冊，110頁。
④ 同上書，110～111頁。
⑤ 同上書，111頁。

"十四日，八至九，輯《孝經》與群經相通之義；九至兩，校補《周易》'會通'；十九日畢。餘同前。

"二十日，八至九，解《孝經》難義數事；九至兩，前數日有未竟之緒則補之。餘同前。

"二十一日，八至九，定《孝經》條例目錄；九至兩，定《周易》條例目錄，並群經通例；約二十五日畢。餘同前。

"二十六日，自朝至暮作《易》序，約二十八日畢。

"二十九日，作《孝經》序，約九月初二日畢。

"（九月）初三日，作群經總序，約初五日畢。

"初六，作上張宮保書，約初九日畢。

"初十，作致梁星海書，約十一日畢。

"十二日，作致汪荃台書。自二十六日至此，每夜溫經史古文能背誦者。

"十三、十四兩日，校《孝經》《周易》校改處。

"十五日，八至兩，校《禮》說，至月杪畢，隨定條例目錄；兩至三，讀古文、《周禮》，致友朋書如前。

"十月朔，作《禮》序，至初三日畢。

"初四日，八至兩，定《禮》圖，餘讀古文等如前。

"初五日，八至兩，溫《禮經》，掇其與群經相通之義，約二十五日畢；餘讀古文、《周禮》等如前。

"二十六、二十七日，容有未備，補之。

"二十八日，八至兩，讀《周禮》，兩至三，讀古文；三至四，作友朋書問；四至五，讀《孟子》。至十一月十八日畢。

"（十一月）十九日，九至兩，讀《禮書綱目》。至十二月初八日畢，《周官》'明例'始無遺憾。餘讀古文、《孟子》如前。

"（十二月）初九、初十日，刪友孫仲容書。

"十一日，八至兩，校《周禮》說，隨定條例目錄，約二十日畢。

"二十一日，考正數事，約來年正月初十畢。月半前定圖，十六至十八作序，十九、二十定流別、闕疑。

"（丙午）正月二十一日，八至兩，校《孟子》說，月杪畢。例目即定。

"二月朔，考正孟子事，約八日畢。

"初九日，刪《孟子字義疏證》，兩日畢。月半前，序《孟子》，並定流別。

"以上各經均于明年二月望前告成，如今年至楚，則須於後一月或兩月。

"以上各經成後，當以四十五日粗讀《易》一過。

"六月朔，八至兩，治天文地理；兩至五；治古文算學，與友朋書。約八月畢。

"九月至丁未正月杪，治《尚書》成。

"丁未二月至四月，二戴《禮記》成。

"五月至歲杪，《春秋》三傳、《國語》成。

"戊申正月，治《論語》，一月畢。二月治《詩》，五月畢。至己酉，《爾雅》《說文》畢。《易》《禮》書成。

"庚戌、辛亥，《孝經六藝大道錄》餘成，《孝經注》成。

"壬子以後，編《經儒法則》。觀古詩文及養生書，爲老而自息計矣。"①

八月下旬，張錫恭來函，言著《周禮官聯表》及校正《孔子世家》等事。

癸卯八月下旬《張聞遠與曹叔彥書》略謂："承示勉成《周禮官聯表》，敢不祗承。已成者，有養民、教民之聯事小記，俟有寫手當就正有道。弟近日亦苦小疾，輟課已久。常思欲副前日面諭點勘《孔子世家》之意，全錄原文，注其疑信於其下，又旁采經子之可信者復益之，盡削《家語》及鄙俗之誣。因病而輟，病起必當踵成。"②

---

① 王欣夫輯：《復禮堂日記》第一冊，111～116 頁。
② 王欣夫輯：《復禮堂朋舊書牘錄存》第四冊，57～58 頁。

光緒三十二年　丙午（1906）　四十歲

本年，曹元弼居家論撰《十四經學》，編訂《經學文鈔》。

本年日記有《丙午學記》《禮堂寫經記》。①

夏六月，張錫恭來函，辨正《校釋》論"紳"字義，并呈近作《世族論》一篇。

> 丙午六月《張聞遠與曹叔彥書》略謂："弟近讀任侍御《弁服釋例》，心醉焉。中有論'紳'爲申重之義，與大著《禮經校釋》中説爲申束之義不同。然以《雜記》'申加大帶于上'鄭君注義考之，雖非釋'紳'字義，而大帶在革帶上，鄭君已有明文，不識兄釋鄭君《雜記》此注有別説耶，抑偶不憶此注耶？且革帶以系韍佩，使在大帶之上，則佩韍系綴之處人人得見之，似與古人盡飾之道亦有不合。乞兄再詳思之。如弟言紕繆，乞即加镌正，一豁愚蒙。如或幸中，亦望示明，使得自信其説也。近讀《左傳》，以管窺所得作《世族論》一篇，茲特録呈，乞爲賜閲，並祈批示，駁其紕繆。日月逝矣，批誠求道，猶恐不及，幸兄勿爲客氣也。弟于兄言，罔不奉之如師箴，讀《禮》必宗鄭注，實自兄啓之，故敢誠意以質正，惟鑒詧之。"②

秋七月十三日，清廷頒詔預備立憲。

七月下旬，曹元弼覆函張錫恭，稱許《世族論》，并述近日撰著。

> 丙午七月下旬《曹叔彥與張聞遠書》略謂："拜讀祇領，莫名欣感。方今人心陷逆，日深一日，覩蠻髡之成俗，懼乾坤之或息，言念君子，頃刻不忘。大著《世族論》，深通沈懿，語語至理。或有以伯鯀生禹，堯、舜生朱、均，文王生管、蔡爲難。不知此偶然之事，大德大凶間有不擇地而生者，要不可因此而疑族類爲無憑。

---

① 按：王欣夫所輯《丙午學記》僅春正月十二日一條，《禮堂寫經記》有七月初一日至七月二十三日，以及九月二日。

② 王欣夫輯：《復禮堂朋舊書牘録存》第四册，58～59頁。

猶之上知下愚，非習所能移，要不可因此而疑教化爲無益也。聖人制禮，經傳立言，多就常者同者論之，所以爲萬世不易之典。大著已載入《經師文録》。人情不相遠，即棄禮背本者見之，倘亦有憮然爲間之機乎？……日月逝矣，歲不我與，四十無聞，重自悲憾。六月以後，董理舊業，將《婦人不杖》《大夫尊降服》《女子子擬降旁親服》細加商訂。又將《大學注疏》與朱子《章句》合讀，略有所得，擬次第托人録出寄呈，求兄審定是非。茲先附上《大夫尊降服辨》一篇。此事關係禮教人心甚大，弟積思良久，終不敢自信，務祈指教。所示《雜記》中‘加大帶’一義，弟往時實疏忽未及，當再更定呈教。歷年於《春秋》似有所會，已托人抄録若干條，録畢續寄。當今儒者風頹，人倫師友幾乎息矣。一髮千鈞，中流砥柱，惟賴我兄，碩果不食，天地之心，終有時而復，惟當貞固以俟之耳。"①

光緒三十三年　丁未（1907）　四十一歲

春正月二十二日，曹元弼贈葉昌熾《孝經六藝大道録》《經學通義開宗》兩書。

> 《緣督廬日記鈔》："廿二日，……叔彥贈《孝經六藝大道録》一冊、《經學通義開宗》一冊。"②

正月二十四日，清廷允岑春煊、溥良等奏，開設禮學館。

夏五月二十九日，張之洞奏立湖北存古學堂，并定《存古學堂章程》。

秋七月十六日，曹元弼作《書張相國奏立湖北存古學堂摺後》成。③

是時，張之洞電招曹元弼爲鄂存古經學總教，謂但發明大義，指示

---

① 王欣夫輯：《復禮堂書牘》，36～39 頁。
② 葉昌熾撰，王季烈鈔：《緣督廬日記鈔》，447 頁。
③ 曹元弼：《書張相國奏立湖北存古學堂摺後》，清光緒三十三年（1907）刊本，北京大學圖書館藏。

綱領，不必駐堂。

丁未十二月《上南皮張孝達相國書》："秋七月，蒙電招命爲存古學堂總教。"①

辛亥正月《與張次珊前輩書》："張文襄師見招時，本云但請發明大義，指示綱領，不必常川駐堂。"②

七月末，曹元弼至鄂，面呈張之洞《書張相國奏立湖北存古學堂摺後》一篇，及寫定《周易學》《禮經學》《孝經學》三種。③

《藝風老人日記》："（七月）卅日，己未，晴，……抱冰師招飲于員警學堂，□□□□卿、曹叔彦、葉奂彬、席□生、黃樂□□席。"④

庚戌《與張君立京卿書》："憶丁未之秋，先師重招至鄂，面呈《書後》一篇，及《周易》《禮經》《孝經學》三種。師覽《書後》篇一周，深加獎許，三《學》均約略賜覽，嘉其得經意，不負指授，仍發還，命將各《經學》次第論撰，俾可速刊，以正人心。"⑤

八月初三日，張之洞渡江北上，履任軍機大臣，曹元弼率學堂諸生往送。是夕，曹元弼歸蘇省。

丁未十二月《上南皮張孝達相國書》："八月初，敬率學堂諸生送旌旗。……元弼八月三日夕自漢臯返省。"⑥

八月初六日，曹元弼見梁鼎芬、黃紹箕，商榷存古學堂授經章程，商討注釋張之洞《學堂經學教法》。

丁未十二月《上南皮張孝達相國書》："越三日，見節庵廉訪、

---

① 曹元弼：《上南皮張孝達相國書》，見《復禮堂文集》卷九，858頁。
② 曹元弼：《與張次珊前輩書》，見《復禮堂文集》卷九，907頁。
③ 按：是時，《十四經學》成書過半，除上寫定之三學外，餘有《毛詩學》《周禮學》《孟子學》《論語學》四種未寫定。
④ 繆荃孫：《藝風老人日記》，1985頁。
⑤ 曹元弼：《與張君立京卿書》，見《復禮堂文集》卷十，933頁。
⑥ 曹元弼：《上南皮張孝達相國書》，見《復禮堂文集》卷九，859～860頁。

鮮庵提學，商榷授經詳細章程，謹將尊定《學堂經學教法》不揣愚昧爲之注，以往復商論未定，未即寄呈。"①

九月初，曹元弼赴汴省仲兄曹福元。在汴將《原道》《述學》《守約》三篇再加刪改，并《書張相國奏立湖北存古學堂摺後》及曹福元《正宗旨以袪學界流弊説》付印，以示鄂諸生。

丁未十二月《上南皮張孝達相國書》："時學生考録尚未齊，元弼無事，省家兄福元于汴梁。……元弼在汴將拙撰《書後》付印。又家兄福元有《正宗旨以袪學界流弊説》一篇，請而印之，回鄂並以示諸生。又舊作《原道》《述學》《守約》三篇略加刪改付印，印就當寄呈。"②

九月十三日，清廷命各省速設諮議局。

九月十九日，《申報》刊出《禮學館延聘顧問官紳、纂修人員名單》，孫詒讓、曹元忠、張錫恭等列名纂修。③

是月，曹元弼致書黃紹箕，叙豫省高等學堂近狀，并言撰輯存古講義事。

丁未九月《曹叔彥與黃仲弢書》略謂："方今扶危濟否，發奮自立，莫急興學，而一或不慎，又適以速天下大亂，抱薪救火，愈甚無益，失之毫厘，謬以千里。二十二行省主持學務，如公之博通萬方，深正大本，囊括網羅，折中至當者，蓋景星慶雲，不能有二。元弼昔奉教于先師，粗聞大道之要，至理之極。今又得承序左右，以所示轉授諸生，用抒憂世扶教之，愚心何幸如之。到汴後，以盛教高義語家兄，相與歎慕欽仰不置。豫中客藉高等學堂，由家兄董理，舉六經大義以教忠孝、遏逆亂。一通文辭，自一話一言必求明白通達，不得以支離轇轕、不可通之新名詞於亂雅言。一求事實，凡各科西藝必憑實驗精進講求，不得徒説空

---

① 曹元弼：《上南皮張孝達相國書》，見《復禮堂文集》卷九，860頁。
② 同上書，863～866頁。
③ 《禮學館延聘顧問官紳、纂修人員名單》，載《申報》光緒丁未年九月十九日。

理。規模雖未能如鄂省宏遠，而宗旨一與大雅相符。去年曾代陳中丞作記一首，擬檢出呈政。元弼所編《易》《禮》《孝經》義三書，在此鳩工繕寫，寫畢回鄂，就公快談。越一二日即治江而歸，行篋無書，拙刻《通說大義》諸篇亦已散盡。丞擬抵里後編輯講義，以備學堂課本。"①

冬十一月，曹元弼至存古，上書張之洞，并寄《書張相國奏立湖北存古學堂摺後》十册。

丁未十二月《上南皮張孝達相國書》："前月中，初至舍，以有微恙，不能動心，授意學友代草一啓，並在豫所印拙書大疏後十册寄京，由伯兄元恒轉呈。"②

十二月二十三日，黃紹箕卒於任。

按：曹元弼爲黃紹箕撰挽聯云："惟先生懿德大雅，博學爲政，儀型海內，施及方外，異域致我國有人，驚歎中朝來麟鳳；嗟後死隕涕摧心，感時傷事，遠悼周、孔，近痛師傅，哭寢問蒼天何意，忍將厄運促龍蛇。"③

是月，曹元弼以前書有所未盡，更上一書與張之洞。④

年末，江蘇巡撫陳啓泰、布政使朱之榛議設蘇省存古學堂。

是年，曹元弼在院爲諸生講《原道》《述學》《守約》三篇，并同梁鼎芬重新審定《經學文鈔》。

《復禮堂文集·守約》篇末："丁未，主講鄂存古學堂，稍潤色（《原道》《述學》《守約》）以授楚士。"⑤

《經學文鈔序》："去年又以師命總教湖北存古學堂，至鄂與節庵商量舊學，重將此編審定。"⑥

---

① 黃紹箕著，俞天舒編：《黃紹箕集》，上海：上海社會科學院出版社，2004 年，345 頁。
② 曹元弼：《上南皮張孝達相國書》，見《復禮堂文集》卷九，860 頁。
③ 《瑞安舊聯今讀》（上），見張瑞雯主編：《瑞安文史資料》第 29 輯，北京：中國文聯出版社，2008 年，162 頁。
④ 曹元弼：《上南皮張孝達相國書》，見《復禮堂文集》卷九，868 頁。
⑤ 曹元弼：《守約》，見《復禮堂文集》卷一，64
⑥ 曹元弼：《經學文鈔》，見《復禮堂文集》卷一，59 頁。

光緒三十四年　戊申（1908）　四十二歲

本年日記有《復禮堂溫故錄》《復禮堂日記》。①

本年，朱之榛聘曹元弼爲存古經學總教，仍兼鄂學。

> 《經學文鈔序》：“今年我省中丞陳公先各省放立存古，朱竹石師主持其事，以紹吳中鄉先輩之絕學，挽近來士習之披猖。元弼復承乏爲總教。”②

本年，禮學館修《大清通禮》，從兄曹元忠爲纂修，推薦曹元弼入館。曹元弼以兼蘇、鄂存古教事辭，僅存顧問。

> 《誥授通議大夫內閣侍讀學士君直從兄家傳》：“戊申，朝廷立禮學館修《大清通禮》，溥玉岑尚書奏派兄爲纂修，規劃條例，延聘師儒，悉諮訪焉。兄由是薦林晉霞大令頤山、張聞遠同年錫恭、錢復初孝廉同壽及余。余以蘇、鄂存古學堂事，未能入京。”③

> 《純儒張聞遠徵君傳》：“丁未、戊申間，朝廷開禮學館，徵天下有道之人修《大清通禮》。溥玉岑尚書奏保君與復初、君直兄及余。余以方任湖北、江蘇存古學堂事，未能應徵。”④

春正月十五日，曹元弼致函張錫恭，言如不就禮學館之招，可來掌教存古學堂。

> 戊申正月十五日《曹叔彥與張聞遠書》略謂：“兄如入都就禮學館，光贊大猷，扶植名教，固大善。如憚遠行，則此間存古學堂相需甚殷，能否葆止，千乞賜示。”⑤

正月十六日，曹元弼致函葉昌熾，代朱之榛聘葉氏爲存古學堂

---

① 按：王欣夫所輯《復禮堂溫故錄》僅春正月二十五日至二月八日，《復禮堂日記》僅五月十三日至六月二十四日，以及十二月十四、二十一兩日。

② 曹元弼：《經學文鈔》，見《復禮堂文集》卷一，64 頁。

③ 曹元弼：《誥授通議大夫內閣侍讀學士君直從兄家傳》，見曹元忠：《箋經室遺集》，收入《清代詩文集彙編》第 790 册，436 頁。

④ 曹元弼：《純儒張聞遠徵君傳》，見張錫恭：《茹荼軒續集》，146 頁。

⑤ 王欣夫輯：《復禮堂書牘》，41 頁。

總教。

《緣督廬日記鈔》：“正月十六日，得叔彦一函，述朱竹石方伯之命，存古學堂將以不佞爲總教。其宗旨在正人心、尊經學、扶植倫常、挽回風俗，何敢當！何敢當！自維晚節頹唐，修名不立，記問荒落猶其次也。忝顔皁比，謗立至矣。”①

是日，曹元弼啓程赴鄂。

戊申正月《張聞遠與曹叔彦書》：“旋即奉兄十五日手書，知已赴鄂。”②

是日，張錫恭致函曹元弼，言已應禮學館之招，不能赴存古。③
正月二十五日，曹元弼定今年讀書、編書日程。

《復禮堂温故録》：“正月二十五日始，《孝經疏》兩日。《孝經集傳》。日二十五葉，約六日畢，盡二月初八前終此兩書。《周易虞氏義》。日六葉，約四十日畢。校《周易學》。日十葉，約四十日畢。三月前盡《易學》。《禮經》。日六葉。校《禮學》。日十葉，六十日畢。五月盡《禮學》。《説文》。日十六葉。以上皆午前事。經本文。每日四五葉。古文。隨意閲。養生書。隨意閲。書問。日必□。《經學文鈔》。選校。以上皆午後事。盡明年四月爲此。”④

是日，葉昌熾覆函曹元弼却聘。⑤

《緣督廬日記鈔》：“廿五日，寄叔彦書却聘，並劉中丞照會一角。”⑥

是月，曹元弼同馬貞榆、楊守敬、王仁俊等存古同人率諸生祭黄紹箕。

《爲湖北存古學堂公祭黄仲弢提學文》：“維光緒三十四年正月

---

① 葉昌熾撰，王季烈鈔：《緣督廬日記鈔》，461頁。
②③ 王欣夫輯：《復禮堂朋舊書牘録存》第四册，61頁。
④ 王欣夫輯：《復禮堂日記》第一册，134頁。
⑤ 按：該函今存《復禮堂朋舊書牘録存》第三册，文煩不録。
⑥ 葉昌熾撰，王季烈鈔：《緣督廬日記鈔》，462頁。

某日，存古學堂經學總教馬貞榆、曹叔彦，史學總教楊守敬，教務長王仁俊，暨各教員管理員，率諸生敬以清酌庶羞致祭於故提學黄公之靈。"①

是月，張錫恭致曹元弼兩函，言修禮欲從《喪服》入手，并論纂修次第，且促曹氏來禮學館。

戊申正月《張聞遠與曹叔彦書》略謂："禮學館得君直兄調護其間，大綱尚正。……竊以爲異言喧豗之日，最宜力守所因之大體，故必須從《喪服》入手，使人人知有親親、尊君之誼，與夫尊親之等差，並暢明天之生物使之一本之理，以袪近日之邪説。然後冠、婚、喪、祭准此以出，至於節文，當此物力艱難，宜遵聖人寧儉寧戚之訓以行之。但弟略知大意如此，願兄有以詳教之。近聞仲容先生以疾辭，此間主持何人？兄又不來，弟將何所秉承？甚盼手翰之下賁也。"②

又一函略謂："正月中旬承招入存古學堂，弟以曾應禮學館之召，泑函奉告，迨到館後，又以修禮之事乞指示。先後達覽矣。弟到館後，意欲將先乾隆、道光二《通禮》校其同異，繼以道光以後三朝聖訓，及今上諭旨，恭籀其關涉典禮者，則夫現行之禮與《通禮》有不同者，皆可考其損益之源流矣。至於現行之禮爲通儒所議及者，一一簽出，乞禮部堂官臚陳奏聞，請旨定奪，然後筆之於書。其書既成，別擇民間之冠、婚、喪、祭爲簡要一編，並發明其所以然，以激發其良心，並存寧儉寧戚之意，俾易於遵循。……此間望兄如望歲，而弟私心尤甚。兄若不來，弟無所折衷，恐亦難於從事。伏望兄爲世道人心强起一出，如何！如何！"③

二月十五日，曹元弼致函葉昌熾勸就存古之聘。

《緣督廬日記鈔》："十五日，存古學堂叔彦又以函來繫維，致

---

① 曹元弼：《爲湖北存古學堂公祭黄仲弢提學文》，見《復禮堂文集》卷十，957頁。
② 王欣夫輯：《復禮堂朋舊書牘録存》第四冊，61～62頁。
③ 同上書，62～64頁。

當途之意。一月到堂兩次，宣講大義，課程閱卷皆以分校代理，如書院山長之例。體諒至此，勢難拒絕。但分校難得，此分校不啻代總校，尤不易物色。即有其人，非三十金一月可延致，而毛遂自薦者更拒不勝拒，真進退維谷。"①

二月二十四日，葉昌熾來訪略談。是日，葉昌熾得孫宗弼函，勸却存古聘。

《緣督廬日記鈔》："廿四日……訪叔彥略談。……伯南忽有函來，茹鯁在喉，欲吐不吐，蓋諷存古之輕出也。不佞何嘗願出哉，橫來干涉，大惑不解。"②

二月二十七日，葉昌熾與孫宗弼談存古之去就，不悅。本欲函致曹元弼，留未發。

《緣督廬日記鈔》："廿七日，伯南自城來留午餐，詰其前函宗旨，則以不佞出應存古之聘，學界大嘩，將有鳴鼓之攻。並言保粹之事尚有什佰重要於此者，盍不改圖，以慰眾望。詰以何事，以藏書樓對，詰以何人主持，從何籌款欸，畫餅充飢，徒托空談而已。又出示蔣季和、吳訥士公函，與朱廉訪反對，伯南謹願來爲紹介，不過偃師之傭人耳。即以叔彥函示之，又告以若爲薪水計，歸田之後早已迫不暇擇，何待今日。即作叔彥函，既思盛怒作函，易於失辭，留未發。"③

二月二十九日，葉昌熾致函曹元弼。

《緣督廬日記鈔》："廿九日，昨改定叔彥函，今晨付航。"④

三月初三日，曹元弼覆葉昌熾函。

《緣督廬日記鈔》："初三，得叔彥函，力言存古干城聖道，必

---

① 葉昌熾撰，王季烈鈔：《緣督廬日記鈔》，463 頁。
②③ 同上書，464 頁。
④ 同上書，464 頁。按：該函今存《復禮堂朋舊書牘錄存》第三冊，文煩不錄。

能成立，群鷗仰視而赫，可無置懷。"①

三月二十三日，曹元弼與王仁俊同作函致葉昌熾，屬爲開列史學書目，并議定教學方法。

《緣督廬日記鈔》："廿三日，王扦鄭太守已自鄂返蘇，與叔彥同作一函來，並寄貽所著《正學編》一冊……又寄示存古學堂簡章，及張中堂在鄂奏辦原摺。……屬開史學書目，並商定教授法。"②

夏四月二十三日，曹元弼、葉昌熾到存古學堂會商。

《緣督廬日記鈔》："廿三日，……午後赴存古學堂與叔彥會商校事，第一次到堂也。"③

四月二十五日，蘇省存古學堂開學。

《吳縣曹先生行狀》："是年江蘇亦奏設存古學堂，延爲經學總教，仍兼鄂學。同時長洲葉昌熾爲史學總教，元和鄒福保及王仁俊、唐文治先後爲詞章總教，同郡孫宗弼、沈修、孫德謙爲協教，皆一時碩學通儒，師資稱極盛焉。"④

五月二十六日，曹元弼經陳啓泰薦舉，以《禮經校釋》得翰林院編修。

《復禮堂日記》："前月，元弼蒙蘇撫陳伯平中丞奏保經明行修，進呈所著《禮經校釋》。二十六日，奉上諭，加恩賞給翰林院編修，書發交禮部禮學館。"⑤

《復禮堂述學詩》："光緒三十四年五月廿六日，内閣奉上諭：'前據江蘇巡撫陳啓泰奏進在籍分部郎中曹元弼所撰《禮經校釋》一書，當交南書房閱看。兹據奏稱"該員所著《禮經校釋》，疏通證明，持論頗多可采。後附《禮經纂疏序》，於《禮》學源流，言

①② 葉昌熾撰，王季烈鈔：《緣督廬日記鈔》，464 頁。

③ 同上書，466 頁。

④ 王欣夫：《吳縣曹先生行狀》，見卞孝萱、唐文權編：《民國人物碑傳集》，北京：團結出版社，1995 年，524 頁。

⑤ 王欣夫輯：《復禮堂日記》第二冊，1 頁。

之墓詳"等語，曹元弼著加恩賞，給翰林院編修，用示嘉獎。原書著發交禮部禮學館以備參考。欽此。'"①

六月，《孝經學》刊成。

秋八月初一日，清廷頒布《欽定憲法大綱》《議院選舉法要領》等，定預備立憲期爲九年。

八月，江蘇教育會公推張謇爲寧屬諮議局總理，王同愈爲蘇屬諮議局總理。②

九月二十八日，張錫恭來函，賀曹氏得清秩，促來禮學館，并訂正《禮經校釋》兩則。

> 戊申五月《張聞遠與曹叔彦書》略謂："前日詣府，是時尚未知兄拜賜命，回里後忽忽入都，見邸報始得知之，曷勝歡喜。朝廷所以待兄者，不啻如戴東原、張皋文兩先生，在兄自宜委身供職，以展生平忠孝之思，而禮館亦得藉兄議決，以成一朝之令典，誠盛事也。欲潔其身而亂大倫，豈所望于兄乎？……弟在此承修《喪禮》，近讀徐氏《讀禮通考》，參以大著《禮經校釋》，于'次孫持重'之章，及'有地大夫爲兄後'之義，頗有所疑，敬錄管見，以請裁正焉。按，《通典》載適孫亡無後者甚眾，而統歸於三條。其一，或人問適孫承重在喪中，亡而無後，疑于祭祀，徐邈答云：使一孫攝主，攝主則本服如故，若周既除，當以素服臨祭，此則居喪而亡者。庚蔚之申之云：猶父爲適，居喪孫不傳重也。其義致確，弟固無所疑矣。其一爲范宣答蔣萬問，是適孫先亡而無後者也。范宣云：禮，爲祖後者三年，不言適庶，則通之矣。是次孫可以爲後，可以持重者也。弟以爲，使適孫而殤者也，則次孫居殤者之處，後殤者之父，而承祖重焉可也。若適孫非殤，而次孫承重，得無使次孫奪嫡耶！其一，裴松之答何承天書，以范宣說爲非，而謂次孫宜爲喪主，終竟三年，不得服三年之服，弟以爲此說似確。

---

① 曹元弼：《復禮堂述學詩》卷六，民國二十七年（1938）刊本。
② 按：張謇、王同愈素交善，二者主張合并寧、蘇兩局，并與端方函電往來，探聽分合之事。

按，《喪大記》云，喪有無後無主，此即無後而有主者矣。而大著
《校釋》所云士庶人大宗無後而無子行孫行可立者，昆弟用攝主之
禮，與此義亦相合，而攝主以待當嗣者，生自無奪適之失。鄙見欲
主裴議，不知然否？乞兄一言正之。又，諸父昆弟爲後，天子、諸
侯禮也。段氏作《明世宗非禮論》，以爲有地大夫與之同，而大著
《校釋》一遵段氏，無所從違。竊以爲，段氏諸論皆確，而惟此一
條不能無疑。按，何氏注《公羊春秋》，於僖公不書即位，云'禮，
諸侯臣諸父昆弟，以臣之繼君，猶子之繼父也，其服皆斬衰，故
《傳》稱臣子一例'，而注'仲嬰齊卒'云'弟無後兄之義，爲亂昭
穆之序，失父子之親'，是天子、諸侯可以諸父昆弟爲後，而大夫
則不可。何氏之説甚分明也。段氏破字，是削足適履。蓋天子、諸
侯盡臣諸父昆弟，其生也可爲之臣，則其没而無後也可爲之子。大
夫不臣諸父昆弟，其生也不得以爲臣，則其没而無後也，不得以爲
子。昔先王之制禮也，親親與尊尊並重，惟所在而致其隆焉。天子
者，天下之共主也；諸侯者，一國之君也。尊無二上，旁親之親
輕，而君天下、君一國之尊重。故兄弟皆爲之臣，而喪則服斬衰，
其無後也雖棄其倫之親，而爲之子焉可也。大夫之尊則貶矣，其所
臣者惟家臣耳。然家臣于大夫拜不稽首稱子，若生而不稱臣，喪雖
斬衰，而衆臣布帶繩屨，示不得同於正君也。家主之尊不掩其旁
親之親，故兄弟不爲之臣。假令有棄其倫而爲之子者，不得不爲
亂昭穆也。且天子于諸侯有不純臣之義，而諸侯于大夫不問有地
無地，皆純臣也。大夫于大夫不問有地無地，皆非異爵也，敵
也。是諸侯與大夫其分殊絶，有地大夫與無地大夫，其別甚微，
今爲後之義不分於分之殊絶者，而分於別之甚微者，似非禮之所
安。鄙見如此，伏乞兄再細心核之，賜之覆音，教以所不及，幸
甚幸甚。弟近于《喪服》粗有考覈，俟有寫手，當録以呈政。近
日屢與令兄君直兄談論，開發良多。若得文斾北來，則獲益更無
量矣。"①

---

① 王欣夫輯：《復禮堂朋舊書牘録存》第四冊，64～69頁。

是月，《經學文鈔》纂成，曹元弼序之。是編由蘇存古學堂刊印，并授鄂學。

《經學文鈔序》："六經之道與文至矣。《易·彖》《象》《繫辭》《文言》，《詩序》，《春秋傳》，《禮》七十子後學之記，皆所以發明前聖製作精意。其文章之懿，清明象天，廣大象地，窮高極遠而盡精微，溥博淵泉而道中庸，見天地之心，著人情之實。是用六經之道，昭炳光明，夫子之文章，永億萬世，可得而聞。所謂'文王既沒，文不在茲'者，此其大彰明較著者也。孟、荀二儒，吐辭爲經，迨乎漢師，賈、董、許、鄭以王道聖法、群經精理爲文，微言大義，不絕不乖。魏晉而下，斯道稍衰，儒風陵替，文薄之弊，意爲辭掩。幸有言明且清之義疏出於其間，雖辭訓古質或傷煩瑣，而清深透達，實開昌黎起衰之先。唐宋至今，學術文體悉以此爲大路之椎輪，雲門之土鼓。國朝稽古右文，崇尚經學，風氣精博，超軼漢唐，名儒蔚起，著作極盛。……元弼復承乏爲總教，因將此編就蘇學印行，印成以授鄂學，俾吳楚英髦咸誦習焉。孟子曰：'經正則庶民興。'又曰：'樂則生矣，生則惡可已也。惡可已則不知足之蹈之、手之舞之。'延叔堅之說讀書曰：'洋洋乎其盈耳也，渙爛兮其溢目也，芬芬欣欣兮其獨樂也。'因文辭之美，以歆動其慕尚經術、希聖希賢之心，覃精研思，優柔厭飫，仁、義、禮、智生於心，和順積中而英華發外，蘊之爲德行，措之爲事業。聖道之明，人才之盛，將於是基之。文辭云乎哉？"[1]

冬十月二十一日，光緒帝卒。清廷立載灃子溥儀爲嗣皇帝。

十一月初九日，宣統帝溥儀即位。

十二月初八日，蘇撫陳啓泰上書薦舉曹元弼、陳慶年、張錫恭等人。

戊申十二月二十三日《申報》載《蘇撫奏舉耆儒碩彥》略謂："又翰林院編修曹元弼，江蘇吳縣進士，學術淵懿，議論正大，于

---

① 曹元弼：《經學文鈔》，見《復禮堂文集》卷一，64～65頁。

三禮致力最深，著有《禮經校釋》等書，淹貫深邃。其爲説務闡明古誼，用維世變，尤以扶翼名教爲兢兢，於邪慝不經之談，緣飾亂真之論，辨之尤明。言及時政，忠愛之悃，藹然流露，而操行端嚴，居家孝友，恂恂有古儒者之風。"①

十二月十四日，曹元弼定撰《易》疏之次第。

　　《復禮堂日記》："十四日，……治《易》次第：一校《易學文鈔》；一校所編《周易學》；一作《周易學序》，定條例目録；一作《周易箋疏序》；一編閲諸家説《易》綱領；一閲《乾》《坤》《屯》《蒙》諸家説及元弼舊説，分别去取，爲長編始基；一定《易疏》條例；一循序編纂，薈萃群言，擇善而從，貫以心得。"②

　　十二月末，曹元弼作《蘇省當遵旨專設諮議局不當附屬寧局議》，駁蘇局附合於寧局之説。并預定《孝經》講程、《文王受命改元稱王辨》、《答宋翰飛論文王受命書》、《江蘇存古學堂經學策程説先君之思》等數種爲明年學堂講義。

　　《復禮堂日記》："二十一日，……前數日辨諮議局設立處，約四千餘言。當屬毛上真將《孝經》講程、《文王受命》上中兩篇釘一册，下篇及《答宋生書》、《"先君之思"篇講程》爲一册，每册五十餘分，俟來歲開學給諸生；又釘三十分備寄鄂分送。《尊尊親親五大義》篇當多釘三十餘分，《經學文鈔》三十分，《孝經學》十分，印《諮議局議》一百五十分。"③

遜帝宣統元年　己酉（1909）　四十三歲

本年日記有《復禮堂日記》《清夜焚香録》。④

――――――――

① 《蘇撫奏舉耆儒碩彦》，載《申報》光緒三十四年十二月二十三日。

② 王欣夫輯：《復禮堂日記》第二册，5頁。

③ 同上書，6頁。按：《蘇省當遵旨專設諮議局不當附屬寧局議》見《復禮堂文集》卷六，《江蘇存古學堂經學策程説先君之思》、《文王受命改元稱王辨》上中下三篇、《答宋翰飛論文王受命書》見《復禮堂文集》卷三。《尊尊親親五大義》未見。

④ 按：王欣夫所輯《復禮堂日記》存正月初一日至二月二十九日，以及八月十一日至十二月十二日，《清夜焚香録》僅十二月二十二日至二十四日。

本年，曹元弼執教蘇、鄂存古學堂。

春正月初一日，曹元弼定本月《孝經》學、《毛詩》學讀書程課。

《復禮堂日記》："宣統元年正月初一日，……是月讀《孝經》《論語》。閲《孝經提要》、《校勘記序》、邢叔明《序》、舊作《臧輯孝經鄭注吴刻本序跋》。《鄭注臧輯本序》即可爲《孝經纂疏序》底本。閲《毛詩提要》《正義序》《校勘記序》。某日校《孝經學•明例》。"①

正月初五、初七日，曹元弼定撰著《孝經纂疏》《易疏》《詩疏》體例。

《復禮堂日記》："五日，《孝經纂疏》當首列大誼一卷，鄭注當録其成句者，其零間碎誼用小字旁注，略加申釋。采前人説，務擷精要，足發經大誼，有功世道人心者，若無甚切要之言，悉置不録。此與向日疏家體例略疏。《易疏》當放孔憲公作論數首冠于簡端，約《明例》及《要旨》首章，兼采《解紛》數章。《詩疏》自《詩譜》始可也。凡諸經疏，宜多采微言大義、古書證據，其牽連辨駁之説宜省。經文須語語解釋，注文難解者解之。

"七日，《易論》《易贊》當列《易疏》首。《孝經序論》列《孝經疏》首。"②

閏二月中旬，曹元弼致葉昌熾函，言黄紹箕有《尚書今古文篇目考》，可編入遺文。

己酉春《葉昌熾與曹叔彦書》："昨得涇陽電，爲仲弢學使編刊遺文，甚盛舉也。……尊處午帥想亦有電，有仲弢遺文否，並乞示，感甚。"③

《緣督廬日記鈔》："閏二月十九日，得叔彦函，言黄仲弢著有

---

① 王欣夫輯：《復禮堂日記》第二册，7頁。
② 同上書，8頁。
③ 王欣夫輯：《復禮堂朋舊書牘録存》第三册，10頁。

《尚書今古文篇目考》，極精塙。黄氏在日本時曾與東人論宗教，推明孔氏，累數千言，未知其稿存否，當轉告溳陽尚書。"①

閏二月二十一日，葉昌熾覆函曹元弼，稱贊曹氏《問衛風擬策》，并言黄仲弢遺文事。

    己酉閏二月二十一日《葉昌熾與曹叔彥書》略謂："展誦賜書，謙光踰格。講程四冊，敬領感謝。前在高齋，僅見《問衛風擬策》一通，念念批讀，媿未窺見美富。須伏案莊誦，涵泳紬繹，始知訓詞深厚，極深研幾，以高密之綜貫群經，闡程朱之理奧，秉質含章，式浮振靡。劉彥和云：'辭之所以能鼓天下者，乃道之文也。'曷勝欽服。……仲弢前輩天不假年，正學方微，又弱一個，黄壚之痛，豈惟友生。承示《尚書今古文篇目考》，當轉告溳陽。弟僅搜得《克鼎釋》一篇，又孫仲容《墨子閒詁跋》亦精意之作，世有刻本，溳陽想已見之。潘仲午允録寄《古塠釋文》，尚未來也。"②

三月十八日，憲政編查館允蘇、寧諮議局合并。

三月二十五日，馬貞榆來函，稱許《文王受命改元稱王辨》《孝經疏》校文等作。

    己酉三月二十五日《馬貞榆與曹叔彥書》："大著《孝經》'聖人因嚴以教敬'二句《疏》校文，並申舊注一篇，《文王受命改元稱王辨》三篇。《孝經疏》校文體勘入微，足稱經神。《文王受命改元稱王辨》祛秦漢之遊詞，爲後世之爲人臣者立之坊，真是有功名教矣。"③

夏四月二十七日，禮學館續選纂修及顧問，曹元弼及葉昌熾、沈曾植、唐文治等列名顧問。④

---

① 葉昌熾撰，王季烈鈔：《緣督廬日記鈔》，476 頁。
② 王欣夫輯：《復禮堂朋舊書牘録存》第三冊，11~12 頁。
③ 王欣夫輯：《復禮堂朋舊書牘録存》第一冊，123 頁。
④ 《禮學館續選纂修人員名單》，載《申報》宣統元年四月二十七日。

《緣督廬日記》：“四月廿八日，……閲報章，禮學館奏調七員充纂修官，胡綏之首列，並有孫叔盉、王扜鄭。顧問官紳二十五員，唐蔚芝、志伯愚、馮夢華、沈子培、劉仲魯、陳松珊、鄭蘇龕、汪子淵，皆舊雨也。叔彥與下走亦在列。”①

秋七月十八日，馬貞榆來函，稱許《原道》《述學》《守約》三篇。

己酉七月十八日《馬貞榆與曹叔彥書》略謂：“前日始獲讀大著《原道》《述學》《守約》三篇。《原道》探性命之原，明天人之奧，精深博大，明白易行，所謂約六經之旨以成文者也。惟“蓋六經者”句之前只舉五經，宜補入《樂經》一條否？《述學》一篇貫通百氏，師法謹嚴，其進退諸家皆非淺人能道其隻字。《守約》一篇言治經有二法，一爲略觀大要之學，一爲究極經義之學，此等文字義理固是完足，而光焰亦上沖霄漢矣。維持聖教，沮遏橫流，公以贈貞榆者，貞榆還以奉公也。”②

八月二十一日，張之洞卒。

八月二十四日，曹元弼聞張之洞訃告，悲慟難支，誓願編成《十四經學》。

《復禮堂日記》：“二十四日，聞南皮相國薨。天禍中國，天禍斯文，一至此邪？弼自是無心於世矣。《十四經學》當依舊編纂，以無墜南皮師遺教。他日此書能于世道人心有益，則《勸學篇》之立法指授爲不虛，我師維持名教之功與六經無終極，而國士之知差可無負矣。”③

是秋，張錫恭致函曹元弼，言張之洞之喪，勉以學統之大任，并討論《校釋》“繼母嫁”節句讀。

己酉秋《張聞遠與曹叔彥書》略謂：“天不憗遺，張文襄公又

---

① 葉昌熾撰，王季烈鈔：《緣督廬日記鈔》，478頁。
② 王欣夫輯：《復禮堂朋舊書牘録存》第一册，130～131頁。
③ 王欣夫輯：《復禮堂日記》第二册，14～15頁。

捐館矣。在公仁以爲已任，死而後已，固可無憾，而人之云亡，心之憂矣。治道學統，關係匪淺，代公任治道之責，在上者之事；而學統之危，如一髮引千鈞，代公任其責者，非兄而誰？歲云秋矣，北地早寒，兄尚能不憚跋涉，哭奠總帷之下乎？拙著求鐫正，尚未見一字之賜，得暇希即批示。'繼母嫁'節不讀'從'爲絕句，更得一證。齊衰杖期爲正統同體者之服，故惟爲母爲妻而已。今若讀'從'字絕句，從則服之，不從則不服，是服之之誼起於寄育之恩也。夫爲寄育之恩而服，爲之期可也，爲之杖不可也。惟繼母有如母之誼，今雖改嫁，而必終其如母之恩，是以爲之期而杖，故曰：嘗爲母子，貴終其恩。願兄再平心審之。古人寄育之恩不杖期而止，昌黎于嫂、袁昂於從父兄、馮熙于養母，莫不皆然。畢構之妹服兄三年，賢者之過，不足法也。而謂經于改嫁繼母獨隆其寄育之恩，無是理也。"①

冬十一月初一日，劉體乾來函，欲在湘刊曹元弼《孝經講義》，乞賜序并定書名。

己酉十一月初一日《劉健之與曹叔彥書》略謂："尊著《孝經講義》，弟曾録副本，藏之有年，奉爲圭臬。竊意有宋諸儒以講義列入全集者遜此宏通，我朝諸儒經術雜屬又遜此純粹。當此蔑棄經訓之時，弟欲在湘中敬爲剞劂，廣爲流播，以存人教之大防。敬乞賜序文冠首，並求酌定書名，以便付梓。"②

是年，禮學館總裁陳寶琛致函曹元弼，請示以修禮因革損益之方。

宣統元年《陳寶琛與曹叔彥書》略謂："竊維禮時爲大，自昔所傳如《開元禮》《政和五禮新儀》《大金集禮》《明集禮》，代有編輯，要必隨其本俗以爲因革損益之方。乾隆、道光兩次修禮，皆斟酌古今，務臻美善。本居奉旨重修，自當遵率列聖成

---

① 王欣夫輯：《復禮堂朋舊書牘録存》第四冊，69～71頁。
② 王欣夫輯：《復禮堂朋舊書牘録存》第三冊，164～165頁。

規，綴輯附益，而於民禮加詳。謹將原奏所擬凡例十九條奉呈鑒政，就中容有商榷之處。及各處禮俗不同，應如何整齊變易，使靚然同出於一途，以與憲政、法律相貫通而無窒礙。惟望隨時隨事飼以論議，賜以糾繩，俾有遵循，以上贊朝廷修明禮教、移風易俗之盛治。"①

是年，《周易學》《禮經學》刊成。②

《〈周易〉〈禮經〉〈孝經〉三學合刻序》："戊申，遂奏立江蘇存古學堂，延余掌教，竹石師又以余三經學授梓。越一年刊成。"③

按：曹元弼撰《十四經學》尚有刊而未成之《毛詩學》《周禮學》《孟子學》三種，其紅樣本存王欣夫處。詳見附錄《曹元弼著作未成與未見表》。

宣統二年　庚戌（1910）　四十四歲

本年日記有《清夜焚香錄》《無忝錄》《希聖潛天室存養記》《定隱廬日記》《復禮堂日記》《明剛自惢齋學志》。④

本年，曹元弼執教蘇、鄂存古學堂。

春二月十三日，曹元弼覆張爾田書，贈以《禮經校釋》，并與蘇提學使樊恭煦商請唐文治為文科監督。

《明剛自惢齋學志》："十三日，應治事。覆幼蕘書，贈以《校釋》。與提學商請蔚芝為文科監督。"⑤

---

① 王欣夫輯：《復禮堂朋舊書牘錄存》第一冊，7～8 頁。
② 曹元弼：《周易學》，清宣統元年（1909）刊本；《禮經學》，清宣統元年（1909）刊本，國家圖書館藏，館藏號：65507。
③ 曹元弼：《周易學》，民國十五年（1926）刊本，國家圖書館藏，館藏號：160817。
④ 按：王欣夫所輯《清夜焚香錄》存正月初一日至十三日，《無忝錄》存二月十日至二十九日，《希聖潛天室存養記》存四月四日至二十五日，《定隱廬日記》存五月初二日至六日，《復禮堂日記》存五月十五日至二十四日、十月十三日至十二月十一日、十二月二十一日至二十五日，《明剛自惢齋學志》存二月二十八日至六月五日。
⑤ 王欣夫輯：《復禮堂日記》第二冊，49 頁。按：張爾田本年十月任存古學堂庶務，其覆曹氏此函尚存，見王欣夫輯：《復禮堂朋舊書牘錄存》第四冊，文煩不錄。

三月初九日，曹元弼與樊恭煦商，擬爲存古添科學一門。

《明剛自怤齋學志》："九日，……侯介老，商添科學。"①

三、四月間，曹元弼隨樊恭煦赴滬，請唐文治任存古史學教習。

《茹經先生自訂年譜》："蘇提學使樊介軒先生名恭煦，偕弟曹君叔彥來滬，請余爲蘇州存古學校史學教習。余因史學非所長，辭之。先生與叔彥堅請不肯去，不得已，允其寄卷評閱。旋赴存古學校講學一日，勗勉諸生。"②

夏五月，曹元弼覆陳寶琛去歲函，論三綱五倫百世不可變革，并禮爲憲政、法律之本等義。

庚戌五月《覆陳伯潛閣學論修禮書》略謂："夫禮時爲大，帝王質文，代有因革，而大本大原，則董子有言'天不變道亦不變'，尊尊、親親、長長、男女有別，此百世不可得與民變革者也。孔子所謂殷于夏禮、周于殷禮損益可知，而此則其所因者也。先王承天之道以治人之情，因人父子慈孝出於天性，而爲之定夫婦以正其本，立君臣以會其極，於是乎有三綱。父子定則兄弟相親，君臣正則朋友相任，於是乎有五倫。有三綱五倫，於是乎有冠、昏、喪、祭、聘、覲、射、鄉、相見。有冠、昏、喪、祭、聘、覲、射、鄉、相見，於是乎有節文等弑、制度名物，漸仁摩義，涵育薰陶，而孝弟忠順、廉恥信義深入民心，鬥囂虣亂、邪説詖行不戢自止。合敬同愛，聚百順以事君親；合智同力，立成器以利天下。三代以上，中國所以爲普天大地中至富至強至安者，禮其本也。嫚秦以來，禮教陵夷，士大夫于先王製作精義既茫乎未窺，而當代典章更漫不留意，大失孔子從周之義。民不興行，非一朝一夕之故。邇來世變日亟，莠民乘機拔本塞源，裂冠毀冕，至公然倡廢三綱之説。勢將率天下之人而盡陷於禽獸鬼魅、放恣黷亂，弱肉強食，以召禽獮草薙之禍。

---

① 王欣夫輯：《復禮堂日記》第二册，51頁。
② 唐文治：《茹經先生自訂年譜》，2251頁。

"朝廷深惟救亂以禮之義，廣徵方聞之士，修輯禮書，命宿德重臣理而董之，因乾隆、道光《通禮》更加厘訂。天語煌煌，以移風易俗爲訓，德意至深厚。又奉命與法部憲政館商議，誠以禮爲政刑之本，本禮以權憲政，則太阿不至倒持，而憸人不能僭竊威福以播惡斂怨於民。本禮以定法律，則天敘有典，天討有罪，互相表裏而教戒明，六親固，四維張，民志乃定。禮部原奏及凡例十九條宣上德民厚俗，綱舉目張，詳審精密。愚竊以爲古禮可存者必存之，可復者必復之，非徒愛禮存羊，將以明尊親之大義，消逆亂之萌漸，鼓舞天下忠孝之精神，杜塞譸觚附會之藉口。"①

六月二十二日，張錫恭屬草《喪服鄭氏學》。

秋八月，張次珊赴鄂主持存古，曹元弼致函，期以繼承南皮之遺業，并寄呈《周禮文鈔》。

庚戌八月《曹叔彥與張次珊前輩書》略謂："文襄前作《勸學篇》以明綱教忠，繼立存古學堂以存國粹，遏亂源。此楊墨交亂時之孟子，李斯焚坑時之伏生，魏晉清談將作時之鄭君，唐佛老盛行時之韓子。任重道遠，關係至大，苟非其人，道不虛行。今得名德大師主持存古，與績學通儒馬君季立及在堂諸君，循循善誘，教思無窮，容保民無疆，蒙彪養正，必爲傾否反泰，成既濟之本。惜弼也久疾，精力虛備，不獲常追隨石經閣與聞大論耳。拙編《易》、《書》、《詩文鈔》暨《孝經學》聞已由鄂學重印，茲寄呈《周禮文鈔》兩冊。"②

冬十月初十日，曹元弼訪葉昌熾談，言存古學生爲流風侵染，當匡正之。

《緣督廬日記鈔》："初十日，午後，叔彥來。爲縮短國會全城軍商學界，自十三至十五夜提燈慶祝，腥聞所染，存古生徒隨風而

---

① 曹元弼：《覆陳伯潛閣學論修禮書》，見《復禮堂文集》卷五，604～608 頁。
② 曹元弼：《與張次珊前輩書》，見《復禮堂文集》卷九，899～904 頁。

靡，意在匡而正之。"①

是月，蘇省諮議局有廢存古或改設於寧之議，曹元弼致函學部尚書唐景崇、體仁閣大學士陸潤庠，辯諸説之謬以竭力維持之。

《上唐春卿尚書師書》略謂："夫存古非存舊也，有時而敝者謂之舊，無時而敝者謂之古。度量、器械如人衣服、宮室，本不求舊，此可得與民變革者也。六經之教，三綱五常，如天地日月江河，萬古常新，此不可得與民變革者也。時文試帖等往日科舉之學，有時而敝，舊也；聖經大訓，歷代史志成敗法戒，無時而敝，古也。……故存古者，立憲之本也。夫如是，則反側何由逞其志以傾覆我國家。今聞諸道路，洶洶有欲廢存古之説。……或者以爲京師有經科大學、文科大學，則各省存古可以不設。……或又以各省存古固當設，而蘇省存古則宜改設于江寧，此尤無理妄言。……"②

《上陸鳳石相國書》略謂："今議者多欲廢存古，尤欲廢蘇省存古。……若謂財政艱窘，則所見殊小。況蘇學經費至省，何苦而毀已成之局，敗將成之才。揆之中堂教忠遏亂，培植天下人才，愛惜鄉里善俗之心，當必不忍聞此謬論。幸唐尚書師學爲儒宗，三吳英才凤被教澤，如中堂晤語時轉達蘇學情形，息邪崇正，當有同心，名教綱常實嘉賴之。"③

十月二十日，葉昌熾致函曹元弼、鄒福保，請辭存古教習。

《緣督廬日記鈔》："二十日，……諸君子方宣戰，衰朽不足抗顏，行也。"④

庚戌十月二十日《葉昌熾與鄒芸巢、曹叔彦書》略謂："國粹一線，惟存古是賴。稼公維持盛意，可敬可感。又得萃、雪兩帥提倡而扶翼之，公道在人，此議當可轉圜。惟如下走老病頹唐，終年

---

① 葉昌熾撰，王季烈鈔：《緣督廬日記鈔》，488頁。
② 曹元弼：《上唐春卿尚書師書》，見《復禮堂文集》卷九，877～888頁。
③ 曹元弼：《上陸鳳石相國書》，見《復禮堂文集》卷九，893～897頁。
④ 葉昌熾撰，王季烈鈔：《緣督廬日記鈔》，488頁。

不常到校，上愧師友，下慚同學，雖蒙諸君子曲恕，内返未嘗不許下。存古事關奏案，且列憲政籌備單内，原無議廢之理，但當力求整頓。如下走之腐敗，自知甚審，惟有據實瀝陳，請即引退以塞議者之口。"①

十一月初五日，馬貞榆來函，稱揚《書孫氏〈周禮正義〉後》一篇，并許梁鼎芬、曹元弼、張錫恭可爲帝師。

> 庚戌十一月初五日《馬貞榆與曹叔彥書》略謂："大著《〈周禮正義〉書後》以《孟子》'亦盍反其本'、《洪範》'皇建其有極'證《周禮》六官之以爲民極，説《周禮》者從未有及此者，洞徹本原，切中時弊，非公之識不及此，而發揚蹈厲之中，有正笏垂紳之度，公之學宜爲帝王師也。……今皇帝幼沖，左右宜得毓德之臣，貞榆竊得三人焉，一則梁節庵，一則公，一則張聞遠，區區存古學堂，豈足以位置公哉！"②

十一月二十二日，張仲炘覆曹元弼函，深許《書孫氏〈周禮正義〉後》一篇。

> 庚戌十一月二十二日《張次珊與曹叔彥書》略謂："八月二十八日，展奉賜書，猥以承乏鄙省存古學堂，過蒙推許，以世道之凌夷，人心之偷墮，欲使繼胡文忠、張文襄之後，救弊扶衰，作狂瀾之砥柱，任重道遠非所克當。雒誦之餘，只增愧悚。承寄示《周禮文鈔》二卷，抉擇精微，而大著《書孫氏〈周禮正義〉後》一篇，探本立論，尤所心折。蓋先王治天下，曰政曰教，經緯萬端，而所以出治之本，則惟倫理而已。孟子曰：'聖人，人倫之至也。'又曰：'舜明於庶物，察於人倫。'子思子曰：'天下之達道五，而所以行之者三。'蓋必有智、仁、勇三達德，而後能行五達道；能行五達道，而後能推其所爲以及於天下。古之人所以大過人者，豈不以此哉？今天子本躬行以出治，足以遠紹古昔，而因積弱之故，下

---

① 王欣夫輯：《復禮堂朋舊書牘錄存》第三册，76～77頁。
② 王欣夫輯：《復禮堂朋舊書牘錄存》第一册，137～138頁。

詔維新，兼采西法。夫西法多與《周禮》相合，而其所以爲治者，固仍有其本也。乃一二奇邪之士，厭故喜新，遂謂西法既行，綱常可廢，至欲盡棄所學，誠有可爲痛哭流涕者。閣下探古聖之心，鑒今世之失，於勸學之中，尤以明德爲急，一篇之中，三致意焉。此則足以補孫氏詒讓之所未備，而後生小子所當書萬本而誦萬遍者也。"①

十一月二十四日，馬貞榆聞蘇存古爲諮議局議廢，函詢曹元弼。

　　庚戌十一月二十四日《馬貞榆與曹叔彥書》："十一月十七日時報，言貴省存古已爲諮議局議決廢去，果爾則中國之大變也。今日中國存古，惟貴省及湖北，所費比之，各學堂不及百中之一，而保存國粹者無限，不審議者何心，此其人必當永永墮入地獄，終無轉入人道之日，然後可也。"②

十二月初一日，曹元弼訪葉昌熾談，言存古史學教習由唐文治接替，鄒福保亦請辭等事。

　　《緣督廬日記鈔》："十二月初一日，叔彥日映來，長談，黃昏始去，史學一席已聘定唐蔚芝侍郎，不禁色喜，三年尸素，可冀後來者爲吾補過。又聞芸巢亦請退，稼公尚在縶維，知其去志甚堅也。"③

十二月初五日，曹元弼致函馬貞榆，言蘇存古維持之艱難。

　　庚戌十二月十一日《馬貞榆與曹叔彥書》："接公本月初五函問，……來函言與群隊豺狼爲敵，以少擊衆，百折不回，尚能延一綫之命。來歲尚有大戰。"④

---

① 王欣夫輯：《復禮堂朋舊書牘録存》第一册，102～104 頁。
② 同上書，143～144 頁。
③ 葉昌熾撰，王季烈鈔：《緣督廬日記鈔》，489 頁。
④ 王欣夫輯：《復禮堂朋舊書牘録存》第一册，146～147 頁。

宣統三年　辛亥（1911）　四十五歲

本年日記有《復禮堂日記》《孔思堂日誌》。①

春正月初二日，張錫恭致函曹元弼，呈議禮文字二篇，并言撰《喪服鄭氏學》事。

> 辛亥正月初二日《張聞遠與曹叔彥書》略謂："弟在禮館，惟知以禮爲學。去歲略有議禮文字，敬録二篇以求正，其論'父之本親'一首，未敢自信，欲得直筆以決之。學統之禍亟矣，非專門治學，精研而固守，不足以保殘守缺。弟擬撰《喪服鄭氏學》，臚陳各説，合者發其微，違者辨其失。去歲草創《喪服》首節之稿，所見書尚少，已及七十餘紙，暇當將稿陸續謄出，歸將呈政。陳弢庵先生佐勞學使争新《刑律》甚力，僉以爲聖朝三百年養士之澤也。"②

正月二十日，存古學堂開學。③

正月末，曹元弼致函張次珊辭鄂存古經學總教。

> 辛亥正月《與張次珊前輩書》略謂："今蘇學如此，勢難分身。度今年又不能到鄂，日征月邁，伐檀之誚於何可逃，不得已敬縷述鄙情，辭謝經學總教一席，非敢自外，實求少疚。否則心懸兩地，愈久愈歉。"④

二月十二日，曹元弼覆函張錫恭，論張氏著作，并叙存古近狀。

> 辛亥二月十二日《曹叔彥與張聞遠書》略謂："禮書將告成，天經地義賴以維持。國家養士二百餘年，得兄與陳閣學、勞學使及胡侍御思敬、劉京卿廷臣諸公力障狂瀾，俾人心不死，亂黨有所忌憚，否極泰來，足以爲中興之資。天下志士仁人同深企望。家變一

---

① 按：王欣夫所輯《復禮堂日記》存正月初一日至四月二十六日，《孔思堂日誌》存四月二十七日至六月九日。
② 王欣夫輯：《復禮堂朋舊書牘録存》第四册，71～72頁。
③ 王欣夫輯：《復禮堂日記》第二册，64頁。
④ 曹元弼：《與張次珊前輩書》，見《復禮堂文集》卷九，905～909頁。

兄與眾正協力，弟雖不敏，亦遥爲回應，息邪距詖，惟力是視。承示大著兩首，《父之本親篇》精發禮意，聖人復起，不易斯言。拙著《校釋》'爲人後者爲其父母'條下論及此事，亦從王氏彪之説，而疏證未詳，今讀大著，始覺無疑義。《婦人不杖篇》與拙著《禮經學》所見大同小異，足正《校釋》之誤。此事推闡至此，已得八九分，小有遷就亦無可如何。記文參錯，難以畫一，但求天理人情不爽而已。《喪服鄭氏學》討論不厭其詳，宋賢所謂爲天地立心，爲生民立命，在今日當以此學爲第一要義，否則人倫絶滅，大亂必起，生民之禍將不忍言。此救世急務，仁爲己任，舍兄其誰？此間存古學堂幾爲惡其害己者之所去，弟苦心堅持，百折不回，幸以綿延至今。倘得在位君子憫斯文之將墜，不惜讜言援之以道，俾蘇省正學不絶，各省聞風應之，天秩民彝，庶幾勿替。"①

二月二十八日，樊恭煦示曹元弼學部電，允存古學堂繼續開辦。

　　《復禮堂日記》："二十八日，介公見時學部覆電，古必存矣。"②

三月初五日，學部頒《修訂存古學堂章程》。

三月十二日，勞乃宣到蘇，欲訪曹元弼。

　　《復禮堂日記》："十二日，介公來書，言勞玉初提學到蘇，欲枉顧。並以玉公《律議》見示。即函復。"③

三月十四日，曹元弼到學堂，與勞乃宣談。

　　《復禮堂日記》："十四日，候程中丞。遇玉初提學，同至舟，語移時。"④

夏四月二十五日，曹元弼始著《周易鄭氏注箋釋》。

　　《復禮堂日記》："二十五日，《周易鄭氏注箋釋》始屬草。"⑤

---

① 　王欣夫輯：《復禮堂書牘》，12～13頁。
② 　王欣夫輯：《復禮堂日記》第二册，69頁。
③④ 　同上書，73頁。
⑤ 　同上書，84頁。

《周易鄭氏注箋釋序》："橫覽中原，禍機四伏，念天地之悠悠，愴然而涕下，吾不忍斯人之遂淪于禽獸而莫之覺也，弑機日熾，人將相食而莫之救，遂泯泯以俱盡也。閑先聖之道，以待後之學者，不敢不引爲己任。於是深念洪荒初辟以來中國聖教王道所自始，人類所以孳生不絶之由，反本復始，潛心學《易》。以前儒之説猶有未盡，更定體例，以鄭注爲主，采荀、虞諸家及古《易》説爲之箋，而以己意貫串惠、張、姚氏及各家説釋之。"①

五月中，唐文治致函蘇撫辭存古教習。

五月十三日，曹元弼致函唐文治挽留，請任學堂監督。②

《孔思堂日誌》："十三日，……兩得蔚兄書，即復之，堅請其勿辭，且任監督。"③

五月二十八日，曹元弼致函樊恭煦，請辭存古經學總教。

《孔思堂日誌》："二十八日，作書致介公，辭存古學堂經學總教。"④

六月初一日，樊恭煦挽留，曹元弼暫許不離。

《孔思堂日誌》："六月朔，面交，介公固留。審時度勢，不得已權許之。"⑤

是月，曹元弼致書蘇撫程德全辭存古教習，言辭峻厲。⑥

---

① 曹元弼：《周易鄭氏注箋釋》卷首，34～35 頁。

② 參：曹元弼：《與樊介軒提學辭江蘇存古學堂經學總教書》，見《復禮堂文集》卷九，911～913 頁。

③ 王欣夫輯：《復禮堂日記》第二册，91 頁。

④⑤ 同上書，96 頁。

⑥ 按：該文録存《復禮堂文集》卷九，文煩不録。然削程德全之名易以"某撫"，曹元弼書此篇後曰："《春秋》之義，凡亂臣賊子未討者，其名不復見於經，明當誅絶也。《詩》曰：'如彼雨雪，先集惟霰。'《傳》曰：'君子以督爲有無君之心而後動於惡。'《孟子》曰：'諸侯惡其害己也，而皆去其籍。'辛亥六月廢存古，九月遂以蘇城叛，自是衣冠淪爲躪跡，蘭蕙漸於糞土，天秩人倫掃地盡矣，悲夫。"（曹元弼：《誥某撫辭江蘇存古學堂經學總教文》，見《復禮堂文集》卷九，919～920 頁）又《復禮堂述學詩》云："庚辛之間，任蘇撫者爲喪心負國之程德全，本不學無術，又群小邪説充耳醉心，逆節將著，而存古先廢。"（曹元弼：《復禮堂述學詩》卷六，民國二十七年［1938］刊本）

秋七月，張錫恭修訂新《通禮》之《喪禮》竣事，告假歸鄉。①

八月十九日（10月10日），武昌起義爆發。

八月二十日，曹元弼訪葉昌熾談，葉氏請鑒定《惕齋經說》。

　　《緣督廬日記鈔》："廿日，叔彥日晡來，長談至暮。架上有《惕齋經說》殘本三冊，《易》《詩》《禮》。閩惠安孫經世撰，三十年前香生太守寄示，以其非足本，未付刊。然孫君在嘉道間亦學者，而名字翳如，傳本亦寥寥罕見，鳳毛麟角，彌自可珍。即請彥老論定與漢經師家法是否密合，可爲傳刻否，以其一言爲表准。"②

九月初二日，曹元弼訪葉昌熾，談時局，以道義相勉。

　　《緣督廬日記鈔》："九月初二日，叔彥來，以道義相切劘，韋絃可佩。旋乾轉坤，倦倦于項城之一出，則未敢信爲篤論也。"③

九月初六日，清廷任命袁世凱爲欽差大臣。

九月十三日，江蘇巡撫程德全奏《存古學堂暫行停辦摺》。

是時，曹元弼以蘇城將陷，偕妻唐氏避地上海。

九月十五日，程德全易幟，蘇省成立軍政府，宣布獨立。

冬十一月十三日，孫中山在南京宣布中華民國成立。

十二月二十五日，清帝溥儀退位，授權袁世凱組織臨時共和政府。

自是，曹元弼遁世著述，爲清遺民。書問著作，均奉清帝正朔。

　　《吳縣曹先生行狀》："宣統辛亥，辭存古總教，旋即致政詔下，先生心摧氣絕，飲恨吞聲。……自此閉戶絕世，殫心著述。所往來者，葉昌熾、鄒福保、張錫恭、朱祖謀、王季烈、劉錦藻、劉承幹數君子而已。"④

　　《周易鄭氏注箋釋序》："（《周易鄭氏注箋釋》）論次方及《坤》

---

①　張錫恭：《書曹君直侍讀〈禮議〉後》，見《茹荼軒續集》，收入《清代詩文集彙編》第768冊，196頁。

②　葉昌熾撰，王季烈鈔：《緣督廬日記鈔》，499頁。

③　同上書，500頁。

④　王欣夫：《吳縣曹先生行狀》，見卜孝萱、唐文權編：《民國人物碑傳集》，北京：團結出版社，1995年，524頁。

之六四，而禍水滔天，孽火燎原，三綱絶紐，大陸遂沉。天地閉，賢人隱，流離轉徙，潛伏海濱，上維主憂臣辱主辱臣死之義，下念周余黎民，靡有孑遺之慘，痛哭呼天，拭涕著書。"①

中華民國元年　壬子（1912）　四十六歲

本年，曹元弼居家撰《周易鄭氏注箋釋》，隨成隨刊。

夏四月二十七日，曹元弼訪葉昌熾談，自誦述懷詩，有"天地有時或再清"之句。

　　《緣督廬日記鈔》："四月廿五日，……叔彥先以一函來，日晡自至，坐談甚久。自誦其述懷詩有云：'君親罔極知難報，天地有時或再清。'藹然仁者之言。"②

五月，鄒福保《倩溝詩》成，曹元弼爲作題辭，舉《易》以論人倫道理之百世不變。

　　《鄒芸巢倩溝詩家集題辭》略謂："每讀大《易》，謂天運周流，數千年往往一大變。自唐虞迄周末二千餘年，其間洪水猛獸夷狄之禍不一，而莫甚於春秋之亂賊橫行，戰國之楊墨塞路，以至於秦而有焚書坑儒、積血暴骨之敗。漢撥秦亂，迄今又二千年矣，天乎天乎，其又將變乎，抑有萬古不變者存乎？《剝》之上九曰：'碩果不食'，此所以能孕《坤》息《復》也。六十四卦終《未濟》，而孔子之《彖傳》曰：'雖不當位，剛柔應也'，言未濟之可以濟也。《雜卦傳》于《歸妹》'女之終未濟男之窮'下系之曰：'夬，決也，剛決柔也，君子道長，小人道憂也。'《夬》息則復爲《乾》，於此見天經地義萬世不能與民變革。假使橫目之民一旦盡變而爲蹯远，則衣猿狙以周、孔之服，吾知其不可，若猶是戴天而履地也，則聖人之道斷乎其不終晦也。"③

---

① 曹元弼：《周易鄭氏注箋釋》卷首，35 頁。
② 葉昌熾撰，王季烈鈔：《緣督廬日記鈔》，512 頁。
③ 曹元弼：《鄒芸巢倩溝詩家集題辭》，見《復禮堂文集》卷八，808～809 頁。

秋八月二十七日，陳煥章在上海成立孔教會。

冬十月二十六日，曹元弼訪葉昌熾談，勸其避居上海。

> 《緣督廬日記鈔》："十月廿六日，叔彥來，出《冬至夜半聞鶴鳴圖自題長古一首》，並徵蕪詞。勸避地海上，其情可感，其爲謀至忠也。"①

民國二年　癸丑（1913）　四十七歲

本年，曹元弼居家撰《周易鄭氏注箋釋》，隨成隨刊。

春，曹元弼仿《匪風》《下泉》之意作詩一首，傷清室之衰微。

> 《緣督廬日記鈔》："二月廿一日……佩鶴函寄示，……叔彥古詩一章，其題曰：大乘禪，《匪風》《下泉》之變調也。"②

夏五月十六日，張錫恭撰《喪服鄭氏學》初稿畢。③

秋七月三十日，夫人唐氏卒。

九月五日，張錫恭致函吊慰，并言《喪服鄭氏學》已完稿，後當呈正。

> 癸丑九月五日《張聞遠與曹叔彥書》略謂："八月初君直兄道兄喪偶，即欲爲一書以唁。弟旋發肝病，又內人亦病，逮弟夫婦病癒，又遭從祖叔父之喪，是以遲遲至今，敬惟節哀，爲道自重，不勝惓惓。中年喪偶，人生最苦之境，不幸弟與兄皆躬逢之。……又，年嫂夫人懿德，想兄必有所撰述，當詣靈筵左右一展讀之。拙著《喪服鄭氏學》初稿已完，必當就兄勉求是正，此時尚未能也。"④

---

① 葉昌熾撰，王季烈鈔：《緣督廬日記鈔》，517 頁。

② 同上書，522 頁。

③ 張錫恭：《茹荼軒日記》，轉引自林振岳：《張錫恭〈喪服鄭氏學〉成書與刊刻》，見上海交通大學經學文獻研究中心編：《經學文獻研究集刊》第十二輯，315 頁。

④ 王欣夫輯：《復禮堂朋舊書牘錄存》第四冊，89～90 頁。

九月十七日，曹元弼覆張錫恭函，謝其厚意慰勸，并以崇禮明倫、以道覺民相勉。

> 癸丑九月十七日《曹叔彥與張聞遠書》略謂："前日君直家兄歸，得讀手書，慰唁殷勤，至誠懇惻。承賜隆禮，有道之貺，泉讓增重，感謝感謝。……世道日非，乾坤幾息，撥亂反正，首在崇禮明倫、以道覺民，惟兄是賴。君直兄與弟謹當黽勉以從。《喪服鄭氏學》寫定後，早賜讀爲幸，校刻行世，以早爲貴。亂之所生，惟禮可以已之，及此人心未盡死之時，補救挽回，或有萬一之希冀也。"①

九月二十四日，張錫恭始屬草《喪禮鄭氏學》。②

秋冬間，秦綬章來函問《通禮》五則，曹元弼答之。

> 十月朔《秦佩鶴與曹叔彥書》略謂："前呈遺文數事，獲奉明教開示五條，剖析精詳，其間循名核實，因時制宜，觀乎古制之通，達乎人情之順，自是折衷至當，而加厚一語，尤寓維世苦心。"③

冬十月，曹元弼作《皇清誥封宜人晉封恭人先室唐恭人哀辭》。④

十一、十二月，曹元弼兄弟與葉昌熾唱和往來不絕。⑤

是年，金天翮來受業，曹元弼授之以荀、虞氏《易》及《喪服》。

> 《文言·答孔笙三書》："少觀史傳，喜談河渠兵事，其餘經術，通章句，不信守家法，固已闊略矣。當病博涉，不爲純儒。近者執贄曹先生之門，先生東南一大儒也。北面從受荀、虞《易》，鄭氏

① 王欣夫輯：《復禮堂書牘》，44～45 頁。

② 張錫恭：《茹荼軒日記》，轉引自林振岳：《張錫恭〈喪服鄭氏學〉成書與刊刻》，見上海交通大學經學文獻研究中心編：《經學文獻研究集刊》第十二輯，315 頁。

③ 王欣夫輯：《復禮堂朋舊書牘錄存》第一冊，45～46 頁。曹元弼《答秦佩鶴侍郎通禮疑問》見《復禮堂文集》卷五，619～632 頁，文煩不錄。

④ 曹元弼：《皇清誥封宜人晉封恭人先室唐恭人哀辭》，見《復禮堂文集》卷十，991～1015 頁。

⑤ 參葉昌熾撰，王季烈鈔：《緣督廬日記鈔》，530、531、532 頁。

《禮·喪服》。痛自鋤任俠之氣，思爲五經學究以自慰。"①

是年，《孝經學》刊在：《孔教會雜誌》第一卷第一至十二期（2月至12月），《宗聖匯志》第一卷第一期（5月），《文史雜誌》第七、八期（9、10月）。

民國三年　甲寅（1914）　四十八歲

本年，曹元弼居家撰《周易鄭氏注箋釋》，隨成隨刊。
本年日記有《復禮堂日記》。②
本年，曹元弼兄弟依三十韵日課一詩以遣懷，與友朋唱和不絕。③

《緣督廬日記鈔》："午後復書來，亦以兩律見貺，但非原韻，聞其昆仲依上下平三十韻日課一詩。此兩首東冬韻，當是終而復始矣。"④

正月十三日，曹元弼作祝嘏詩一首。

《復禮堂日記》："皇上萬壽，臣元弼隨臣元恒、福元望闕九敂，恭祝天地再清聖壽無疆，禮成，恭紀和臣福元。韻。垂裳出治望羲軒，仁虎書祥六紀元。春雨如膏流帝澤，壽星有耀炳宸垣。蚩蚩氓庶消千劫，翼翼皇居定一尊。萬物懷新咸錫福，蔥蘢嘉氣震東原。"⑤

是日，侄曹崧喬自申歸，告以梁鼎芬近狀。

《復禮堂日記》："昨崧姪自申歸，言晤王旭莊觀察，知梁節庵

---

①　楊友仁：《金松岑先生行年與著作簡譜》，見《吳江文史資料》第3輯，吳江縣委員會文史資料研究委員會，1984年，51頁。又按：沈文倬轉引曹元弼晚年語："及我門者，松岑（金天翮）最早，他才氣橫溢，長於文史，經學則一無所成。"（沈文倬：《曹元弼〈古文尚書鄭氏注箋釋〉》，見《文獻》第3輯，1980年，229頁）

②　按：王欣夫所輯《復禮堂日記》存正月初一日至二月二十一日。

③　詳見王欣夫輯：《復禮堂日記》第二冊，100～119頁；葉昌熾撰，王季烈鈔：《緣督廬日記鈔》，532～538頁。

④　葉昌熾撰，王季烈鈔：《緣督廬日記鈔》，534頁。

⑤　王欣夫輯：《復禮堂日記》第二冊，109頁。按：曹元弼祝嘏之作每年皆有，今舉一以見其心志，後文概略。

前輩見赴崇陵，敬謹種樹，書問可由旭公轉達。"①

正月十七日，梁鼎芬以崇陵祭品寄與曹元弼兄弟。

甲寅正月十七日《梁節庵與曹叔彥書》："先後周年，崇陵大祭祭品餺餜十件、梨三顆敬寄叔彥仁弟館丈。鼎芬再拜。大哥、二哥同此，不別書。"②

正月二十二日，曹元弼刊《唐恭人哀辭》，爲刻文集之始。③

《復禮堂日記》："二十二日，……略閱《易箋》《孝經學》，……以《唐恭人哀辭》付刊，即爲刻文集之始。"④

正月三十日，曹元弼訪葉昌熾談，贈葉氏詩一首，并示寄梁鼎芬詩。

《緣督廬日記鈔》："三十日，飯後仲午來談。叔彥繼之，攜七律一首見贈，過情之譽：室有奇書，門無俗客。讀之不無慚汗，至以鄒孟蜀嚴爲況，則更芒刺在背矣。又見示寄梁節庵兩律，有云：凡同血氣皆知敬，亦有心肝媿不才。其言沉痛，令人肅然起敬。節庵吾故人，奉本朝之命守護崇陵，今之烈士亦奇士也，長談至暮。"⑤

二月中旬，張錫恭致函曹元弼，以《喪服鄭氏學》初稿來質正。

甲寅花朝日《張聞遠與曹叔彥書》略謂："前日已將拙著托君直兄帶上求鑒，伏祈直筆箴砭。兄如不得多暇，乞將按語一覽。內'繼母如母'發揮注誼，'父卒繼母嫁'節附《修禮芻議》一篇，'外祖父母'節附《繼母之党非徒從辨》一篇，皆與如母之誼互相發明。又，六命夫、六命婦服大夫之子不以尊降，夫使爲大夫子，服可如大夫，則大夫之子之庶昆弟亦大夫之子也，何以爲之不得如

---

① 王欣夫輯：《復禮堂日記》第二冊，109 頁。
② 王欣夫輯：《復禮堂朋舊書牘錄存》第一冊，83 頁。
③ 按：《復禮堂文集》於民國六年（1917）刊竣，其凡例曰："是集刊刻入三年。"殆即始於此。
④ 王欣夫輯：《復禮堂日記》第二冊，109 頁。
⑤ 葉昌熾撰，王季烈鈔：《緣督廬日記鈔》，533 頁。

大夫，而降在大功。又，"爲人後者爲之子"與大著《校釋》同者
什八，異者什二。此等乞兄先賜箴砭。頃君直兄爲人輯刊叢書，徵
及拙著，必得兄鑒定，乃敢付刊也。伏希諒詧。"①

二月二十七日，曹元弼赴滬。

> 《緣督廬日記鈔》："二十七日，……午後（曹元弼）復書來……
> 又言即日赴滬晤梁節庵前輩。"②

二月三十日，曹元弼訪沈曾植，見羅振玉。訪繆荃孫，長談。

> 甲寅三月初一日《羅振玉致王國維劄》："三月一日：昨午見沈
> 乙老，暢談二時許。座中見曹叔彥。今日梁節老來，略悉近來情
> 狀。乙老堅持'非無可挽'四字，節老則痛禽獸之充斥。…節老辮
> 髮竟被其學生剪去，今安一假辮。沈、曹則不復他出，故倖免。"③
> 《藝風老人日記》："卅日，辛亥，晴，……曹叔彥來，長談。"④

三月初五日，曹元弼訪葉昌熾，談滬上見梁鼎芬、沈曾植事。

> 《緣督廬日記鈔》："初五，飯後叔彥來，長談至暮。在滬上見
> 節庵、子培。歸未久，復以七律兩首見貽。用江、支韻，合前東、
> 冬二首共七律四首，一日一詩一韻，信而有徵矣。"⑤

三月，曹元弼覆張錫恭函，稱許《喪服鄭氏學》，并爲籌劃付
刊事。

> 甲寅三月《曹叔彥與張聞遠書》略謂："大著十巨冊，略讀一
> 周，加按語處逐條紬繹。如'婦人不杖''繼母慈母''女子兩出不
> 再降''外親無出降''爲人後者爲之子'，說《公羊》何注駁段氏
> 義，'殤服中從上''中從下'兩傳駁程氏義，及其他禮議各篇，皆

---

① 王欣夫輯：《復禮堂朋舊書牘録存》第四冊，82～83 頁。
② 葉昌熾撰，王季烈鈔：《緣督廬日記鈔》，534 頁。
③ 王慶祥、蕭文立校注，羅繼祖審定：《羅振玉王國維往來書信》，北京：東方出版社，
2000 年，12 頁。
④ 繆荃孫：《藝風老人日記》，2704 頁。
⑤ 葉昌熾撰，王季烈鈔：《緣督廬日記鈔》，534 頁。

至精至確，得乎天命民彝之正大。'夫之子爲昆弟''昆弟之子爲大夫者服期報'此條只得存疑，然如兄所言，較之各家已最爲近之。'繼母嫁，從，爲之服'大著就人子之情言，以篤母子之義，拙著就制禮者言，以立夫婦之防，雖可並存，而兄說尤長。禮疑從重，況當此世道衰微，吾輩立言尤當從其厚，不可從其薄也。全書網羅眾家，條分縷析，融會貫通，天經地義，昭若揭日月而行，急宜付刊，以維禮教而遏橫流。弟與兄道義血性之交，此言爲世道計，絕非阿私溢美。君直家兄即日赴申，與繆筱珊年丈商定授梓，弟等當力任校勘。前日弟曾至申，已先與繆丈言之，又晤梁節庵兄，問起居，極相念，弟以兄近況對。"[1]

是春，唐文治正撰《周易大義》，曹元弼以《易箋釋》稿本示之，互相質正。

《茹經先生自訂年譜》："春，爲諸生講《易》，採用《程傳》，並項平甫先生《周易玩辭》《御纂周易折中》及近代《易》師說。擬編《周易大義》，先作《易微言》三篇，寄曹叔彥譜弟指正。叔彥亦寄余《易箋》稿本，互相質證。"[2]

按：《茹經堂文集二編》卷四，有唐文治《與曹君叔彥書》，商榷《易箋釋》體例。今附錄之：

謹啓者，大著《易箋釋》奉讀一過，探賾索隱，鉤深致遠，有功世道人心，實非淺鮮，曷勝拜倒之至。惟有獻疑者，《易箋》《易釋》似應分作兩書。漢儒釋經，首重家法，昔讀惠氏《易》，嘗病其徵引龐雜，如一卦初爻引虞義，二爻引荀義，三、四爻或又引他家之說，實屬未合。至張氏出，而後《易》師家法燦然具明。現大著《易箋》系箋鄭君注，似應專申鄭義，于鄭義外不著一字。《易釋》一書則應排比眾說，別下己意，似于體例較爲完善。管窺之見，未識有當萬一否，敬祈教正。兄所撰《周易大義》，系以程傳作主，而別采漢宋諸儒之說作爲集說，其體例之不純，較大著爲尤甚。蓋弟書改正

① 王欣夫輯：《復禮堂書牘》，49～51頁。
② 唐文治：《茹經先生自訂年譜》，2314頁。

甚易，兄書則改正尤難，審思再三，無善法也。①

春、夏間，張錫恭覆曹元弼函，言《喪服鄭氏學》尚需修飾。

甲寅春夏間《張聞遠與曹叔彥書》略謂：“拙著幸蒙鑒許，藉以自信，君直兄之友現在不願刻此，弟亦欲自修飾一過，聞朱高安有說《喪服》書，姚春木先生家有之，今其孫世兄尚能世守，擬借來細讀。又，孫、嚴共輯《全漢魏六朝文》，近已刻成。亦當訪借大著。又有《駁喪服文足徵記》，緩日詣尊處細讀，當必有獲益處也。藉此數書，釋疑糾謬，修飾潤色，再謀付梓，特不知滔滔天下，容我輩托足以修業否耳。”②

夏五月，袁世凱設禮制館，以書幣來聘，曹元弼竣拒之。

《吳縣曹先生行狀》：“其後袁世凱設禮制館，以書幣來聘，則竣拒之。”③

《復禮堂述學詩》：“自天常反易，中原陸沉，余伏處海濱，以待天下之清。不意袁世凱僭設禮制館，以書幣來浼，矢死力拒之。嗚呼！禮所以明人倫，亂臣賊子，禮於何有？其所謂‘禮制’，不過粉飾僭偽而已。”④

秋七月二十四日，曹元弼訪葉昌熾，未見，留以梁鼎芬所寄盛昱《郁華閣遺集》《梁祠圖書館章程》等。

《緣督廬日記鈔》：“二十四日，叔彥至，留宗室伯羲祭酒《郁華閣遺集》一冊，《梁祠圖書館章》一冊、五約附，又梁星海前輩鄂桌間缺謝恩稿一首，即辭去。所留諸冊大約自節庵子寄來，惜未能見之也。”⑤

---

① 唐文治：《茹經堂文二集》，703～705頁。
② 王欣夫輯：《復禮堂朋舊書牘錄存》第四冊，83～85頁。
③ 王欣夫：《吳縣曹先生行狀》，見卞孝萱、唐文權編：《民國人物碑傳集》，北京：團結出版社，1995年，524頁。
④ 曹元弼：《復禮堂述學詩》卷九，民國二十七年（1938）刊本。
⑤ 葉昌熾撰，王季烈鈔：《緣督廬日記鈔》，538頁。

是秋，張錫恭致函曹元弼，言近考鬐髮等制，以《釋總》一篇來質正。

> 甲寅秋《張聞遠與曹叔彥書》："近因考鬐髮等制，覺得總爲不冠者之所服，作《釋總》一篇，今錄呈乞賜教正，並乞交君兄一閱。尚有《釋鬐髮》《釋免》《釋髦》《釋髺》，容得暇再爲錄呈。總之與冠連言者，有《內則》首節及《鄘•柏舟》箋，弟因此未敢自信，乞兄直言箴砭。"[1]

冬十一月七日，梁鼎芬來函，贈以崇陵冬至祭品。[2]

> 甲寅十一月七日《梁節庵與曹叔彥書》略謂："冬至，崇陵隆恩殿大祭，天明雪，鼎芬謹隨班行禮，分得祭品，謹以奉寄賢兄弟，祀先以慰孝思。"[3]

民國四年　乙卯（1915）　四十九歲

本年，曹元弼居家撰《周易鄭氏注箋釋》，隨成隨刊。
春正月，曹元弼兄弟以詩文自遣，與葉昌熾唱和。[4]
是春，曹元弼續娶王氏。
秋八月初七日（9月15日），陳獨秀主編《新青年》創刊。
冬十一月初六日（12月12日），袁世凱竊位稱帝。
是冬，馬貞榆卒。

民國五年　丙辰（1916）　五十歲

本年，曹元弼居家撰《周易鄭氏注箋釋》，隨成隨刊。
春二月十九日（3月22日），袁世凱宣布取消帝制。

---

① 王欣夫輯：《復禮堂朋舊書牘錄存》第四冊，85～87頁。
② 按：梁鼎芬駐守崇陵期間，每逢大祭即以祭品分贈故交。本譜於本年首、末兩次寄贈曹氏事詳書之，以示其大略，後則概省，以免文煩。
③ 王欣夫輯：《復禮堂朋舊書牘錄存》第一冊，92頁。
④ 葉昌熾撰，王季烈鈔：《緣督廬日記鈔》，546～547頁。

夏五月二十八日，鄒福保卒。

秋七月，劉承幹爲曹元忠刊其在禮學館時作《禮議》，曹元弼作《書從兄君直閣讀〈禮議〉後》一篇。

> 《復禮堂述學詩》："君直兄在禮館時，有《禮議》兩卷，闡明經義，甄綜史文，摧陷群邪，力閑聖道。劉翰怡京卿爲刊行之，沈子培、勞玉初兩公爲之序跋，余亦次列微辭，載《復禮堂文集》。"①

> 《書從兄君直閣讀〈禮議〉後》略謂："今讀是編，喟然歎曰：禮，止亂之所由生，猶坊止水之所自來也。以舊坊爲無用而壞之者，必有水敗；以舊禮爲無所用而去之者，必有亂患。……嗚呼！人之所以異於禽獸者，禮也，使天生斯民自今以後遂同禽獸，互相搏噬，以至於種類澌滅也，則禮道已矣。如曰不然，則必有剝極而復之時。"②

冬，唐文治以《大學大義》來質正，曹元弼深許其序文。

> 《唐文治年譜》："冬，編《大學大義》成。用鄭注本，參以朱注及劉蕺山、孫夏峰、李二曲諸先生說，共一卷。又可編入《曾子大義》中也。其敘文頗爲叔彦所推重，貽書謂可資誦讀云。"③

民國六年　丁巳（1917）　五十一歲

本年，曹元弼居家撰《周易鄭氏注箋釋》，隨成隨刊。

夏五月十三日（7月1日），張勳擁立清帝溥儀復辟。

五月二十五日（7月13日），清帝溥儀二次宣布退位。曹元弼同張錫恭、曹元忠相對泣涕累日。

> 《純儒張聞遠徵君傳》："丁巳夏，君在蘇，適日中見沫，城闕煙塵之變，相與流涕嗚咽，心折骨驚累日。"④

---

① 曹元弼：《復禮堂述學詩》卷九，民國二十七年（1938）刊本。
② 曹元弼：《書從兄君直閣讀〈禮議〉後》，見《復禮堂文集》卷五，611～617頁。
③ 唐文治：《茹經先生自訂年譜》，2317頁。
④ 曹元弼：《純儒張聞遠徵君傳》，見張錫恭：《茹荼軒續集》，收入《清代詩文集彙編》第768冊，147～148頁。

《誥授通議大夫內閣侍讀學士君直從兄家傳》："丁丑五月之變，日夜焦急，憂心如焚，時聞遠適至，余與同在兄所，聞孽火燎原，相對雨泣，歸見兩兄，並嗚咽椎胸。"①

秋九月二十二日，葉昌熾卒。

九月，曹元弼始作《復禮堂述學詩》，每經各爲詩若干，明大義、詳源流，以提綱挈領，開示來學。

《復禮堂述學詩序》："一日讀《説文》，喟然而歎，微吟一詩，有'九千文字歸忠孝，不數楊雄拜叔重'之句。先仲兄綺園逸史見而善之，謂盍放此例，每經各爲詩若干首，提挈綱維，開示來學，使記誦易而感發深，于經學人心蓋非小補。余敬諾，乃勉定心氣，綜括數十年治經心得，日作數詩，每經先舉大義，正宗旨也，次詳源流，明傳信也。述往事，思來者，率天常，正人倫，閑聖道，息邪説，幾人心一日復歸於正，而天心厭亂也，王化一旦福行，而弑運可止也。竊取高密《詩譜》之意，藉抒靈均《離騷》之哀。每日詩成，輒就兄與伯兄蘭雪老人審正推敲，因相與揚榷古今，慨論世變，以無忝君親、無負生平志學相慰勉。"②

冬十月中，《復禮堂文集》刊成，曹元弼序之。

《復禮堂文集序》略謂："元弼讀聖人書，深愧受國厚恩，無尺寸效，惟是治經三十餘年，粗識天經地義、至德要道、先聖元意所在，作《十四經學》以發明之。復第録平日説經大義之文，都爲一編，其餘雜著，義足相成亦附存之。昔孔子論政曰：'君君、臣臣、父父、子子'，又曰：'吾非斯人之徒與而誰與'。孟子曰：'孔子成《春秋》而亂臣賊子懼''無父無君，是禽獸也''孔子之道不著，則率獸食人，人將相食，吾爲此懼，正人心，息邪説，豈好辯哉？予不得已也'。守先王之道，待天下之清，拯圓顱方趾、直題橫目

① 曹元弼：《誥授通議大夫內閣侍讀學士君直從兄家傳》，見曹元忠：《箋經室遺集》，收入《清代詩文集彙編》第 790 册，436 頁。
② 曹元弼：《復禮堂述學詩》，民國二十七年（1938）刊本。

之民於獸蹄鳥跡之中，以復天地之性，願與天下志士仁人勉之而已。"①

是年，曹元弼成《述學詩》六百餘首。

《復禮堂述學詩序》："自九月至歲終，得詩六百數十首，蓋處人道之窮，鬱無可奈何之孤憤，抱萬不得已之苦心，求存絕學於一綫，以俟天地之再清，此《述學詩》所爲作也。"②

民國七年　戊午（1918）　五十二歲

本年，曹元弼居家撰《周易鄭氏注箋釋》，隨成隨刊。

秋，張錫恭《喪服鄭氏學》刊成。

是年，曹元弼爲葉昌熾撰《皇清誥授通議大夫翰林院侍講甘肅學政葉公墓誌銘》。

是年，王欣夫來受業。③

民國八年　己未（1919）　五十三歲

本年，曹元弼居家撰《周易鄭氏注箋釋》，隨成隨刊。

夏四月初五日（5 月 4 日），五四運動爆發。

冬十一月十三日，梁鼎芬卒。

民國九年　庚申（1920）　五十四歲

本年，曹元弼居家撰《周易鄭氏注箋釋》，隨成隨刊。

冬十二月，曹元弼《箋釋》撰至《離》卦，始撰《周易集解補釋》，以爲《易》學由淺入深、由博返約之法。此後，下經每卦《箋釋》《補釋》同編。④

---

① 曹元弼：《復禮堂文集序》，見《復禮堂文集》卷首，3～4 頁。
② 曹元弼：《復禮堂述學詩》，民國二十七年（1938）刊本。
③ 《吳縣曹先生行狀》云："大隆侍先生講席三十五年。"（王欣夫：《吳縣曹先生行狀》，見卞孝萱、唐文權編：《民國人物碑傳集》，北京：團結出版社，1995 年，526 頁）按之年月，蓋於此年來受業。
④ 按：牌記題"宣統庚申十二月屬草"。

《周易集解補釋序》："積將十年，至上經之末，忽轉一念曰：是書也，詳則詳矣，每卦合《象》《象傳》，輒文累萬言，無乃使學者惝然不能待乎？是非設一易簡之法，以爲由淺入深之階梯，由博反約之歸宿不可。於是就唐資州李君鼎祚《集解》，校各本異文，擇善而從，定其句讀。又據孫氏星衍所集眾家遺說，更博采《禮記》、《春秋傳》、周秦諸子、《史記》、《漢書》等說《易》古義補之。而以己意申其疑滯，辨其得失。放張稷若《儀禮鄭注句讀》摘錄賈《疏》之例，酌取《箋釋》十之三四，俾足以解經注而止，名曰《周易集解補釋》。其生著立卦、生爻繫辭宏綱細目之詳，與夫探賾索隱、極深研幾之神恉，通德類情，道濟天下之大用，具詳《箋釋》及余向所爲《周易學》。是書惟指說大略，不復繁文。自《離卦》以下，每卦《箋釋》屬草畢，隨編是書，又於其間寫定《乾》卦。"①

是年，曹元弼授王欣夫群經源流。

《古文尚書鄭氏注箋釋》叙錄："余年二十，從復禮師受經，爲述群經傳授源流。"②

民國十年　辛酉（1921）　五十五歲

本年，曹元弼居家撰《周易鄭氏注箋釋》《周易集解補釋》，隨成隨刊。

夏六月十九日（7月23日），中共一大召開。

秋八月，仲兄曹福元卒。

是年，侄曹崧喬、曹惕寅與吳縣士紳創設蘇州隱貧會。

是年，《孝經學》刊在《亞洲學術雜誌》第一卷第一、二期（9、11月），《禮經纂疏序》刊在《亞洲學術雜誌》第一卷第二期（11月），

---

① 曹元弼：《周易集解補釋》，民國十六年（1927）刊本，國家圖書館藏，館藏號：1834，1～3頁。

② 王欣夫：《蛾術軒篋善本書錄》，1107頁。

《皇清誥授通議大夫翰林院侍講甘肅學政葉公墓誌銘》，刊在《亞洲學術雜誌》第一卷第一期（9月）。

民國十一年　壬戌（1922）　五十六歲

本年，曹元弼居家撰《周易鄭氏注箋釋》《周易集解補釋》，隨成隨刊。

冬十一月二十七日，唐文治致曹元弼函，擬請明春到無錫國專講授禮學。

　　壬戌十一月二十七日《唐蔚芝與曹叔彥書》略謂："方今禮教淪胥，天下滔滔，莫知所居，守先待後，一髮千鈞，敝館創設以來，幾及兩載，學文習禮，均屬切要之圖。夙仰吾弟爲當代禮學大儒，高山景行，莫不傾向，際此風雨雞鳴之會，胥賴名宿廣衍緒餘，俾後進奉爲圭臬，庶傳薪有自，不至瓠落。敝館諸生不乏高才承學之士，談經缺席，飢渴同深，茲特囑畢生壽頤、唐生蘭詣前代致悃忱。擬於明春正月開館時，謹訂吾弟屈臨敝館，講授《儀禮》諸經，以宏樂育。倘蒙俯允，惠然肯來，實于轉移人心風俗關係非淺，全館幸甚，世道幸甚。余囑畢、唐二生面陳，敬祈示覆。"①

是年，清遜帝溥儀賜曹元弼"言合雅謨"匾額。

　　《周易鄭氏注箋釋序》："惟宣統壬戌，蒙我皇上特賜御書'言合雅謨'匾額，喜悅感悚。"②

是年，《孝經學》續刊在《亞洲學術雜誌》第一卷三、四期（4、9月）。

民國十二年　癸亥（1923）　五十七歲

本年，曹元弼居家撰《周易鄭氏注箋釋》《周易集解補釋》，隨成

---

①　王欣夫輯：《復禮堂朋舊書牘録存》第二册，28～29 頁。

②　曹元弼：《周易鄭氏注箋釋》卷首，37 頁。

隨刊。

春正月初一日，從兄曹元忠卒。

正月二十七日，唐文治致曹元弼函，遣畢壽頤、蔣庭曜、唐蘭、王
蘧常、侯堮、吳其昌六人來受《禮經》大義。

按：諸生每一二星期即赴蘇受業，後唐文治又增派錢仲聯、蔣天樞等生，約至
1926 年秋止。① 除《禮經》外，唐文治請曹氏亦授以《周易》《孝經》。②

> 癸亥正月二十七日《唐蔚芝與曹叔彥書》略謂："散館現已開學，諸生已
> 陸續到齊。茲遣畢生壽頤、蔣生庭曜、唐生蘭、王生蘧常、侯生鄂、吳生其
> 昌共六名，擬於出月初二日趨前執贄受教。該生等品行敦朴，尚可造就，決
> 無時下習氣，惟祈進而教之，俾先聖不傳之緒得以光昌，則兄與諸生感篆無
> 窮矣。"③

又按：諸生每次分任筆錄，印出後寄與曹氏校訂，後匯爲《禮經大義》一
卷。④ 然曹氏初僅口授其義，自《鄉射》至《觀》六篇，乃聯綴成文以授之，而
《喪服》至《特牲饋食》五篇更悉心撰定爲講義。曹氏自撰講義於己卯年爲弟子講
《禮經》時修訂，成《禮經大義》二卷。

> 《復禮堂述學詩》："余爲諸生講《禮》，初授《冠》《昏》等四篇，隨口説
> 義，不盡文言。繼思言之無文，行之不遠，宋儒語錄，橫渠之語，朱子已不
> 能盡曉。且忽促記錄，或退而潤色，豈能無毫厘之差？《鄉射》以下，乃聯綴
> 成文授之。而諸生月僅一來，來僅數時，經義淵深，倉猝勢難盡舉。時方覃
> 思釋《易》，頃刻少間，不得已自《喪服》以下，於講期前三日，作講義一
> 篇，至期爲之指説。而世變愈亟，戰禍靡已，《少牢》《有司徹》兩篇，竟不
> 克從容指授。今忽忽十餘年矣。計十七篇中，《喪服》《士喪》《既夕》《士虞》
> 《特牲饋食》五篇皆悉心撰定，今統稱《禮經大義》，撮要引入此編各詩之下。
> 《鄉射》《燕》《大射》《聘》《公食大夫》《觀》六篇刊改補苴引之，謂之某篇
> 略説。"⑤

---

① 王欣夫輯：《復禮堂朋舊書牘錄存》第二冊，16、22、41 頁。
② 同上書，33 頁。
③ 同上書，32～33 頁。
④ 同上書，35、37、43、45 頁。
⑤ 曹元弼：《復禮堂述學詩》卷六，民國二十七年（1938）刊本。

夏五月，曹元弼撰《喪服鄭氏學序》。

《喪服鄭氏學序》略謂："元弼束髮治禮，不揆檮昧，覃精研思且十年，成《禮經校釋》。時同年執友張君聞遠同研是經，以學問道德、躬行實踐相勖，每有論著輒相示，具引《校釋》中。厥後，元弼旁涉他經，別成《禮經學》七卷，《纂疏》長編至今未就。而君沈研鑽極，真積力久，博稽精思，心知其意，自大經大法以至一字一句，靡不探索窮源，折衷至當，平心以求其安，反身以體其實，專篤沈潛，無欲速意必之失，孟子所謂'深造之以道'，'自得之'而'居安資深'者，故其學爲精。光緒戊申，朝廷立禮學館，修《大清通禮》，君奉徵命，分編凶禮。時世變已亟，彝倫將斁，議者多欲變亂舊章，君與先從兄君直及錢復初孝廉，援據大義，力辟邪說，以維天常、塞逆源。宣統辛亥，書成。假旋猝遭大亂，獨抱遺經，廬墓而居，攀柏哀號，訴天欲泣，大懼周公、孔子禮教從此墜地，炎、黃裔胄盡淪虩远，於是寫定舊稿，歷數年成《喪服鄭氏學》，以守先待後。君直從兄以語劉翰怡京卿，京卿肅然起敬，授之梓人。校刊既竣，屬序于余。余以爲，此書囊括大典，網羅眾家，刪裁繁誣，刊改漏失，精微廣大，直與鄭注、賈疏並重，其至理名言，足以感發仁人孝子之心，杜犯上作亂之漸，有功名教綱常、世道人心至大。翰怡京卿刊佈，以嘉惠學子，誠輔世翼教之盛心也。《傳》曰：'苟非其人，道不虛行。'聞遠與翰怡，皆忠孝人也。惟聞遠爲能成此學，惟翰怡爲宜刊此書。貧而樂道，富而好禮，相得益彰，君子人與？君子人也。書中引余《校釋》甚備，閒有數事異同，蓋我兩人講學，實事求是，絕無唯阿。君所辨正，如'婦人不杖'及釋《公羊》仲嬰齊卒傳，皆至確當，余《禮經學》中已自駁之。惟'父卒繼母嫁從爲之服'，余讀'從'字絕句，據制服者言，本婦人從一而終之義，君讀'從爲之服'四字爲句，據服者言，本孝子不敢殊之義，似可兩說並存。然禮疑從厚，則君義爲尤善。《喪服》雖止禮之一篇，然自伏羲、堯、舜以來，人倫之教，至周公而毫髮無遺憾者，其大本具在於是。《喪服》明則六經

明，而天經地義，聖教王政，晦而可復明，廢而可復舉，則是書之
所系爲何如哉！"①

六月，張錫恭致函曹元弼，言擬作《喪禮鄭氏學自序》，合之《留
窮文》，以見平生志學所在。

> 癸亥六月《張聞遠與曹叔彥書》略謂："前日論作自述一篇，
> 弟自顧無行可述，今擬作《喪禮鄭氏學自序》，以記志與學所在。
> 又平生師友皆名德碩學，亦擬作一文以記之，而未得其題目。合之
> 前所作《留窮文》，則平生志學略可睹矣。特恐晚節不終，徒托空
> 言，增愧怍耳。"②

秋七月初四日，曹元弼致函張錫恭，寄上《喪服鄭氏學序》，并謝
其編輯校正曹元忠遺著。

> 癸亥七月初四日《曹叔彥與張聞遠書》："兄所撰《喪禮鄭氏
> 學自序》，得便寄示爲盼。弟擬撰自述，遷延未果。五月間，謹
> 撰大著《喪服鄭氏學序》一篇，本擬寄上請正，再行付刊，因鄭
> 子蘭言劉翰怡京卿急欲印行，恐郵局往返稽遲時日，遂率爾授
> 之，茲因尊使帶上一部拙序，有無失當，乞指教爲幸。弟此序之
> 意，蓄之有年，愈慎重則愈遲延，今乃發之，兄書極深研，幾至
> 當不易。當今經術道息，知此者希，拙序但略言其大用以示初學，
> 未能及其精微也。賤體托庇帨適，而目困益甚，肝腸易升。《易箋
> 釋》甫至《漸》卦，來歲當可告成。君直從兄遺集兄爲校正，至
> 感，《禮議》印本一時尋檢不得，適子蘭處有翰怡校正樣本，茲
> 附上。"③

七月十三日，張錫恭覆函，謝曹氏賜序，言《喪禮鄭氏學自序》未
成，并曹元忠遺著均照收。

---

① 曹元弼：《喪服鄭氏學序》，見張錫恭：《喪服鄭氏學》，求恕齋叢書本，民國十二年
（1923）刊。
② 王欣夫輯：《復禮堂朋舊書牘錄存》第四冊，91～92 頁。
③ 王欣夫輯：《復禮堂書牘》，56 頁。

癸亥七月初四日《張聞遠與曹叔彥書》略謂："承賜弁言拙著，雒誦再三，益增感愧，稱美溢量，得無爲大君子立言之累乎？弟擬撰《喪禮鄭氏學自序》，尚未屬稿，心手拙鈍，思乙乙其若抽，恐未能克日成也。辱交君子四十年矣，每念四十年中，欣戚皆成陳跡。今歲又喪君直兄，生平知交零落殆盡矣，遭逢不辰，不得不一揚眉吐氣，所可與談心者，惟兄與復初兄耳。……前日承君兄家伯母大人賜物及各書籍，均照來信點收不誤，今有一信，乞飭人送去爲感。君兄遺著，自當悉心校勘，惟精神日衰，未識能不負亡友否。"①

九月初四日，張錫恭撰《喪禮鄭氏學》畢。②

是月，張錫恭致函曹元弼，商刊曹元忠遺稿事。

癸亥九月癸巳③《張聞遠與曹叔彥書》略謂："君直兄遺文，裝訂成冊者，讀過一遍，内中題跋最多，又有論醫各書。弟擬以題跋別爲一書，而論醫者次爲外集，其説經論事之文則爲文集。最難刻資。曩韓生子穀一力任之，今聞其大興土木，費累巨萬。君兄遺文已付鈔胥者僅四十篇，而尚未繳到弟處，因此手稿未敢陸續付去，且觀後效如何。弟所以欲別爲題跋、外集者，亦以分作三書，可分任而易成，未知兄意以爲何如？君兄所爲題跋，劉君聚卿處必多有之，弟與聚翁不習，兄能設法以致之否？"④

民國十三年　甲子（1924）　五十八歲

本年，曹元弼居家撰《周易鄭氏注箋釋》《周易集解補釋》，隨成隨刊。

---

① 王欣夫輯：《復禮堂朋舊書牘録存》第四册，93～94 頁。
② 張錫恭：《茹荼軒日記》，轉引自林振岳：《張錫恭〈喪禮鄭氏學〉成書與刊刻》，見上海交通大學經學文獻研究中心編：《經學文獻研究集刊》第十二輯，315 頁。
③ 按：是年十月初九日爲癸巳，九月無癸巳，未知何故，或抄録之誤。
④ 王欣夫輯：《復禮堂朋舊書牘録存》第四册，98～99 頁。

春正月二十四日，曹元弼致函張錫恭，勸其爲道自珍。

　　甲子正月二十四日《曹叔彥與張聞遠書》略謂："前日得手書，捧緘極喜，展誦後，悉兄上年九月以來，時有不舒，極深懸念，讀大著詩篇字挾風霜，浩氣流行，知貞固元神，不減往昔。我輩遭此厄運，剥傷摧殘，自是日衰之勢，然斯道所系，當體聖賢樂天知命之意，善自珍攝。兄學問道德當時罕儔，周、孔神靈，實式憑之。弟風雨晦明，無日不念，尚望加意調護，俾日臻康强，至盼至禱。君直家兄文集蒙兄厘定，至感至感。舍妹見手書及詩，極感極佩。……拙著《易箋釋》至《節》卦，大約今年可望成書。"①

二月十一日，張錫恭致函曹元弼，言分曹元忠遺著爲三，并序其別集。

　　甲子二月十一日《張聞遠與曹叔彥書》略謂："君直兄遺著擬分爲三，取剞劂資可分任，一文集，二題跋，三論醫諸文爲別集，上月甲子作別集序一篇。是日也肝陽上升，悲從中來，淚和墨下，振筆疾書，一氣呵成，初不計文之工拙也。今將稿呈上，由兄視之，尚有萬分之一似《西臺慟哭記》否？"②

三月二十九日，曹元弼致函張錫恭，感謝其校訂曹元忠著作并撰序，言《易箋釋》可望竣事。

　　甲子三月二十九日《曹叔彥與張聞遠書》略謂："夔一家兄文集蒙兄厘定，分爲三類，甚善，至感。尊序獨見其大，所謂立言必有關於世道人心者，讀之甚佩。……拙著《易箋釋》現至《既濟》卦，而目力心神日非一日，爲山一簣，告成亦殊不易。大約竭今年之力當可竣事，隨纂隨刻，書成刻亦成，屆時當將印本首先呈教。"③

①　王欣夫輯：《復禮堂書牘》，57～58頁。
②　王欣夫輯：《復禮堂朋舊書牘録存》第四册，96頁。
③　王欣夫輯：《復禮堂書牘》，54～55頁。

秋七月初一日，曹元弼致函張錫恭，言收到曹元忠遺著，並囑善自調養。

> 甲子七月初一日《曹叔彥與張聞遠書》略謂："正極懸念，刻得手書，並夔一先從兄遺著兩包，照收無誤，此集蒙公選定，足以信今傳後，至感至感。貴恙雖劇，以天理聖道卜之，定當轉危爲安，千乞靜心休養，以立元神而臻康復，至盼至禱。"①

七月二十六日，曹元弼避地上海。

是月，松江戰起，張錫恭避亂於封衡甫家，病卒。

八月，曹元弼致函唐文治，訂正《十三經讀本序》劉歆竄僞《左傳》之說。

> 甲子八月二十四日《唐蔚芝與曹叔彥書》略謂："拙著《十三經讀本序》系爲世俗人說法，爲文殊少深潛純粹氣象，過蒙藻飾，媿忿殊甚。《左傳》中兄幼時所最致疑者，如襄九年傳'國君十五而生子，冠而生子，禮也'，注家遂謂古者國君十五生子，禮必冠而後娶，文王十三生伯邑考，是十二可行冠禮也。竊以爲古禮二十二冠，三十而娶，何以歧異若此？後考方望溪先生文集云：新莽有女欲嫁漢平帝，十三歲而娶，古劉歆竄入此言以坿莽云云，故序文中有語，實不免失之太快。吾弟爲杜絕後世疑經起見，直言規正，敬佩之至。"②

九、十月間，曹元弼聞張錫恭喪，與劉承幹商刊《喪禮鄭氏學》，并欲爲作傳。

> 甲子九月二十六日《曹叔彥與封衡甫書》略謂："昨由舍下寄來手教，驚悉聞遠同年凶耗，四十餘年道義神交，一旦永訣，痛有極耶！……聞兄有《喪禮鄭氏學》寫定本及所著詩文稿，未

---

① 王欣夫輯：《復禮堂書牘》，60 頁。
② 王欣夫輯：《復禮堂朋舊書牘錄存》第二冊，45～46 頁。按：曹元弼原函已佚，今姑錄唐氏覆函，以想見其大略。

識攜出否？公能爲收録，弟當商之劉翰怡京卿並付剞劂，以垂不朽。……並乞我公將聞兄生平事蹟詳悉開示，不愧檮昧，當爲作傳。"①

甲子十月十七日《曹叔彦與封衡甫書》略謂："聞兄任禮學館纂修時，有無加銜，世系三代及生平經歷事蹟，弟雖知之而不能詳，恐有纏誤，乞兄詳示，當爲作傳也。《喪禮鄭氏學》劉翰怡兄已力任刊刻，可感之至。喪事畢後，兄能蒞蘇帶來最妙。"②

冬十月初九日（11 月 5 日），馮玉祥將清帝溥儀等驅逐出宮。

民國十四年　乙丑（1925）　五十九歲

本年，曹元弼居家撰《周易鄭氏注箋釋》《周易集解補釋》，隨成隨刊。
春三月，曹元弼自申返蘇。③
夏四月，侄曹崧喬欲發行《蘇州隱貧會旬刊》，首講明《四書》大義，曹元弼爲撰《聖學挽狂録》，隨撰隨刊。

按：《復禮堂述學詩》云："元弼有《聖學挽狂録》，自《學而》至《雍也》六篇，餘俟續纂，附識於此。"④ 則曹氏於民國二十七年（1938）僅撰定六篇。《蘇州隱貧會旬刊》自乙丑（1925）閏四月十六日創刊，由六月初一日第一號至丙寅（1926）十二月二十一日第五十五號，每期刊《聖學挽狂録》數章，至《八佾》篇"子夏問曰：'巧笑倩兮'"章。然隱貧會僅將《聖學挽狂録·學而》《爲政》兩卷上版付刊。

又按：曹元弼《十四經學》有《論語學》一種，而《聖學挽狂録·條例》有"元弼向有《論語學》、《孟子學》及《禮記學》中《中庸》、《大學》兩篇説。今斟酌損益，散坿先儒成訓之末"⑤ 云云，又王欣夫《行狀》云："其《論語學》則後改題《聖學挽狂録》者也"⑥，蘇州圖書館藏《聖學挽狂録》稿本與隱貧會刊本均

---

① 王欣夫輯：《復禮堂書牘》，66～67 頁。
② 同上書，68 頁。
③ 同上書，69 頁。
④ 曹元弼：《復禮堂述學詩》卷十三，民國二十七年（1938）刊本。
⑤ 曹元弼：《聖學挽狂録》，民國十四年（1925）刊本，2 頁。
⑥ 王欣夫：《吳縣曹先生行狀》，見卞孝萱、唐文權編：《民國人物碑傳集》，北京：團結出版社，1995 年，523 頁。

又題爲《論語學》，故今可借《聖學挽狂錄》二卷想見《論語學》之貌。

　　《聖學挽狂錄序》："元弼自宣統辛亥以後，誓與世絶，不見一人，獨抱遺經以俟死，不以一言聞於人間。今觀弒機日急，萬萬生靈皆將有利兵在頸、烈火燃眉之痛，每誦夫子之言'吾非斯人之與而誰與'，仰天揮淚，不能自已，不勝區區愚誠，愛敬吾顛連之兄弟，欲以仲尼元氣、顏子春生，消宇宙之患氣，挽弒運而與之並生並育，相生相養相保。謹將《四子書》依據朱子《章句集注》之義，博采群言，兼下己意，屬中表弟金智詮明經第而錄之。務使一覽而悟，感人易入，庶幾聖學明而人心正，人心正而弒運弭，障百川而東之，挽狂瀾於既倒，使天下皆明倫理、敦仁讓。……今欲發行旬刊，立養正堂，以正人心，造人才，首講明《四書》大義，余慨然與智詮任之，名曰《聖學挽狂錄》。"①

民國十五年　丙寅（1926）　六十歲

本年，曹元弼爲《蘇州隱貧會旬刊》撰《聖學挽狂錄》，隨撰隨刊。春正月，曹元弼《周易鄭氏注箋釋》撰成，伯兄曹元恒爲之題詞。

　　《周易鄭氏注箋釋題辭》略謂："《周易鄭氏注箋釋》，叔彥三弟積學四十餘年，論次十餘年，自宣統辛亥六月至丙寅正月而始成。弟之學，以忠孝爲本，於人無不愛無不敬，視天下之人皆可與爲善，而憫其誤入於不善，所著書皆藹然仁義之言。此書深思明辨，窮源竟委，百萬餘言，歸於天地之大德曰生，人之生生於倫，聖人體天地、立人倫，使人相愛相敬，以相生相養相保而不相弒，人類所以孳生不已，中國所以爲普天大地中文明首出之國，六經同歸，百世同道。憂深而思遠，心重而語長，憂患之中，忍淚看天，拭涕著書。每自歎曰：'惠松崖先生有言"聖人贊化育以天地萬物爲坎離，道家養精氣以一身爲坎離"，吾治《易》無日不言既濟，而忍痛沈思，心血日耗，目力大困，離火日熾，則坎水愈結，日趨於未

———————

① 曹元弼：《聖學挽狂錄》，7～8頁。

濟而不自恤，豈非大愚？然使斯道由吾而粗明，乃吾之既濟也。'
此可見其處心之仁矣。……"①

二月，曹元弼撰《周易鄭氏注箋釋序》并《後序》，洋洋萬五千
餘言。

按：曹氏《易箋釋序》極長，茲截取其論"伏羲作《易》以定人倫"并"六經
同歸"兩節，略見其以人倫愛敬解《易》之法。

《周易鄭氏注箋釋序》略謂："上古聖人何爲而作《易》也？曰：《易》
者，元也。太極元氣，函三爲一，一陰一陽，壹壹渾淪，中德和氣，純粹至
善，包囊萬有，誠一無爲，是之謂《易》。分爲天地，乾元統天，坤元順承，
二氣交亨，化生萬物，各正性命，保合大和，萬物資始。乾元由坤而生，而
人爲萬物之靈，天地之性莫此爲貴。天地之大德曰生，人得天地生物之心以
爲心，莫不有仁、義、禮、智之性以爲生生之本。故曰：'立天之道曰陰與
陽，立地之道曰柔與剛，立人之道曰仁與義。'又曰：'一陰一陽之謂道'，太
極也；'繼之者善'，乾元、坤元；'成之者性'，萬物資始資生，而物得其偏，
人得其全，故人之性善。此天地所以生人，而使人人得以各全其生之本也。
然遂古之初，屯蒙未啓，水土荒沈，草木榛榛，鹿豕狉狉，人與禽獸雜處，
無爪牙角革之強，茹毛飲血，與絕有力飛走之倫爭一日之命，則其生視萬物
爲獨難。雖有聰明精粹，可以自濟其生之性，而不能自覺。

"天生上聖，作之君師，包羲氏出，先知先覺，繼天立極，知人之超絕乎
萬物，可參天地而爲三才也。其所受乎天性之純，體天地生生之德，即其所
以各全其生之本。蓋仁，人心也。人不能離人而獨生，必與人以相生，而相
生之本由於相愛，相愛之本出於父母之愛其子，與子之愛敬其父母。此人心
之元，推而行之，可以普天地生生之德於無窮者。然民之初生，男女無定偶，
人但知其母不知其父，則生之本不立而愛之理易窮也。包羲氏知人性之善，
大異乎禽獸之雌雄牝牡不能以相別也，仰觀象於天，俯觀法於地，贊神明變
化之數，明察日月消息之象，知天地之經，民是則之，人道之興，自別男女
始。於是作八卦，垂憲象，畫乾以象天而稱乎父，畫坤以象地而稱乎母，示
男女必有定偶，以正生生之本，而夫婦之道立矣。乾坤三索成六子，夫婦有
別，生生之本正，則父子之道立矣。夫婦別，父子正，則必使天下之爲父者

---

① 曹元恒：《周易鄭氏注箋釋題辭》，見曹元弼：《周易鄭氏注箋釋》，1頁。

皆得子其子，爲子者皆得父其父，老有所終，幼有所長，無弱肉強食、侵陵爭奪之患。於是因父子之道，起君臣之義，乾爲君，坤爲臣，父君道，子臣道，聖王在上，舉天下之賢人，以興利除害、保育群黎，而君臣之道立矣。是謂三綱。有夫婦父子則有昆弟六子，長幼有序，無相奪倫；有君臣則有朋友，陰陽類聚，群分相求相應。是謂五倫。三綱五倫，互相經緯，終始相維，八卦重爲六十四，類族辨物，則人類別於禽獸，而生生之本終古不亂，備物致用，則草昧變爲文明，而生生之道日進無疆。設卦既備，本日月之行以起消息，發揮旁通，乾元周行，六十四卦、三百八十四爻歸於《既濟》，復太極之體。明王開元，建始以孝治天下，則四海之內父慈子孝、兄良弟弟、夫義婦聽、長惠有順、君仁臣忠、朋友相任，合敬同愛以通天下之志，合智同力以成天下之務，致中和，天地位，萬物育矣。此包羲作《易》之大略，所謂'天之經，地之義，民之行'。

"在天爲道，由元而亨，亨而利，利則貞，得于人爲德，生生之謂仁，生生而條理之謂義，條理燦著成體之謂禮，知此之謂智，守此之謂信。聖人因人性固有之德以立道設教，夫婦之愚可以與知，夫婦之不肖可以能行。'易知易能'，所謂《易》也。八卦定吉凶，吉凶生大業，網罟耒耜等十二，蓋取相繼而起，因時制宜以利民用，窮則變，變則通，通則久，所謂'變易'也。天下之變無窮，而天秩人倫尊尊、親親、長長、賢賢、男女有別，不可得與民變革。順是爲善，反是爲惡；順是爲吉，反是爲凶；順是爲息，反是爲消；順是爲治，反是爲亂；順是爲君子，反是爲小人；順是則相生，反是則相弑。六十四卦，變化不同，而同歸既濟，所謂'不易'也。故曰：'《易》者，所以經天地，理人倫，而明王道。'又曰：'《易》者，天地之所變化，政教之所生。'此天開地辟以來第一大經大法，所以開神農、黃帝、堯、舜百世聖人之先，使人類相愛相敬，相生相養相保而不相弑，綿綿延延以至今日，可與天地無終極者也。故曰：'生生之謂易，六十四卦一太極也，三百八十四爻一乾元生氣之流行也。'"①

又："蓋六經同歸，其指在禮，聖人生養天下萬世之道在愛敬，而愛敬之本在人倫。天下之達道五，自伏羲作《易》，繼天而定之，堯、舜、禹、湯、文、武，《詩》《書》所述政教皆由此出。周公制《禮》，其極則也。孔子作《春秋》，其大法也；作《孝經》，其大本也；《論語》《孟子》，其微言也。自

---

① 曹元弼：《周易鄭氏注箋釋》卷首，1～4頁。

伏羲至孔子，歷年之久，不盡可得而記聞，而道之若合符節，如此所謂'天不變道亦不變'，'雖百世可知也'。"①

後，曹元弼續撰《周易集解補釋》之《坤》卦以下二十八卦。

《周易集解補釋序》："自《離》卦以下，每卦《箋釋》屬草畢，隨編是書，又於其間寫定《乾》卦。去年春，《箋釋》成，乃補《坤》卦以下二十八卦。"②

夏五月初六日，唐文治來函，商論《易》理。

丙寅五月初六日《唐蔚芝與曹叔彦書》略謂："日前接奉書並《周易鄭注箋釋序》，敬悉一切。書來適值端午節假，亟命同學讀之。上下千古，綱紀人倫，推本生生之意，洞究聖人微旨，吉凶與民同患，貫串群經，發揮微言大義，幾無餘蘊。自來説《易》者，得未曾有其中説《剝》《復》二卦持義精極。而以'迷復'爲指紂而言，尤與聖傳'反君道也'義合。説《晉》《明夷》二卦與鄙見相合，而以《明夷》之'利艱貞'爲深有望於箕子，《晉》之'順而麗乎大明'爲文王事紂之順，皆先儒所未發，深合聖意，曲當人心，可謂石破天驚矣。竊疑《坤・象辭》之'君子有攸往，先迷，後得主'所謂得主者，亦語冀君之一悟，《小畜》《大畜》二卦爲以陰畜陽，而《小畜・象辭》自我西郊，《大畜・象辭》'不家食，吉，利涉大川'皆爲勤於事君，不遑暇食之意。故《小畜》之《大象傳》曰：'君子以懿文德'，即《書》所謂'徽柔懿恭'也。至《蠱》卦初六爻辭見周公繼志述事之義，上九之'不事王侯'明指夷、齊而言則殷爲不亡矣。故《象傳》曰'終則有始天行也'此天行之義，兼指聖人之維持世運而言。《剝》《復》卦傳天行之義，兼指聖人之維持人心而言。不識尊意以爲然否？至大序謂神農以《艮》爲首，黄帝以《坤》爲首，未知何本，便乞賜知。"③

---

① 曹元弼：《周易鄭氏注箋釋》卷首，32頁。
② 曹元弼：《周易集解補釋》，2頁。
③ 王欣夫輯：《復禮堂朋舊書牘録存》第二册，20～23頁。

是月，曹元弼覆唐文治函。

丙寅五月《覆唐蔚芝書》略謂："尊論之《易》義數條皆極精確。《坤》'君子有攸往，先迷，後得主'，冀君之一悟，與惠氏以'君子'謂坤元由《剝》反《復》義合。《小畜》'自我西郊'，謂文王冀紂能用其道以施澤於民，與劉子政說合。《蠱》'幹父之事'，即周公繼志述事，與九家義合。上九'不事王侯'指夷、齊而言，姚仲虞已發其端，《剝》《復》天行，見聖人維持人心世道之意，尤為至論。蓋天行消息，皆生生大德，而在人事則有終始之異，有生弒之異，有治亂之異。聖人自強不息，使天下治不復亂，亂可復治，遏弒機而遂生理，以協乎天行之本，所謂贊化育者此也。凡此諸義，非兄見道之深，真積力久，觀其會通，烏能及此？承詢神農《易》首《艮》，黃帝《易》首《坤》，此事漢儒雖無明說，然孔氏《易正義》八論據《世譜》等書，神農一曰連山氏，黃帝一曰歸藏氏，蓋皆因《易》而得名。《禮記》《左傳》稱神農為歷山氏，為烈山氏，連、歷、烈一聲之轉，則其說所自來舊矣。賈氏《周禮·太卜疏》謂'《連山》首艮，《歸藏》首坤'，《禮運》孔子稱我得《坤乾》，鄭君以為即《歸藏》，是其明證。吳姚元直云：連山氏得河圖，夏人因之曰《連山》；歸藏氏得河圖，殷人因之曰《歸藏》；伏羲得河圖，周人因之曰《周易》。元直去古未遠，治孟氏《易》，其說必有所本。以此而言，《連山》本神農首艮，夏人系之辭；《歸藏》本黃帝首坤，殷人系之辭。故儒者多稱夏易《連山》，殷易《歸藏》，《周易》始復伏羲之次首《乾》，故於《乾》用九云：'見群龍，無首，吉'。宋仲子以'見群龍'為句，'無首'為句，最當。'無首'者，言天德為萬物之始，莫之能先。《傳》曰'天德不可為首'，明《坤》《艮》不可先《乾》。《連山》《歸藏》皆一王時措之宜，非萬世之通訓。惟伏羲原次首《乾》次《坤》，崇天卑地，君君、臣臣、父父、子子、夫夫、婦婦，為天地之常經，古今之通義也。鄭注《周禮》引杜子春說以《連山》屬伏羲，但以廣異聞，非即據為典要。《六藝論》稱'夏曰《連山》，殷曰《歸藏》，而伏羲無文字，但謂之《易》'，則鄭意不從子春説審矣。區區之見，未識當否，伏希指正。"①

五月二十二日（7月1日），國民政府發動北伐戰争。

六月初五日，張仲仁組織平旦學社講習會，擬聘曹元弼於十四日主講經學。②

是月，曹元弼爲唐文治《茹經堂文集》作序。③

秋九月，《周易學》《禮經學》《孝經學》合刻重刊竣，曹元弼序之。

《〈周易〉、〈禮經〉、〈孝經〉三學合刻序》："余憂患餘生，萬念俱灰，惟求一死。余氣未盡，杜門學《易》，與天爲徒，以寫我憂，忽忽不知老之已至。今年春，《易鄭注箋釋》既成，念《十四經學》文襄師所屬也，《易》《禮》《孝經》三學竹石師之所刊也。此書既于世道人心有補，蹉跎歲月，久置不印，謂古人何，謂學者何？於是覆更校勘印而行之。噫，此三學者，于文襄所屬才十四之三耳，其餘或未刊或未成。昊天孔昭，我生靡樂，衰年荏苒，舊稿從殘，其尚能卒業否耶？雖然，道一而已。《易》者，天道至教，聖法人倫王政之本也；《禮》者，尊尊、親親、長長、賢賢、男女有別，天下之達道五，生人相愛相敬、相生相養相保之極則也；《孝經》者，百行之本，道之根原，六藝之總會也。由此三者引而申之，十四經大義一以貫之矣。"④

民國十六年　丁卯（1927）　六十一歲

春二月二十八日，康有爲卒。

三月十七日（4月18日），蔣介石建立南京國民政府。

---

① 曹元弼：《覆唐蔚芝書》，見唐文治：《茹經堂文集二編》卷四，707～710頁。
② 《籌辦名流學術講會》，載《申報》1926年7月14日；《蘇州平旦學社第一周講學之科目》，載《申報》1926年7月18日。
③ 曹元弼：《茹經堂文集序》，見唐文治：《茹經堂文集》，1～9頁。
④ 曹元弼：《〈周易〉、〈禮經〉、〈孝經〉三學合刻序》，見《周易學》卷首。

是春，姚文棟來蘇州，與曹元弼、汪鐘霖等共立國學保存會。①

夏五月，曹元弼《周易集解補釋》刊成。②

本月，孫德謙來函，請教正《太史公書義法》，并言感於王國維投湖作《三末謠》一首。

> 丁卯五月《孫德謙與曹叔彥書》略謂："拙著《太史公書義法》，近始刻成，前日有便，交于令侄容甫兄，懇其寄蘇代贈，未知已蒙賜覽否。此書闡發龍門史學，即用其所云'好學深思，心知其意'二語以爲之法，私謂頗有剟獲。實則子長作史，早經説明，特自來學者不能觀其會通，讀未精審耳。……舊好王靜安，與弟學問途轍不同，精於考據，確守高郵家法。本月初投昆明湖死，得謚爲忠愨，完節以終。弟于欽敬之餘，不免生媿。弟同姓名者金元末造各得一人，嘗撰《三末謠》一首，其句云：'金末能詩壽未長，元末平章爲國亡。及今而三又清末，不夭不節守其常。'吾公亦可知弟之人格矣。"③

六月，曹元弼撰《周易集解補釋序》。

按：《易》學大義、源流均已備載《周易鄭氏注箋釋序》，故此序曹氏不復贅言。然其中自叙《補釋》異於《箋釋》者八，可供稽覽，兹録於下。

> 《周易集解補釋序》略謂："《箋釋》篇第依《漢志·易》十二篇之舊，此據《集解》，同王弼本，一也。《箋釋》以鄭爲主，經學一依鄭本，此據李氏本，二也。《箋釋》采荀、虞、宋、陸諸家，間有刪裁，王弼學行以後各家，采入箋者尤少，此據《集解》爲本，遵其例補之。雖王弼、王肅等説，無所遐棄，惟於釋中別其是非，三也。《箋釋》於諸家異文擇要採取，此則備引而釋之，以明聲通義轉，同源分流之故，四也。《箋釋》每卦每爻，統論大義，而後逐句疏解，此依李氏分節，當句發揮，其全卦全爻之義，各因文便略著之使貫串，五也。《箋釋》於《集解》引荀、虞注和兩條爲義者，多審度文義，分系經傳，此則一如其舊，而於釋語中識別之，經傳兩注異義，則明其

---

① 姚明輝撰，戴海斌整理：《姚文棟年譜》，見《近代史資料》總第 125 號，北京：中國社會科學出版社，2012 年，222 頁。

② 按：牌記題"丁卯五月刊成"。

③ 王欣夫輯：《復禮堂朋舊書牘録存》第四冊，18～19 頁。

以何説爲主，七也。《箋釋》於惠、張、姚異義，委曲申明，使一書有眾書之用，此則惟取所主一説著之，餘不及，或略一及之，八也。凡此八者，皆兩書體例當然，至訓釋經義，則同條共理，一以貫之。"①

冬十月末，曹元弼覆函孫德謙，於《史記》"正《易傳》"一語有所質正。

丁卯十月《孫德謙與曹叔彥書》："《史記》'正《易傳》'語，弟以自昔學者皆未討論及此，再三推闡，乃悟與托始黃帝極有關係，決非衍文，故於此書中撰有專篇，蓋以《易傳》者，必指《繫辭》而言。今公謂當時《易》家多陰陽災異之説，厥後京房《易傳》正其類，史公所載，皆孔子《十翼》，光明正大，非機祥家所得混，《自序》謂之正者，實在於此。深識閎裁，龍門可免正經之嫌，而弟亦當如游夏之徒，不贊一辭矣。"②

十月三十日，孫德謙覆函曹元弼，於曹説再獻疑。

丁卯十月《孫德謙與曹叔彥書》略謂："然竊有疑焉，敢悄訓誨。經學之盛，莫若兩漢，惟在武帝時，不過矧輿伊始，《漢書·儒林傳》：'漢興，田何以齊田徙杜陵，號杜田生，授東武王同子中、雒陽周王孫、丁寬、齊服生，皆著《易傳》數篇。'今只丁寬尚有輯佚本，可考遺説。據本傳，從周王孫受古義，訓詁舉大義而已，並無陰陽災異。至《高相傳》云：'治《易》與費公同時，其學亦亡章句，專説陰陽災異，自言出丁將軍。'稱爲自言，則是高相假託，而寬之説《易》不主陰陽災異也。《史記·儒林傳》中且無丁寬姓名，可見王同諸家《易傳》，決不重陰陽災異者，子長父子何容取而正之。《易》家之陰陽災異，班氏惟于《孟喜傳》言之，《傳》云：'得《易》家候陰陽災變書，詐言師田生且死時枕喜膝，獨喜傳。'直書之曰詐言，曰獨傳，亦足證陰陽災異爲孟喜之學，

①　曹元弼：《周易集解補釋》，2～4頁。
②　王欣夫輯：《復禮堂朋舊書牘錄存》第四冊，13頁。按：曹元弼原函未見，今錄孫氏覆函概括之曹説，以想見其大略。

而非傳自田氏者也。漢初言《易》，則爲田何，其實陰陽災異猶未行於世，必謂史公之正《易傳》在彼諸家，殆不然與。又史公作史年歲，弟考訂栔始于太初元年，成於太始二年，《義法》中有《考年篇》，私謂鄙説無可刊易。觀《序》於篇目總數，以及全書若干字，而故作《黄帝本紀第一》，故作《夏本紀第二》之類，斷非未成之書。《報任少卿》又曰：'僕誠以著此書爲十表，本紀十二，書八章，世家三十，列傳七十，凡百三十篇。'惟其書成，故能詳述之，若是長編未定之稿，何能算及字數，而爲之已著乎？孟堅所云'疏略抵牾，是非謬于聖人'，彼全襲其文，而反加謗毁。弟最爲子長抱冤者，自其書出而爲之學者甚眾，《史記》注家無多，幾被一言而喪。弟生平著書宗旨，上爲古人辨誣，下爲來學析惑，今於《史記》猶此志也。"①

民國十七年　戊辰（1928）　六十二歲

本年，曹元弼居家撰《大學通義》《中庸通義》。

《大學通義序》："《易》學既成，欲依次論撰此篇及《中庸》義，以著聖學源流。日征月邁，忽忽數期，盡當令原。深痛之餘，百病交攻，萬感俱集。藥鑪茶竈間，倚枕口授《大學》心得，屬從弟金智詮廣文録之，疾瘳，校勘增續以成此編，名曰《大學通義》。"②

夏五、六月間，軍閥孫殿英盜取清東陵。

民國十八年　己巳（1929）　六十三歲

本年，曹元弼居家撰《大學通義》《中庸通義》。

民國十九年　庚午（1930）　六十四歲

本年，曹元弼居家撰《大學通義》《中庸通義》。

---

①　王欣夫輯：《復禮堂朋舊書牘録存》第四册，13～16頁。

②　曹元弼：《大學通義》，民國二十一年（1932）刊本，國家圖書館藏，館藏號：3663，6頁。

夏五月，蔣介石、馮玉祥、閻錫山中原大戰之曲阜戰役，曲阜孔廟、孔林并周公廟、顔子廟被炮火嚴重損毀。

民國二十年　辛未（1931）　六十五歲

本年，曹元弼居家撰《大學通義》《中庸通義》。

春正、二月間，清昭西陵被盜。

二、三月間，曹元弼同唐文治等人籌劃修復孔廟、孔林事，函呈政府，請撥款修復。①

《茹經先生自訂年譜》："去年，中央軍與閻錫山、馮玉祥戰争。曲阜孔廟、孔林爲炮火所毁，周公、顔子廟亦遭灰燼。爰約徐君固卿名紹楨、曹君叔彦等二十餘人，具呈政府，請撥款修復。旋得復，不過一紙空文，遂致擱置，可痛矣哉。"②

夏、秋間，曹元弼與唐文治商討修復清東西陵并稽查、保護之事。

《茹經先生自訂年譜》："上年閱報章，先朝高宗暨孝欽后陵寢迭爲盜匪掘竊殉具。至是復有太宗母后陵墓被掘之事，慘痛已極。爰約曹君叔彦、周君敬甫等具呈北京張學良副司令暨于學忠軍長，請嚴緝盜犯，一面派兵保護。旋敬甫寄來復函，照議辦理。"③

秋八月初七日（9月18日），日本發動"九一八事變"。

是年，曹元弼命王欣夫整理曹元忠文稿。

《箋經室遺集·跋》："世丈曹君直先生既没之八年，叔彦吾師以叢稿一束命大隆校理編次。"④

---

① 按：三月，曹元弼、張一麐、費樹蔚、唐文治撰呈請撥款修復曲阜孔廟，該呈收入《歷代尊孔記》，刊在《山東民政公報》，1935年，第235期。

② 唐文治：《茹經先生自訂年譜》，2351頁。另參王欣夫輯：《復禮堂朋舊書牘録存》第二册，73～74頁。

③ 唐文治：《茹經先生自訂年譜》，2352頁。另參王欣夫輯：《復禮堂朋舊書牘録存》第二册，74、85頁。

④ 王欣夫：《跋》，見曹元忠：《箋經室遺集》，595頁。

是年，王欣夫於《約翰聲》雜誌刊發《募刻張聞遠先生〈喪禮鄭氏學〉啓》，曹元弼列名發起人之首，以應者寥寥，事遂不舉。①

民國二十一年　壬申（1932）　六十六歲

春正月，時淞滬抗戰爆發，伯兄曹元恒避難上海病逝。

秋七月二十二日，《大學通義》刊成，曹元弼序之。

按：茲節錄《大學通義序》自述義例一節。

《大學通義序》略謂："《大學》本文，首尾完具，語脈相承，無少舛誤。鄭注鈎聯瀆會，融洽分明，非獨治經精審，神與古會，亦由禮家師説，傳述有本。孔《疏》依注解經，能得要領。宋朱子《章句》更以精理實之，惟移易篇章，區分經傳，學者不無疑議。然其純義至言，實足闡揚聖文，垂法後學，世教人心賴以維持數百年矣。竊以《注疏》與《章句》比而讀之，自更定數處外，異義絶鮮。今謹遵《欽定禮記義疏》之本，一仍孔壁舊文，依據鄭注，酌取孔疏，詳引朱注，附以各家，貫以己意，將以率天常，閑聖道，正學術，覺人心，沮遏狂瀾，膠固王道，待後之君子輔世長民，成大儒之效也。"②

冬十月初三日，施肇曾來函，請爲震澤高級中學尊經閣撰碑記。

壬申十月初三日《施肇曾與曹叔彥書》略謂："茲有懇者，肇曾因鑒於歐風東漸、科學繁興以後，所有國内學校相率棄舊從新，捨本逐末，結果一無所得，而使數千年相承不絶之聖學幾於墜地，貽誤青年，實非淺尟。肇曾覩茲滄海之横流，深懼斯文之將喪，自忘譾陋，爰於去歲在敝鄉震澤籾辦育英高級中學，校址即在初級中學之西，免收學費，以助寒畯。因須向教育廳立案，故學制不得不照現行者辦理，而實則延聘名師，注重讀經，以正心修身、入孝出弟爲主旨。敝鄉僻處湖濱，土風尚淳樸，因勢利導，冀挽頹風。舍弟肇基植之，肇祥丙之，力贊斯舉。並以今春適值肇曾七十賤辰，乃相與發起，建尊經閣於兩校之間。經始三月，竣工於九秋。閣之上層庋藏十三經暨四部圖書，旁及内典等籍，下爲大禮堂，立石恭

---

① 上海聖約翰大學：《約翰聲》第四十二卷，民國二十年（1931）。
② 曹元弼：《大學通義》，6～7頁。

摹唐吳道子所繪先師聖像，俾諸生朝夕瞻仰，藉正祈向，春秋釋奠，習于威儀。區區微尚，定荷嘉納。第念茲事體大，竊恐日久就湮，非有鴻文鉅制不足以垂久遠而勉來茲。我公海內儒宗，吳中耆宿，開來繼往，巋然靈光，擬懇椽筆，錫以碑記，庶幾觀聽所集，咸知感奮，風行草偃，化被無垠。"①

民國二十二年　癸酉（1933）　六十七歲

本年，曹元弼居家撰《中庸通義》《孝經鄭氏注箋釋》《孝經校釋》。

按：《孝經校釋》仿劉文淇《左傳舊疏考證》之法，《復禮堂述學詩》云："劉孟瞻《左傳舊疏考證》至爲精核，各經疏皆以此法讀之，則盡善矣。余撰《禮經校釋》，推賈氏增損黄、李之跡，略啓其端。《孝經校釋》將元疏邢校，舊文新意，一一釐剔，即此意。"②

春三月初十日，唐文治同陳衍來訪曹元弼談。

癸酉三月初十日《唐蔚芝與曹叔彥書》略謂："茲兄定于三月初八日帶同三小兒赴瀏河掃墓，約初十日到蘇。已與石老訂定，屆時同詣尊府一譚，藉解沉鬱，諒吾弟聞之當爲一喜。"③

夏閏五月初七日，曹元弼撰定《中庸通義序》。

按：茲節録《中庸通義序》自述義例一節。

《中庸通義序》略謂："鄭注淵源深大，文約道純，確得先聖元意，孔疏皆本師師相傳之説，朱子從而精之，脈絡分明，義理深美，爲百世學者準繩。朱子嘗言'性命之説惟鄭注爲正'，又謂'"仁者人也"，注讀如相人偶之人，最有意味'，又謂'"微則悠遠"，注謂至誠之德著于四方，最爲確當'。逐條比觀，多相引申，異義數端，各有精意。學者虛心觀理，兼得古賢之益，以會道德之元，斯爲真讀書者。元弼早歲受經父師，講解至爲精詳，玩味《章句》，欣然有慕，既讀《注疏》，沈潛經文，考詳異同之由。積歲累久，所得漸

---

① 王欣夫輯：《復禮堂朋舊書牘録存》第四册，177~178 頁。
② 曹元弼：《復禮堂述學詩》卷十，民國二十七年（1938）刊本。
③ 王欣夫輯：《復禮堂朋舊書牘録存》第二册，122 頁。

多，溫尋故學，啓發新知，博稽羣經，觸類而長，月征日邁，忽忽不知老之將至。道拂而隱，獨居深念，自顧蔘莪鮮民之生，永言葵藿傾陽之願，際茲禮樂分崩之厄，不勝文、武道盡之憂。比又常棣枝殘，兩昆俱逝，桑榆景迫，百病交攻，懼數十年心得，隨臣精而銷亡。去年撰《大學通義》既畢，更從事《中庸》。謹遵《欽定義疏》，依據鄭本，而約取疏義，詳引朱注，兼綜諸家，貫以己意，覃思研精，稽諶其說。寒暑將周，成《通義》上下二卷。經文分十七章，參合《正義》《章句》之本，深考語脈而折衷之，分合微意，各著當章。往者元弼釋《周易·繫辭》，竊取朱子注《中庸》之法，提綱挈領，析縷分條，探索旁通，語不厭詳。今撰是編，其則不遠，但恐淺末，無當高深耳。"①

秋八月二十五日，唐文治應金天翮等約赴蘇講演後，來訪曹元弼談。

《茹經先生自訂年譜》："八月初，蘇州國學會李君印泉名根源、金松岑名天翮等約余赴蘇演講。爰於是月二十四日到蘇，住福州同年陳君石遺家。講《論語》、《孟子》並《性理學大義》。二十五日早，訪叔彥一談。"②

民國二十三年　甲戌（1934）　六十八歲

本年，曹元弼居家撰《孝經鄭氏注箋釋》《孝經校釋》。

秋九月，曹元弼作《孝經鄭氏注箋釋序》。

按：《孝經鄭氏注箋釋序》六千餘言，茲節錄其開篇申鄭氏論《孝經》一節，借窺全豹。

《孝經鄭氏注箋釋序》略謂："昔孔子兼包堯、舜之聖德，著之《春秋》以俟後聖，遂隈栝六藝大道，探本窮源而作《孝經》。《孝經》之義，本乾元、坤元化育萬物，所命生人之性，統上古以來聖神繼天立極、保民無疆之大經大法，約以躬行至德、崇人倫之實行，極憂患生民、愛敬萬世之仁，揭其大原而質直言之。其道置之而塞乎天地，溥之而橫乎四海，施之後世而無朝夕，萬物並育，美利無窮，而其實不過由孩提赤子之良知良能，存養而擴充之。蓋天所以生人，人所以繼天而生生，聖人所以普天地生德于天地萬世者，道

---

① 曹元弼：《中庸通義》，民國二十三年（1934）刊本，19～21頁。
② 唐文治：《茹經先生自訂年譜》，2360頁。另參王欣夫輯：《復禮堂朋舊書牘錄存》第二冊，126～127頁。

一而已。自孔子作經以授曾子，三千之徒備聞其説，歷子思、孟子而其道益明。自漢以來，儒者治經皆通習《孝經》《論語》。是以二千餘年名教綱常維持不墜，人類相生以至今日。然《孝經》古訓多亡，百家是非雜糅，其能開示蘊奥，提挈綱維，于天道至教、聖人至德洞徹其本原者，莫如漢鄭君，及明黄氏道周、國朝阮氏元。

"鄭君之言曰：'《孝經》者，三才之經緯，五行之綱紀。孝爲百行之首，經者不易之稱。'又曰：'至德，孝弟也；要道，禮樂也。'又曰：'孝弟恭敬，民皆樂之。'又曰：'孝行於内，其化自流於外。'又曰：'孔子以六藝題目不同，指意殊别，恐道離散，後世莫知根源，故作《孝經》以總會之。'蓋孝者，元氣也，生德也。太極元氣，函三爲一，天道陰陽，地道剛柔，人道仁義。陰陽，生氣也；剛柔，生質也；仁義，生德也。天地之大德曰生，民受天地之中以生，三才合於一元。元者，天地之所以爲天地也，即人之所以爲人。陰陽轉而爲五行，人秉五行之精爲五常之性，五常皆出於仁，仁本於孝，孝弟同體。孩提愛親，少長敬兄。仁之實，事親；義之實，從兄；禮之實，節文斯二者；樂之實，樂斯二者。人之行莫大於孝，而弟即由此起，忠即由此資，因嚴教敬，因親教愛，萬善皆由此生。人類由此相生相養、相保不相弑，而天下國家可治。故曰：'夫孝，天之經，地之義，民之行。'天不變，道亦不變。人無智愚賢不肖，見孝弟恭敬之行，無不惕然動其天良，肅然慕爲善道。是以孔子'行在《孝經》'，見而民莫不敬，言而民莫不信，行而民莫不説。民之秉彝，好是懿德，聖人先得人心之所同然。故上古天地初開，伏羲作《易》定人倫，而人類即别于禽獸，萬世孝治天下由此始。自是聖帝明王則天順民，立政立教，百世一揆。故堯、舜之道，孝弟而已。三代之學，皆所以明人倫，至周公制禮而大備。《春秋》以元之氣正天之端，以天之端正王之政。五始大義，如天地無不持載覆幬，無非肫肫之仁由大本而來。蓋六經之教，一歸於使人相生相養相保，而相生相養必由於相愛相敬，相愛相敬之本出於愛親敬親。惟愛敬盡於事親，故能於天下之人無不愛、無不敬，而使天下之人無不愛吾親、敬吾親。此明王所以得萬國之歡心以事其先王，而天下和平，災害不生，禍亂不作也。此其道求之六經，觸處皆是，而統宗會元，在於《孝經》。陳氏澧謂：'鄭君《六藝論》已佚，而倖存數言，使學者知《孝經》爲道之根源，六藝之總會。此微言未絶，更好大義未乖者矣。'"①

_____

① 曹元弼：《孝經鄭氏注箋釋》。

　　按：《孝經鄭氏注箋釋》每冊刊成，曹元弼即寄與唐文治質正，唐氏極許之。
茲略録唐氏致曹氏論《箋釋》數函。

　　　　《唐蔚芝與曹叔彦書》略謂："承示《孝經鄭氏注箋釋》首冊，抉經之心，
　　執聖之權，補入鄭注零文，苦心孤詣，尤爲獨得，津逮後學，厥功甚巨，至
　　佩至佩。兄日來往復展讀'身體髮膚'節並《天子章》《士章》，探索無遺蘊，
　　可謂擴之極其大，析之極其精，裨益世道非淺。第二冊刻成後仍祈賜讀。首
　　冊第三十一頁，'因其固有'句'因'誤'固'，又六十三頁'叛亂'之'叛'
　　缺筆可飭手民修正。此外紅圖缺字諒已補正矣。"①

　　　　又："惠賜大著《孝經鄭氏注箋釋》第二冊，業經拜讀。《聖治》《孝知》
　　二章博大精深，引證確鑿，實歎觀止。讀至'治家者'尊釋一段，義門累代，
　　孝友傳諸家乘，千古同揆，尤令人肅然起敬。兄前著《孝經大義》未得聖意
　　十之二三，迤迨荷采及葑菲，幾汗透重裘矣。"②

　　　　又："兩奉教言，並讀尊著《孝經鄭氏注箋釋》第三卷又序言條例，言念
　　君子，立德立言，自強不息，曷勝快佩之至。兄自先後奉到大著樣本後，按
　　日詳細聽讀。昨始讀畢，遲復爲歉。序言前半文氣樸茂醇厚，後段至性至情，
　　語語從肺腑流出。《箋釋》體大思精，《感應章》實與《中庸》'達孝'章義通
　　貫，《喪親章》不忍卒讀，至條例蒙厚恩爲文治表微，免後世指摘，我知獨
　　深，感激隕涕。《箋釋》內十八頁'孝乎惟孝'句'乎'誤刻'於'，三十九
　　頁'《詩行葦》序'句'詩'誤刻'諸'。拙著《孝經大義》屢荷採擇，附列
　　先儒後，殊覺悤然。"③

　　是年，《中庸通義》二卷刊成。

民國二十四年　乙亥（1935）　六十九歲

春二月，《孝經鄭氏注箋釋》三卷并《孝經校釋》一卷刊成。

民國二十五年　丙子（1936）　七十歲

本年，曹元弼增補校注《復禮堂述學詩》。

①　王欣夫輯：《復禮堂朋舊書牘録存》第二冊，113～114 頁。
②　同上書，114～115 頁。
③　同上書，116～117 頁。

《復禮堂述學詩序》："然經義淵深，經師家法源遠末分，百家得失，參錯不齊。每一事以二十八字括之，其勢非注不明。戊午春，續《周易鄭氏注箋釋稿》，欲以餘力爲之，而《易》理微妙，思不可分，臣精銷亡，力又不及。先其難者，乃姑舍是。歲不我與，忽忽二十年，家國之感，身世之悲，不忍復言。而天動星迴，機旋輪轉，《未濟》之窮，受之以《夬》，十五《國風》，殿《豳》近《雅》，數極於亥，復從一起。君子益信定理之不誣，自顧衰病殘年，尚幸須臾能待。前此《周易孝經箋釋》《大學》《中庸通義》，皆已卒業。乃從事此書，略加修改，增補數詩，博引群書，稽譔其說。"①

春正月初八日，曹元弼與夫人王氏七秩雙壽，唐文治作《譜弟曹君叔彥七秩雙壽序》，以《易》理爲賀壽贈言。②

夏四月二十五日，章太炎卒。

秋，金松岑募刻張錫恭《喪禮鄭氏學》，於《國學論衡》雜誌刊《募刻張聞遠先生〈喪禮鄭氏學〉啓》，衆推曹元弼爲發起人之首，王欣夫等任其事。

《喪禮鄭氏學》四十四卷本附《通禮案語》一卷叙錄："一九三六年吾師金松岑先生主持國學會，議刊前賢遺書，以廣其傳，僉謂先生禮學專家，《喪服》尤爲絕學，是書卷帙既鉅，慮有散失，宜亟謀刊佈，與《喪服鄭氏學》並行。乃撰啓籌資，促衡甫清寫定稿，于吳中付梓，而余與汪君柏年任校字之役。"③

《喪禮鄭氏學》十卷本叙錄："會員有建議刊佈前賢遺著，以廣流傳者，僉以聞遠先生此書爲禮學鉅著，一代絕業，有功經術，而卷帙繁重，非衆擎莫舉。於是撰啓募資，推曹復禮師爲首，題名發

---

① 曹元弼：《復禮堂述學詩》，民國二十七年（1938）刊本，2～3頁。
② 按：《譜弟曹君叔彥七秩雙壽序》刊在本年《無錫國專月刊》第四卷第三期、《學術世界》第二卷第一期，後收入《茹經堂文集四編》卷五。
③ 王欣夫：《蛾術軒篋善本書錄》，1433頁。

起者若而人。"①

是秋，唐文治以《孝經救世編》來質正，曹元弼許其救世之意。

《茹經先生自訂年譜》："本學期，余爲補習班講《孝經》，覺其文廣大精微，初學頗難領會。爰摘其要端，別編講義，……爰改名《孝經救世編》。惟因爲初學講解，隨講隨編，如朱子所謂急迫之意多，沉潛之味少。質諸譜弟曹君叔彥，復云：'凡立教，有爲萬世者，有救一時者。君之書，殆救一時者也。'余深愧其言。"②

是年，曹元弼撰《素王説》一篇。

丙子《唐蔚芝與曹叔彥書》："尊著《禮經》上下五、六兩卷並《素王説》一篇均經收到。《素王説》一篇義正詞嚴，筆挾風霜，爲萬世人心世道計，雒誦拜服。"③

按：《素王説》載《復禮堂文二集》，暫未寓目。然《復禮堂述學詩》卷十有論"素王"之義者，茲録於下，借窺全豹。

《復禮堂述學詩》："《左傳》曰：'王周正月。'《公羊》曰：'王者孰謂？謂文王也。曷爲先言王而後言正月？王正月也。何言乎王正月？大一統也。'當時王跡熄，周天子守府之謂多，而在《春秋》，則赫然大一統之氣象。故《孟子》曰：'《春秋》，天子之事也。'趙氏云：'孔子懼王道遂滅，故作《春秋》，因魯史記，設素王之法，謂天子之事。'素王者，聖人不得位，空存王法之稱。故《莊子·天道篇》曰：'以此處下，玄聖素王之道。'《史記·殷本紀》稱伊尹從湯言素王之事。孔子作《春秋》，尊周天子以臨諸侯，示惇典庸禮、命德討罪之法，以俟後聖。王道燦然分明，周綱弛而復張，是謂素王之法。聖人，人倫之至，《春秋》尊周，乃素王之法第一義。使獲麟之後，天子能用孔子，即如伊尹以素王之事説湯，撥亂反正，文、武之道復興東周矣。孔子終不見用，而空存其法以繼往，豫定其法以開來，是則《莊子》所謂

---

① 王欣夫：《蛾術軒篋善本書録》，1435 頁。
② 唐文治：《茹經先生自訂年譜續編》，見沈雲龍主編：《近代中國史料叢刊三編》，第九輯，臺北：文海出版社，1974 年，121 頁。
③ 王欣夫輯：《復禮堂朋舊書牘録存》第二冊，90 頁。

'玄聖素王之道'而已。子曰：'吾學周禮，今用之，吾從周。'從周，使王跡不熄，天子之事行而亂賊懼，所謂'《春秋》經世先王之志'也。《左傳》哀十四年《正義》稱賈逵、服虔、穎容等皆以爲孔子自衛反魯，考正禮樂，修《春秋》，約以周禮，可謂微言未絶，大義未乖。餘詳元弼所爲《素王説》。載《復禮堂文二集》。"①

民國二十六年　丁丑（1937）　七十一歲

本年，曹元弼居家增補校注《復禮堂述學詩》。

夏五月二十九日（7月7日），盧溝橋事變，日本發動全面侵華戰爭。

民國二十七年　戊寅（1938）　七十二歲

春，王欣夫致曹元弼函，以周廣業謂《尚書傳》爲東晉孔愉之子孔安國作，并馬瑞辰謂《子夏易傳》爲鄧彭祖作二説請疑。

　　《復禮堂書牘》二卷叙録："大隆受業禮堂，諸經大義，多出口授。自客滬上，見周廣業《讀相台五經隨筆》稿本，謂《尚書傳》之作，系東晉孔愉之子字安國者，非漢之孔安國。馬瑞辰序之，亦謂《易子夏傳》系鄧彭祖所爲，辨證極博。喜其新奇，偶以函聞。"②

　　戊寅七月二十六日《曹叔彦與王欣夫書》："春間得手書，悉獲見海寧周氏、桐城馬氏經説稿本，其中必多精處。"③

夏六月，《復禮堂述學詩》注成④，曹元弼序之。

　　按：《復禮堂述學詩序》七千餘言，今取其論"經學爲人倫之學"二節，藉窺全豹。

---

①　曹元弼：《復禮堂述學詩》卷十，民國二十七年（1938）刊本。
②　王欣夫：《蛾術軒篋善本書録》，1400 頁。
③　王欣夫輯：《復禮堂書牘》，85 頁。
④　按：蘇州圖書館藏《復禮堂述學詩》三種，其一題：《復禮堂述學詩》十五卷，10 冊，成書年不詳；其一題：《復禮堂述學詩》，稿本，10 冊，重 2 冊，1940 年；其一題：《復禮堂述學詩附詩注輯要》，鈔本，4 冊，1944 年。

《復禮堂述學詩序》略謂："自伏羲氏開闢草昧，作《易》八卦，象法乾坤，以立君臣、父子、夫婦之義。人倫正，王道興，而孝弟、忠順、友恭、貞信、神明之德通，合敬同愛，備物致用，相生相養相保萬物之情類，實爲天地剖判、開元建始、政教之本。聖作物覩，天下文明，六經之學，於是權輿。歷神農、黄帝以至堯、舜，開物成務，創制顯庸，利濟萬世，而《連山》《歸藏》之教，丹書之戒，成均之法，倉頡文字之義，皆由蒼牙通靈引而申之。法始于伏羲而成于堯，唐虞所以平地成天，夏後殷周所以禦災捍患、長治久安，聖學聖治，著在《詩》《書》。堯、舜之道，不外孝弟，三代之學，皆明人倫。至周公制禮作樂，而人道立極，天地之大，無復有憾。孔子修定前聖典文，本之作《春秋》，以治萬世之天下，而六學於是乎大成。是故古之所以治天下，學而已矣；古之所以學，經而已矣；經之所以爲經，人倫而已矣。《論語》發首言'學而時習之'，'之'字即指所學，所學者六經也。首章言學，次章言'孝弟不好犯上作亂'，學以明倫，所以仁天下也。《孝經》言'夫孝，天之經'，此經之所由起。又言'夫孝，德之本，教之所由生'，上之所以教，即下之所以學，此學之所由起。《大學》櫽栝六經之旨，而顯揭其道，以文王止仁、止敬、止孝、止慈、止信，明止至善之義，學以明倫也。《中庸》言'天下之達道五'，其下即言好學力行，又言博學、審問、慎思、明辨、篤行，明倫由學也。

"孔子曰：'君子學道則愛人，小人學道則易使'，天下所以治也。孟子曰：'上無禮，下無學，賊民興，天下所以亂也。'又曰：'經正則庶民興，庶民興斯無邪慝。'此憂亂望治之君子所以不得不自任以反經也。經者，常也，所以禦變。經者，經也，所以統緯。形而上爲道，形而下爲器。自生民以來，天下之變多矣。聖人因時制變之器各不同，而其道則一。道者，經也。是故網罟耒耜、衣裳宫室、舟楫弧矢，不同制也，而本於作八卦，定人倫，使人類相愛相敬，以養生送死、除害興利則同。夏尚忠，商尚質，周尚文，《春秋》引衰世之事，明先王經世之志，不同法也。而三綱五常，殷因于夏，周因于殷，其或繼周，百世可知者同。蓋王者知天下之具，緯也，窮則變，變則通，通則久者也。其本，經也，天不變，道亦不變者也。道之大原出於天，聖人則天因地，以立萬世不易之常經，後聖學先聖，後覺效先覺。故堯、舜稽古，周公思兼三王，孔子祖述憲章，信而好古，六經之文，千聖同道，萬古不變。徵諸周官，天文、地理、兵法、工事之學多矣，而教民必以六德六行、中禮和樂爲本。徵諸漢史，藝文所載諸子百家之學多矣，而折衷必以六藝。徵諸歷代爲政與天下之法，自漢以來各異矣，而致治必由尊經明倫。我朝列聖以堯、舜、周、孔之道治天下，經學昌明，遠過漢唐，故道一風同，媲隆唐虞。國於天地，必有與立，學術正則人心正，而人才皆用於忠孝仁義，經文緯武，以造天下莫大之福。學術亂則人心亂，而人才皆趨於悖逆詐偽，貪暴殘弒，以貽蒼生無窮之憂。故經者，天地之心，生民之命，崇德廣業、立功立事之大本，舍是無所謂學也。"①

秋七月二十六日，曹元弼覆函王欣夫，辨正周氏、馬氏經説二條。

戊寅七月二十六日《曹叔彥與王欣夫書》略謂："惟所舉兩條，雖系創獲，恐非確據。周氏謂《尚書傳》之作，系東晉孔愉之子字安國者，非漢之孔安國。然序文明托之棘下生，不知周氏何以解之。馬氏謂《易子夏傳》系鄧彭祖所爲，似較可據。然觀《集解》所引，文氣卑弱，不類西漢人。張皋文以爲六朝治《易》者聚斂舊説而爲之，當得其實。……再，《尚書》偽傳序明托之子安國，周氏無容不察，其立説之意，豈以爲孔愉之子既襲前人之名以爲字，因偽撰其書耶？果爾，未免纖巧臆説矣。且皇甫謐在西晉時已用偽古文，故先儒以爲王肅作，或以爲即謐所爲，未必過信孔愉之子書耶？《子夏傳》或以爲出韓太傅，或以爲出丁將軍，皆無確據。觀其文義，但較勝王世將輩，尚不逮九家，蓋非出漢人筆。大抵經注作述源流，乾嘉諸老考證已極詳備，道咸間儒者往往探索孤證，似是而非，馬、周二家在當時皆爲樸學，無弊，而馬尤勝於周，全稿中當並多精確之文，不能以此二條概之。吾弟篤信好學，博綜元覽，當必以吾言爲然，故復贅及之。"②

是年，王欣夫與曹元忠故交冒鶴亭、葉揆初、劉承幹集資刊印《箋經室遺集》。

民國二十八年　己卯（1939）　七十三歲

本年，曹元弼爲弟子講説《禮經》，撰成《禮經大義》二卷。

---

① 曹元弼：《復禮堂述學詩》，民國二十七年（1938）刊本，2～5頁。
② 王欣夫輯：《復禮堂書牘》，85～88頁。

《吳縣曹先生行狀》："己卯，爲諸弟子講説《禮經》，以爲威儀三千，乃政教典則之詳，人倫日用之實，上下通行，師儒講習。《禮記》則其傳，冠昏諸義，皆七十子會通經文，親受聖旨，提綱挈領，爲後學舉隅。乃引而申之，觸類而長之，爲《禮經大義》二卷。"①

《禮經大義》鈔稿本二卷叙録："癸亥、甲子間，唐蔚芝先生于無錫創辦國學專修館，選高材生吳其昌、唐蘭、王蘧常等七人至蘇城受教。退則各就口授筆録，但多忽促未審。自《喪服》至《特牲》五篇，始先自撰大義，以便講誦。後乃續將《士冠禮》至《覲禮》十篇，《少牢》《有司》二篇，重加論次，合成完書，而自序之。由博返約，言簡旨遠，誠禮學之鈐鍵也。殁後，檢點遺稿，闕《士昏禮》《士相見》《鄉飲酒》《少牢饋食》《有司徹》五篇，懼再佚散，亟繕寫清本，以資世之考封建制度者。"②

《復禮堂述學詩》："今忽忽十餘年矣。計十七篇中，《喪服》《士喪》《既夕》《士虞》《特牲饋食》五篇皆悉心撰定，今統稱《禮經大義》，掇要引入此編各詩之下。《鄉射》《燕》《大射》《聘》《公食大夫》《覲》六篇刊改補苴引之，謂之某篇略説。此書以指日可成者，而一經遷延，遂至於今。余各書未成稿甚多，然治人之道，莫急於禮，六經同歸，皆所以明人倫。況今日大坊盡決，滄海橫流，挽既倒之狂瀾，拯人心之陷溺，萬難繚緩。明年，當先將《冠》《昏》《相見》《鄉飲》《少牢》《有司》六篇補著其説，《鄉射》至《覲》六篇理董其文，與《喪服》至《特牲》五篇合爲《禮經大義》，庶于世道人心不無小補云。"③

是年，沈文倬來受業。④

---

① 王欣夫：《吳縣曹先生行狀》，見卞孝萱、唐文權編：《民國人物碑傳集》，北京：團結出版社，1995 年，525 頁。按：《禮經大義》二卷今存復旦大學圖書館，暫未寓目。

② 王欣夫：《蛾術軒篋善本書録》，1499 頁。

③ 曹元弼：《復禮堂述學詩》卷六，民國二十七年（1938）刊本。

④ 沈文倬：《曹元弼〈古文尚書鄭氏注箋釋〉》，載《文獻》第 3 輯，1980 年，228 頁。

民國二十九年　庚辰（1940）　七十四歲

本年，居吳縣。

民國三十年　辛巳（1941）　七十五歲

夏四月，曹元弼始屬草《古文尚書鄭氏注箋釋》，并校補《尚書今古文注疏》。

　　《吳縣曹先生行狀》："念《尚書》爲前聖施於政治，道濟天下之實，乃于辛巳四月創稿，據鄭注爲本，集合《大傳》《史記》《説文》稱《書》古文，馬氏佚注，及《禮記》、《左傳》、《論語》、《孟子》、周秦諸子、兩《漢書》等所載書説爲之箋，而博觀約取，近師胡、江、王、段、孫、陳、王、皮諸家義，反復深思，彌縫變易釋之。義有絲毫未愜，輒數易其稿，必問心無憾而後已，耳校口授，諄復不厭，必一字無誤而後已。蓋以目瞑意倦，桑榆困病之餘，著書之苦，未有若是者也。"①

　　《古文尚書鄭氏注箋釋》四十卷叙録："至一九四一年四月，始取前人所集鄭注，並酌取諸家之説，辨章古訓，會通典禮，討論時世，句詮字釋，章分節解，目存心歷，尋繹其語脈，發皇其精神，爲之箋釋。務使文從字順，一覽而悟。日與金君智詮、嚴君鹿蘋兀然對坐，口授筆録，雖目瞑意倦，寒暑無間。"②

　　《尚書今古文注疏》三十卷叙録："吾師年將八十，撰《古文尚書鄭氏義箋釋》，兼爲是書作補正。每見與金君智詮對座屬草，此書不離左右，有得即書於眉，正誤補脱，爲之煥然改觀，豈僅爲孫氏諍友而已。"③

五月初，曹元忠遺文近刊竣，曹元弼作《誥授通議大夫内閣侍讀學

　　①　王欣夫：《吳縣曹先生行狀》，見卞孝萱、唐文權編：《民國人物碑傳集》，北京：團結出版社，1995 年，525 頁。

　　②　王欣夫：《蛾術軒篋善本書録》，1108 頁。

　　③　同上書，706～707 頁。

士君直從兄家傳》。

五月末，曹元弼致函王欣夫，寄《家傳》並囑校改其中文字四處。

> 辛巳五月《曹叔彥與王欣夫書》略謂："茲先將君直從兄傳稿寄上，以備付印。……傳中凡自旁兩圈者，須提行；一圈者，須空兩格；其只須空一格者，已自空矣。請屬寫者勿誤，寫就後並乞一校。文內措語，皆直筆信史，不悅俗目，拙集內無篇不然，先從兄志節亦非此不能達。惟此間數處，請與同人商之。別錄於後。……'直隸總督袁世凱'，'袁世凱'三字或改爲'某某'二字；'聞起用袁世凱'，'袁世凱'三字或改爲'某大臣'三字；'及世凱到院'，'世凱'二字或改爲'某大臣'三字；末條年月或改爲龍集辛巳五月。凡四事，于大義及史例當直書，拙集正如此。然此書冀其廣行，或遜辭以免駭俗招忌亦可。"①

閏六月十五日，曹元弼致函王欣夫，囑改《家傳》兩處。

> 辛巳閏六月朔《曹叔彥與王欣夫書》略謂："覆示《箋經室集》行將印成，甚慰。'莽篡既成'四字可改'天鳳地皇之際'六字，'大盜移國'可改爲'大陸既沉'。"②

是夏，唐文治覆函曹元弼，討論《尚書》學，并稱許《中庸通義》。

> 辛巳夏《唐蔚芝與曹叔彥書》略謂："昨奉覆書，欣審一是，左右研究《尚書》學，至爲佩仰。竊惟典謨訓誥以敬天爲宗旨，堯曰：'欽若昊天'，舜曰：'敕天之命'，禹曰：'天其申命用休'，道統相傳，皆以畏天爲主宰，故宣聖亦曰：'畏天命'。小人不知天命而不畏也。《孟子》言畏天者保其國，引《詩》'于時保之'爲證，今久晦矣。兄于《書》中每喜讀《金縢》《召誥》《無逸》三篇，而《召誥》'節性日邁'以'敬'字爲本，召公之以引以翼，壽至二百餘歲，一'敬'足以該之，質之吾弟以爲何如？茲寄奉拙著《尚書大義》一冊，祈切實指正，承賜《中庸通義》，已讀數過，序文'扶經

---

① 王欣夫輯：《復禮堂書牘》，93～94頁。
② 同上書，94～95頁。

之心，執聖之權'，本經'肫肫其仁'三句可作《通義》定評。"①

秋八月，曹元忠《箋經室遺集》刊成。

民國三十一年　壬午（1942）　七十六歲

本年，曹元弼居家撰《古文尚書鄭氏注箋釋》，并校補《尚書今古文注疏》。

民國三十二年　癸未（1943）　七十七歲

本年，曹元弼居家撰《古文尚書鄭氏注箋釋》，并校補《尚書今古文注疏》。

冬十月十五日，曹元弼撰《孝經集注》成。

《孝經集注序》略謂："余既撰《孝經學》《孝經鄭氏注箋釋》以極論天道至教，聖人至德，吾夫之至誠贊化育，經緯六經，立天下大本，仁覆萬世之宏惎。庶幾聖君賢相、命世大儒以道覺民，撥亂反正，或有取於斯。然文累十餘萬言，可語成人通學，難以詔教小子。夫《孝經》之書，全體大用，固蟠天際地以治萬世之天下而有餘，而其立教之本，實出於民之初生良知良能。保抱之兒，不言而喻；孩提之童，語之即知。蒙以養正，聖功之本，童子束髮受書，首當授以《孝經》，爲之字解句釋。因其親嚴父母之天良，擴充其仁、義、禮、智之端，立愛敬之本，絕惡慢之源。使他日成才，智、勇、藝、能皆用以生人養人，而不用以狀人，養順氣而銷逆節，基百善而遏萬惡，所謂'爲天地立心，爲生民立命'者。再次，經文如乾坤易簡，至明且清，而訓詁旨趣，要待指説。舊注精深者，難示初學，淺近者，無當經旨。間又取舊日論撰，刪繁就簡，約之又約，存十之二三，取足明經義大略而止。不揆樗昧，放朱子注四書之法，集高密鄭子以下百家之注，並自著之書，融合爲一辭，名曰《孝經集注》。務使教者易講，學者易明，非敢竊比紫

① 唐文治：《茹經堂文集四編》卷五，1673～1674 頁。

陽，聊備家塾課讀而已。"①

民國三十三年　甲申（1944）　七十八歲

本年，曹元弼居家撰《古文尚書鄭氏注箋釋》，并校補《尚書今古文注疏》。

冬十月，唐文治八十壽辰，曹元弼贈以壽序，以道義相勉。②

是年，曹元弼所撰《清翰林院撰文吳公神道碑》刊在《江蘇文獻》。

民國三十四年　乙酉（1945）　七十九歲

本年，曹元弼居家撰《古文尚書鄭氏注箋釋》，并校補《尚書今古文注疏》。

春三月十二日，侄曹崧喬卒。

秋七月初八日（8月15日），日本宣布無條件投降，抗日戰爭結束。

是年，曹元弼所撰《孫得之孝廉暨子伯南明經傳》刊在《江蘇文獻》續編第一卷，第九、十期，《永安月刊》第七十七期。

民國三十五年　丙戌（1946）　八十歲

本年，曹元弼居家撰《古文尚書鄭氏注箋釋》，并校補《尚書今古文注疏》。

春二、三月間，劉承幹擬聯合曹元弼、唐文治、張元濟等人致函蔣介石，要求蘇聯優待扣留的清廢帝溥儀。③

夏五月二十七日（6月26日），全面內戰爆發。

冬十二月，金松岑卒。

民國三十六年　丁亥（1947）　八十一歲

本年，曹元弼居家撰《古文尚書鄭氏注箋釋》，并校補《尚書今古

---

① 曹元弼：《孝經集注》，復旦大學圖書館藏，1頁。
② 唐文治：《茹經先生自訂年譜續編》，137頁。
③ 張人鳳、柳和城編著：《張元濟年譜長編》，上海：上海交通大學出版社，2011年，1242頁。

文注疏》。

是年，曹元弼所撰《書孫氏〈周禮正義〉後》載《浙江學報》第一卷第一期。

民國三十七年　戊子（1948）　八十二歲

本年，曹元弼居家撰《古文尚書鄭氏注箋釋》，并校補《尚書今古文注疏》。

本年日記有《復禮堂俟命録》。①

春正月初十日，從妹曹元燕卒。

三月十三日，曹元弼始記《復禮堂俟命録》。

《復禮堂俟命録》："我生不辰，未壯而蓼莪銜哀，將艾而黍離遘閔，數十年間，迭遭一妹、兩兄、元配、繼室之喪，率十年左右而一遇凶禍。加以師友凋零，道義神交知己，深感惻惻悲懷。而三年來賢弟子如汪青在、金松岑、嚴鹿蘋相繼云亡，不勝天喪予之歎。孰意今年正月初十日，又喪我篤友高義，十年來姓名相依頃刻不離之從妹。八旬衰齡，兩目殆瞽，孑然仄影，號咷無聞，何辜於天，使我至於此極邪？予既爲妹傳，又成其壙，乃強定心氣，以所行事記於冊。自今日始，孟子曰：'莫非命也，順受其正'，君子行法以俟命，不怨天，不尤人，強爲善而已矣。"②

三月二十七日，曹元弼始箋釋《尚書·康誥》。

《復禮堂俟命録》："二十七日，……始釋《康誥》。"③

夏四月中，唐文治來函，論《易》理以勸慰曹氏。

《復禮堂俟命録》："初九日，寄蔚芝書。……得蔚芝書，殷勤慰勸，詳論《易》理，以解我悶。"④

戊子四月《唐蔚芝與曹叔彥書》略謂："自春徂夏，言念君子，

_____

① 按：王欣夫所輯《復禮堂俟命録》存三月十三日至七月初八日。
② 王欣夫輯：《復禮堂日記》，第二册，120～121頁。
③④ 同上書，123頁。

我心如痗。昨奉四月十日手書，藉念邇來道體安康而心緒悶損，至
爲敬念。譜妹劍秋女士，天性孝友，兼擅才華，天不永年，吾弟失
左右手，同深悗惜。來書異常沉痛，讀之憮然。大著傳文及哀輓詩
定多傷心怵目之語，譜妹自此可不朽矣。竊意至性中人，固難太上
忘情，但氣數適然，雖聖賢亦不能免耄耋之年。精、氣、神三者尤
宜葆攝。尊體素有肝陽，慎防觸引，務祈達觀自玉，切禱切禱。兄
僑寓滬濱，仍前講學，讀經救國四字永矢弗諼。平居惟以《易》憂
患九卦心誦心維，藉以自遣。而于《履》之初、二兩爻，及《復》
之初爻尤往復不置。先儒謂《論語》'我欲仁，斯仁至矣'二語即
本心之一陽來復，此境最爲有味。又'井以辨義'一語，深造之，
使物各得其所，即精義入神之域，故曰'過此以往，未之或知'。
《孟子》所謂'聖而不可知之爲神'，故下文云：'窮神知化，德之
盛也'。若《大有》之'自天佑之'二句，其根柢全在積善，《大象
傳》曰：'君子以遏惡揚善，順天休命'，善者，天之所命。二爻
曰：'大車以載，積中不敗'，即積善也。《孟子》'大舜有大焉，善
與人同'，即《大有》《同人》二卦。曾文正欲以取人爲善、與人爲
善八字每日作爲常課，載諸日記，實爲學聖基礎。絮絮言之，非敢
云自道心得，冀稍解吾弟之憂悶耳。"①

夏五月初七日，曹元弼致函王欣夫，言妹歿後恐《尚書箋釋》不能
成，以遺稿相托。

戊子五月初七日《曹叔彥與王欣夫書》略謂："嗚呼，余垂
死而妹活之，今妹爲余盡瘁死，悠悠我心，悠悠蒼天，孑然一
身，何以生爲。惟君親大德未報，聖賢名教綱常一髮千鈞，責無
旁貸，不得不勉定心氣，留此木石餘生。然生意已盡，恐必不能
久，《尚書箋釋》能成否，實不敢知，他日遺稿叢殘，當惟弟
是賴。"②

---

① 唐文治：《茹經堂文集六編》卷三，見沈雲龍主編：《近代中國史料叢刊續編》第四
輯第 5 編第 94 冊，上海：上海書店出版社，1989 年，2115～2116 頁。
② 王欣夫輯：《復禮堂書牘》，100～101 頁。

五月二十八日，曹元弼續娶柴氏。

《復禮堂俟命録》："二十八日，余處無可奈何之時，爲萬不得已之舉，聯姻柴氏。是日，備禮往迎，交拜廟見，一如古禮及《大清通禮》。"①

六月二十三日，曹元弼始箋釋《尚書·酒誥》。

《復禮堂俟命録》："二十三日，釋《酒誥》。"②

七月初六日，王欣夫來訪，取《復禮堂文二集》録副。

《復禮堂俟命録》："七月初七日，……昨欣夫來，持《復禮堂文二集》去，約數月内録一副本。"③

按：王欣夫有《復禮堂文二集》鈔本八卷，曹氏殁後，王氏又編輯《三集》六卷，詳見附録《曹元弼著作未成與未見表》。

中華人民共和國　己丑（1949）　八十三歲

本年，曹元弼居家撰《古文尚書鄭氏注箋釋》，并校補《尚書今古文注疏》。

本年日記有《復禮堂俟命録》《復禮堂日記》。④

春二、三月，曹元弼撰《雲間兩徵君集序》《純儒張聞遠徵君傳》。

《復禮堂俟命録》："二、三月間，撰《張、錢二徵君合集敘》，寄欣夫印行。撰張聞遠同年傳，交欣夫攜之申，亦交印書諸君子冠《張集》卷端印行。"⑤

己丑二月《曹叔彦與王欣夫書》略謂："張、錢兩同年遺文，由同人集資刊行，即日命工，發潛闡幽，扶植教道，厥功至大。病

① 王欣夫輯：《復禮堂日記》第二册，124 頁。
② 同上書，125 頁。
③ 同上書，125～126 頁。
④ 按：王欣夫所輯《復禮堂俟命録》存正月初一日至五月初三日，《復禮堂日記》存閏七月初七日至十二月。
⑤ 王欣夫輯：《復禮堂日記》第二册，127 頁。

中聞此，喜極如誦枚叔《七發》卒章，當此時而有此舉，真如大旱之甘雨，阻饑之穀種。屬撰序文及張同年傳，定於一月內草就寄上，請轉告諸君子，並達佩仰忱。"①

夏四月初二日，曹元弼釋《尚書·君奭》畢。

《復禮堂俟命錄》："二日，釋《君奭》畢。"②

四月初七日，曹元弼始釋《尚書·多方》。

《復禮堂俟命錄》："七日，始釋《多方》。"③

四月二十六日，曹元弼始釋《尚書·立政》。

《復禮堂俟命錄》："二十六日，始釋《立政》。"④

秋閏七月初七日，曹元弼釋《呂刑》"皇帝清問"以下。

《復禮堂日記》："是日釋《呂刑》'皇帝清問'以下。"⑤

八月初十日（10月1日），中華人民共和國成立。

八月三十日，曹元弼《古文尚書鄭氏注箋釋》脫稿。

《復禮堂日記》："八月三十日，《古文尚書鄭氏注箋釋》全書脫稿。"⑥

九月初十日，《古文尚書鄭氏注箋釋》《尚書今古文注疏校補》二書首冊均校畢。

《復禮堂日記》："初十日，《書箋釋》《校補》首冊均校畢。"⑦

冬十二月，曹元弼覆校《尚書鄭氏注箋釋》一周，撰序一篇。

《復禮堂日記》："十二月，《尚書鄭氏注箋釋》並《序》成。"⑧
己丑十一月二十九日《曹叔彥與王欣夫書》："《尚書箋釋》及

---

① 王欣夫輯：《復禮堂書牘》，102～103頁。
②③ 同上書，128頁。
④ 同上書，129頁。
⑤ 同上書，131頁。
⑥ 王欣夫輯：《復禮堂日記》第二冊，131頁。
⑦ 同上書，132頁。
⑧ 同上書，133頁。

《孫疏校補》覆勘初周，未審正者，當徐圖之。"①

　　庚寅正月二十五日《曹叔彥與王欣夫書》："《尚書鄭氏注箋釋》全書已成，撰序一篇，約近八千字，標舉全書大意，似與學術人心有關。他日校印，將重煩吾弟，想必爲先聖後學力任其難也。"②

中華人民共和國　庚寅（1950）　八十四歲

本年，曹元弼居家校《古文尚書鄭氏注箋釋》，寫定清本。
本年日記有《復禮堂日記》。③
夏五月初十日，曹元弼校訂謄清《古文尚書鄭氏注箋釋》至《召誥》。

　　《復禮堂日記》："五月初十日，……《尚書》清本已寫至《召誥》，逐字精校，當無大誤。"④

五月二十五日，李根源來訪曹元弼談。

　　《復禮堂日記》："二十五日，李印泉自北京來蘇，十年久別，邂逅相遇，慨論世變，且喜且悲，其言聖道絶無中絶之理，辭氣甚壯，實獲我心。"⑤

秋七月初四日，曹元弼寫定《多士》。

　　《復禮堂日記》："七月初四日，校《多士》寫定本畢。"⑥

九月初四日，曹元弼寫定《立政》。

　　《復禮堂日記》："九月初四日，校《尚書箋釋》至《立政》得半。"⑦

中華人民共和國　辛卯（1951）　八十五歲

本年日記有《復禮堂日記》。⑧

---

①　王欣夫輯：《復禮堂書牘》，104～105 頁。
②　同上書，107 頁。
③　按：王欣夫所輯《復禮堂日記》存五月初十日至九月初四日，闕略亦多。
④　王欣夫輯：《復禮堂日記》，第二册，133 頁。
⑤　同上書，133～134 頁。
⑥⑦　同上書，134 頁。
⑧　按：王欣夫所輯《復禮堂日記》存正月二十二日至十二月十六日，闕略亦多。

春二、三月，曹元弼按日整理歷年詩文。

《復禮堂日記》："（三月）二十五日，自二月中旬抱恙，至月初方愈，將歷年詩文及六妹詩按日整理。……二十七日，覆閱壬子、癸丑兩年詩已裝裱者，凡二十三頁。"①

夏四月，《古文尚書鄭氏注箋釋》成，曹元弼作序并後序二篇。②

按：是序萬餘言，於《古文尚書》諸篇經義、傳述源流、注家得失言之綦詳，兹不煩具，僅錄其論聖王之道一貫而《書》具其之實事一節。

《古文尚書鄭氏注箋釋序》略謂："昔孔子贊《易》述伏羲，刪《書》首《堯典》，法始於伏羲而成於堯。吾治《尚書》沈研鑽極久，博稽群經、傳記、子史，而知上古聖神繼天出治，因性立教，別人類於禽獸，變草昧于文明，備物致用以利天下，保我子孫黎民於無窮，其功至難。自伏羲氏以聰明睿智，乾曜合元之上聖，嗣古天皇、地皇、遂皇而作，建立八卦重爲六十四，以先覺覺民。因人孩提愛親天性良知，教之相愛相敬以相生相養相保，合敬同愛，合智同力。除去天地之災，輔相天地之宜，人倫正，王道興，萬世治法於是權輿。神農氏繼之，黃帝氏又繼之，歷金天、高陽、高辛，創制顯庸，立成器以爲天下利。至乎帝堯，其仁如天，其智如神，聰明文思，光宅天下，而伏羲氏體仁嘉會，美利利天下，各正性命，保合太和，成既濟之功，於是乃大定。凡《易大傳》、《禮·五帝德》、《武王踐阼》、《祭法》諸記、《春秋》內外傳所述三皇五帝聖德聖治，於是集大成。而洪荒以來夏巢冬窟、茹毛飲血救死不暇之民，皆安其居、甘其事、美其服，萬國協和，黎民于變時庸，所謂天地位，萬物育。……蓋古聖帝明王立政立教，一本於天命之性，率之以爲天下之達道，時之相去數千年，而先聖後聖若合符節。故伊尹樂堯、舜之道，《湯誥》逸文述禹、皋陶、后稷之功，文王作《易》，根本伏羲，兼包《連》《歸》，武王受丹書于太公，受《洪范》於箕子，周制禮'單文祖德'，言包五帝以來治法，故曰'文、武之道同伏羲'。降及穆王，由陳古帝命重黎命三後之功，監伯夷播刑之迪。蓋帝王質文，雖世有損益，而修身及家平均天下之大本，則天不變，道亦不變，雖百世可知也。天下之生，一治一亂。周衰，王跡熄，諸侯相侵伐，暴虐百姓，賊臣篡子滋起，生民將罹戰國紛爭、

---

① 王欣夫輯：《復禮堂日記》第二册，135頁。
② 曹元弼：《古文尚書鄭氏注箋釋》，461頁。王欣夫輯：《復禮堂書牘》，108頁。

弒人盈野、詖邪交亂、率獸食人，終於□狼秦獨夫政窮、窮凶極暴、咥人吮血、焚書坑儒之大厄。上天至仁，不忍創殘殄戮孑遺餘黎，從此漸滅而不可救，先篤生大聖孔子，包囊古先聖王至德要道大政大教，以肫肫之仁體天地生生之大德，論撰《易》《詩》《書》《禮》《樂》，製作《春秋》，總會於《孝經》，爲萬世預立撥亂興治有治無亂之法，教授天下英才，世以相傳，俟有王者興，舉而措之，以重活我民。六經之道同歸，而《易》之崇德廣業，《詩·南》《豳》《雅》《頌》之化，《禮》養欲給求，《樂》象功昭德，《春秋》祖述憲章，《孝經》博愛廣敬之實事，具在於《書》。孔子刪《書》，蓋取帝王聖賢之道至美而文完備，及可考見世變，足作後王之鑒者，凡百篇。又每篇取古史舊序審定之，總爲上下二篇，故師説以爲取百二篇爲《尚書》。"①

按：《尚書今古文注疏校補》之《太誓》以下未成，遺命以書稿授王欣夫。

《吳縣曹先生行狀》："又別爲《孫氏尚書今古文注疏校補》，《太誓》以下未成，遺命以二書稿授弟子王大隆。"②

五月初二日，曹元弼擬釋鄭玄《書贊》。

《復禮堂日記》："初二日，擬釋鄭君《書贊》，整理舊稿。"③

秋九月，曹元弼突患中風，病中自擬挽聯數則。

《復禮堂日記》："九月初一日，先慈忌辰，祭畢忽患中風，幸而轉機，可望調養復元，殆先靈籲天拯之，俾得更生邪？病困時擬自挽數聯：

戴仁而行，抱義而處，常恨君親恩未報；抉經之心，執聖之權，所慚民物濟無功。

守先王，俟後聖，敢希伏鄭；學孔子，頌伯夷，私淑孟韓。

先帝以國士待臣，無一毫報答朝廷恩，終身負罪；後王于吾書有取，使百姓重被堯、舜澤，雖死猶生。

---

① 曹元弼：《古文尚書鄭氏注箋釋》，447～449 頁。

② 王欣夫：《吳縣曹先生行狀》，見卞孝萱、唐文權編：《民國人物碑傳集》，北京：團結出版社，1995 年，525 頁。

③ 王欣夫輯：《復禮堂日記》第二冊，135 頁。

自古皆有死，百歲須臾耳。非曰豫凶事，聊以見吾志。"①

冬十一月十三日，王欣夫來訪，曹元弼以身後事相托。

《復禮堂日記》："十三日，欣夫來，屬其一切，慨然許諾，深感之。"②

十二月朔，曹元弼爲嚴載如《淵雷室文集》作序。

《復禮堂日記》："十二月朔，爲嚴載如作《淵雷室文集序》。"③

中華人民共和國　壬辰（1952）　八十六歲

本年日記有《復禮堂日記》。④

春正月，曹元弼爲王欣夫父王次歐作傳。

壬辰正月十九日《曹叔彥與王欣夫書》："尊公傳敬撰已就，勉竭固陋，闡發懿行，凡二千三百餘字。"⑤

中華人民共和國　癸巳（1953）　八十七歲

本年日記有《復禮堂日記》。⑥

夏四月，冒廣生推薦曹元弼入南京市文史館。

《冒鶴亭先生年譜》："先生得南京談月色來信，言欲入南京文史館事，先生即致書冷禦秋（名遹），附談月色介紹信。又推薦曹叔彥入館事，促其發表。後談、曹兩人皆已入館，先生'慰之，慰之，不負亡友矣。"⑦

秋八、九月間，張元濟、顧廷龍爲推薦曹元弼入南京文史館事多方

---

① 王欣夫輯：《復禮堂日記》第二冊，135～136頁。
②③ 同上書，138頁。
④ 按：王欣夫所輯《復禮堂日記》存三月十三日至八月十五日，闕略亦多。
⑤ 王欣夫輯：《復禮堂書牘》，116頁。
⑥ 按：王欣夫所輯《復禮堂日記》存三月初五日至九月初七日，闕略亦多。
⑦ 冒懷蘇：《冒鶴亭先生年譜》，550～551頁。

奔走，以周其窮厄。

　　癸巳八月初六日《張元濟致顧廷龍函》略謂："再，曹叔彥先生事細想轉託叔通過于周折。叔通事忙，或恐錯過該館會議，又次耽擱一月。故擬改易方針，由弟逕向館方提出。特此陳明。"①

　　癸巳八月十八日《張元濟致陳敬第函》略謂："顧起潛來，出視本月二十一日手書，知前上一函，爲曹叔彥先生事，已邀清覽。譚震林任華東行政會主席系在中風之後，故從未見面，但爲曹君推薦江蘇文史館，弟當遵命去信。仍望得兄一信，不必寄下，附入弟信，能由京逕寄尤佳。"②

　　癸巳九月二十八日《張元濟致陳敬第函》略謂："再，前爲曹叔彥先生與譚震林君信，請推薦蘇省文史館。於九月二十九日去信，不答；十月十六日又去信，仍不答。"③

九月初三日，曹元弼得嚴載如信并《復禮堂二集序》。

　　《復禮堂日記》："九月初三日，得載如來書，並爲我作《復禮堂二集序》，純茂淵懿，渾灝流轉，深得我心。又見和詩一首，神韻悠然。"④

九月十五日，丑時，曹元弼卒，享年八十有七。⑤
冬，曹元弼葬於穹窿山祖塋之次。
曹元弼身後，王欣夫爲撰《吳縣曹先生行狀》。其中綜括曹氏一生學術曰：

　　先生說經，一以高密鄭氏爲宗，而亦兼采程、朱二子，平質通達，與番禺陳氏爲近，而著書二百餘卷，總三百餘萬言，則又

---

①　張元濟：《張元濟全集》第三卷，北京：商務印書館，2007 年，50 頁。
②　張元濟：《張元濟全集》第二卷，432～433 頁。
③　同上書，434 頁。
④　王欣夫輯：《復禮堂日記》第二冊，143 頁。
⑤　王欣夫：《吳縣曹先生行狀》，見卞孝萱、唐文權編：《民國人物碑傳集》，北京：團結出版社，1995 年，526 頁。

過之。同縣吳文安公嘗謂："吾蘇二百六十年，前後得兩人焉，昆山則有亭林先生，吳縣則爲吾叔彥先生，振綱常，扶名教，爲宇宙間特立獨行之真儒。"識者謂爲千古之公論。⋯⋯自辛亥以來，歷世多變，憂傷憔悴，晚更窮乏，饔飧不繼，而惟以著書立教，孜孜不倦，雖疾病呻吟，不廢簡畢，斯真所謂守死善道者非耶！①

按：王氏又爲蒐集董理《復禮堂文三集》《復禮堂詩集》《復禮堂日記》《復禮堂書牘》《復禮堂朋舊書牘録存》。其《復禮堂文三集》《詩集》，見下附録《曹元弼著作未成與未見表》。兹摘取《日記》《書牘》《朋舊書牘録存》三書叙録，以備稽考。

《復禮堂日記》不分卷叙録："案之年歷，所失者多矣。就存者核之，亦頗凌亂。凡讀書有得則記，著書有暇則記，故所闕或數日至數月，亦有一冊僅書一二葉者，列目雖繁，綜録之不過兩冊。我師爲學推服陳蘭甫之漢宋兼采，嘗與張聞遠書曰：'多讀書，以見諸實行，實爲弟痛下箴砭。自得此語後，弟書日記，不敢有一事稍略以自欺其心。'故所記皆爲自治身心，繩過糾愆，鞭策極嚴。"②

《復禮堂書牘》二卷一冊叙録："我師與人書牘不留稿，散在四方，不易蒐集。生前執友妻縣張聞遠先生錫恭所藏數十通，輾轉歸余。又向封君耐公借得致其尊公衡甫先生文權者，合鈔爲卷上，而以歷年寄大隆者鈔爲卷下。雖僅六十餘通，于師之立身行己，道德文章，可窺一斑。師與張先生相契至深，同以聖賢之道自任，嘗稱：'沉潛道德，獨精三禮，篤學力行，足爲人倫師表，莫如張先生。'時正纂《喪服鄭氏學》，師以舊撰《禮經校釋》爲質，張先生爲校其脱誤。⋯⋯皆爲師所深服，引以改正。大隆受業禮堂，諸經大義，多出口授。⋯⋯其他多言著書刻書事，以及垂教之殷，期望之切，言之藹然。恩義綢繆，視同骨肉。乃寢門之慟，倏逾十年，披卷雒誦，如親謦咳，不自覺其決瀾沾襟而已。"③

《復禮堂朋舊書牘録存》不分卷四冊叙録："先師凤敦風誼，於朋好所投尺牘，必謹藏之。自歸道山，家人視爲廢紙，頗有散失。及余收拾遺稿，得

---

① 王欣夫：《吳縣曹先生行狀》，見卞孝萱、唐文權編：《民國人物碑傳集》，北京：團結出版社，1995年，526頁。
② 王欣夫：《蛾術軒篋善本書録》，1335頁。
③ 同上書，1399~1400頁。

一束於牆角。沈君勤廬又于冷攤購得若干家，承其見惠，於是整理排比，自俞曲園以次，得六十五家。少或一簡，多至數十，辜較不下五六百通。皆在位通人，處逸大儒。雖屬殘餘，已爲大觀。其中如張聞遠、葉鞠裳、江建霞、梁節庵、馬季立、唐蔚芝皆以經術道義相切磋，各存數十牘，餘亦無一作酬應浮泛語。別録爲四冊。"①

四、附録

曹元弼著作未成與未見表

著作名稱	文獻出處	存佚情況
《禮經纂疏》	曹元弼《復禮堂文集·禮經纂疏序》。又《復禮堂述學詩》卷六："元弼治《禮》，撰述微意，具詳《校釋序》及後附《纂疏序》。光緒壬辰，《校釋》既刊竣，將專心從事《纂疏》，而人事漸多。重遭先君子棄養，創巨痛深，目眊身瘵。厥後應張文襄師聘，主講兩湖書院經學。師又命編《十四經學》，積年僅成其半，《易》《禮》《孝經》三學先行世。尋承乏存古學堂。前後忽忽二十年，《纂疏》所成無多。迨天綱紐絶，地軸輻分，遺世獨立，專心治《易》，以究天人消息，又十七年。並爲《大學》《中庸通義》《孝經箋釋》，出入數年，《禮疏》竟未能兼顧。歲月駸逝，人生幾何，夙願未償，要不敢以老耄自棄。今而圖之，日暮途遠，力小任重，其能成耶？一息尚存，俔焉日有孳孳而已。"②	疑未成，稿佚不傳。
《孝經鄭氏注後定》	曹元弼《吳刻孝經鄭氏注序》："元弼不敏，治鄭氏禮學十餘年，夙興必莊誦《孝經》。竊歎冠、婚、喪、祭、聘、覲、射、鄉無一非因嚴教敬、因親教愛，與《孝經》之旨融合無間，通《孝經》而後知禮之協乎天性，順乎人情。以鄭君之注，百世不易，惜其殘闕失次，據近儒臧氏庸、嚴氏可均輯本拾遺訂誤，削《群書治要》僞文，爲《孝經鄭氏注後定》。"③	疑未刊，稿佚不傳。

---

① 王欣夫：《蛾術軒篋善本書録》，1419 頁。
② 曹元弼：《復禮堂述學詩》卷六，民國二十七年（1938）刊本。
③ 曹元弼：《吳刻孝經鄭氏注序》，見《復禮堂文集》卷六，646～647 頁。

续前表

著作名稱	文獻出處	存佚情況
《孝經纂疏》《孝經證》	曹元弼《禮經纂疏序》："元弼嘗於先聖前自誓，願爲《禮疏》《孝經纂疏》《歷代經儒法則篇》三書，以闡明聖道于萬一。以《孝經》者，製作禮樂，仁之本。子曰：'先王有至德要道，以順天下'，至德，孝弟也，要道，禮樂也。"① 又《吳刻孝經鄭氏注序》："因徧輯經傳、周秦漢古籍、各經師注涉《孝經》義者爲之箋，而博采魏晉以來《孝經》説之有師法、應禮道者，貫以積思所得疏之。約之以《禮》，達之以《春秋》，合之以《論語》，考之以《易》《詩》《書》。疏文有所不盡，則師黄氏之意而擴充之，兼采史傳孝行足裨補經意者，別爲《孝經證》。往時，敬其此書與《禮疏》《經儒法則篇》同於先聖前立誓自任。此書與《禮疏》相須成體，功亦相亞，《禮疏》成則亦成。"②	《孝經纂疏》之作，或即後所成《孝經鄭氏注箋釋》。《孝經證》疑未成，或稿佚不傳。
《歷代經儒法則篇》	曹元弼《禮經纂疏序》："元弼嘗於先聖前自誓，願爲《禮疏》《孝經纂疏》《歷代經儒法則篇》三書，以闡明聖道于萬一。……古之君子盡愛敬於事親，而後推以及人，言思可道，行思可樂，德義可尊，作事可法，容止可觀，進退可度，以臨其民。是以其民畏而愛之，則而象之，謂之有禮。後儒不務躬行，孝弟之道寖薄，禮俗日壞，記問之學不足以爲人師。故撰集前言往行，輔翼聖經。三書者，殊途而同歸。"③	疑未成，稿佚不傳。
《詩箋釋例》	王大綸《禮經校釋跋》。④《復禮堂述學詩》卷三："鄭《箋》易《傳》者甚少。余往時作《詩箋釋例》明之，久未寫定。"⑤	疑未成，稿佚不傳。
《禮注釋例》	王大綸《禮經校釋跋》。⑥	疑未成，稿佚不傳。
《周易鄭氏注集箋》	王大綸《禮經校釋跋》。⑦	是書之作，疑即後所成《周易鄭氏注箋釋》。或單作一書，未成，稿佚不傳。

---

① 曹元弼：《禮經纂疏序》，見《復禮堂文集》卷四，468～469 頁。

② 曹元弼：《吳刻孝經鄭氏注序》，見《復禮堂文集》卷六，646～647 頁。

③ 曹元弼：《禮經纂疏序》，見《復禮堂文集》卷四，468～469 頁。

④ 王大綸：《禮經校釋跋》，見曹元弼：《禮經校釋》，收入《續修四庫全書》第 94 册，541 頁。

⑤ 曹元弼：《復禮堂述學詩》卷三，民國二十七年（1938）刊本。

⑥⑦ 王大綸：《禮經校釋跋》，見曹元弼：《禮經校釋》，收入《續修四庫全書》第 94 册，541 頁。

续前表

著作名稱	文獻出處	存佚情況
《尚書集疏》	王大綸《禮經校釋跋》。①	是書之作，疑即後所成《古文尚書鄭氏注箋釋》。或單作一書，未成，稿佚不傳。
《許氏禮》	王大綸《禮經校釋跋》。② 葉昌熾《緣督廬日記》。③	疑未成，稿佚不傳。
《鄭氏雅》	王大綸《禮經校釋跋》。④ 葉昌熾《緣督廬日記》。⑤	疑未成，稿佚不傳。
《穀梁詁》	葉昌熾《緣督廬日記》。⑥	疑未成，稿佚不傳。
《北堂立言記》	曹元弼庚寅（1890）四月二十八日《與張聞遠書》。⑦ 王欣夫《蛾術軒篋善本書録》："我師幼時體弱多病，倍得倪太夫人之愛憐。太夫人鍾儀郝法，教子有方。光緒十五年己丑九月棄養，時我師二十三歲，追述嘉言懿行，爲《北堂立言記》，以備付梓。故以兩兄元恒、福元名並列。太夫人之教我師曰：'汝既治經學，不屑以流俗自居，當深自勗勵，言行相顧，毋見節於昭昭，墮行於冥冥，經學其貌，而流俗其心也。'他所言皆爲封建時代禮教之極則，立身之準繩。當清末葉，我蘇舊族門庭雍睦，家法謹嚴，首推譙國。與夫我師道德文章，蔚爲儒宗者，蓋有所自矣。"⑧	手稿本，不分卷，一册，王欣夫保存。現存復旦大學古籍所。今未得見。
《儀禮舊疏考證》	曹元弼《復禮堂述學詩》卷六："賈《疏》以黄、李爲本，而疏中引二家絶少，且一節之中，或多歧義。竊疑疏文經唐時閭里書師傳寫，或將'黄氏云'、'李氏云'及'案'字刪去，如今時塾師授讀四書朱注，將'程子曰'、'某氏曰'及'愚按'等字一律塗抹之比。遂至賈語與先儒説混合爲一，上下參錯，或至矛盾。流傳至宋初刊版，更無别本可據。愚嘗欲放劉孟瞻《左傳舊疏考證》之例，將疏文乖錯處，一一厘剔，爲《儀禮舊疏考證》，即	疑未成，稿佚不傳。

① ② 王大綸：《禮經校釋跋》，見曹元弼：《禮經校釋》，收入《續修四庫全書》第94册，541頁。

③ 葉昌熾撰，王季烈鈔：《緣督廬日記鈔》，155頁。

④ 王大綸：《禮經校釋跋》，見曹元弼：《禮經校釋》，收入《續修四庫全書》第94册，541頁。

⑤ 葉昌熾撰，王季烈鈔：《緣督廬日記鈔》，155頁。

⑥ 同上書，156頁。

⑦ 王欣夫輯：《復禮堂書牘》，15～16頁。

⑧ 王欣夫：《蛾術軒篋善本書録》，1336頁。

续前表

著作名稱	文獻出處	存佚情況
	可雪賈氏之誣，更可略見黃、李梗概。蹉跎歲月，迄今未成，姑存其說於此。此意《禮經校釋》已發其端，未暇致詳。前年爲《孝經校釋》剖別元疏邢校混合之文，即此法也。各經疏皆宜准此讀之。"①	疑未成，稿佚不傳。
《毛詩學》	王欣夫《蛾術軒篋善本書録》："其未成三書（《毛詩學》《周禮學》《孟子學》），或草稿模糊不可爬梳，或版片蠹蝕，無法修補。只各存當日紅印樣本一部。余每侍座燕談，師輒慨歎精力之就衰，而全書觀成之無日，以印本鄭重相屬，忽忽二十餘年矣。此《毛詩學》一厚冊，僅存卷一《明例第一》至八十二葉止，卷二《要旨第二》至三十葉止，卷五《解紛第五》至四十二葉止，卷七《流別第七》至十七葉止。實無一完卷，而《要旨》《解紛》皆僅至《葛覃》'害澣害否，歸寧父母'，其下皆闕。以全書核之，蓋未及什一。古今説《詩》者無慮數百家，此書提要鉤玄，可稱大觀，而惜其未完也。吾師早歲所著《詩箋釋例》，稿佚不傳。此《明例》雖不止爲鄭《箋》而發，亦可窺豹一斑。《解紛》所載《詩入樂説》《六義》《十五國風次序説》《二南分風説》《邶鄘衛分地分風説》《王降爲風説》《豳風豳雅豳頌説》《詩序不可輕議説》諸篇，皆原原本本，陳義卓然。"②	紅印樣本，四卷一冊，王欣夫保存。現存復旦大學古籍所。又，該所尚存鈔本四卷。又，蘇州圖書館藏稿本四冊。均未得見。
《周禮學》	王欣夫《蛾術軒篋善本書録》："存卷一《明例第一》至三十六頁止；卷二《要旨第二》全；卷五《解紛第五》以文繁分上下，上至八十九頁止，下至八十一頁止，皆闕尾數頁。吾師謂：'治《禮》莫要於釋例，《周官》之例，當以三百六十官之事分類系聯之。鄭注《小宰》所言，即其法也。《大宰》八法，一曰官屬，三曰官聯。周公作《周禮》，又作《儀禮》。《周禮》以官爲紀，官屬也。《儀禮》以事爲紀，官聯也。官屬爲經，官聯爲緯。故《周禮》爲經禮，《儀禮》爲曲禮。經曲，猶經緯也。《周禮》即《儀禮》之釋官，《儀禮》即《周禮》之釋例。今《儀禮》僅存十七篇，朱子《儀禮經傳通解》、江氏《禮書綱目》據《周禮》事，別爲篇補之，實得製作本法。後人苟因其成文，約而聯之，比類合誼，發揮旁通，爲《周禮》釋例專書。使良法美意，本末終始，同條共貫，於經術非小補也。'又謂：'釋《周禮》之例者，當以六聯爲體，而以治國、治官、治民三大義爲綱。今《儀禮》有凌廷堪書，	紅印樣本，存三卷四冊，王欣夫保存。未知後歸何處。今未得見。

---

① 曹元弼：《復禮堂述學詩》卷六，民國二十七年（1938）刊本。
② 王欣夫：《蛾術軒篋善本書録》，18~19 頁。

续前表

著作名稱	文獻出處	存佚情況
	而《周禮》則未有爲之者，爲發凡於此書。'而命小子勉成之，乃攸忽至今，老未能爲。又謂：'治《周禮》最難者，在大典禮之異説紛紛，莫衷一是。'故于《解紛》一目，用力尤勤。凡封建、井田、溝洫、軍賦、禄田、刑典、樂律，冠服等，無不博采羣言，以求其是。要而不繁，簡而易明。例如《考工記》以鄭珍《輪輿私箋》所説最詳，而學者猶嫌其未易遽瞭。吾師爲詳節之，著於篇，而學者始稱便。故《解紛》一目，幾二百頁而猶未已也。惟孫詒讓《周禮正義》晚出，吾師屬稿時所未見，及其書印行，而師以字小目眊，未能讀。嘗詔小子曰：'孫書體大思精，集古今説《周禮》者之大成。一《序》融貫古今，有功治道。曾爲文以贊之，存《復禮堂文集》。惟好破鄭義，美哉猶憾。他日可挈其精華補著之。'"① 又，曹元弼《復禮堂述學詩》卷四引《周禮學·要旨》《解紛》數則。②	
《孟子學》	王欣夫《蛾術軒篋善本書録》："存卷一《明例第一》全，卷二《要旨第二》至六十五頁止。《孟子》較他經文字本曉暢，典制亦簡明。讀者以識大義、辨體例爲先。《明例》中録阮元《孟子論仁論》，謂：'此即《孟子釋例》之一隅。凡七篇中微言大義，皆當以此法説之。所謂"比類合誼，以見指撝"，類即例也。輔以焦循自述疏《孟子》之法，陳澧指説《孟子》大要而讀之，則全書若網在綱矣。'"③	紅印樣本，存二卷二册，王欣夫保存。未知後歸何處。今未得見。
《聖學挽狂録》（《論語學》）	曹元弼《聖學挽狂録》。王欣夫《吳縣曹先生行狀》。④ 又《復禮堂述學詩》云："元弼有《聖學挽狂録》，自《學而》至《雍也》六篇，餘俟續纂，附識於此。"⑤	《蘇州隱貧會旬刊》所載，并刊本一册。蘇州圖書館又藏有稿本四册，今未得見。内容殆較隱貧會刊本爲多。
《存古待後録》	無。	一册，存北京大學圖書館古籍所。今未得見⑥。

---

① 王欣夫：《蛾術軒篋善本書録》，24～25 頁。

② 曹元弼：《復禮堂述學詩》卷四，民國二十七年（1938）刊本。

③ 王欣夫：《蛾術軒篋善本書録》，44 頁。

④ 王欣夫：《吳縣曹先生行狀》，見卞孝萱、唐文權編：《民國人物碑傳集》，北京：團結出版社，1995 年，523 頁。

⑤ 曹元弼：《復禮堂述學詩》卷十三，民國二十七年（1938）刊本。

⑥ 按：是書殘損甚，待修復，館方不予閱覽。

续前表

著作名稱	文獻出處	存佚情況
《釋文敘録考證》	曹元弼《復禮堂述學詩·條例》："治經必明家法。自七十子後學者以至漢儒，本末源流，見《史》、《漢·儒林傳》、鄭君《六藝論》、陸氏《經典詩文敘録》，燦然分明。余向有《釋文敘録考證》，今掇其要，更詳加稽覈，著於篇。"①	疑未刊，稿佚不傳。又，《復禮堂述學詩》叙各經傳述源流每引《釋文敘録》，多有按語，可藉以見是書之大貌。
《周禮通義》	《復禮堂述學詩》卷四："《周禮》之學，唐以前鄭學微言要義備載買《疏》，國朝諸儒之説備載孫《疏》。若據二書爲本，更加探討，取其考核至精之説，推闡義理，合之世用，文約指明，爲《周禮通義》一書，則尤善矣。七十衰年，目瞑意倦，姑爲此説以諗來者。"②	疑未成，稿佚不傳。
《毛詩通義》	曹元弼《復禮堂述學詩》卷三："鄭《箋》易《傳》者甚少，余往時作《詩箋釋例》明之，久未寫定，他日或并入《毛詩通義》。"又："《詩》亡跡熄作《春秋》，正奉春王禮秉周。希聖祈天望雲漢，瞀鴻尚有孑遺留。區區悲天憫人之心，將著之《毛詩通義》。籲嗟老矣！能成否乎？"③	疑未成，稿佚不傳。
《春秋孟氏學》	曹元弼《復禮堂述學詩》卷十："元弼往日治《易》，沈研鑽極，因《易》例悟《春秋》例，欲爲《春秋孟氏學》一書，舉此三例以明大義。一息尚存，終當成之。"又："余不揆檮昧，欲本孟子所舉大義大例，以《左傳》所述之事與文，合之公、穀所傳之義，考筆削之跡，以推見孔子撥亂反正，討亂賊，教忠孝，並育萬物，幸教萬世，天覆地載肫肫之仁，爲《春秋孟氏學》一書。分別董、何爲漢推衍之説，勿與經混，以絕流弊，息邪説。而吾衰已甚，不知能成與否，故舉宏綱，以俟來哲隅反。"④	疑未成，稿佚不傳。
《孝經講義》	劉體乾己酉（1909）十一月初一日《與曹叔彥書》。⑤	稿佚不傳。

---

① 曹元弼：《復禮堂述學詩》，民國二十七年（1938）刊本。
② 曹元弼：《復禮堂述學詩》卷四，民國二十七年（1938）刊本。
③ 曹元弼：《復禮堂述學詩》卷三，民國二十七年（1938）刊本。
④ 曹元弼：《復禮堂述學詩》卷十，民國二十七年（1938）刊本。
⑤ 王欣夫輯：《復禮堂朋舊書牘録存》第三冊，164～165頁。

续前表

著作名稱	文獻出處	存佚情況
《詩譜講義》	曹元弼《復禮堂述學詩》卷三："光緒丁酉、戊戌，余與陳明經宗穎同主兩湖書院經學講席，同編《詩譜講義》。"① 又《復禮堂述學詩》卷三引《詩譜序講義》一則。	湖北省圖書館藏《存古學堂課程》活字本一册，存卷一《詩譜》，卷端下題"兩湖書院番禺陳宗穎、吳縣曹元弼原本"。今未得見。
《禮經大義》	曹元弼《復禮堂述學詩》卷六："今忽忽十餘年矣。計十七篇中，《喪服》《士喪》《既夕》《士虞》《特牲饋食》五篇皆悉心撰定，今統稱《禮經大義》，掇要引入此編各詩之下。《鄉射》《燕》《大射》《聘》《公食大夫》《覲》六篇刊改補苴引之，謂之某篇略說。此書以指日可成者，而一經遷延，遂至於今。余各書未成稿甚多，然治人之道，莫急於禮，六經同歸，皆所以明人倫。況今日大坊盡決，滄海橫流，挽既倒之狂瀾，拯人心之陷溺，萬難縷緩。明年，當先將《冠》《昏》《相見》《鄉飲》《少牢》《有司》六篇補著其說，《鄉射》至《覲》六篇理董其文，與《喪服》至《特牲》五篇合爲《禮經大義》，庶于世道人心不無小補云。"② 又，王欣夫《吳縣曹先生行狀》③、《蛾術軒篋善本書録》④。	王氏蛾術軒鈔稿本，二卷一册，王欣夫保存。現存復旦大學古籍所，唯其著録爲一卷。今未得見。
《尚書今古文注疏校補》	王欣夫《蛾術軒篋善本書録》："吾師年將八十，撰《古文尚書鄭氏義箋釋》，兼爲是書作補正。每見與金君智詮對座屬草，此書不離左右，有得即書於眉，正誤補脱，爲之焕然改觀，豈僅爲孫氏諍友而已。"⑤《吳縣曹先生行狀》："又別爲《孫氏尚書今古文注疏校補》，《太誓》以下未成，遺命以二書稿授弟子王大隆。"⑥	未成，書在《尚書今古文注疏》三十卷上，王欣夫保存。今未得見。

---

① 曹元弼：《復禮堂述學詩》卷三，民國二十七年（1938）刊本。
② 曹元弼：《復禮堂述學詩》卷六，民國二十七年（1938）刊本。
③ 王欣夫：《蛾術軒篋善本書録》，1499 頁。
④ 王欣夫：《吳縣曹先生行狀》，見卞孝萱、唐文權編：《民國人物碑傳集》，北京：團結出版社，1995 年，525 頁。
⑤ 王欣夫：《蛾術軒篋善本書録》，706～707 頁。
⑥ 王欣夫：《吳縣曹先生行狀》，見卞孝萱、唐文權編：《民國人物碑傳集》，北京：團結出版社，1995 年，525 頁。

续前表

著作名稱	文獻出處	存佚情况
《復禮堂二集》《三集》	曹元弼《復禮堂日記》。① 王欣夫《蛾術軒篋善本書録》："我師《復禮堂文集》十卷刻本，斷自丁巳十月。其後於治經之暇，續有所作，隨時付梓，分爲八卷，僅有紅樣本，未及校印，而板旋散失。洎歸道山，余爲收拾遺稿，又得若干篇，依前例編録成《三集》六卷。我師一生專力於經，所爲文亦以發明經義爲多，卷中如《易正論》九篇、《禮大義》十二篇，蓋于《周易鄭氏注箋釋》《周易集解補正》《周易學》《禮經校釋》《禮經學》外，沉潛反復，擷其精要，以示後學，亦爲諸書之提綱。其自著各書序跋外，如太倉王祖畬《春秋經傳考釋》、長洲王頌蔚《周禮義疏殘稿》及余所輯惠棟《松崖讀書記》諸文，皆經學鉅著未刊稿本。已刊各家碑傳外，如吳縣吳蔭培，南陵徐乃昌，吳興劉錦藻、承幹父子，伯兄元恒及我父次歐諸公，皆國之耆獻，士林矜式。又如《跋華嚴經》《法華經》《聖諭廣訓》等亦不無過而存之者。謹恭録清本，藏諸蓋篋，以俟夫後世之采輯焉。"② 又，據《復禮堂述學詩》，《復禮堂文二集》尚有《文王改元稱王答難》③、《禮運説》④、《素王説》⑤ 等篇。	王氏抱蜀廬鈔稿本，《復禮堂文二集》八卷、《三集》六卷，共七册，王欣夫保存。現存復旦大學古籍所。今未得見。
《復禮堂詩集》	王欣夫《蛾術軒篋善本書録》："我師壯歲專力治經，未遑作韻語。自辛亥後，稍稍爲之，自謂少不能詩，際此世亂年衰，百事俱廢，強復爲之，自顧失笑，聊用破涕。故其詩有云'《小雅》嗟皆廢，何情更説詩。用心無用地，消悶道消時'也。時相與唱和者，葉鞠裳昌熾、鄒芸巢福保、朱古微祖謀、秦佩鶴綬章、惲季文炳孫，及仲兄遼翰福元、從兄君直元忠。今葉氏《緣督廬日記》癸丑、乙卯間多附載其詩。並云：'得遼翰一緘，詩四章。與叔彦又各次前韻兩律，索再和。兩公興真不淺，欲勇者買余餘勇，羯鼓一催，雙葩先放。如鄙人者，枯枝顓頭，望而卻步，惟有退避三舍已耳。'又云：'叔彦攜七律一首見贈，過情之譽：室有奇書，門無俗客。讀之不無慚汗，至以鄒孟蜀嚴爲况，則更	王氏抱蜀廬鈔稿本，八卷四册，王欣夫保存。現存復旦大學古籍所。今未得見。

---

① 王欣夫輯：《復禮堂日記》第二册，125～126頁，143頁。

② 王欣夫：《蛾術軒篋善本書録》，1397～1398頁。

③ 曹元弼：《復禮堂述學詩》卷三，民國二十七年（1938）刊本。

④ 曹元弼：《復禮堂述學詩》卷七，民國二十七年（1938）刊本。又見曹元弼：《孝經鄭氏注箋釋》卷一。

⑤ 曹元弼：《復禮堂述學詩》卷十，民國二十七年（1938）刊本。又見王欣夫輯：《復禮堂朋舊書牘録存》第二册，90頁。

续前表

著作名稱	文獻出處	存佚情況
	芒刺在背矣。'其被推重如此，惟遺稿零落，殁後余蒐集所得，自庚戌至癸巳，録成八卷。其中以五、七言律居多，大致運用經典而不腐，工於對仗而不纖。時作韓冬郎體，譬之老樹著花，自然嫵媚。求之經師，難得此境。生平最愛蘭梅，時時藉以托興，每當春日，一室奇葩，芳潔絕俗。余曾呈句云'萬梅花擁一經神'，師笑而頷之。又多疊韻，至十餘，喜用上下平全韻，可見精力充沛。晚歲感懷傷逝，不無蕭瑟之音。至絕筆詩云：'蘆中窮士是耶非，百病交侵敗願違。秋柳蟬聲知欲蛻，東風燕子問何歸。豈因飯顆吟詩瘦，空仰西河得道肥。淒絕床前明月色，淚痕雙照泣牛衣。'終於一九五三年九月遘龍蛇之厄。嗚呼傷矣。今與《復禮堂文》二、三兩集同裝庋藏，以待他日之徵遺獻者。"①	
《復禮堂文稿》	無。	稿本不分卷，二册，王欣夫輯。現存復旦大學古籍所。今未得見。
《師鄭堂教學書目》附《穀梁集注引書目》	無。	稿本一册，復旦大學古籍所藏。今未得見。
《震澤高級中學尊經閣記》	無。	裝裱墨拓本一册，復旦大學古籍所藏。今未得見。
《執聖權齋述學詩》	無。	鈔本一册，蘇州圖書館藏，今未得見。

① 王欣夫：《蛾術軒篋善本書録》，1398～1399 頁。

顧炎武對曹元弼思想學術之影響略論

李 科*

王欣夫先生《吳縣曹先生行狀》引吳縣吳文安之言云："吾蘇二百六十年，前後得兩人焉。昆山則有亭林先生，吳縣則吾叔彦先生，振綱常，扶名教，爲宇宙間特立獨行之真儒。"① 吳氏將曹元弼與顧炎武并列，雖不免過譽，但是也點出了二人的相似之處，即"振綱常，扶名教，爲宇宙間特立獨行之真儒"。顧炎武生當明清鼎革之際，反思明亡教訓，批判王學末流，提倡實學，强調經世致用。與顧炎武相類似，曹元弼亦經歷了清末民初貞元之會，面對當時今文學和西學的流行，於戰亂靡定中悲天憫人，而思振頹風，提倡禮學，會通漢宋，强調通經致用，以期"振綱常，扶名教"。曹元弼與顧炎武在思想學術乃至立身處世等方面的相似，固然由於改朝換代的相似經歷，但也與曹元弼在爲人爲學上以顧炎武爲法有關。作爲蘇州鄉賢、清初大儒及清代考據學開山祖師的顧炎武，曹元弼對其推崇備至，而且在思想學術上也受其影響甚大。如曹元弼《復禮堂述學詩序》論及顧炎武，云：

> 亭林顧先生當貞元之會，悃惻當世，大振頹風。其學以"行己有恥""博學於文"二語爲主，實握經明行修、通經致用之要。自

---

* 李科，北京大學哲學系暨《儒藏》編纂與研究中心博士生，研究方向爲經學史、古典文獻學。

① 王欣夫：《吳縣曹先生行狀》，見卞孝萱、唐文權編：《民國人物碑傳集》，南京：鳳凰出版社，2011 年，452 頁。

文字、訓詁、聲韻、名物、度數、禮樂、刑政，性與天道，微言大
義，以及郡國利病，山川險要，士風民俗，細無不包，大無不舉，
而處心光明正大，廓然有"斯人吾與""吉凶同患"之意。雖耿耿
孤忠，繫心先代，皦皦大節，不事二姓，而著書立言，中正平實，
絕無過激險怪之論貽患來世。學派既開，英儒宏彥，翕然宗之，式
古訓，講實學，以求儒效。①

從曹元弼關於顧炎武學術與立身的論述，再結合曹元弼一生之學
術、行事，可以發現其受顧炎武思想學術的影響主要有三方面，即治學
方法、經世思想、忠孝大節。

一、治學方法

顧炎武作為"接武東林"的復社成員，面對明清鼎革之際"神州蕩
覆，宗社丘墟"的狀況，接續東林學派批判王學之緒，對陽明心學進行
了更激烈的批判，其《日知錄》卷七《夫子之言性與天道》中云：

> 五胡亂華，本於清談之流禍，人人知之，孰知今日之清談，有
> 甚於前代者。昔之清談談老、莊，今之清談談孔、孟，未得其精而
> 已遺其粗，未究其本而先辭其末。不習六藝之文，不考百王之典，
> 不綜當代之務，舉夫子論學、論政之大端一切不問，而曰"一貫"，
> 曰"無言"，以明心見性之空言，代修己治人之實學。股肱惰而萬
> 事荒，爪牙亡而四國亂，神州蕩覆，宗社丘墟。②

因此，在批評了心學空談誤國後，顧炎武為了救心學空疏之弊，進
而"本朱子之說"而修正理學，提出了"經學即理學"的觀點，顧炎武
在《與施愚山書》中說：

> 理學之名，自宋人始有之。古之所謂理學，經學也，非數十年

① 曹元弼：《復禮堂述學詩》卷首，民國二十五年（1936）刻本，11頁b～12頁a。
② （清）顧炎武著，（清）黃汝成集釋，欒寶群、呂宗力點校：《日知錄集釋》卷七，上
海：上海古籍出版社，2006年，402頁。

不能通也。故曰："君子之於《春秋》，没身而已矣。"今之所謂理學，禪學也，不取之五經，而但資之語録，校諸帖括之文而尤易也。又曰："《論語》，聖人之語録也。"舍聖人之語録，而從事於後儒，此之謂不知本矣。①

顧炎武提出經學即理學，從而要求學者要知本，知本則須回到五經及先儒之説，"自漢而六朝而唐而宋，必一一考究，而後及於近儒之所著"②。爲了糾正宋明以來好談義理、疏於訓詁考據的空疏學風，而研精五經及先儒之説，顧炎武明確提出由小學以通經的方法。顧炎武《答李子德書》云："愚以爲讀九經自考文始，考文自知音始。以至諸子百家之書，亦莫不然。"③ 基於這樣的方法，顧炎武於古音研究成績斐然，其《音學五書》正是爲讀經而作，糾正了流傳千載的叶音説，對後世乾嘉學派以至近世的文字、音韵、訓詁研究奠定了基礎。除了對古音的重視，顧炎武亦詳於名物、典章、制度等考證，如其《日知録》"凡經義、史學、官方、吏治、財賦、典禮、輿地、藝文之屬，一一疏通其源流，考正其謬誤"④。然而顧炎武的古音研究和名物、典章等的考證，其目的在於通經，而通經的目的在於經世。

顧炎武這種由小學、名物、典制等以通經致用的治學方法，正是曹元弼所推崇的。曹元弼在《述學篇》中説：

> 學莫大乎經，經之所重者，道也。所以明其道者，辭也。所以成其辭者，文字、聲音、訓詁、名物、制度也。局於文字、聲音、訓詁、名物、制度而不求道者，陋也。求道而不由文字、聲音、訓詁、名物制度入者，亦非也。⑤

又《復禮堂述學詩》卷一四《述小學》云：

---

① （清）顧炎武著，華忱之點校：《顧亭林詩文集·亭林文集》卷三，北京：中華書局，1983 年，58 頁。

② （清）顧炎武著，華忱之點校：《顧亭林詩文集·亭林文集》卷四，91 頁。

③ 同上書，73 頁。

④ （清）潘耒：《日知録序》，見（清）顧炎武著，（清）黄汝成集釋，欒保群、吕宗力點校：《日知録集釋》卷首，2 頁。

⑤ 曹元弼：《復禮堂文集》卷一，《述學》，32 頁。

國朝諸儒又起而昌明絕學，乾嘉以後，文字、音訓之學大明。學者但當讀其書，通其法，本此治經，以辭達意，由小學而大學，由經術以達政治，本誠正修齊治平之道，植通變神化、撥亂反正之基，此爲有體有用之學。……若廢小學不講，冥行索途，不能通經，或講之過爲繁難，耗費日力，無暇通經致用，其失惟均矣。①

曹元弼這種由文字、聲音、訓詁、名物、制度以通經的方法正與顧炎武所開創的乾嘉以來的治學方法一致，同時與顧炎武一樣不局限於聲音、訓詁、名物、制度的考證，而目的在於通經以求其道，由小學而大學，由經術而政治。曹元弼不僅在其著述中貫徹這種由小學通經，由通經以致用的方法，而且在其著作中亦多引顧炎武之成說，如其《禮經學》《禮經校釋》《周易鄭氏注箋釋》《古文尚書鄭氏注箋釋》等，所見多有。

二、經世思想

顧炎武對曹元弼影響最大者，蓋莫過於其經世思想。潘耒《日知錄序》嘗言通儒之學與俗儒之學，云：

有通儒之學，有俗儒之學。學者，將以明體適用也。綜貫百家，上下千載，詳考其得失之故，而斷之於心，筆之於書，朝章國典，民風土俗，元元本本，無不洞悉，其術足以匡時，其言足以救世，是謂通儒之學。若夫雕琢辭章，綴輯故實，或高談而不根，或勦說而無當，淺深不同，同爲俗學而已矣。②

顧炎武"於書無所不窺，尤留心經世之學"③，其所從事者正是所謂通儒之學，其目的在於通經致用。其批判王學的空疏誤國，提出"經學即理學"的口號，以及研究古音，考證名物、典制、地理、金石等，

---

① 曹元弼：《復禮堂述學詩》卷一四，《述小學》，民國二十五年（1936）刻本，21頁a～b。

② （清）潘耒：《日知錄序》，見（清）顧炎武著，（清）黃汝成集釋，欒寶群、呂宗力點校：《日知錄集釋》卷首，1頁。

③ （清）全祖望著，朱鑄禹彙校集注：《全祖望集彙校集注·鮚埼亭集內編》卷一二，《亭林先生神道表》，上海：上海古籍出版社，2000年，227頁。

其目的都在於經世致用。其撰《天下郡國利病書》，乃"感四國之多虞，恥經生之寡術"①，於是歷覽史志、文集、章奏、文書，有得即録而成。又其《與人書二十五》云：

> 君子之爲學，以明道也，以救世也。徒以詩文而已，所謂"雕蟲篆刻"，亦何益哉？某自五十以後，篤志經史，其於音學深有所得。今爲《五書》以續《三百篇》以來久絶之傳，而別著《日知録》，上篇經術，中篇治道，下篇博聞，共三十餘卷。有王者起，將以見諸行事，以躋斯世於治古之隆，而未敢爲今人道也。②

顧炎武自述一生爲學著述之志，要以明道救世爲歸，不論是《音學五書》之續《詩經》久絶之傳，還是《日知録》之"所欲明學術，正人心，撥亂世，以興太平之事"③，皆以經世致用爲宗旨。

曹元弼對顧炎武經世致用之志尤爲強調，如前引《復禮堂述學詩序》，又曹元弼《王欣夫松崖讀書記序》云：

> 亭林顧先生身通六藝，抱《春秋》經世先王之志，執天下高節，維萬古綱常，以繼往開來，經師人師，接踵蔚興。三百年來，鴻儒巨制，闡明絶學，詁釋聖言，統系相傳，直追兩漢師承。④

又《雲間張、錢兩徵君集序》云：

> 故明遺老顧亭林先生執天下高節，究心天下利病，以行己有恥，博學於文，通經崇禮，明體達用，中正無弊之學，爲儒林倡。同時張稷若，既而江慎修、惠定宇、戴東原諸先生以及各經大師，接武并起，實事求是，昌明經義，而曾文正、胡文忠、左文襄諸公，達諸政事，削平寇亂，大著儒效。⑤

---

① （清）顧炎武撰，黃珅、嚴佐之、劉永翔主編：《顧炎武全集》第 12 册，《天下郡國利病書序》，上海：上海古籍出版社，2011 年，1 頁。
② （清）顧炎武著，華忱之點校：《顧亭林詩文集·亭林文集》卷五，98 頁。
③ （清）顧炎武著，（清）黃汝成集釋，欒寶群、吕宗力點校：《日知録集釋》卷首，《初刻〈日知録〉自序》，1 頁。
④⑤ 曹元弼著：《復禮堂文三集》，復旦大學圖書館藏吳縣王氏抱蜀廬鈔稿本。

　　從上引材料之中可以看出，曹元弼不僅對顧炎武經世思想頗爲強調，而且以乾嘉考據之學與曾國藩、胡林翼、左宗棠等晚清名臣經世之學皆爲顧炎武所開創。生當晚清且經歷清亡的曹元弼對顧炎武明道救世、經世致用之學體會尤深，不但對顧炎武屢加稱道，而且也以顧炎武爲法，以明道救世、通經致用爲志。其著述一本明道救世、經世致用之志。如《禮經校釋》於誤理害道之論，即以"世衰道微，人心日薄，深恐一時過激之論，遂爲後世廢禮之階，故據經正之"①。又《經學文鈔》以"羽翼聖經、扶持名教、感發人之善心"② 爲務。又其撰《大學通義》則"將以率天常，閑聖道，正學術，覺人心，沮過狂瀾，膠固王道，待後之君子輔世長民，成大儒之效"③。又《中庸通義》之撰，則"以告天下後世好學力行知恥有道覺斯民之志者"④。《復禮堂述學詩》之著，則期以"大義明則人心正，而反易天常之禍息；源流辯則師承著，而矯誣聖經之奸破"⑤ 之志。又《孝經鄭氏注箋釋》以匹夫之孝、一念之仁推而"至於安上治民，移風易俗，銷兵刑而興禮樂，保四海而慶兆民"，以期使"堯、舜之澤，洋溢中國，施及蠻貊，孔子之教，且遍行於五大洲"⑥。《周易鄭氏注箋釋》之作，亦希望"學《易》改過遷善"，"充一念之善，消彌天匝地之患氣弒機，而返之元氣春生"⑦。《古文尚書鄭氏注箋釋》以"仁政莫詳備於《書》"，從而闡釋《書》義，"以俟作天牧、拯民命者采擇焉"，以期"剝極則復，否極則泰，未濟反即既濟，吾民必有重被堯、舜之澤"⑧。可見，曹元弼著述幾乎無一不本於明道救世、經世致用之志，而此通經致用的思想，實有得於顧

---

　　① 曹元弼：《禮經校釋》卷一四，見《續修四庫全書》第 94 册，380 頁下。
　　② 梁鼎芬編，曹元弼校補：《經學文鈔》卷首，《經學文鈔序》，清光緒三十四年（1908）江蘇存古學堂排印本，2 頁 b。
　　③ 曹元弼：《大學通義》卷首，《大學通義序》，6 頁 b～7 頁 a。
　　④ 曹元弼：《中庸通義》卷首，《中庸通義序》，10 頁 b。
　　⑤ 曹元弼《復禮堂述學詩》卷首，《復禮堂述學詩序》，民國二十五年（1936）刻本，15 頁 b～16 頁 a。
　　⑥ 曹元弼：《孝經鄭氏注箋釋》卷首，《孝經鄭氏注箋釋序》，15 頁 b。
　　⑦ 曹元弼：《周易鄭氏注箋釋》卷首，《周易鄭氏注箋釋序》，39 頁 b。
　　⑧ 曹元弼：《古文尚書鄭氏注箋釋》卷首，《古文尚書鄭氏注箋釋序》，見《續修四庫全書》第 53 册，影印復旦大學圖書館藏稿本，456 頁上。

炎武。

三、忠孝大節

對顧炎武忠孝大節，曹元弼亦推崇備至，所謂"耿耿孤忠，繫心先代，皦皦大節，不事二姓"① 是也。然而顧炎武之忠孝大節并非僅僅是"繫心先代"與"不事二姓"的單純遺老的，而是"行己有恥"的道德準則與明道救世的經世思想相結合的。顧炎武論"廉恥"云：

> 《五代史·馮道傳》論曰："'禮義廉恥，國之四維；四維不張，國乃滅亡。'善乎！管生之能言也。禮義，治人之大法；廉恥，立人之大節。蓋不廉則無所不取，不恥則無所不爲。人而如此，則禍敗亂亡亦無所不至。況爲大臣，而無所不取，無所不爲，則天下其有不亂，國家其有不亡者乎?"然而四者之中，恥尤爲要。故夫子之論士，曰："行己有恥。"孟子曰："人不可以無恥，無恥之恥，無恥矣。"又曰："恥之於人大矣，爲機變之巧者，無所用恥焉。"所以然者，人之不廉而至於悖禮犯義，其原皆生於無恥也，故士大夫之無恥，是謂國恥。吾觀三代以下，世衰道微，棄禮義，捐廉恥，非一朝一夕之故。然而松柏後凋於歲寒，雞鳴不已於風雨，彼昏之日，固未嘗無獨醒之人也。頃讀《顏氏家訓》，有云："齊朝一士夫嘗謂吾曰：'我有一兒，年已十七，頗曉書疏。教其鮮卑語及彈琵琶，稍欲通解。以此伏事公卿，無不寵愛。'吾時俯而不答。異哉，此人之教子也！若由此業自致卿相，亦不願汝曹爲之。"嗟乎，之推不得已而仕於亂世，猶爲此言，尚有《小宛》詩人之意，彼閹然媚於世者，能無愧哉?②

顧炎武認爲士大夫之無恥則天下亂而國亡，生於亂世猶不能無恥而

---

① 曹元弼：《復禮堂述學詩》卷首，《復禮堂述學詩序》，民國二十五年（1936）刻本，12 頁 a。

② （清）顧炎武著，（清）黃汝成集釋，欒寶群、呂宗力點校：《日知錄集釋》卷一三，772～773 頁。

媚於世，因此其於清亡後之不事二姓，實際上是對行己有恥道德準則的堅守。曹元弼對顧炎武廉恥之論，深有所契，并且以之爲法，提出"遠法亭林近瑞安"①，自注云：

> 北江洪氏曰："廉恥之士，可與入道。"昔之君子有善知恥者，吾聞而知之，顧亭林先生是也。近之君子有善知恥者，吾見而知之，吾師瑞安黃漱蘭先生是也。亭林篤守《論語》二句，曰"行己有恥"，曰"博學於文"。陳蘭浦先生嘗以此篆爲聯。梁文忠重刻之，以示學者。元弼少時應科試，漱蘭師以"行己有恥，使於四方，不辱君命"命題，師極賞余文，評曰："無虛所言，以副余望。"遠涉聖門，近守師訓，敢不勉乎？②

所謂"遠法亭林近瑞安"，即遠以顧炎武行己有恥爲法，近以晚清名臣黃體芳爲法。故而其闡明經義，亦頗强調知恥，如云："人之所以異於禽獸者，在廉恥防閑。中國禮俗之所以成，人類之所以尊，由此。"③又云：

> 有學有力有恥，則以五達道修其身而政本立，以九經爲天下國家而治具張，正心以正朝廷百官萬民，物恥足以振，國恥足以興矣。④

曹元弼將廉恥作爲人類之所以異於禽獸、禮俗之所以能興之源，其論正與顧炎武引羅從彥"士人有廉恥，則天下有風俗"⑤ 同。而有恥力學，修身立本，則足以正百官萬民而振興物恥國恥。

顧炎武明亡後不仕清，除了對行己有恥道德準則的堅守與踐行外，即是與明道救世的經世思想有關。顧炎武有著名的亡國與亡天下之論，云：

---

① 曹元弼著：《復禮堂述學詩》卷一三，《述論語》，民國二十五年（1936）刻本，15頁a。
② 同上書，15頁b～16a。
③ 曹元弼著：《復禮堂述學詩》卷五，《述禮經》，民國二十五年（1936）刻本，23頁b。
④ 曹元弼著：《復禮堂述學詩》卷七，《述禮記》，民國二十五年（1936）刻本，31頁b～32頁a。
⑤ （清）顧炎武著，（清）黃汝成集釋，欒寶群、呂宗力點校：《日知錄集釋》卷一三，773頁。

　　有亡國，有亡天下，亡國與亡天下奚辨？曰：易姓改號，謂之
亡國；仁義充塞，而至於率獸食人，人將相食，謂之亡天下。魏、
晉人之清談，何以亡天下？是《孟子》所謂楊、墨之言，至於使天
下無父無君而入於禽獸者也。①

　　在顧炎武看來，魏、晉清談以楊、墨之言而亂禮法，使人無父無
君，而進於禽獸，同樣明亡而清入主中原，剃髮易服，變異禮俗，在顧
炎武看來也是亡天下。事實上，顧炎武所謂的亡天下即是指傳統儒家倫
理的破壞。因此顧炎武不同於一般詩酒餘生的遺民，而是"執天下高
節，究心天下利病"，以明道救世。因此曹元弼對不仕清的顧炎武推崇
備至，并且以箕子喻之，如云：

　　明之亡也，顧氏炎武不仕本朝，而著書立言，皆天道人倫之
正，絕無絲毫詭激失當之言以誤後世。曾、胡、左諸公皆私淑其道
以戡定大亂，其箕子之徒歟？②

　　顧炎武面對的清入主中原，剃髮易服，固然是數千年所未有之巨
變，而曹元弼所處的近代，隨著晚清今文經學的興起，西學的傳入，對
中國傳統倫理造成了劇烈的衝擊，既而辛亥革命及以後一系列運動對中
國社會制度、倫理風俗的徹底顛覆，以及接連不斷的戰亂，在曹元弼看
來更是亘古未有的禍亂，如云：

　　天下之生久矣，一治一亂。書契以前，不可得詳，自唐、虞至
周衰，二千餘年，而有春秋、戰國之厄。臣弒其君，子弒其父，邪
說橫行，充塞仁義。孔子曰："《易》不可見，則乾坤或幾乎息矣。"
孟子曰："仁義充塞，則率獸食人，人將相食。"皆悲天憫人，痛怛
至極之言。其禍卒至暴秦焚書坑儒，積血暴骨，天下生民，幾無噍
類。漢撥秦亂，至於今又二千年矣。無父無君，非聖無法，惑世邪
說，天良盡滅，弒人利器，亘古未有。悠悠蒼天，茫茫浩劫，率獸

---

①　（清）顧炎武著，（清）黃汝成集釋，欒寶群、呂宗力點校：《日知錄集釋》卷一三，
756 頁。

②　曹元弼：《周易鄭氏注箋釋》卷四上，《明夷》，137 頁 a～b。

食人之禍，蓋十倍衰周，而無大聖大賢如孔、孟其人者以道援天下之溺。孟子曰："我亦欲正人心，息邪說，距詖行，放淫辭，以承三聖者。"我心之憂，每讀孟氏書，不勝感慨淋漓，且悲且壯，不敢以愚懦自棄也。①

曹元弼認爲天下之道一治一亂，自顧炎武以天道人倫之正以著書立說，至後世乾嘉諸儒闡明經學及曾國藩、胡林翼、左宗棠等私淑其道而戡定咸同之亂。因此在面對千年所未有之巨變時，曹元弼的選擇與顧炎武一樣，即以"行己有恥"爲準則而不仕民國政府，又以明道救世、守先待後自期，冀以拯斯民於率獸食人之禍。如云：

> 不料世變日非，狂瀾遽倒，無父無君，爭奪相弒，率獸食人，亂靡有定。閉門隱居二十餘年，《易》學既成，爲《中庸》《大學》各通其義。不勝區區愛敬斯人之心，又撰《孝經鄭氏注箋釋》三卷，並校《注疏》脫誤，爲《孝經校釋》一卷。庶以繫千鈞一髮，存人道於幾希，以聖人之至教，宏天地之大德，出萬萬生靈於死地而生之。杞人憂天，愚公移山，天下後世孝子仁人鑒其心焉。②

又曹元弼關於遺老之論，亦明顯有取法顧炎武之意，如云：

> 余謂遺老之責：教忠孝，遏逆亂，守先王，待後學，深究天下利病，民生休戚，累朝之德澤，激臣民之天良，講求有用之學，留意有用之才，以維人心而待天命。其仔肩至重，豈徒吟風弄月，賦詩飲酒，與世相忘，遂足以不染纖塵自解乎？③

"遠法亭林"的曹元弼，以"行己有恥"而明道救世，於清亡後閉門絕戶，幾四十年不與外界交往，獨抱遺經，守先待後，著書無不以拯斯民於水火爲務。其"教忠孝，遏逆亂，守先王，待後學，深究天下利

---

① 曹元弼：《復禮堂述學詩》卷一三，《述孟子》，民國二十五年（1936）刻本，27 頁 b～28 頁 a。

② 曹元弼：《復禮堂述學詩》卷一三，《述孝經》，民國二十五年（1936）刻本，6 頁 b～7 頁 a。

③ 曹元弼：《復禮堂文三集·內務府卿劉君壽銘》。

病，民生休戚"，正與顧炎武"明學術，正人心，撥亂世，以興太平之事"合轍。由此可見，曹元弼在思想學術以至立身處世方面都深受顧炎武的影響，處處以顧炎武爲法。這也是吳文安將曹元弼與顧炎武并稱的重要原因。

晚清經師曹元弼的《易》學三書

廖　娟[*]

　　晚清經師曹元弼（1867—1953）作品宏富，頗成體系，著有《周易學》八卷、《禮經學》九卷、《孝經學》七卷、《周易鄭氏注箋釋》二十八卷、《周易集解補釋》十七卷等，參注詳備，有重整經學之功。曹元弼曾作爲傳統經師，執教舊式學堂，被張之洞等招入兩湖書院、湖北存古學堂、江蘇存古學堂等處，是清朝最後一代講經、授經的學者之一。了解其作品、事迹，對於我們重新挖掘晚清及民國期的學術語境、洞察當時的經學實態，很有裨益。

　　曹元弼字穀孫，號叔彥，占籍江蘇吳縣，其生平可參看弟子王大隆[①]（字欣夫）所作《吳縣曹先生行狀》[②]，此不贅述。前人對曹元弼的學問評價有褒有貶，如章太炎謂，作爲南菁書院黃以周的弟子，曹元弼"爲得其傳"[③]，肯認了其學問根柢；但張舜徽在《清人文集別錄》中對曹元弼的經學造詣評價不高，稱其"言之平平……張皇已過"[④]，唯對其兄曹元忠却頗有贊賞，謂"功力深厚"。不過隨著民國期經學研究漸

　　* 廖娟，東京大學博士生。

　　① 曹元弼在清末學堂教育之外，於辛亥之後杜門沉潜，其間及門受業者雖不多，但仍有金天翮、汪柏年、王大隆（欣夫）、沈文倬等人，惜其弟子有志於經學者不多。其中，王欣夫爲文獻學家，於版本、目録、金石等業頗精，1949年後曾執教於復旦大學；金天翮字松岑，工於詩文；汪柏年早年精於《易》，得曹元弼贊賞，但英年早逝，聲名不彰；沈文倬精通禮學，先後工作於上海圖書館、杭州大學、浙江大學等處。

　　② 見卞孝萱、唐文權編：《民國人物碑傳集》，北京：團結出版社，1995年。

　　③ 《章太炎全集·太炎文録初編·黃先生傳》，上海：上海人民出版社，1985年，214頁。

　　④ 張舜徽：《清人文集別録》，北京：中華書局，1963年，654頁。

次受到重視，曹元弼的學問進入學界視野，因作品豐富、經義純正而逐漸受到肯定。如林慶彰、陳壁生等皆言曹元弼的努力長期被忽視，今日有必要提出新的理解。近年來漸次有探尋曹元弼學問之堂奥的單篇論文①出現，這些論文對曹氏的學問詮釋，各有説法，主要有兩種趨向：一種認爲曹元弼之學會歸禮學，因曹氏有言"六經同歸，其指在禮"；一種認爲曹元弼之學會歸《孝經》學，以《孝經》學貫通六經。兩種論證皆肯認了曹元弼經學立論的根基在於對人倫，即"愛敬"之心這一自然情感的强調，亦確有所據。但實際上曹元弼講求會通經學，於六經都各有會通之法，但又有分論，皆是他在晚清新學峰起的學術語境下，將經學重整爲同一體系的實質性努力，不好輕言究竟會歸於哪一經。

其中，《易》作爲五經之首，且爲曹氏"三學合刻"（《周易學》《禮經學》《孝經學》）中先成之作，不可謂不重要。且曹元弼於清末經學衰微之季，對經書學問合理性的論證，著眼於經書乃"人心之所同然"，而人心之爲"愛敬之心"，源於"定偶之愛""父子之愛"，以"一陰一陽之謂道"而展開的論證方式，確有重視《易經》之宇宙圖式，以推及社會人倫的傾向。鑒於目前的研究皆對占據曹氏作品分量較大的《周易》研究著眼不多，本文試圖做出一些嘗試，以待方家。

一、曹元弼的《易》學作品初探

新舊交替的晚清民國期，曹元弼是一位傳統知識分子，爲學特點是純篤經術。據曹元弼《周易鄭氏注箋釋序》中自述，他早年學《易》，三歲時能識八卦奇偶，四歲識方名，從其父授讀朱子《周易本義》及群

---

① 如沈文倬（曹元弼弟子）：《曹元弼〈古文尚書鄭氏注箋釋〉》，見《文獻》第 3 輯，1980 年；羅檢秋：《學術調融與晚清禮學的思想活力》，載《近代史研究》2007 年第 5 期；葉純芳：《曹元忠、曹元弼之生平與著述》，東吳大學中國文學系教師常態性學術研討會會議論文，2007 年 5 月；張付東：《曹元弼的孝經學研究》，載《湖北工程學院學報》2012 年第 6 期；許超杰：《曹元弼〈覆段劉仲書〉考釋》，載《南京師範大學文學院學報》2014 年第 4 期；朱一、周洪：《曹元弼〈禮經學〉對張惠言"喪服表"之校正》，載《南昌師範學院學報》，2015 年第 1 期；宮志翀：《以〈孝經〉會通六藝——曹元弼重建經學的方式》，見《經學研究》第三輯，2015 年；等等。

經，後得其舅爲其講解文辭詁理，及其稍長，得黃漱蘭先生（黃體芳）指示，篤志經術，尤善《詩》《禮》，於《易》亦用功較多。1885 年，曹元弼入南菁書院從黃以周問學，又日日與張錫恭、唐文治等君質疑問難，學問日漸精進。後受到張之洞賞識，招入兩湖書院以及湖北、江蘇兩地存古學堂等處任經學總教，執教期間與梁鼎芬、馬貞榆、陳宗潁、陳慶年、楊守敬等人論學，切磋琢磨，可見其學養深厚。

曹元弼經學作品宏富且有體系①，除却已被學人討論多次的《禮經學》《孝經學》《古文尚書鄭氏注箋釋》等作品之外，其《易》學作品有三種：《周易學》、《周易鄭氏注箋釋》（又稱《易鄭注箋釋》）和《周易集解補釋》。此外，《復禮堂文集》中錄《易學別例序》，似別有《易學別例》一書，但《易學別例》實入《周易學·明例》一節，王大隆所記《行狀》亦未見此書刊刻的記錄，應當并未單獨成書。

《易》學三作的寫作、出版次序可略述如下。曹元弼先於光緒戊戌（1898），遵張之洞作《十四經學》之命，開始寫作《周易學》，以舉《易》之大例大義；早歲始留心鄭玄《易》學，有《周易鄭氏大義在爻辰説》等文，後於辛亥年間（1911），始著《周易鄭氏注箋釋》，以鄭注爲主，采荀、虞諸家爲箋，并引惠棟、張惠言、姚配中等清諸家《易》説貫穿其中，附釋己意；又因《周易鄭氏注箋釋》對初學者來説不易曉解，復寫作《周易集解補釋》，以便學者循誦，於 1927 年刊成。三書風格不同，可分兩類，《周易鄭氏注箋釋》與《周易集解補釋》爲傳統的注疏之作，而《周易學》從張之洞《勸學·守約》的"七端"構想，可視爲晚清時期經學教習教科書之一種，立意稍殊。

總的來説，曹元弼的《易》學作品，有延續有清一代重考據、集史

---

① 據筆者整理，曹元弼經學作品如下：《禮經校釋》二十二卷，《周易學》八卷，《禮經學》九卷，《孝經學》七卷，《毛詩學》《周禮學》《孟子學》《論語學》（後改題曰《聖學挽狂錄》）若干卷且未刊刻，《周易鄭氏注箋釋》二十八卷，《周易集解補釋》十七卷，《大學通義》一卷，《中庸通義》二卷，《孝經鄭氏注箋釋》三卷，《孝經校釋》一卷，《復禮堂述學詩》十五卷，《禮經大義》二卷，《孝經集注》二卷，《古文尚書鄭氏注箋釋》四十二卷，《孫氏尚書今古文注疏補補》（《太誓》以下未完），《復禮堂文集》十卷，《復禮堂文集二集》八卷，《復禮堂文集三集》八卷，《詩存》若干卷，《經學文鈔》（有七卷説、十五卷説、十四卷説，與梁鼎芬共同編纂）。

料、辨源流的嚴謹學風的傾向，亦有反思歷代治《易》方法，總結解《易》體例的創發之處。他的《周易鄭氏注箋釋》與《周易集解補釋》二書，集中體現了他在承繼傳統學術方向上所做的努力，曹元弼曾在《述學》一文中，用一言以蔽自身《易》學研究的主要特徵，即"《易》當由李、惠、張、姚以達鄭、荀、虞"，由此得窺曹氏《易》學的主要研究對象與爲學取向；此外，他的《周易學》一書，集中體現了他在新舊學交替之際，爲維存經學，寫作經學教科書的基本反思與路徑。以下分列此三書的基本內容與特點，先論注疏二作，再及《周易學》，以窺探曹元弼論《易》的基本風格。

1.《周易鄭氏注箋釋》

編輯新疏，一直是清代經學研究的學術傳統。曹氏秉承傳統治學路徑，由傳注入手研經，且一生著述，多次運用"箋釋""補釋"的方法，除《周易》方面的兩部作品，另有《孝經鄭氏注箋釋》三卷、《古文尚書鄭氏注箋釋》四十二卷等。一方面輯錄舊義，有總結性的意義；另一方面闡發心得，重義理而不弃考據，承繼漢宋調和的士風。在《周易鄭氏注箋釋》的著述背景中，須先看到曹氏之前乾嘉學術學風多變，隨著漢宋調和的風氣日盛，鄭玄的學說因打通今古文，寓義理於考據，早已備受推崇。《鄭氏全書》曾由陳澧（1810—1882）與弟子合編，是爲鄭氏學在晚清地位上升一明證。曹元弼的《孝經》《尚書》相關作品亦多有篤守鄭氏經義之處，足見其看重鄭玄經學。

曹元弼重漢《易》的傾向來源有自。光緒乙酉（1885），曹氏調取南菁書院，從浙東大儒黃以周問學，頗受其影響。黃以周的《易》學專著有《十翼後録》《周易故訓傳》等，章太炎評價黃以周的《易》學取向爲"說《易》，綜舉辭變象占，不偏主鄭、王"，可見黃氏雖不特別推崇某家之注，但有發揚漢《易》學的基本傾向。曹元弼之學則發揚漢學而不拘漢，要之亦是主漢《易》，兼采漢宋，但對鄭玄《易》頗有偏好。後據曹氏在《周易鄭氏注箋釋序》中自述，他於兩湖書院主講經學期間，講授之暇比次觀察《易》之各注疏所長，早已對鄭注多有留心，"欲爲《周易鄭氏義》作序文，定義例"，但張之洞囑爲《十四經學》，於是先作《周易學》等，《周易鄭氏注箋釋》的寫作祇能暫停，留待辛亥年（1911）方始成，爲其積學四十餘年之作。曹元弼弟子沈文倬論曹氏《禮》學爲“盡得鄭氏情義”，同樣地，曹氏爲鄭氏《易》做釋，於《易》有相同旨趣，稱他爲“篤守鄭氏之學的經學家”，這樣的評價亦不爲過。

鄭注早佚，最早的輯本應屬南宋王應麟的，所幸的是隨著漢學大興，清代涌現出惠棟、丁杰、張惠言等人所搜羅的多種鄭玄《易》學相關輯佚作品。有賴於這些前儒的輯補考索，曹元弼的注釋工作獲得了較爲翔實的文本。其所著《周易鄭氏注箋釋》，多據張惠言的輯本，張本乃取丁杰所輯《周易鄭注》十二卷而訂正，丁本則因襲南宋王應麟輯本，又據明代胡震亨、清代惠棟兩家，參以盧文弨、孫詒穀、臧在東所校本，可謂詳備。曹元弼擇取張本爲底本所做鄭氏《易》注詮解，正是在擷取清代樸學鄭《易》研究精華的基礎上，所做的進一步發展。

同時，曹氏此書，於鄭本異文處，以《經典釋文》爲準，同時參以唐以前古書所間引，對清人惠棟、姚配中的疏語、注語加以參合，李富孫、李道平二人的通達之處亦采之。《周易鄭氏注箋釋》之“箋”，即指采唐以前《易》說精確處爲之箋，“釋”即以清朝人之說爲之釋，探源索隱，寫錄諸家，又於各處添加自己的心得，可謂嚴謹。

曹元弼釋鄭玄的《易》注，却又不止於鄭玄之說。如曹氏箋釋鄭注乾卦部分，即引《子夏易傳》、馬融、虞翻、沈驎士、孔穎達等諸家，又引惠棟、張惠言、姚配中等人的說法，以期給予讀者更爲全面的《易》學史對這一卦解讀的直觀印象。這樣，曹元弼幾乎於一書之中，盡收諸說，學者無須再求別書。這種廣徵史料的做法，一方面出於曹氏先梳理各家，再意圖貫通的治經理念，另一方面似乎顯露出曹氏留存經書的急切態度。

在此書中，曹元弼維護鄭玄學說之處甚多，他雖重漢《易》，但對漢《易》諸家的取捨，具體說是宗鄭而輕荀、虞，其中雖多處借鑒虞翻《易》說，但對此也多有不滿，起因在於虞翻取象多變，言象瑣碎。例如，他認爲《易》學史上有人批評鄭氏不說“消息變通往來升降上下”，實在不得要領。針對這一看法，曹元弼認爲，鄭君實述之。其一，鄭玄未嘗不言消息。鄭玄《易論》中就有"伏羲作十言之教、乾坤震巽坎離艮兑消息"之言。且鄭玄所作《駁五經異義》中，對《彖傳》"時乘六龍以御天"一句，謂"陰陽六爻，上下耳"，實言"上下"①。再有，鄭玄未嘗不言往來升降，"六龍謂六陽，而鄭兼陰陽言陰陽各六爻，升降於六位之中，即乾坤十二爻成兩既濟，此與虞之說何異"。除此之外，曹氏對鄭玄《易論》《易贊》中所云"易有三義"之"變易"與"不易"二義有自己的解法："'變易者，其氣也'，用九用六往來上下變通趣時以成既濟是也；'不易者，其位也'，太極之本象既濟之定位是也。"即是以三百八十四爻之正說來解讀"變易"義與"不易"義，以此爻位上下往來交通固有之成例，欲證鄭氏《易》注中并未不言往來升降上下。曹元弼爲鄭玄論卦爻關係做辨護，并且認爲消息變通往來上下略不見於鄭注的原因，祇是因爲鄭注不見於今之所存。例如李鼎祚少引鄭說，引則祇引《彖》注，重在據本象說卦德，不及變也。陸氏《釋文》，孔、賈疏義，惟徵禮象，故非鄭所本無，而祇是其闕矣。

曹元弼雖極證鄭《易》之完備精善，但從《周易鄭氏注箋釋》一書中對荀爽《易》說、虞翻《易》說諸家浩大的引用量來講，他重其"同"而不重其"異"，持論公允，少有因鄭玄之說而非難他家的情況。他曾言"今觀鄭、荀、虞之說，大同如彼，小異如此。以此別之可，以此譏短不可"②，不抱守《易》學體例之小別，而強調對漢《易》史上諸家體例都能包容會通的開放性態度。

此外，曹元弼釋《易》兼采漢宋，這一特點在對鄭《易》詮釋中亦有體現。此書多引程頤《易傳》申說己見，正可反映出曹氏於《易經》詮釋重漢不拘漢、調和漢宋的作風，顯示出曹氏認同《易經》之價值亦在於人生大用，涵養倫理。舉一隅而言之，例如，《周易鄭氏注箋釋》中釋"謙卦"曰：

> 元弼謂：天道不已，終而不能有始，是亡也，非終也。乾上亢極失位，殆於知存而不知亡，降之三，致恭以存其位。乾陽不亡，

---

① 曹元弼：《周易鄭氏注箋釋·原序》，宣統辛亥（1911）六月刊本。

② 曹元弼：《復禮堂文集·易學別例》。

而息復乃爲有終，終即謙之亨。至於亨而後謙，乃爲有終。君子有終，方君子能終謙以成終也。謙道至美，天地之所同益。德尊而光，體卑而莫能踰，九三之君子，以乾元體艮之堅固、坤之厚順，乃能終之。由謙而亨，是君子之終也。孔氏曰："小人行謙，不能長久，唯君子能終謙之善，又獲謙之福。"程《傳》曰："君子志存乎謙巽。達理，故樂天而不競。内充，故退讓而不矜。安履乎謙，終身不易，自卑而人益尊之，自晦而德益光顯，此所謂君子有終也。在小人則有欲必競，有德必伐，雖使勉慕於謙，亦不能安行而固守不能有終也。"

曹氏此處效法程《傳》，以君子小人之說論謙德，贊譽謙卦九三以陽居卑位，能終謙德。足見他釋經不廢義理，兼采漢宋。不唯釋鄭《易》時如此，他還評價程子《周易傳》爲"經師大儒之書……不刊者三"之一[1]，言程頤《易》學"平實說理……說義之精得乎人心之所同然"。曹氏論《易》沉潛諸家，不拘泥於一法，"破除漢宋門户之見，而專心致力以求精義利用"之態度可見一斑。

此外，從曹元弼推尊鄭玄《易》注一事上，還需注意到曹元弼對焦循的尖銳批評。焦循本人亦是《周易》學大家，清代《易》學史上，焦循批評鄭玄早成公案，如焦循認爲鄭氏爻辰說"謬悠百經義"，"余於爻辰無取焉"[2]。而與之相對，曹元弼少時便已寫作《周易鄭氏大義在爻辰說》一文，總結鄭玄《易》注中所改造的"爻辰說"這一體例。此外，焦循對於吳派漢學的不滿也是盡人皆知，"東吳惠氏爲近代名儒，其《周易述》一書，循最爲不滿，大約其學拘於漢之經師，而不復窮究聖人之法"[3]，批評吳派《易》學惠棟等人過分拘泥於對漢代《易》學的重新發掘時的考證工作。焦循崇尚對《周易》之書進行有創造力的探索，不滿惠棟、張惠言等人爲代表的吳派漢學之重考據、集史料、辨源

---

① 曹元弼《復禮堂文集·論程傳例》："六經而下，經師大儒之書懸諸日月而不刊者三，一曰鄭君《三禮注》，一曰朱子《四書章句集注》，一曰程子《周易傳》。"

② 焦循：《易圖略·論爻辰十》，北京：九州出版社，2003 年，156 頁。

③ 《與王引之論易書》，見羅振玉輯：《昭代經師手簡》二編。

流的學風。曹元弼熟識清代《易》學諸家內情，對焦循的不滿，與對惠、姚、張三家的尊崇的立場也有所關聯。亦可見，曹元弼的《易》學思想，在年歲較早之時已經定型，處處顯示出傳統學術訓練與吳派漢學研究的影響。

2.《周易集解補釋》

曹氏所定《易》之三書之中，《周易集解補釋》成書最晚。曹元弼在《周易鄭氏注箋釋》完成之後，認爲其詳則詳矣，但文量浩繁，所以有必要"設一易簡之法，以爲由淺入深之階梯，由博反約之歸宿"①，由是選擇了唐代李鼎祚的《周易集解》爲之補釋，所做工作有三：一是校正各家異文，擇善而從；二是在孫星衍所收集的眾家遺說基礎之上，博采《禮記》、《春秋》、諸子、《史記》、《漢書》等說《易》古義，加以增補；三是以己意申疑滯之處，辨其得失，且按語頗多，使讀者易於曉解。值得一提的是，曹氏此書，雖同時參考了張惠言《易義別錄》，但主要是據孫星衍的《孫氏周易集解》，唯刪裁了王弼注及《周易正義》所引他人申釋王弼之語，故曹氏自述"此編即無異爲孫書作疏矣"。

對清朝《易》類研究來說，李鼎祚的《周易集解》之重要性是顯而易見的。《周易集解》被視爲唐朝後保存漢《易》的唯一文獻，所記由漢至唐《易》著共三十餘家之說。清代說《易》諸家，如惠棟、張惠言等人，所能發明荀、虞之旨處，其徵引的資料源頭，不外乎《周易集解》，故而在整個清中期以後的《易》學詮釋史上，《周易集解》一書作爲玩《易》者所需掌握的基礎文獻，其作用是至關重要的。曹氏擇取《周易集解》爲學《易》者設"易簡之法"，其出發點值得玩味，因爲《周易集解》所錄唐以前諸家之說，紛繁深澀，實非"易簡"，反倒不如宋明以來程朱《傳》《義》平易親和，令人曉解。曹元弼基於更爲複雜的《周易集解》而爲"易簡之法"，應當是基於他一貫推重漢《易》的立場，以及對吳派《易》學取向之遺風的承繼。

此外，《周易集解》在明清兩代得多家校正翻刻，有朱睦㮮本、毛

---

① 曹元弼：《周易集解補釋》。

晉汲古閣本、胡震亨《秘册彙函》本、盧見曾雅雨堂本、孫星衍岱南閣
本、周孝垓枕經樓本等。盧本、周本同出惠棟所校，大同小異，而惠棟
在校訂之時，屢屢改易其中古字，深爲學者所病。曹元弼雖在文中推尊
惠棟甚多，亦引此點爲白璧之微瑕。道光年間李道平撰《周易集解纂
疏》，訓釋詳審，爲集大成之作，曹元弼亦頗采之。不過，李道平謂上
述諸本皆"魯魚亥豕，各有異同"，即文字舛誤之處層出不窮，更謂其
中以孫星衍岱南閣本錯誤尤多。曹元弼所采正是孫氏本，所以隨文處處
改正誤字，費力甚多。但他也并未一味排斥諸本所具備的可能價值，據
他所述，《周易集解補釋》得朱、盧、周三刻詳加校勘，特別是朱本，
誤字雖多，但留存了古刻之真面目，自有其可鑒之處。

　　曹元弼《周易集解補釋》之"補"，在補《周易集解》未録之諸家，
例如他既已先著《周易鄭氏注箋釋》，此處亦多補鄭氏之說，旁及《說
文解字》《經典釋文》《周易正義》等。在解經的同時，亦解字，如益卦
六三爻辭"有孚中行，告公用圭"一句，補"用圭，王肅作用桓圭"；
又如家人卦九五爻辭"王假有家，勿恤吉"一句，補"馬融曰，假，大
也。鄭康成曰，假，登也"。如此種種，立意應在輯補史料使之完備，
令讀者一解讀書之惑、增益視野。"補釋"之"釋"，在釋說己意，解說
原文。如釋乾卦九三"君子終日乾乾，夕惕若厲，無咎"，先以爻位說
九三得正，又以虞翻卦變說，謂"三自泰來"，泰之乾爲晝坤爲夜，故
曰"日夕"，又以虞氏消息說解"乾乾"之意，又以程子《易傳》解九
三"不懈兢惕"之德……在承襲前人之說的基礎上，又頗能以其自得而
融貫之。而曹氏又於其間謂"《易》以象託義"，顯示了重視以象來解
《易》的傳統解經路數，他解釋道，"日夕本時之早晏，而即以喻位之上
下"，頗有新意。由此見出，曹氏不管注鄭《易》、注《周易集解》，持
論平允，雖承繼前人之處多，標新立異之處少，但貫通諸家之說中，不
時有一二亮點閃現，令讀者會心。

　　對《周易集解》一書的內容與性質，曹元弼亦有與前儒商榷的嘗
試。例如，《周易集解》所記，大半爲漢《易》，其間漢《易》之大半，
又取自虞翻《易》說。清朝經學大儒陳澧，曾斷言李鼎祚《周易集解》
本於虞學，認爲李氏於鄭玄、王弼皆有不滿之意，又論證《周易集解》

"多采虞氏之説，但以諸家佐之耳"①。曹元弼則明確反對這一説法，言陳澧的説法不合情理，在他看來，《周易集解》於鄭玄、荀爽、虞翻三十餘家皆有所重，不唯偏重某一家。祇是漢儒説《易》大義略同，荀、虞與鄭本不相遠，且當時鄭義頗行於各代，不若虞、荀之垂絶，故而李鼎祚略而不説而已。曹氏此説，似有意崇揚鄭玄，但另一方面，《郡齋讀書志》《困學紀聞》等早謂李鼎祚宗鄭學，曹氏不引此説，唯持中论。

在曹元弼看來，李氏《周易集解》網羅天下放失舊聞，厥功甚偉。而且，《周易集解》"於象多采荀、虞，於卦多采鄭，蓋鄭之取象與荀、虞大同而荀、虞尤詳，荀、虞之説義亦與鄭大同而鄭尤精"②。在他看來，《周易集解》的優點就在於：第一，網羅天下放失舊聞，對漢唐時期近乎散佚的諸家之説盡收其中。第二，不改經，例如漢儒説《易》各有師法，對這些大同小異，每并存之，使得諸家異義首尾完具。第三，博采諸家，以己意融貫。

曹元弼對李氏所信三十餘家之源流細加考述，得《易學源流辨》一篇附於其後，爲前人之諸本《周易集解》中所無。其間内容與其私著《周易學》之《解紛》《明例》等節有多處呼應。"源流"之諸家中，曹氏唯攻詰王弼之學"變亂古義，迷誤千載"，正文中亦不取王弼之説，"惟刪去王弼注及《正義》所引褚氏、張氏等申釋王注之語"，以此見他求復漢魏古《易》之時排斥王弼《易》學的傾向。

3.《周易學》

以上二書爲曹元弼在《易》學方面的注疏之作，要意皆在循傳統治經之法，議論經旨。而曹氏率先完成的《周易學》一書，則近於一學堂講習專用之教科書，風格殊異，結合時代背景與張之洞發揚"中體""官師治教合一"等策略來看，更是意義深遠。此處暫且按下不表，僅對作品做簡要介紹。

---

① 陳澧：《東塾讀書記》，見《陳澧集》第二册，上海：上海古籍出版社，2008年，78頁。

② 曹元弼：《復禮堂文集·論李氏周易集解例》。

　　《周易學》之成，實與張之洞淵源極深。曹元弼雖於科舉無大成，但爲張之洞所賞識，1895 年即被張之洞延爲書局總校，又兩度被張之洞招入兩湖書院、湖北存古學堂等處任總教，後亦曾兼任江蘇存古學堂經學總教，因此其早期作品多爲教育講習之便而作，如其《原道》《述學》《守約》三篇，便是爲示學堂諸生治學之方而撰。《周易學》原爲計劃中的《十四經學》之一。寫作《十四經學》的籌劃，始於張之洞《勸學篇・守約》中所提出的立“治經提要鈎玄之法”的構想。在《勸學篇》中，張之洞以“儒術危矣”之鑒，欲爲儒術“設一易簡之策以救之”，於是以約存博，爲留書種以通經學之大義，囑曹元弼等諸人做《十四經學》，并自《周易》始。

　　《周易學》早已完成，直到 1926 年才與曹元弼的另外兩部《禮經學》《孝經學》合刻①，此三學奠定了曹元弼一生爲學之根基。曹元弼早於光緒丁未（1907）受張之洞邀請，主講湖北存古學堂之時，已用《周易學》以教導士子儒術大義。存古學堂之設立，在於張之洞要“正本清源”，持危扶顛，授古學，“以聖經賢傳人倫道德爲主，以西學聲光化電爲用”。學堂成立本身，就是對張之洞“中體西用”理念中“中體”一面的實踐。除聘曹元弼等人爲主講之外，另召集了黃體芳之子黃仲弢（黃紹箕）、梁鼎芬、陆鍾琦、毛慶蕃（實君）、左子異、鄒芸巢、葉鞠裳等舊式知識分子。

　　張之洞在《勸學篇》中主張，要留存經書之書種，可先用“七端”，從七個方面解明全經之義。《周易學》《禮經學》《孝經學》即是曹元弼諸人對此構想的實踐。據此構想，《周易學》分説經之七端：明例，明全書之義例；圖表，列《易》學傳承史上由漢至清各種《易》圖；要旨，總結經義中尤切用者；會通，致力於貫通《周易》與群經貫通之義；解紛，謂先儒異義、各有依據之處，擇較長一説主之；闕疑，留存難明之碎義，置之不考；流別，謂本經授受之源流。以此七事爲目，爲存古學堂諸生講解《易》之大要，可説是近代中國較早的《周易》授課

---

　　① 此外，又成《論語學》與《孟子學》等（曹元弼《周易鄭氏注箋釋序》），惜未刊刻，且《十四經學》未能完成。

所用標準式教科書。

《周易學》的寫作要領清晰全面，內容宏富博大，但又有所取捨。將此七目細看的話，"明例"一冊，挈領全經，將各家說經之例一一表明。曹元弼又將各家《易》例分爲"通例"與"別例"，"通例"中有生蓍倚數、立卦、生爻及六十四卦變成既濟、繫辭、《十翼》五條，"別例"釋鄭玄、荀爽、虞翻、漢魏諸家、王弼、孔穎達、李鼎祚、程頤、朱熹、惠棟、張惠言、姚配中等諸家例。"要旨"兩冊，則以《易》之本經的每卦卦名、卦爻辭各以條目釋之，卦名後更有曹元弼所撰每卦大意，其引惠棟、張惠言、姚配中等諸家語爲多。"圖表"一冊，列有如下諸圖：天地之數、八卦布散用事（此張氏卦氣用事圖）、八卦納甲（此消息所取法）、反卦與旁通表、惠氏卦氣六日七分圖、惠氏十二消息主七十二候圖、張氏十二消息卦氣圖、十二月爻辰圖等。"會通""解紛""闕疑""流別"合爲一冊，"會通"以《周易》會通六經，"解紛"析"重卦之人及三《易》考""《周易》卦辭、爻辭及文言、名義考""《周易》分傳附經考"等《易》學發展史上幾個大問題；"流別"述"《周易》注解傳述人""《周易》各家撰述要略""經注疏各本得失"三項。其內容大致如此。

《周易學》一方面是晚清時期舊式學堂教育中教習人員自撰之授課講義；另一方面，在寫作之際，曹元弼諸人就在以此作講義之用的同時，有借此書以澄明經義、留存書種的意願。《〈周易〉〈禮經〉〈孝經〉三經合刻序》中，曹元弼自陳"留此碩果，以存天地之心也"，相對於晚清時期競言新學的局面，欲張經書經義以存古學。其創作特色，不唯敘述經學之歷史、經學之傳承，而且在於申講經義，這一點從《周易學》廣泛討論《易》學詮釋史上各家《易》例、保留各式《易》圖、以《易》學會通六藝的內容上可以輕鬆得見。

《周易學》最具亮點之處，在"明例"與"會通"，見後文詳述。曹元弼自述，作"明例"的目的，在於要彌縫惠、張之闕，以破焦氏循變亂古義之惑；作"會通"的目的，在於要因治《易》得治《春秋》之法。《周易學》作爲曹元弼應張之洞之要求"以留書種"之作，重在整理經義，摭拾舊說，故其自己發明之處少，而引各家學說之處多。但在

史料取捨、《易》例選擇上，可見曹氏的立足漢《易》、兼通眾家的研
《易》立場，且作爲較早出現的專門性的《易》學講習系統性教科書，
在近代中國思想史上應有其一席之地。

二、曹元弼品評《易》學人物

1. 隱約的"吳派"後學：學宗惠、張、姚

曹氏學問直接承繼有清一代的《易》學傳統，尤重惠、張、姚三
家。在《述學》一文中，曹元弼以極爲精煉的文句簡述了經學史源流，
於《易》學上他稱"《易》當由李、惠、張、姚直達鄭、荀、虞"，表明
其爲學傾向的同時，亦直承對惠棟、張惠言、姚配中三位前人的重視。
又在《周易集解補釋》自序中言："今承惠、張、姚三先生之成訓，積
數十年探索之功"，謂己學實基於三先生之成訓而得。且曹元弼本就占
籍江蘇吳縣，清代中葉學術流派中重要一支"吳派"即發源於此，惠氏
一門在經學上的努力，浸潤地域上的漢學研究至深，曹元弼生於斯長於
斯，受到地方上蕩漾百餘年的學風影響，實在不足爲奇。雖説曹元弼本
人并未自稱"吳派"學術傳人，但他在《易》學研究上致力於對漢學
《易》學的探討，又於《尚書》學上下力甚多（著《古文尚書鄭氏注箋
釋》及《孫氏尚書今古文注疏校補》），在學術方向上確實有吳派後學的
傾向。《周易學》《周易鄭氏注箋釋》《周易集解補釋》三書中處處可見
對惠、張、姚三人《易》學的引用與借鑒，《述學》一文中，"當由李、
惠、張、姚直達鄭、荀、虞"一句，確能概括曹元弼《易》學研究的基
本淵源。將曹元弼個人的學問定位於吳派後學，尚未有明證，在思想史
上的意義亦未得到充分探討，姑且稱他爲一位隱約的吳派《易》學研究
傳承者，或許能令讀者會心地領略到他在傳統學術上的用力及大致
方向。

在他看來，漢《易》久晦，自惠棟創通大義，後張惠言繼之，姚配
中又繼之；惠、張主虞氏，姚主鄭氏。例如，《周易學·明例》的寫作，
對解《易》體例的重視，皆於惠棟書中早已有之，他言"惠氏定宇《易

例》《易漢學》已修明",顯示了從惠棟處所得到的啓發。而在《明例》中,通例第二"立卦"、第三"六十四卦消息",自言本於張惠言之説;"生爻及六十四卦變成既濟",又自言本於姚配中之説。其所撰《周易學》,"薈萃惠松崖《易漢學》《易例》,張茗柯《虞氏消息》,姚仲虞《周易學》建首三篇之義,而讚辯之",可見其思想來源首重惠、張、姚三家。而惠、張、姚三人的傳承關係也比較明晰,阮元曾在張惠言所著書《周易虞氏義》的序文中贊揚張"承惠徵士之緒,恢而張之",包世臣所撰《清故文學旌德姚君傳》(收錄於《周易姚氏學》)一文中,亦謂姚配中自年少時便熟讀張惠言的《周易虞氏義》。

曹氏最爲推崇的,當數惠棟。他評價惠棟的漢《易》研究有振衰起廢之功,漢《易》中所不傳的《易》象至惠氏而始明,其學"當與聖經並垂不朽"。前述曹元弼的《易》學三書的寫作風格,以及所著《易學別例》等作品中對漢《易》體例的總結與反思,實與惠棟之《易例》《易漢學》《周易述》三作相近。他評論惠棟的作品:

> 其學《易例》《易微言》未成,然《易漢學》敍述漢師家法,表章古義,條舉件繫即無異;釋例微言大義則《周易述》具矣。謂之述者,述漢師之義,以荀、虞爲主而參以鄭、宋諸家,其例一準。

> 其精言要旨,多融會羣經、周秦漢古籍而出,足以明道立教,學者讀之有益于身,有用于世,蓋自李氏《集解》而後千餘年僅見。[1]

可見評價頗高。當然,曹氏還認爲,惠氏《易》學有不如意之處,"間有小疵",比如明夷卦中"箕子之明夷"一句,改易經字,有不恰當之處。而惠棟在徵引禮象的時候,時有違背鄭玄之義的地方,反而更加宗尚虞翻之學,求象過密,不過"凡此數皆其小疵,要不足以掩大醇也"。

論及張惠言時,他認爲張惠言能專申虞氏一家之學,相比惠棟來說更加精當。而且張惠言深於禮學,故更能闡發禮象。這些工作都基於惠

---

[1] 曹元弼:《復禮堂文集·論張氏易學例》。

棟已經"創通大義",故作爲繼起者的張惠言"《易》爲力也"①。再者,張惠言知虞翻之弊,故爲《易事》《易言》,推卦象以極論人事。然而虞翻《易》學終究還是苦求象,太密,有乖易簡之旨,張惠言專申此一家之旨。故而曹元弼認爲張惠言作品仍有待變通,而後之姚配中正擔此任。

曹元弼對姚配中的《易》學評價爲:姚氏"由虞、荀以通鄭,涵泳經傳本文,以定諸家之得失,而去取之。依象以説義,不泥象以窒義"②,肯定了姚配中於漢《易》鄭、荀、虞三家中的取捨得當。且稱道姚氏"當道光之季,經術已衰,邪説方興,世變將作"之時,能合於作《易》憂患之旨,"見微知著,憂深思遠"。他認爲,姚氏説經之例,大致與惠、張相同,但有兩處不足:其一,姚氏據《乾鑿度》"陽動而進變七之九,陰動而退變八之六"之文,於"爻變"外推出"畫變"一義,自認爲理藏於古而得之於今,未免主持太過。其二,姚氏以乾元爲在坤元中,係《歸藏》首坤之義,非《周易》首乾之旨,未免義涉老氏,不合情理。

2. 對虞翻、王弼的批評

曹元弼曾言:

> 夫《易》者象也,舍象而言《易》非《易》也,然象由義出,義因象著,忘象而言義,則義非其義,王弼是也。略義而論象則象亦瑣碎無用之象,虞學固不若是,而其流失或將至於是。③

據此,曹元弼基於對象義關係的認識,認爲兩者都應强調,不可執於"象"或"義"的任何一端,由此而對虞翻、王弼二人不同風格的《易》學各有褒貶。

曹元弼對虞翻《易》學的態度較爲矛盾。一方面,不管是《周易鄭氏注箋釋》還是《周易集解補釋》,曹氏對虞翻《易》説多有引用;另一方面,他對虞《易》仍有不滿。他認爲,虞翻過於强調《易》象,而

---

① ② ③ 曹元弼,《復禮堂文集•論姚氏易學例》。

全然不顧《易》理；王弼過於强調義理，罕言象。二人之學都有不是之處。而曹元弼自身對《易》象的認識，是認爲：

> 竊考之《説卦》，八卦之象實者多，虛者少，然則經文當實事有象，虛辭無象。……《繫辭》諸篇縱横變化，其不牽窒於象可知矣。①

曹氏解《易》多處取象，但又認爲不應"牽窒於象"，他認爲卦象有實有虛，論象應當有所依據，最主要的依據就是《十翼》，如《説卦》中所舉之象，實象多，虛象少；且不應當拘於象，不應字字是象、句句言象，不應當於卦爻之外別自取象。舉一隅言之，他説："乾之六爻稱龍象也，其潛見惕躍飛亢則以爻位上下言，可取象可不取象。至用九之見群龍，群龍即六龍六位時成，即見群龍更不當論，見字何象，群字何象。"但像顧炎武這樣（於《文言》"同聲相應"一文），深譏荀、虞，這樣也要不得。取象重在明白易曉。與取象的原則同理，"注家之用訓詁，所以發明經中古字古義，不應當於注中多用古字，以待後人之訓釋"。也就是説，他的基本態度是，在取象上，應當遵從本經及《十翼》，不應對卦象多做發明，也不應當隨意更改古字古義，不推崇佶屈聱牙的注釋方法，較爲謹慎。

再者，曹元弼批評虞翻在成卦之由上的游移不定。他認爲，"《易》含萬象，惟變所適"，但學者"當據辭以定象，不可泥法以繩辭"，這一評論所針對的，正是虞氏之《易》。他説虞氏之言消息雖詳，但"惜其混消息與重卦爲一事"，所以導致後來的焦循等人在這一體例上，投間抵隙，奮其私智，起到了很大的破壞作用。

曹元弼对虞翻《易》學的看法，極大地受到了張惠言的影響。例如，在看待虞氏的消息説時，他的態度前後有異，關鍵在於是否認同"消息是成卦之由"。首先，他曾説："六十四卦之體，以八卦括之，三百八十四爻之往來；以消息二字括之，六十四卦以卦相重，設卦之事也。"認同了虞氏體例消息説在重叠八卦以成六十四卦的作用。他重《十

---

① 曹元弼：《復禮堂文集·論姚氏易學例》。

翼》，尤重《彖傳》，認爲《彖傳》中的"往來上下"都是"消息"，即以
爻相推生爻之事。"六子及頤、大過、中孚、小過自乾、坤來，一陰一陽
之卦亦自乾、坤來，兼取剥、夬、復、姤，二陰二陽之卦自臨、遯、大
壯、觀來，三陰三陽之卦自泰、否來，乾、坤與十辟卦均是消息卦其所
生卦。……消息於六十四卦無不周綜，核群言，此其綱要。……六子皆
乾坤來，無以成消息也。"但另一方面，他定《周易學》，中謂："以消
息爲生爻之事，非重卦之事。既重卦而後以爻相往來謂之消息。重卦以
兩象相重，消息以一爻往來。"辨析了消息説的生爻與重卦二義，如泰
卦以重卦言之，爲"天地交"；以生爻言之，爲"陽息至三"。他認爲消
息祗是爻之往來，而與重卦無涉，不過是重卦之後爻與爻之間的互動。
前後兩種説法，并不一致。前一種肯定的説法，即對虞氏消息説涉八卦
相重成六十四卦，而非僅關乎十二消息卦的解讀，來自張惠言，但張惠
言的這種解讀遭到過清代其他研《易》者（李鋭《周易虞氏略例》等）
的批判，曹元弼的矛盾態度本身，可能也反映了清代漢《易》研究中對
虞氏《易》學解讀的爭議之處。

　　曹元弼對王弼的認識，則更爲尖刻，王弼的解《易》方法曾對兩漢
《易》學傳承造成極大衝擊，從曹元弼偏重漢《易》的立場來看，他對
王弼的批評也不難理解。他言："愚謂王弼有變亂聖經之罪，有變亂名
教之罪。其變亂聖經也，舉商瞿以來師師相傳之古義一切屏棄，甚至顯
悖《十翼》而不顧使後之人不復知《易》之所以爲《易》。"要之，是在
批評王弼破除漢《易》、開拓出的偏重於義理的詮釋方法悖逆《十翼》
的根本原則，"憑臆蹈虚，盡棄古義，大悖聖人立象繫辭崇德廣業之
教"，又無視漢代經師家法，"變亂孔門相傳至漢末四百餘年之本。自是
微言絶大義乖，家法壞矣"。尤其對王弼於《周易略例·明象》中所説
"言者所以明象，得象而忘言；象者所以存意，得意而忘象"的説法深
爲不滿，認爲這有違《繫辭》之旨。"《繫辭》云，聖人立象以盡意，繫
辭以盡言，而王弼欲忘之，豈王弼聖於孔子乎？"何以能盡弃"象"而
論《易》呢？再有，他認爲王弼"不知變"，所以有"陰處陽、陽處陰
爲善"之説。王弼言義忘象，《易》象遂廢，更以空虚之言説《易》，這
幾點都不能爲曹元弼接受。其實，曹元弼眼中的王弼之罪在於盡弃漢師

之法，不釋《繫辭》以下之《十翼》。由此亦可見曹元弼護衛《十翼》，又偏重漢《易》的基本立場。

三、曹元弼論《易》方法之"明例"與"會通"

"明例"與"會通"，在曹元弼的《易》學研究中具有方法論反省的意義。二者既同時都是《周易學》寫作時應張之洞的要求所設的七端之一，亦在曹元弼所撰《周易鄭氏注箋釋》與《周易集解補釋》二書中被反復提及與應用。例如，曹元弼於《周易集解補釋》一書的"條例"中即言："治《易》必先明《易》例，例者，《易》之典常，所以觀其會通。"肯定了學《易》需先明體例的基本方法。而"會通"，指的是六經的會通，即曹元弼試圖將經書各部相互解讀，會通爲内部相互融洽的統一體系的努力。

1. 明例

總結體例，是清代樸學的特色。曹元弼雖處舊學衰微之際，但乾嘉學術留在曹元弼身上的印迹依舊明顯。對解《易》體例的反思，正是曹氏《易》學的一大亮點。古之學者注《易》，各有所稟。漢儒傳《易》的過程中，重師法，師法所傳即是不同的體例，其例於經文本身有合有不合，相互之間有同有不同，要之就是詮釋方法有異。在曹元弼看來，諸家之例，"有確知爲《易》例者，有未敢斷以爲《易》之本例者"，先承認了歷代解《易》方法的多樣性，而其中最具權威、最早創建的"《易》例"，莫過於孔子的《十翼》，他説："孔子作《彖》《象》，後世章句之祖也。作《繫辭》《説卦》傳，後世釋例之祖也。"[1]

曹元弼分《易》之體例爲"本例"（亦稱"通例"）與"別例"兩種。《易》之本例，乃諸家所同：乾元，三才，六位，互體，旁通，反卦，消息、往來、上下，時、中、正，應、據、承、乘，變化成既濟……他謂這些體例在《十翼》中有明文。另外有諸家《易》例，即"別例"，如鄭

---

[1] 曹元弼：《周易學·明例》，宣統元年（1909）刻本。

之爻辰、虞之半象以及京氏、荀氏之游歸、世伏等。曹元弼於《周易學·明例》一節中，列有生著倚數、立卦、生爻及六十四卦變成既濟、繫辭、《十翼》等通例，又列鄭、荀、虞、漢魏諸家、王弼、孔穎達、李鼎祚、程氏、朱子、惠氏、張氏、姚氏等研《易》者所相互區別的通例。他認爲，鄭氏《易》之大例在爻辰，鄭言禮象，荀氏主論乾升坤降，虞氏則以消息序六十四卦，如此等等，各有細説。諸家之例雖有不同，但不可以此相攻，如論鄭、荀、虞三家例，則曰"大同如彼，小異如此。以此別之可，以此譏短不可"，表明了在比較權衡各家注《易》體例時客觀持中的研究態度。

曹元弼曾於《周易集解補釋》條例中表明，"治《易》必須明例。例者，《易》之典常，所以觀其會通"，意即習《易》入手時應先分辨各家《易》例，曉解詮釋之方法後，以串釋經文，使得抽象的卦爻符號與經傳文字統合成爲一個通貫的整體。以《易》例的總結來教授學堂諸生，既在便宜教學的同時，又具有概括解《易》方法、梳理《易》學詮釋歷史的學理價值。這也表明，曹元弼對歷代治《易》的方法有了反思性的意識，《明例》的寫作具有一定的意義。

2. 會通

講求會通經學，是曹元弼畢生的追求。不唯用《周易》會通六經，他亦在所著的《孝經學》中有以《孝經》所申明的"愛敬之心"會通六藝的嘗試；在所著《禮經學》中又有以"禮"會通六藝的嘗試。於《易》學研究中亦寫作《周易會通大義》（收入《復禮堂文集》，即《周易學》之《會通》），曰"《樂》……《詩》……《禮》……《書》……《春秋》……五者蓋五常之道，相須而備，而《易》爲之原"，認爲《易》道於六藝所無不貫，以《周易》會通六經，以六經歸於《周易》，是頗有氣魄的嘗試，也是他在經學會通大業中的一個環節。雖然最後《十四經學》僅刻成《周易學》《禮經學》《孝經學》，但他融貫六藝，挽救日漸衰亡的經學，使之成爲一整體的努力，是確實存在的。

曹元弼以《周易》會通《書》，如言"《易》曰河出圖洛出書，聖人則之"，《易》教以"正陰陽、君臣、夫婦、父子之義"，正是《書》之義。《易》本天道以訓人事，聖人德合乾元。堯之無爲而治，周公之自強不息等皆可體現《易》中之卦德，而《易》之有應無應、得眾失眾之象，則都能類比於《書》之能安民惠民、黎民懷之之意。另外，就史事之"唐虞禪讓故乾二升坤五""殷周放伐故師二成比五"等唐虞、殷周興亡之事，皇極九疇之數，《易》與《書》尤相發明。

以《周易》會通《詩》，如言"孔子錄《詩》，以爲勤民恤功，昭事上帝，則受頌聲，宏幅如彼"，若對雅頌之聲"違而弗用"，則"被刦弒大禍如此吉凶之所由"。此爲《易》與《詩》相表裏之大義。二者皆意在"禍福無不自己求之"。《詩經》文、武、周公之學以及烝民抑戒之作，都屬《易》之微言。

此外，以《周易》會通《周禮》時，言《易》是"開物成務、備物致用"之書，而"禮"就是其"所成之務，所備之物"，且以太宰掌六典如乾元統天，六官分天地四時乃兩儀四象之位等皆能爲類比；又謂"《易》之大本即禮之大本"，天地萬物男女夫婦父子君臣上下，天尊地卑乾坤定矣。會通《禮記》時，謂"《易》貴中，貴時，貴誠。禮亦貴中，貴時，貴誠"。會通《春秋》時，謂文王憂患而作《易》，孔子懼而作《春秋》，皆聖人逆境之作；且言"《易》首乾坤，扶陽抑陰，以至於既濟，《春秋》尊王亂賊而終於獲麟，皆致中和位天地育萬物之事"。諸如此類，不一而足。

明清思想史上會通六經的嘗試并不鮮見，而曹元弼於經學衰微之世，做此努力，在時勢面前已猶蚍蜉撼樹，然一介書生期於剝極思復，是謂重整經學的最後實質性的努力。

四、對曹元弼《易》學的總體評價

在近代史經學大變局的背景中，曹元弼的《易》學作品，總體上不失爲一種重整經學的努力，從個人的學問養成上來說，他的工作多承襲先人，包括對漢宋《易》學的取捨，取人之處多而自用力之處少，但作爲科舉廢除前後仍汲汲於護衛經學的正統經師，《周易學》《周易鄭氏注箋釋》《周易集解補釋》等作品的寫作保持了傳統舊式學術的水準，可惜作爲非現代學科式寫作方式的作品，長期在如今的晚清民國期間學術史的論述范圍之外，殊爲遺憾。

　　一介經師的曹元弼，在晚清民國期間創作生命力得以延續，首先，須看到張之洞對曹元弼學問的影響。張之洞的角色，不止是清廷的一名開明官僚，而且還是清廷的主要文化教育設計師。其所著《勸學篇》要"權衡新舊"，開新風氣的同時，扶持舊學，對各地書院的建設亦主動地提供支持。在戊戌之前，他就已經在尋求一種"官師合一"之法，用官師治教合一之策鞏固統治基礎，文化世變下的清廷也愈益明顯地表現出這樣的姿態。張之洞門生陳慶年在戊戌政變後不久的信中披露："近日南皮師思得一官師合一之法，委正途候補人員充中學教習，日與討論，又稽察拊循，與管堂通爲一事，期以師法而兼官法。"① 這一政策在廢除科舉後仍然被貫徹於學校中。

　　曹元弼有眼疾，寫不成字，故雖參加科舉，但基本未入仕途，不正是"正途候補人員"之一嗎？他因張之洞賞識得以入各學堂任教，其《周易學》《禮經學》《孝經學》等部分已完成的《十四經學》作品皆承張之洞之命，依《勸學篇·守約》之例，在創作動機、創作内容上深受張之洞"中學爲體"的爲學爲政觀點的影響。再者，他的大半學術生涯，先後在兩湖書院、湖北存古學堂、禮學館、江蘇存古學堂等地度過，爲示諸生爲學之方，撰《原道》《述學》《守約》三篇文字，幾乎奠定一生爲學之基礎。本文所涉及的《易》學三書，亦多在此前半段的學堂生涯中所完成。這些作品，守純正經義，屬"中體西用"之"中體"一面，也是晚清時期最早開始的學堂教育教學理念的映證。

　　在《易》學研究方面，曹元弼可算是"憂患學《易》"，個人命運與時代變遷交織在一起，文化上的保守與時局不合。《周易集解補釋》完成後，他自爲序説："溯自宣統辛亥以來，憂患學《易》，於今十有七年矣。洪水滔天，猛獸咥人，日甚一日。"② 身處變局之世，曹元弼於書齋中深感"人人將食，萬族俱盡，乾坤或息之痛"。張之洞逝後，他説

---

① 　繆荃孫：《藝風堂友朋書札·陳慶年》，上海：上海古籍出版社，1980 年。

② 　曹元弼：《周易集解補釋》。

"文襄師薨，吳楚賢邦伯師長亦多於戊己間徂謝隱退"，一齊在兩湖書院、存古學堂中授講經義的舊式學人紛紛隱退，有"亡邦國殄，君子道消小人道長"的危機感，國家命運、文化血脉似乎已是"一髮千鈞，其何能繫"。這樣的認識令他晚年愈加沉鬱。經學的衰微，已經早在清代中期就有萌芽態勢，曹元弼謂："當道光之季，經術已衰，邪說方興，世變將作，凡今日内憂外患，當時皆已萌。"① 而自光緒戊戌（1898）以來，隨著維新失敗，國人對清廷日漸失望，政治局面上清廷的掌控日漸不力，社會上醞釀著新的變革思想，這些在守舊派的曹元弼看來都是"異說蜂起"。辛丑（1900）以後，朝廷内部的臣僚們競言新學，時局漸漸突破曹元弼的認識，他認爲這些都是"本末迷誤"。及至後來清廷覆滅，曹元弼更是萬念俱灰，《〈周易〉〈禮經〉〈孝經〉三學合刻序》中說："三綱絶紐，大陸遂沉，余憂患餘生萬念俱灰，惟求一死，餘氣未盡，杜門學《易》，與天爲徒，以寫我憂，忽忽不知老之已至。"餘生杜門習《易》，成爲他消磨時光的方式。

曹元弼的政治認識一生趨於保守，堅持"今日之學非他，爲君父而學也，爲萬萬生靈而學也"②，其護衛文化的態度表露無遺。他又言"經學至今日或幾乎息矣"，可是却有剥極思復的自信，期盼"經學今日乃可得而明矣"。

他的論證是，經者，"人心之所同然"，人心同然之謂，是生人相生、相養、相保之道，眾民爲求生存而必然有自救之心。但這種自生之心，乃是基於自然情感的存在，即相敬相愛之本，乃是來源於一陰一陽的定偶相互之愛，來源於父母之愛其子，其子之愛父母。人道之根本正在於此。③

支撑他這一論證體系的一大論點，部分來自《周易》。在他看來，夫婦陰陽之爲天地大義，一陰一陽之謂道，因而有父子，有秩序。"《易》能極萬世之變易，而歸於不易"④，此乃《易》之大義；其次，對於《易》之起源，曹元弼訴諸"示男女之定偶"的需要，民之初生，

---

① 曹元弼：《復禮堂文集·論姚氏易學例》。
②③④ 曹元弼：《周易學·十四經學開宗·原道》，宣統元年（1909）刻本。

但知其母不知其父，作爲自然情感的愛之理無法建立，以人別於禽獸首先要求別於男女，以此人道始興，此爲生生之本，同時以此串講十四經，欲以經書來激蕩人心之愛敬，催發人心之愛敬來使愚者明，使弱者強，使散之聚，以是通經致用，使士子愛國愛民。基於這層認識，廣釋《易》學作品，值世大劫將臨，剝且入坤之時，還抱持"而乾元無息絕之理，留此碩果，以存天地之心也"之信念，自許任重道遠，作著以待義之大明。

五、結　語

以曹元弼這一人物爲例，可一窺清末民國期間傳統學人爲學、爲人的志意和現實處境。當時康有爲、章太炎、古史辨派諸人，於《周易》典籍各有立場，各有發明。曹氏論《易》，承繼傳統治學路徑，與這些人有所不同。其中，顧頡剛與曹氏頗有淵源，《顧頡剛日記》1954 年 3 月 21 日的記錄中，謂自己對曹元弼之博學"十餘歲時即敬之"，并於曹元弼逝後赴曹宅選購曹氏所遺藏書。[①] 但一位信古，一位疑古，顧頡剛畏見其人，雖久與曹元弼同居蘇州，平生未晤一面。曹元弼深居簡出，也不曾與人多生論辯，但曾對當時愈演愈盛的輕薄經解之風表示痛心："近世經學家好爲苟難捨通同之定論而惟別異之，是攻或力申，或力駁，或盡弃古義，另生異論，是皆志不在經，志不在天下國家，而惟求勝求名。"態度激烈，對前代經師們的工作被一切推倒的做法表示不滿。客觀地講，曹元弼不過一介經師，大廈傾頹之時力量微小，和者甚寡，亦屬自然。

曹元弼學問深植於有清一代樸學傳統，更得惠棟、張惠言、姚配中等前賢《易》作精髓，玩味其中，又能抒發自身治經心得。可知清代學術在漢《易》研究、字句考證方面的遺風實延續至民國時期，在新學隆盛、舊學頹壞之際，仍有碩果留存。曹元弼所著、所言，爲其中一例。曹氏之後，經業花果凋零，經書研究的傳統路徑愈行愈窄。曹氏弟子

---

① 顧頡剛：《顧頡剛日記》第七卷，臺北：聯經出版事業公司，2007 年，520 頁。

中，金天翮長於詩文，王欣夫精於文獻版本之學，曾任職復旦大學，沈文倬重先秦禮制研究，任職浙江大學古籍所，均能在各自領域有所建樹，但"句句而求，字字而解"的注疏之學面貌不再。

曹元弼所著《周易學》《周易鄭氏注箋釋》《周易集解補釋》三書是其龐大的經學體系中的一部分，除此之外，尚有《禮經學》《孝經學》《古文尚書鄭氏注箋釋》等作品遺世，他的經注即使拋開時代因素來講，在思想史上的意義之外，猶能爲今日研習《禮》《易》《孝經》《尚書》等經學研究者所資取。惜注目者不多，今後盼能有更進一步的研究。而且，以曹元弼爲代表的晚清民國期間傳統經師們的作品，雖一度被時代邊緣化，但確實爲我們研究古代典籍的一種重要資源，今日重倡古典學問，若越過他們的工作，恐怕也難以接續前人。這些資料值得今日我們正視。

禮經大義

曹元弼　著　許超杰　點校 *

整理識語

曹元弼（1867—1953），字穀孫，又字師鄭，一字懿齋，號叔彦，晚號復禮老人，晚清民國時期重要的經學家，尤精於禮學、《易》學，著述頗豐，主要論著有《禮經學》《周易集解補釋》《周易鄭氏注箋釋》《尚書鄭氏注箋釋》《復禮堂文集》等。[①] 曹叔彦與唐文治同學於南菁書院，交游歷數十年之久。當唐文治掌教無錫國專之初，嘗於民國十二年（1923）選國專高弟畢壽頤、蔣庭曜、唐蘭、王蘧常、侯堮、吳其昌等人赴蘇州向曹元弼研習《禮經》。諸生將曹叔彦所講予以記錄，遂成《禮經大義》一書，包括《總論》《士冠禮大義》《士昏禮大義》《士相見禮大義》《鄉飲酒禮大義》《鄉射禮大義》《燕禮大義》《大射儀大義》《聘禮大義》《公食大夫禮大義》《覲禮大義》等十一篇，由無錫國專排印出版。

近於復旦大學圖書館古籍部偶見鈔本曹元弼《復禮堂文二集》卷三有《禮大義五篇》，即《喪服大義》《士喪禮大義》《既夕禮大義》《士虞禮大義》《特牲饋食禮大義》[②]；鈔本《復禮堂文三集》又有《禮經大

---

* 許超杰，湖南大學岳麓書院助理教授，主要研究中國經學史、《春秋》學。

① 詳見王欣夫：《吳县曹先生行狀》，見卞孝萱、唐文權編：《民国人物碑传集》，南京：鳳凰出版社，2011年，449～452頁。

② 曹元弼殁世之後，文稿多由曹氏晚年高弟王欣夫先生處理，此本卷首有王欣夫印，當是王欣夫先生鈔本。此本無欄綫，每半葉十一行，行三十字。

義》一種，實即包括《禮經大義序》《士冠禮大義》《鄉射禮大義》《燕禮大義》《大射儀大義》《聘禮大義》《公食大夫禮大義》《覲禮大義》等八篇。①據《禮經大義序》可知，《二集》《三集》所列各篇當爲曹叔彦晚年修訂之本，與無錫國專排印本頗有異同，其中《禮經大義序》《喪服大義》《士喪禮大義》《既夕禮大義》《士虞禮大義》《特牲饋食禮大義》等六篇爲無錫國專排印本所無；鈔本《士冠禮大義》亦與排印本完全不同，當爲復禮老人晚年重寫之本；《鄉射禮大義》《燕禮大義》《大射儀大義》《聘禮大義》《公食大夫禮大義》《覲禮大義》等篇亦多文字、詞句之異。

復旦大學圖書館古籍部另藏鈔本《禮經大義》一冊，每半葉十行，行二十一字，篇目依次題爲《禮經大義序》《士冠禮》《士昏禮（闕）》《士相見禮（闕）》《鄉飲酒禮（闕）》《鄉射禮》《燕禮》《大射》《聘禮》《公食大夫禮》《覲禮》《喪服》《士喪禮》《既夕禮》《士虞禮》《特牲饋食禮》《少牢饋食禮（闕）》《有司徹（闕）》，後附《復禮老人所著書要畧》，包括《禮經校釋》《周易學》《禮經學》《孝經學》《經學文鈔》《復禮堂文集》之提要。此冊亦爲王欣夫先生鈔本，文字與《二集》《三集》基本相同，實當是整合《二集》《三集》相關篇目鈔寫而成。

曹氏爲近代禮學大家，《禮經大義》爲其掘發禮學精義之作，固當寶之。故不揣鄙陋，略爲整比，以顯前賢精微之用心焉爾。因鈔本《禮經大義》當以《二集》《三集》本爲底本整合而成，故今以《二集》《三集》本爲底本，凡出校徑稱"鈔本"；凡鈔本無而排印本有者，據排印本整理；凡鈔本較排印本重寫者，則兩存之。

整合鈔本、排印本可知，今存《禮經大義》共《禮經大義序》《總序》《士冠禮大義》《士昏禮大義》《士相見禮大義》《鄉飲酒禮大義》《鄉射禮大義》《燕禮大義》《大射儀大義》《聘禮大義》《公食大夫禮大義》《覲禮大義》《喪服大義》《士喪禮大義》《既夕禮大義》《士虞禮大

---

① 此本左右雙邊、黑絲欄綫，旁題抱蜀廬鈔本，即王欣夫先生鈔本。每半葉十行，行二十一字。

義》《特牲饋食禮大義》等十七篇，除去《禮經大義序》《總序》，《禮
經》十七篇大義實闕《少牢饋食禮大義》《有司徹大義》二篇。按《禮
經大義序》之言，"當時口授筆錄，多忽促未審，惟《喪服》至《特牲》
五篇余親自屬稿，今將《士冠》至《覲禮》十篇，《少牢》《有司》二
篇，重加論次，合成完書"，則曹叔彥當曾撰《少牢》《有司》二篇之
稿，然今見鈔本、排印本皆無之，而《鄉飲酒禮大義》亦未見復禮堂晚
年改定本。未知此數篇之稿本尚在天壤間否，唯俟諸將來矣。是爲記。

目　錄

禮經大義序

《記》曰：“禮之所尊，尊其義也。失其義，陳其數，祝史之事也。知其義而敬守之，天子之所以治天下也。”禮之義惡乎出？傳曰：“夫禮，天之經也，地之義也。天地之經，民實則之。”又曰：“夫禮，天地之經緯，民之所由生也。”《記》曰：“夫禮，先王承天之道以治人之情，失之者死，得之者生。”蓋道之大原出於天，自太極未判、絪縕渾淪中得和氣、純粹、至善。三極之道，性命之理，包囊其中，實維禮本。太極生兩儀，天尊地卑，乾坤定矣；卑高以陳，貴賤位矣。陰陽之分，夫婦位著；五運相繼，父子道彰。日月不過，四時不忒，經緯秩敘，禮象燦然分明。故曰：“夫禮必本於大一，分而爲天地，轉而爲陰陽，變而爲四時，列而爲鬼神，其降曰命，其官於天也。”此天地自然之禮也。

大哉乾元，萬物資始；至哉坤元，萬物資生。而人爲萬物之靈，獨能繼乾坤之元，稟陰陽五行精氣之神，成五帝之性，可敘而爲五品之倫，以立萬事根本。《易》曰：“有天地然後有萬物，有萬物然後有男女，有男女然後有夫婦，有夫婦然後有父子，有父子然後有君臣，有君臣然後有上下，有上下然後禮義有所錯。”《孝經》曰：“天地之性人爲貴，人之行莫大於孝。”“愛親者不敢惡於人，敬親者不敢慢於人”，而禮興焉。《孟子》曰：“仁之實，事親是也。義之實，從兄是也。禮之實，節文斯二者。”智者知此，是謂良知；信者體此，是謂良能。《中庸》曰：“仁者，人也，親親爲大。義者，宜也，尊賢爲大。親親之殺，尊賢之等，禮所生也。”天下之達道五，是爲禮之大經。經禮三百，曲禮三千，其致一也。此人受天地之中，以生性中固有之禮，聖人因而制之，以繼天立極，使人類相生相養相保，天下國家可得而正者也。

善哉乎，凌仲子之論復禮曰：

> 夫人之所受於天者，性也；性之所固有者，善也；所以復其善者，學也；所以貫其學者，禮也。是故，聖人之道，一禮而已矣。孟子曰：“契爲司徒，教以人倫，父子有親，君臣有義，夫婦有別，

長幼有序，朋友有信。”此五者皆吾性之所固有者也，聖人知其然也，因父子之道而制爲士冠之禮，因君臣之道而制爲聘覲之禮，因夫婦之道而制爲士昏之禮，因長幼之道而制爲鄉飲酒之禮，因朋友之道而制爲士相見之禮。自元子以至於庶人，少而習焉，長而安焉，禮之外別無所謂學也。夫性具於生初，而情則緣性而有者也。性本至中，而情不能無過不及之偏，非禮以節之，則何以復其性焉？父子當親也，君臣當義也，夫婦當別也，長幼當序也，朋友當信也，五者根於性者也，所謂人倫也。而其所以親之、義之、別之、序之、信之，則必由乎情以達焉者也。非禮以節之，則過者或濫於情，而不及者則漠焉遇之。故曰：“喜怒哀樂之未發謂之中，發而中節謂之和。”其中節也，非自能中節也，必有禮以節之，故曰：“非禮何以復其性焉。”是故知父子當親也，則爲醴醮祝字之文以達焉，其禮非士冠可賅也，而於士冠焉始之。知君臣之當義也，則爲堂廉拜稽之文以達焉，其禮非聘覲可賅也，而於聘覲焉始知之。知夫婦之當別也，則爲笄次帨鞶之文以達焉，其禮非士昏可賅也，而於士昏焉始之。知長幼之當序也，則爲盥洗酬酢之文以達焉，其禮非鄉飲酒可賅也，而於鄉飲酒焉始知之。知朋友之當信也，則爲雉腒奠授之文以達焉，其禮非士相見可賅也，而於士相見始之。《記》曰“禮儀三百，威儀三千”，其事蓋不僅父子、君臣、夫婦、長幼、朋友也，即其大者而推之而百行舉，不外乎是矣。其篇亦不僅士冠、聘、覲、士昏、鄉飲酒、士相見也，即其存者而推之而五禮舉，不外乎是矣。三代聖王之時，上以禮爲教也，下以禮爲學也。君子學士冠之禮，自三加以至于受醴，而父子之親油然矣；學聘覲之禮，自受玉以至于親勞，而君臣之義秩然矣；學士昏之禮，自親迎以至于徹饌成禮，而夫婦之別判然矣；學鄉飲酒之禮，自始獻以至于無算爵，而長幼之序井然矣；學士相見之禮，自初見執贄以至于既見還贄，而朋友之信昭然矣。蓋至天下無一人不囿於禮，無一事不依於禮，循循焉日以復其性於禮而不自知也。劉康公曰：“民受天地之中以生，所謂命也，是以有動作禮義威儀之則以定命也。”故曰：“天命之謂性，率性之謂道，修道之謂教。”

夫其所謂教者，禮也，即父子有親、君臣有義、夫婦有別、長幼有序、朋友有信是也，故曰："學則三代共之，皆所以明人倫也。"

張皋文之《原治》曰：

> 先王之制禮也，原情而爲之節，因事而爲之防。民之生，固有喜怒哀樂之情，即有飲食男女、聲色安逸之欲，而亦有惻隱、羞惡、辭讓、是非之心，故爲之婚姻、冠笄、喪服、祭祀、賓鄉、相見之禮，因以制上下之分、親疏之等、貴賤長幼之序、進退揖讓升降之數，使之情有以自達、欲有以自遂，而仁義禮智之心油然以生，而邪氣不得接焉。民自日用飲食、知能所及、思慮所造皆有以範之，而不知其所以然，故其入之也深而服之也易。夫蠻越之人生而侏離，聞中國之音則駭，而視被髮文身之俗，資章甫而無所售。彼其習于鄙陋者猶如此，而況習于禮教者？其有奇衺放恣之民生其間，有不怪且駭、屏之而無所容者乎？故先王所以能一道德、同風俗，至于數十百年而不遷者，非其民獨厚，其理自然也。是故先王之制禮也甚繁，而其行之也甚易；其操之也甚簡，而其施之也甚博。政也者，正此者也；刑也者，型此者也；樂此者，樂此者也。是故君者制禮以爲天下法，因身率而先之者也；百官有司者，奉禮以章其教而布之民者也。度禮之所宜而申之以民所常習，故政不煩也；權禮之所禁而輕重之以繩不合者，故刑不擾也。民習于禮，故知有是非，有是非然後有羞惡，是故賞罰可得而用也。民習于禮，故知有父子、君臣、長幼、上下；知父子、君臣、長幼、上下，然後有孝弟忠信，是故軍旅田役之事可得而使也。民習于禮，故知有孝友、睦姻、任卹，有孝友、睦姻、任卹，然後有智仁聖義中和，是故其人材成者可得而用也。故曰："禮止亂之所由生，猶防止水之所自來也。"壞國、破家、亡人，必先去其禮，禮不去而風俗隳、國家敗者，未之有也。

元弼學禮有年，竊嘗論之曰：

> 《禮·大傳》曰："尊尊也，親親也，長長也，男女有別，此不

可得與民變革者也。"《中庸》曰:"親親之殺,尊賢之等,禮所生也。天下之達道五,曰君臣也、父子也、夫婦也、昆弟也、朋友之交也。"《論語》曰:"殷因於夏禮,所損益可知也。周因於殷禮,所損益可知也。"先儒以所因爲三綱五常。然則禮之大體曰親親,曰尊尊,曰長長,曰賢賢,曰男女有別,此五者五倫之道,而統之以三綱,曰君爲臣綱,父爲子綱,夫爲妻綱,長長統於親親,賢賢統於尊尊。三者以爲之經,五者以爲之緯;五者以爲之經,冠、昏、喪、祭、聘、覲、射、鄉以爲之緯;冠、昏、喪、祭、聘、覲、射、鄉以爲之經,服物、采章、節文、等殺以爲之緯。本末始終,同條共貫,須臾不可離也,一物不可繆也。禮之所尊,尊其義,天經,地義,民行,得之者生,失之者死;爲之者人,舍之者禽獸。知者知此,仁者體此,勇者強此,政者正此,刑者型此,樂者樂此。聖人之所以作君作師,生民之所以相生相養,皆由此道出也。今《禮》十七篇,雖於《禮經》全書才十之一二,而五教大義具在其中。統而論之,凡親親之禮八,嘉禮二:曰《士冠禮》、曰《士昏禮》,凶禮三:曰《士喪禮》、曰《既夕禮》,鄭《目録》云《喪》之下篇。曰《士虞禮》,吉禮三:曰《特牲饋食禮》、曰《少牢饋食禮》、曰《有司徹》;鄭《目録》云《少牢》之下篇。尊尊之禮五,嘉禮三:曰《燕禮》、曰《大射儀》、曰《公食大夫禮》,賓禮二:曰《聘禮》、曰《覲禮》;長長之禮二,皆嘉禮,曰《鄉飲酒禮》、曰《鄉射禮》;賢賢之禮三,賓禮一:曰《士相見禮》,嘉禮二:曰《鄉飲酒禮》、曰《鄉射禮》;男女有別之禮一,曰《士昏禮》;親親、尊尊、長長、賢賢、男女有別,五者皆備之禮一,曰凶禮《喪服》。凡冠禮以親親爲經,而尊尊、長長、賢賢緯;凡昏禮以親親、男女有別爲經,而尊尊、賢賢緯之;凡喪禮以親親爲經,而尊尊、賢賢、男女有別緯之;凡祭禮以親親爲經,而尊尊、長長、賢賢、男女有別緯之;凡燕禮以尊尊爲經,而長長、賢賢緯之;凡大射以尊尊爲經,而賢賢緯之;凡聘禮以尊尊爲經,而親親、賢賢、長長緯之;凡食禮以尊尊爲經,而賢賢緯之;凡覲禮以尊尊爲經,而親親、賢賢緯之;凡鄉飲酒、射以長長、賢賢爲經,而尊尊緯之；凡士相見以賢賢爲經，而尊尊、長長緯之。蓋五義爲經，五禮爲緯，而每禮中五義自相經緯又如此。學者以此治禮，脈絡貫通，義理昭著，若網在綱，如裘挈領矣。五大義統於尊親，而同歸於愛敬。《孝經》曰：“聖人因嚴以教敬，因親以教愛。”此制禮之本。冠、昏、喪、祭、聘、覲、射、鄉，與凡儀法、度數、節文、等殺，無一非曲達斯人愛敬之情，以行於五者之間。孝，禮之始也，明王以孝治天下，則禮達於下，無所不行。親親，父母爲首；尊尊，君爲首。而君臣之義起於父子，父子之本正於夫婦，有父子則有兄弟，有君臣則有朋友，故三綱又爲五倫之本。五倫起於父子天性而定於君臣大義，故齊景公問政，孔子對曰“君君、臣臣、父父、子子”。人人親其親、尊其尊，則相愛相敬，無瀆姓、無奪倫、無棄信背義，人心正而萬事根本立矣。此禮之大要也。

元弼往日述《禮經學》，提要鉤元，略説如此。嗚呼！禮之所由來尚矣。方上古之時，人民無別，羣物未殊，雖有善性而不能自覺。伏羲氏以先覺覺之，始作八卦，象法乾坤以立君臣、父子、夫婦之義，於是人民乃治，君親以尊，臣子以順，羣生和洽，各安其性，實爲萬世禮教之始，自是人類別禽獸而參天地，天下由草昧而進文明。歷神農、黄帝至於堯、舜，皆以大聖人作君作師，備物致用，美利利物，地平天成，烝民乃粒。萬邦作相養之禮，百姓親，五品遜，薰爲大和。人不獨親其親，不獨子其子，老有所終，壯有所用，幼有所長，窮民有所養，外户不閉，盜賊不作。大禮與天地同節成功，文章孔子所傳，宰予問《五帝德》及《書·典》《謨》彰矣。

自夏以來，生民久離洪荒昏墊之苦，而享子女玉帛之樂，爭心漸起，飾僞萌生，聖人懼人心殺機浸熾而生養之禮失也，以爲亂之所生，惟禮可以已之。上本天秩天敍，稽古成憲，增修典禮，以爲民紀。起教微眇，止邪未形，以正君臣，以篤父子，以睦兄弟，以和夫婦。著其義，考其信，型仁講讓，示民有常。夏造殷因，《禮記》所述昭昭可睹。

周公成文、武之德，以大聖立爲子爲臣爲弟之極。攝政七年，太平德洽，制禮作樂，事爲之制，曲爲之防，尊親之義達於四海，孝友、睦嫺、任恤，比户可封，頌聲洋溢，刑措不用，天下大順。浩浩乎！如唐虞以上，大道之行而文物聲明，彬彬鬱鬱，養欲給求無乎不備，天道人倫無乎不盡矣。蓋自伏羲繼天地、立人倫、興王道以來，歷數千載之久，數十聖人之制作，至是而尊尊、親親、長長、賢賢、男女有別之教精義入神，無復遺憾。後王率而由之，雖使人類永永相愛相敬，以相生相養相保而不相殺，萬世天下有治無亂可也。孔子曰："吾觀周道，幽、厲傷之。"東遷以後，列侯驕奢，蠻夷僭亂，賊臣篡子滋起，雖齊桓、晉文尊王攘夷，會盟、征伐，以義相支持，天子之政猶有所行，百姓之命猶可所託，而雜霸之制或干先王之典，習儀以亟不達經國之原，遂開戰國橫議放恣之漸，卒有暴秦任刑棄禮、積血暴骨之敗耗矣。

孔子體天地生生之德，極愛敬萬世之仁，上溯庖犧，祖述堯、舜，憲章文、武，究觀三代之禮，曰吾從周，親定其文，極言其義，以授弟子。如今二戴《禮記》所載冠、昏、喪、祭、朝、聘、射、鄉諸義及其餘論禮微言至教，闡揚先王聖學、聖政、聖教，則天明、因地利，使元元之民各正性命、保合大和者，昭炳後世，如日月之明。又本之作《春秋》示後王撥亂反正之法，作《孝經》以明禮之始，而雅言執禮，著在《論語》尤多。顏、曾、游、夏、思、孟之徒遞傳，至漢初而得高堂生傳禮正經十七篇以至於今。

孔子曰："經禮三百猶可能也，威儀三千則難也。"度禮全經，時事別爲篇，其文當遠多於《周官》庠序之教，未必人人能盡讀。竊意孔子定禮，全經而外，容有簡編，十七篇之本蓋於簡編爲近。然六禮冠、昏、喪、祭、鄉、相見，司徒修之以節民性者，完然具在。《記》曰："朝覲之禮所以明君臣之義也，聘問之禮所以使諸侯相尊敬也，祭喪之禮所以明臣子之恩也，鄉飲酒之禮所以明長幼之序也，昏姻之禮所以明男女之別也。故婚姻之禮廢，則夫婦之道苦而淫辟之罪多矣；鄉飲酒之禮廢，則長幼之序失而爭鬪之獄繁矣；喪祭之禮廢，則臣子之恩薄而倍死忘生者衆矣；聘覲之禮廢，則君臣之位失、諸侯之行惡而倍畔侵陵之敗起矣。"凡此所陳皆在十七篇中，其綱紀人倫、遏絕禍亂之效如是，蓋當時學士大夫通習之書，實萬世安上治民不易之道。

當秦之亂，民生幾盡，民俗大壞。漢興，叔孫通、賈生、董子、王陽、劉子政、曹叔通之倫，皆務引君當道，以禮化民，善治比於三代。鄭君集兩漢經學之成，六經注義純粹深通、窮理盡性，而十七篇注於厚人倫、美教化尤切高雅，弟子傳授，經業布滿天下。是以魏晉六朝雖極亂，而禮議精密，冠絕古今；孝義高行，史不絕書。唐代貞觀之治，《五經正義》之學實於是基之。五季之衰，民彝泯亂。宋司馬溫公、周、程、張、朱子精研義理，修明禮教，師表人倫，其風世篤。歷元及明，朝政雖有臧否，士行不踰準繩。

我朝列聖至德要道，惟皇作極，凡厥庶民，是訓是行，薄海乂安，儒風極盛。自國初顧亭林、張稷若兩先生執天下高節，以禮學提倡輔世長民之實。二百數十年間，惠天牧、江慎修、戴東原、金輔之、孔葷軒、張皋文、凌次仲、胡竹邨、陳蘭浦、鄭子尹、孫仲容諸先生及黃元同師接武蔚起，詁釋聖經至精；徐健庵、秦文恭網羅舊聞尤備。各經大師，多貫通三禮；理學名臣，竝稽式古典。曾文正以禮學致用，根本深正，故功高而德彌純，猛將健卒皆受節制、調馴，感發忠義，以收尊主隆民之效。蓋我朝深仁厚澤，浹民肌髓，修禮達義，體信達順。陬澨誦周、孔，婦孺識忠、孝。青紫達官簠簋不飭，則縉紳先生羞與爲伍；膠庠學子行檢稍渝，則樵夫牧豎得而唾之。漸仁摩義，深根固本，名教大防，凜如天險之不可升。率是不越長治久安，當過於殷祚六百、周祚八百矣。

何天不弔，外侮洊至。德宗景皇帝至仁惻隱，惟恐中國數萬萬赤子或離慈父母之保抱而入水火鼎鑊，特下明詔，酌古準今，通變神化，本據古先聖王禮教，祖宗成法，參合時宜。而庸臣誤國，違失聖旨；權奸包藏禍心，乘機竊柄；羣慝沸騰莠口，惑世誣民。一二老成，孤掌難憑。舉國若狂，侈言變法，未得他人之長，而先自蹷其本。蓋亂臣賊子欲致難於君父、橫行於天下必先去王法，欲去王法必先毀禮教。值先帝升遐，今上沖齡，欺罔朝廷，壞法亂紀，裂冠毀冕，拔本塞源，而大亂作矣。

夫國於天地必有與立，禮是也。天地設位，聖人成能，自伏羲以來迄於周公、孔子，六經之文，其爲道也一。漢撥秦亂，二千餘年制度文爲，代各不同，而治天下之大經大法皆本先王所制之禮。伏讀《欽定三禮義疏》，既窮極周、孔作述精微，而《大清會典》《大清通禮》皆以《三禮》爲根原，《大清律例》一準《禮經》以秉彝迪教。此天地之經，人心固有之物，則中國所以爲普天大地中文明首出之國，環球各國通識之士所共推服者。物恥足以振之，國恥足以興之。歷代叔季之衰，正由不能實行禮教，上無道揆，下無法守，而賊民興。痛乎！不學無術之徒乃中賊民之奸計，欲變法圖強而不知國命民命之所以立，舉百王之所同、古今之所一者而紛更之，於是人心嚻然不靜，三綱絕紐，四海倒懸。及大盜移國，邪說愈熾，學堂廢讀經，上丁罷大祀，變喪服，改刑律，君臣之倫既去，而五倫因之盡廢。非孝無親，非聖無法，荒淫欺詐，殺人不忌，暴民專制，貪黷無藝。二十餘年惡氛橫溢，災害竝至其極，遂至於全國數萬萬方里，原野厭人肉，川谷流人血，壞堤防、決洪水，縱火成焦土，民之生也難矣。悲夫！悲夫！《記》曰：“民之所生，禮爲大。”又曰：“禮一得於天下，民無不足無不贍者，一物紕繆，民莫得其死。”信哉！信哉！人窮則反本，今而後民知反於禮矣夫？

元弼少治《禮經》，熟讀其文，潛研其義，以爲禮之大經固悉本天命民彝而出之，即器數儀節之微，無一非愛敬精意所彌綸，以制仁義之中，變化氣質，和順道德，莫徑由禮。聖人感人心而天下和平，聖人久於其道而天下化成，皆禮之大用。弱冠後屢遊京師，見士大夫詨聞動衆，不務躬行，其尤甚者，攻擊高密，詆毁紫陽，甚且誣鄭君所傳各經爲僞，而巧借《公羊》家有爲言之之說以蕩衆心，猖狂詭誕，蕩檢踰閑，心竊憂之，以爲亂經必至亂天下，無禮必至無父無君。履霜堅冰，殃來有漸，可爲寒心。而不意民今無禄，天之降殃，若是其驟也。

辛亥以後，閉門治《易》，以探聖人制禮之原，與世隔絕十餘年。執友唐蔚芝尚書主持國學，選高才生若干人就余受禮。余與尚書交數十年，深知其孝行之純、立心之苦、任道之力，不揣固陋，效其一得之愚。當時口授筆錄，多怱促未審，惟《喪服》至《特牲》五篇余親自屬稿，今將《士冠》至《覲禮》十篇、《少牢》《有司》二篇重加論次，合成完書，以就正尚書，并貽同學。世有敦厚崇禮君子，鑒其苦心，正其未逮，尤所樂聞。

夫禮制自周公而定於孔子。子曰：“周監于二代，鬱鬱乎文哉。”由周公而上，先王所以率天常、正人倫、行王政之大道在是。又曰：“其或繼周者，雖百世可知也。”由孔子而來，後王所以統壹海内、整齊萬民之大本在是。三禮之中，《周禮》爲天子所以秉以治天下之大綱，故謂之經禮。而威儀三千則政教典則之詳，人倫日用之實，上下通行，師儒講習，與《詩》《書》《樂》並列爲四術，合《易》《春秋》爲六藝。《禮記》則其傳，冠、昏諸義皆七十子會通經文、親受聖指，提綱挈領，爲後學舉隅。今引而申之，觸類而長之，使尊尊、親親、長長、賢賢、男女有別之義左右逢原，而愛敬之情藹乎若接，庶幾禮意明而人倫明、人心正，知孝悌忠順仁讓之出於吾性，而悖逆詐偽、争奪相殺之事自不忍爲、不敢爲。一言一動無敢涉惰慢、邪僻、縱恣，以傷吾仁而貽天下之患。神而明之，體而履之。君子所履，小人所視，順氣積中，善心感物，天下其復於君君、臣臣、父父、子子，以相生相養相保而不相殺乎？世亂年衰，精神遐漂，言不盡意，故舉其要以告吾黨之士。至於治禮之法，余向所爲《禮經校釋》、《禮經學》及《述學詩》論之詳矣。《記》曰"禮儀三百，威儀三千"，待其人而後行。斯道無中絶之時，乾坤無或息之秋。光緒、宣統間，嘗詔修《大清通禮》，張聞遠同年、錢復初孝廉及先從兄君直閣讀爲纂修，於名教防閑維持極力。三年書成，亂未作而奏上，或當爲中興三雍、虎觀修學講禮之用。附識於此，以待普天率土復禮歸仁之一日。

總論①

嗚呼，經學至今日或幾乎息矣！然而剥極思復，天理或無息之時，人心將有轉之機，經學至今日乃可得而明矣。

夫經學者，豈別有深文奧旨哉？亦人心之所同然而已。人心之所同然者何也？生人相生相養相保之道也。孔子曰"天地之大德曰生"，又曰"天地之性人爲貴"，貴者何？貴其異於禽獸也。所以異於禽獸者，謂能體天地生物之心爲心也。所以能體天地之心爲心者，謂有禮也。禮者，理也，履也。統之於心之謂理，踐而行之之謂履。非博辨詳考之爲

① 排印本《禮經大義》首行書"禮經大義"，下書"吳縣曹叔彥先生講授""受業侯坪、唐蘭、白虛、畢壽頤、蔣庭曜、王蘧常、吳其昌謹述"。

難，而躬行實踐之爲難也。人之有君臣、父子、兄弟、夫婦、朋友之親，有惻隱、羞惡、辭讓、是非之端，燦然明備，是故爲子能極其孝，爲臣能極其忠，爲弟能極其敬，以至於夫婦有別、朋友有信，耳極天下之聰，目極天下之明，所以參天地、贊化育者，即極於此。故中和位育，不過全其爲人之道而已。夫物莫不有當然之理，而萬物不能自治，惟人能統理以治之；萬物不知禮義，惟人能遵禮義以行之。人之所以異於禽獸者此而已，此禮之所以可貴也。

蓋惟愛人然後人恒愛之，敬人然後人恒敬之，聖人制禮本義，莫非使人敬人、使人愛人，相生相養而不相殺，故《禮經》十七篇皆愛敬生養之大義也。冠、婚、喪、祭，親親之義也；鄉飲、鄉射，賢賢之義也；覲禮，尊尊之義也。充喪、祭、冠禮之義，而父子之慈孝不可勝用也；充覲、聘禮之義，而君臣之仁敬不可勝用也；充昏禮之義，而夫婦之廉恥貞信不可勝用也；充鄉飲、鄉射之義，而兄弟之友恭弟長不可勝用也；充士相見禮之義，而朋友之忠信辭讓不可勝用也。由此推天人之際而合中庸之道，化愚夫愚婦之間，而胥淶羣居和壹之理，四海之內合敬同愛，而禮之精義盡矣。聖人本愛敬之意，以之制禮作樂，以之經綸天下之大法，是故三千三百非不多也，而其歸結在道不遠人而已矣。嗚呼，禮之時義大矣哉。

士冠禮大義（鈔本）

《易》曰："正其本，萬物理"，"君子慎始"。故《易》首乾坤，《禮》本冠昏。大哉冠禮！人所以體天地乎，子所以體父母乎。人道之始，聖人禮教於是造端焉爾。

《孝經》曰："天地之性，人爲貴。"董子曰："天地之精，所以生物者，莫貴於人。""物疢疾莫能偶天地。""物旁折取天地之陰陽以生活耳，而人乃爛然有其文理，是故凡物之形莫不伏從、旁折天地而行，人獨題直立端尚，正正當之。"人受命於天，固超然異於羣生：入有父子兄弟之親，出有君臣上下之誼，會聚相遇則有耆老長幼之施，粲然有文以相接，驩然有恩義相愛，此人之所以貴也。蓋天以元氣生人生物，而物得其偏、人得其全，物得其粗、人得其精。人稟五行秀氣以生，自然有仁義禮智信五常之性，發而爲視聽言貌思之五事，敘而爲親義序別信之五倫。蓋有是人即有是性，有是性即有是事，以盡是倫。天道人道，相承無間，此天地生人之大德也。

　　人受性於天地，受形於父母。"父兮生我，母兮鞠我撫我畜我，長我育我顧我復我，出入腹我。"子之生而母難也，幼而善病也，心誠求之，以中其嗜欲，療其疾苦。稺而蒙昧也，自能食有教、能言有教以至於毁齒成童，漸知禮義之方。韓太傅曰："夫爲人父者，必懷慈仁之愛以畜養其子，撫循飲食以全其身。及其有識也，必嚴居正言以先導之。及其束髮也，授明師以成其技。十九見志，請賓冠之。"魯敬姜之言曰："吾有斯子也，吾以將爲賢人焉。"人無愚智賢不肖，莫不欲其子之聰明賢智能自曲折以赴禮，克肖其人之形以受禄于天，此父母生子之至情也。人之所以爲人，稟於天地，成於父母。父者，子之天。冠禮者，父道繼天道，以成人之禮成其子也。人之所以超絶乎萬物而參天地者在禮，禮之所以使人相愛、相敬、相生、相養、相保者在倫。

　　人倫相接，所以各致其愛敬者，在容貌、顏色、辭氣。《孟子》曰："形色，天性也，惟聖人然後可以踐形。"人之形色，爲天地之性至貴，非若飛走之類，羽毛鱗介以禦寒暑。故聖人則天因地，作爲冠履衣裳，以章其身而表其德。人之生也，心知與血氣俱長。古人自孩提少長，即知室家長幼之節。八歲入小學，十五入大學，至二十學禮，敦行孝悌，於是乎服其服而可使内有其德、外有其容，爲體備之成人。《記》曰："冠而後服備，服備而後容體正、顏色齊、辭令順，以正君臣、親父子、和長幼，而後禮義立。故曰：冠者，禮之始也。"

　　冠禮先筮日，求吉日良辰，得天道之正，以成其子也。古者重其事則加諸卜筮，行禮以日爲主，冠禮筮日，敬其事、重其禮也。冠必筮日於禰廟之門，重以成人之禮，成子孫也。子孫者，先祖之遺體，不敢自專而必謀諸鬼神。事死如事生，事亡如事存，猶生時出必告、反必面，有事必稟命。孝子之情，即以示子孫聰聽彝訓，聿脩厥德，世濟其美，父道本子道也。主人朝服，及有司即位，齋明盛服，率其家之屬以將事也。冠之日，主人玄端而筮，必朝服，尊蓍龜之道也。筮人執策受命，宰贊命，主人僾愾疑立，致其誠敬以通於神明，冀得吉凶之正也。卒筮書卦，主人受視，觀其象變，以待玩辭玩占，審斷從違也。此筮之通義，於冠禮首詳之。

主人戒賓。古者有吉事則樂與賢者歡成之，有凶事則欲與賢者哀戚之。師友之誼，人倫之所以明。親親尊賢迭相爲用，故堯克明俊德之人以親九族，則九族既睦。《中庸》曰：“思事親，不可以不知人。”故冠則就告僚友使來，祭則率朋友以助敬也。筮賓，擇僚友中德行尤高者筮之，以爲加冠正賓，求得人道之正，以成其子也。鄭君曰：“賢者恒吉。”《易》曰：“天之所助者，順也；人之所助者，信也；履信思乎順，又以尚賢也。是以自天祐之，吉無不利。”此天人相與至精之定理也。宿賓，正賓爲禮所由成，尊也。賓必有贊，不親小事。冠禮非賓不成，亦非贊不成。故并宿贊冠者一人，重之也。前夕爲期，重期會也。筮日筮賓，惟主人、有司在位，至是而兄弟具來，樂嘉事之將至也。擯者請期，宰告曰“質明行事”。君子舉事必用辰正質明，法天地清明之德也。兄弟、有司皆在位，擯者告知期，非恐愆期，敬謹之至，禮之節也。告期賓家，冠日至尊就而告之，禮之宜也。自前期十日而筮日，繼之以戒賓；前期三日而筮賓，繼之以宿賓、宿贊；前期一日之夕而爲期。冠禮未行，而主人爲其子勤禮如此，人子體此，宜何如守身以事親、成身以成親乎哉！

及冠日，夙興設洗，重冠禮，將以致潔。陳服房中：爵弁之服爲上，士祭於公之服也；皮弁之服次之，與君親朔之服也；玄端次之，莫夕於朝之服，又服以事其廟者也。皆朝祭之服，而以與君行禮爲主，尊尊之義也。禮以冠名服，而玄端不稱玄冠服，以始服玄端用緇布冠，重古不忘本，故異其服名也。冠具以次而陳於其南，醴具以次而陳於其北，備物也。陳服於房而爵弁、皮弁、緇布冠各使人執以待於西坫南，冠至尊，待賓受而加之也。禮器之設，彬彬乎，若此主人玄端爵韠，入廟服祭服，若先人臨之也。

立於阼階下，主位也。兄弟必袗玄，立於洗東。兄弟助主人歡成嘉事，故其服、其位次於主人也。古者重宗法、聯兄弟，自親昆弟以至服外同姓，祭則序以昭穆，備言燕私，嘉事相會，有無相通，疾病相恤，死傷相哀，是以老有所終、幼有所長。古人最重兄弟，父母俱存，兄弟無故，固爲天倫至樂。而伯父、伯兄、仲叔、季弟、幼子、童孫，如木一本，如水同源，歡然一體，莫遠具爾。觀於冠禮、喪禮、祭禮，《常棣》孔懷、《行葦》忠厚之意，藹乎若接。冠禮之辭曰："兄弟具在，以成厥德。"又曰："始加元服，兄弟具來。"此先王教孝弟、厚風俗之本也。

將冠者緇衣、紟，在房中，南面。緇衣，童子之服也。將釋緇衣而就禮服，去嬉戲婉孌之態，而就嚴威儼恪之度。嚴威儼恪，成人之道也，非所以事親也。親之於子，望其成立，故冠辭曰："棄爾幼志，順爾成德。"子之於親，常若孩提，故《内則》子事父母，冠、緌、纓而拂髦爲飾，所以順父母幼小之心。將冠者於此，其自顧年長而動喜懼之情乎？房中南面，向外待事也。擯者玄端，負東塾。内外之間，介賓主之位也。賓如主人服，贊者從之，立於門外，時至將就事也。禮位之列，秩秩乎若此。

主人迎賓再拜，致敬也。揖贊者，尊卑之差也。揖賓先入，導之也。每曲揖，相人偶之意也。至於廟門，揖入。三揖，至於階，三讓，所以尊讓也。賓主人俱升，立相向，定位也。贊冠者盥，升，與主人、贊者序立房中，自潔以待事也。主人之贊者筵于東序，少北。《記》曰"適子冠于阼，以著代也。"少北，避主人也。元弼間嘗爲之說曰："二十成人，漸有代親之端，故冠於阼以著其義，人子於此蓋愴然不安矣。然主人尚未離其位也，至昏禮饗婦，而舅姑先降自西階，婦降自阼階矣。人年三十，娶而有子，至子娶則父年六十、母五十，人無百年不敝之身，瞻依怙恃定省饋養之日，去一日則少一日。曾子曰：'親戚既没，雖欲孝，誰爲孝？'故禮於冠昏著此義，所以深動子婦愛日之誠，而使之及時以養。冠昏不用樂，職是故也。迨喪禮大殮，殯於西階，三月而葬。苞遣奠而贈制幣，父母而賓客之矣。反哭升堂，反諸其所作；婦入於室，反諸其所養。此時雖欲致其一日之歡，尚可得乎？而其端則於冠子、饗婦之日已早見之。事有必至，爲人子者不可不發深省也。"禮之感人孝思也如此。漢匡稚圭之言曰："室家之道修則天下理得。故《詩》始《國風》，禮本《冠》《昏》。"

適子冠乎阼階，禮之用醴，衆子不得與列，所以貴正體而明嫌疑也。非虚加其禮文而已，乃中心與之殊異，故禮探其情而見之外也。凌仲子曰：“冠禮，適子冠于阼，庶子冠于房外。昏禮，適婦酌之以醴，庶婦醮之以酒。此適庶之分也。”“封建之世，諸侯有國，大夫、士有家，傳重及承重者，始爲宗子。先王制禮，於適庶之分最嚴，故於冠昏首重之，蓋慮其啓爭也。”禮之別嫌明微也如此。夫然，故大宗任收族之責，而兄道繼父道，以畜其羣弟。一加冠之位，而禮意之深乃爾乎，非天下之至精，其孰能與於此。

將冠者出房，南面，待賓命也。三加將即筵，賓揖之。將適房，賓揖之。及醴，將就筵，賓揖之。承父命以受教於賓，見父之執，不謂之進不敢進，不謂之退不敢退。敬父同志如事父，義出於此矣。贊者櫛設纚，佐賓事也。賓降盥，將行正禮，致潔敬也。主人降，爲賓降，不敢安位也。壹揖壹讓，升。賓主初升，皆三揖三讓，繼升皆壹揖壹讓，禮之節也。賓坐正纚，親其事也。降階一等，受冠崇禮也。賓執冠進容，以身教也。乃祝，以言教也。行容蹌濟，禮之能立德之則也。祝辭文雅，詩之能言，義之府也。古訓是式，威儀是力，成人之法也。於是冠之，重之至也。冠者興，適房，服玄端服。出房，南面。一加禮成，觀衆以容體。君子所貴乎道者三：動容貌，斯遠暴慢矣；正顏色，斯近信矣；出辭氣，斯遠鄙倍矣。於是乎始也。

賓降二等，受皮弁。降三等，受爵弁。服彌尊，敬彌至也。冠者適房，容，出。禮彌成，容彌盛也。《記》曰：“三加彌尊，諭其志也。”諭道其志以進其德。子曰：“志於道，據於德。”志立則德益進，如明出地上之晉，如地中生木之升，如山上有木之漸。本立道生，日進無疆矣。天道三才，一乾而以至三乾，初堅剛之志確乎不拔，至三而陽出成，爲上德君子，終日乾乾，進德修業，與時偕行，後生可畏，愛日以學，及時以行，安知其不爲聖人也？父在觀其志，他日成就之遠近大小及爲保家之主與否，皆於其志見之。冠辭初加曰“順耳成德”，再加曰“淑慎爾德”，三加曰“以成厥德”，其諭教亹勉如此，爲人子可不敬其身以稱其服乎哉？

筵于戶西，南面。室戶西牖東，正中之處，惟人君居之，臣下則惟饗尊客筵於此。既冠，醴之於客，位尊之至，所以重責成人也。《記》曰：“醮於客位，加有成也。”夏殷之禮，一加一醮，每加而有成人之道也。周禮三加畢而醮之，服備德成，乃尊而禮之也。凡醮者，冠時不祝，而祝於醮。醴則三加皆祝。醴又祝焉，節文省而教戒益深矣。醴辭曰："拜受祭之，以定爾祥。"《易》曰："君子以正位凝命。"《詩》曰："彼交匪敖，萬福來求。"傳曰："民受天地之中以生，所謂命也。"是以有動作、禮義、威儀之則，以定命也。能者養以之福，不能者敗以取禍。是故君子勤禮，勤禮莫如致敬，天人之禮微矣哉。

冠者筵西拜，受觶，賓東面答拜。成人而與爲禮，異於答主人，且明爲主人成之也。冠者祭脯醢。祭醴，敬禮也；啐醴，成禮也。降筵，拜，不敢於盛成禮，敬也。降筵，坐，取脯，降自西階，出闈門，北面見于母。冠禮，父入廟行禮，母離寢而在闈門外待之，蓋父母共以成人之禮成其子也。父母生子，自呱呱一聲而後，無須臾不望其長大成立，故冠禮父主之，禮畢即急見母也。母拜受，喜其成人，而與爲禮，不覺自屈其尊而重其爲父所成，得賓之禮也。子拜送，此時蓋不勝其踟躕不寧而踐形無忝仰報劬勞之思，感發有不能已矣。受醴急見母，冠者之情也。

已見母而反堂上，無事，賓降而字之，成人矣，敬其名也。主人降聽之。自迎賓至此，禮於是乎成。古人所謂既見其生，又願其才者，此心庶乎可慰矣。名者質，所受於父母。成人矣，惟父前子名、君前臣名，餘則皆稱字以表敬。敬其名者，勉其有可敬之實也。字辭曰："爰字孔嘉，髦士攸宜。宜之于假，永受保之。"顧名思義，非字之難，宜其字者爲難也。宜之于假，如古之才子，天下之民謂之八愷、謂之八元矣。賓出，主人送，請醴賓。重勞嘉賓，必敬報之也。

於是冠者見兄弟，見贊者，見姑姊，皆再拜，以與之爲禮，樂其成人也。乃易服，服玄端，奠摯見于君，遂見鄉大夫、鄉先生，以成人見也。子之能仕，父教之忠，入則事父兄，出則事公卿。事賢友仁，奉令承教，家有孝子，而後國有忠臣、鄉有善士也。君子觀於此而知人道之極、王治之所由興矣。《孝經》曰："先王有至德要道，以順天下。"至德，孝也；要道，禮也。五等之孝皆當終始於愛敬，而於《士章》特致其詳，蓋禮之綱領而皆於士冠禮見之。冠禮，父爲主，冠畢即見母，"資於事父以事母"也。孝則必弟，冠者見於兄弟，所謂"孝友時格"也。奠摯於君，"資於事父以事君""以孝事君則忠"也。見鄉大夫、鄉先生，"以敬事長則順"也。孝爲禮之始，故士冠、士昏、士喪、特牲饋食可以見士之孝，少牢饋食可以見鄉大夫之孝，燕、大射、聘可以見諸侯之孝，覲禮可以見天子之孝，而冠禮，孝弟忠順之義尤深切著明。《記》曰："成人之者，將責成人禮焉也。"責成人禮也者，將責爲人子、爲人弟、爲人臣、爲人少者之禮行也，將責四者之行於人，其禮可不重與？故孝弟忠順之行立而後可以爲治人也。故聖王重禮，其《孝經》《禮經》之通義乎？子曰："道不遠人。君子之道四，所求乎子以事父，所求乎臣以事君，所求乎弟以事兄，所求乎朋友先施之。"聖人所以爲聖，察於人倫而已。孝弟忠順之行立則始乎爲士、終乎爲聖人，否則君子謂之不成人。是故，冠禮之義明而後天下有人，昏禮之義明而後天下有家，士相見之禮明而後天下有氣類、風俗，鄉飲酒之義明而後天下有人才，燕、食、聘、射之義明而後天下有國，覲禮之義明而後天下定於一，喪、祭之義明則通幽明之故、死生之説。仁孝誠敬之至，格於天地神明矣。行遠自通，登高自卑，庸德之行，實自始冠成人基之，故曰："冠者，禮之始也，嘉事之重者也。"古者，大禮行之於廟，加冠於廟，重之至。尊先祖以教子孫象賢，世世孝弟，有行誼也。

冠必醴賓以壹獻之禮，酬以皮帛，以將其厚意也。贊者皆與，共歡成也。贊冠者爲介，勞而尊之也。送賓再拜，敬終如始也，歸賓俎厚之無已也。冠日正行禮，主人之備物崇禮，齋莊中正，終日不倦，以成其子如此。人子體此，宜何如守身以事親，成身以成親乎哉？故曰："冠禮明父子之倫也。"親親之禮而尊尊、賢賢、長長之義皆備焉，重禮爲國本，此又其本也歟？

若孤子，則諸父諸兄戒、宿。主人紒而迎賓，不綵衣，早喪親，不忘哀也。傳曰："入宗廟之中，仰視榱棟，俯省几筵，其器存，其人亡。"以是思哀，哀可知矣。況身當嘉事而親不見，其悽愴怵惕爲何如邪？拜、揖、讓之等皆如冠主，明其守宗廟爲祭主也。醴于阼，不自尊也。陳鼎門外，伸其體，明當負荷先業，繼體克家也。父在，有鼎不陳於門外，子禮不敢擬於父也。《記》曰："父没而冠，則已冠埽地而祭於禰。"孝子之心也。"已祭而見伯父、叔父，而後饗冠者。"見尊者一體，如見父也。如是而後受禮，於哀稍愈，於心乃安也。

無大夫冠禮而有其昏禮。古者，五十始爵，去冠遠矣。豈惟大夫，雖公侯之有冠禮，亦是夏之末始也。夏之衰，有羿、浞之亂，其後乃作公侯冠禮以正君臣，故今逸禮有《公冠篇》。禮以義起，時爲大也。豈惟公侯，雖天子之元子，猶士也。天下無生而貴者，必有其德，乃稱其位也。古者，天子、諸侯之子與庶人之俊秀其學同，故凡入太學者，皆明修身、齊家、治國、平天下之道。畋畋之中，有堯、舜君民之志，而世子入學必與士齒，以明父子、君臣、長幼之義。有君德而後可居位，故曰："自天子以至於庶人，壹是皆以脩身爲本。"庶人即學士也。蓋古者士生不爲爵，死不爲謚，周士雖爲爵而非貴，故凡貴者未爵皆從士禮。士者，民之能屬於禮義者也。故大夫以上可俯而就，庶人可仰而跂。此制禮所以從士始，而士冠之義所以達於上下也夫。

士冠禮大義（排印本）

士冠禮者，禮之始也，成人之禮也，所以使敬己以敬人、仁人以仁物也。愛人敬人，推而至於愛萬物、敬天地，皆始於冠禮，以終極於參天地、贊化育。故冠禮本意，欲使人自愛自敬而已矣。蓋左右挈矩之道起於父子兄弟，以至君臣朋友。孔子曰"所求乎子，所求乎弟，所求乎臣，所求乎朋友"，與《禮記》所謂"成己仁也，成物智也，合內外之道也，故時措之宜也"，皆冠禮成人之義，一以貫之者也。

人之所以超然異於萬物者，不當自輕，當有以養其德；不當自賤，當有以全其天。人自呱呱墮地而後，長我育我，出入腹我，以至於冠，父母之心望之，何等之切。所以不行於寢必行於廟者，爲上承宗祀，下開百世，不敢自擅，所以重成人之禮，成子孫也。《詩》曰："神之格思，如在其上，如在其左右。"使人不忘其祖考，所以重本也，仁人事天之道於此見之矣。制爲服章以文之，使之燦然有禮也。冠而字之，不稱其名，所以表其德，教之敬也，不自輕之道也。

筮日筮賓，不敢自專，敬之也。必筮之者，欲得陰陽之正也。筮日，主人夙興者，極誠致敬也。得日之後，戒賓、宿賓又宿贊者，欲與賢者觀厥成也，皆所以敬其事也。必擇賢中之尤賢者，所以慎之於始也，所以申詳反覆、鄭重分明也，所謂思事親不可不知人也。先爲期，恐有失誤也。兄弟畢臨，親親也。賢者成之，尊賢也。

夫古者男子三十而娶，女子二十而嫁，子至於冠，父母之年踰四十五十矣。五十始衰，已有代謝之意。人無百年不敝之身，孝子思其不可復得者而尤兢兢焉。父立於東序，子南面，則其付託之重何如也，人子之心宜何如也。至若父母殯於西階之日，而賓客之位矣，雖欲致其一日之養，尚可得乎？此人子所不忍言而不敢一日忘者也。故禮者，所以深動夫爲子者愛敬之心，惕惕焉，及父母之存時以行其孝道，修身淑行，以慮不克負荷祖宗之業。故適子冠於阼，而庶子則否。古人重適，正爲此意耳。

用緇布冠者，不忘其初，返樸歸本之意也。賓降一等，至於三加，每加益尊也。冠於東序，將以爲宗廟之主也。醴於南面，位之至尊之地也。其慎也如此，雖欲不敬，不可得矣。其重也如此，雖欲自賤，不可得矣。讀《士冠禮》一篇，則孝弟之心油然而生，雖欲不爲孝子，不可得矣。

既冠而取脯見於母者，告成禮也。母自質明即立於闈門之外，望之深、念之切，亟欲其子有成人之禮，冠詞所謂“棄爾幼志，順爾成德”。至此而居然成禮，可以與爲賢人君子。人子體吾親期望之心，此所以亟於見母也。然後見於兄弟，見于姑姊，見于君，見于鄉大夫、鄉先生。此所謂以孝事君則忠，以弟事長則順，資於事父以事母而愛同，資於事父以事君而敬同。

由漸而積，由近而遠，由一己之良知良能，推而達於四海，而無不準也。合之於《昏禮》《內則》等篇，息息相通而亦無不準也，此《士冠禮》所以冠十七篇之首也。

士昏禮大義

昏禮，人倫之本，王教之基。人生天地之間，無爪牙羽毛以自衛而不爲外物所害者，貴有羣也。羣與羣不能無狘，天理之性常不足以勝其人欲之私，而或出於無別。故制爲昏禮以別於禽獸，亦不過因其相愛相敬而推極之爾。

夫愛敬爲本，使人知父之爲父，子之爲子。上古之世，有男女而無定耦，雖有慈孝之心，不知誰爲父母，無以致其至誠。伏羲者，先知先覺者也。知人之有異於禽獸，觀天察地，幽贊神明，定爲嫁娶之禮，所謂一陰一陽之謂道也。天尊地卑乾坤定矣，然後夫婦之禮定。由乾坤而衍六子，然後父子之禮定。由卦之有陰陽奇耦，然後君臣之禮定。推而至于長幼之禮、朋友之禮，亦無不定，五倫備矣。於是天下有倫有秩，知相生、知相養。故《易》基《乾》《坤》，《詩》始《關雎》，《書》美釐降，《春秋》譏不親迎，誠以君子之道造端乎夫婦，故其禮不能不嚴，其分不能不別也。所謂別者，有別于未昏之前，有別於既昏之後。

男女無媒不交，無幣不相見，故必納采、問名、納吉、納徵、請期、親迎，以至於同牢而食、合卺而飲。其禮往覆重疊，至嚴至繁，若是者何也？所以慎之於始，使既昏之後，相親相敬。敬斯有別，親斯相愛，一與之齊，終身不改。故鄭君《坊記》注“重男女之會，所以遠別之於禽獸”，此之謂也。此未昏之別也。迨夫既昏之後，內言不出於閫，外言不入於閫，男正位乎外，女正位乎內，無荒淫之道。此已昏之別也。

昏禮之始，即稱下達。所謂“取妻如之何，匪媒不得”。蓋未行納采以前，媒妁必已先行通達，而得兩許矣。經中雖無媒字，然鄭君注云：“將欲與彼合昏姻，必先使媒氏下通其言，女氏許之，然後使人納其采擇之禮。”所以必行之於廟者，古人事死如生，無專己而行，臣必受命於君，子必請命於父，故臨之以祖考之神，親親也，一若使祖考聞之者然。以父母遺體許人，不敢不致其兢兢也。納采之後，主人醴賓，重其禮也。問名者，禮之重者也。大約問名必有文字，然後知其姓氏伯仲，然後可以加諸卜也。納吉者，壻家卜之於廟而占其吉凶，亦重之以祖考之靈也。納徵者，禮之大節，禮之成也。納徵之後，或有大故，雖未成夫婦，而夫婦之名分已定矣。至於親迎，將以統先人之嗣續，尤禮之最重者。故主人爵弁纁裳緇袘、女純衣纁袡者，攝盛也。奠鴈稽首者，重其禮也。于是壻出而女從，男巽女順，夫婦之義從此始。

禮始于相下相讓，故未爲夫婦，尊卑之義未立，故男必下女，《易·咸卦》所以云男下女也。既爲夫婦，則六禮既備，終身不改，上以養舅姑，下以教子孫。其禮之重大如此。禮重廉恥，而昏爲尤甚。同牢而食，合卺而飲，所以合體也。古人一舉一動無不含深意，昏禮皆取敵耦之義，是故舉肺脊二、祭肺二、魚十有四、腊一純，皆欲其敵偶也。設饌正方，禮之通例也。主人親説縭，一許之後，心係乎夫也。

禮成之後見舅姑者，蓋昏禮非制男女之大欲也，所以成孝養之道也。父母老矣，取妻所以養之也。然不先見舅姑而先見夫者，必子得而妻之，然後父母得而婦之也。人子誠能體昏禮全孝全敬之心，然後可以養父母之志，而盡人子當然之職矣。舅姑醴之，成婦禮也。婦道既成，升自西階，降自阼階也。

《詩》與《禮》相表裏者也。在《詩·關雎》，夫婦之好逑也；《鵲巢》，夫婦之成德也；《采蘩》《采蘋》，婦道也，所以供祀宗廟也；《桃夭》，齊家也；《甘棠》以下，德化之流行也。

昏禮行則夫婦有別，夫婦有別然後父子有親、長幼有序，推而大之、觸類而長之，以及於君臣朋友，以達於天下，而王化成矣。人之心惟有愛敬，本此愛敬之心，可以參天地而贊化育，故五倫者相聯相係而不可缺一者也。國不備五倫則亂，人不知五倫則亡。亂人賊子，惡人之防其亂也、賊也，故必囂然以破君臣，君臣去則廢孝，以去父母，去父母則思亂男女之防，如是必至滅人種而後已。其故何也？蓋天下不能無中人，中人者，必率之以禮，然後可以爲善；不能無惡人，惡人者，必繩之以法，然後可以去惡。故莠去而苗實。救今之世，必在明是非、申孝敬。知孝敬然後倫常定，倫常定然後民知所立。而其所以定、所以立，則尤重男女之防，而男女之防則尤重於昏禮，士可不知所務哉？

士相見禮大義

《士相見》一篇，所以重朋友之交、明尊卑之際也。蓋凡人之相接也，慎之於始必能全之於終。以禮相見，慎之於始也。始而無禮，安能有終？所以相見必用摯，主人兩辭，賓復兩對，此非煩瑣而迂曲也，所以極重其禮也。賓既退，主人復見之。禮尚往來，故復見而還其摯也。讀古人賓禮，可知古人於交接往來之際、進退之間，必委曲詳盡，不敢以非誠相接，亦不敢以非義相干，能慎之於始必能善之於終矣。

孟子論伯夷之清曰：「非其君不事，非其友不友。」蓋古人自居官立身以至事君報國，莫不兢兢於廉恥二字，而所以養其廉恥者，尤在交接

之際。故能以道義友其友，必能以道義事其君，處則切劘道義，出則和
衷濟國，交友如是，事君亦如是也。屈子云"彼堯、舜之耿介兮"，以
彼堯、舜之聖，而屈子獨稱其耿介。孟子贊伊尹曰："非其義也，非其
道也，一介不以與人，一介不以取諸人。"以彼伊尹之聖，而孟子亦獨
稱其介，可知古人於出處交接之間最重耿介。士之初見，摯必以雉，亦
以明耿介之義也。士而不耿介，不可與聞堯、舜之道也。

此經於士相見後，復推及大夫相見、人臣見君，其中審慎嚴密、曲
當事理。後又載侍父、侍君、侍大人之禮，乃示人以孝弟忠順之道、尊
卑長幼之節也。中記"與君言，言使臣"一節，與嚴君平與子言孝與臣
言忠同意，諸生尤當服膺。近今之世，孝弟忠信之道，舉世之人不言其
所當言，而日言其所不當言，邪說橫行，暴民有作，流血之慘，於今為
急。諸生苟欲挽救之，宜先提倡孝弟忠信之學說。暴民雖張，邪說雖
熾，然千百人中必有一二人信吾之言，由一人化及十人，由十人化及百
人、千萬人，當必有否極泰來之一日。故息邪說、距詖行，是賴諸生好
學深思、明經行道之力矣。

鄉飲酒禮大義

《鄉飲酒》之義精微廣大，古聖制作之深意，先王行政之大端俱存
焉。《周禮》大司徒之職施十有二教，"二曰以陽禮教讓，則民不爭"，
鄭注"陽禮謂鄉飲酒之禮也"。蓋古人教於庠序者，以鄉三物教萬民，
而賓興之：一曰六德，知仁聖義忠和；二曰六行，孝友睦婣任郵；三曰
六藝，禮樂射御書數。三物之教既成，而後即於庠序之中舉其賢者能
者，以飲酒之禮賓客之，既則獻其書於王矣。孔子曰："吾觀於鄉而知
王道之易易也。"易易謂教化之本，尊賢尚齒而已矣。明貴賤，別隆殺，
和樂不流，弟長無遺，安燕不亂，五者足以正身，身正而國安，國安而
天下安。此即《大學》治國平天下之道，先王行教必先乎此也。

飲酒禮之賓介，即庠序之賢者、能者，賢者謂能行六德六行之士，
能者謂身通六藝，皆平時講習，有得於身者也。《鄉飲酒義》曰："古之
學術道者，將以得身也，是故聖人務焉。"《大學》自致知格物以至修

身，皆成德之道，成德然後可以行禮，可以獻於朝。夫三代朝廷之人才取之於庠序之中，人才者，治世之本、學術之原也，故於其出於庠序將升於朝廷之際，必行飲酒以禮之，所以敬之重之也。鄉飲酒之禮，主人就先生而謀賓介。先生者，教於庠序者也。將欲使學術一軌於正而可以經緯天下國家之大業，必先自尊師道始。師道所尊，必擇本末內外兼賅體用之人。古者七十致仕之大夫、士，退而教學，名爲父師、少師，其德行必久爲鄉里矜式，然後一言一行人皆觀而化之，故教易成也。士之在庠序之中，雖有成德，外人無從知之，惟朝夕講肄之人始灼知其賢否，故必就先生而謀之也。

主人、大夫、賓介皆士，必宿戒，尊賢也。主人拜至、獻賓、盥洗、拜送，重其禮，所以致尊讓也。賓介衆賓皆遍一獻一酬止。禮已畢，然而禮節局促，精神不舒，故作樂以和樂之，又歌《鹿鳴》《四牡》《皇皇者華》、笙《詩·南陔》《白華》《華黍》，歌《魚麗》、笙《由庚》，歌《南有嘉魚》、笙《崇丘》，歌《南山有臺》、笙《由儀》，合樂《周南·關雎》《葛覃》《卷耳》《召南·鵲巢》《采蘩》《采蘋》，而後正歌備。此皆其平日所講習之道，以勞賓而崇賢，而歸極於生民之本、王政之端、聖教之原，故以二《南》終焉。既而獻工獻笙，將欲使之，必有以報之也。樂極則流而不反，流而不反則失禮，於是設司正以監之。賓將去，司正留之，乃始旅酬，飲酒之歡逮於下也。旅酬既畢，盛禮既成，而主人之意猶若未盡，遂以賓燕，然後禮終，張弛之道也。賓辭俎、徹俎者，殺其禮也。

行禮主於敬，而燕禮於愛。鄭注曰："鄉設骨體，所以致敬也；今進羞，所以盡愛也。敬之愛之，所以厚賢也。"聖人之道所以彌綸天下，愛敬而已矣。六經皆本愛敬爲教，而聖人於禮之微文曲節皆推愛敬而定之，故鄭注精矣。飲酒之禮，所以盛禮興樂。賓主百拜，敬慎其事。賢能進而天下治平，學術正而教化齊同，舉在於是，無敢怠慢也。使彼賢能之使受此盛禮，踧然不敢自安，戚然若無以容，暴慢邪僻之氣無自而入，忠孝仁義油然而生，雖欲不勉爲善不可得也。夫禮之大義在正己而正人，故禮司正注云"己帥而正，孰敢不正"，此言最得禮之精意。然後知聖人造禮，雖一物一名猶以正爲歸，故一人正而天下國家可得而正也。

夫禮必爲容，而後能不廢。飲酒之禮，興賢美俗，故漢氏以來，郡國常行之。太史公《孔子世家》贊曰"諸生以時習禮其家"，謂行此也。方今之世，賢不肖不明，愚智混糅，貴賤無別，長幼無序，若云將以禮正之，其惟鄉飲酒乎？飲酒之禮，尊賢爲主，而貴貴尚齒之道皆備，世有賢者舉而興之，豈三代之治必不可復見於今乎？

鄉射禮大義

禮極繁密而爲先王用意最深之處，射禮是也。先王爲政，無非使人相生相養，而又必使之相保，庶生養賴以長久。凡有血氣皆有争心，故聖人作爲弧矢以遏亂禁暴。然兵凶器，禦亂在此，作亂即在此。所以先王之制，使兵農爲一、兵士爲一，凡服田力穡之人即敦詩悦禮之人，亦即折衝禦侮之人，所以射爲大禮。

十七篇中有吉、凶、賓、嘉之禮，獨無軍禮，射即軍禮也。軍而以嘉行之，故諸侯之射必先行燕禮，鄉大夫、士之射必先行鄉飲酒禮①。内志正，外體直，持弓矢審固，進退揖讓皆應乎禮。賓、主人、衆賓既釋獲而射，又作樂而射，皷五節、歌五終，以將八矢，必應乎樂也。鄉射之禮，先飲酒，擇州中賢者以爲賓，而賢賢之義明。衆賓以下以齒爲序②，而長長之義明。大夫席於賓東，其禮加崇，而貴貴之義明。

既合樂，未旅酬，司射擇弟子之中德行道義高者以爲三耦，蓋豫教有素善於禮者也，然司射又必誘射以先之。三耦既射，衆足以知之矣，司射猶執弓挾矢以備指教之，示惠訓不倦也③。初射畢，賓、主人、大夫皆與射行禮，自貴者始也。大夫與士爲耦，待下之道也。其禮有所伸、有所絀，貴貴尊賢，各有宜④也。

始射獲而未釋獲，復釋獲，復用樂行之。君子循循然善誘人，取人以漸也。司射執扑以臨之，以兵法部勒子弟也。司馬命張侯倚旌，司射

---

① "鄉大夫、士之射必先行鄉飲酒禮"，排印本作"鄉大夫必先行飲酒禮"。
② "衆賓以下以齒爲序"，排印本作"賓及衆賓以齒爲禮"。
③ 排印本"以備指教之"下無"示惠訓不倦"五字。
④ "宜"，排印本作"義"。

比耦作，取矢，作射。其節文之繁密，愛敬之至也。

獻獲者、獻釋獲者，使之必報之也。釋算，勝者飲不勝者。習射上功也，以揖讓行之，所以弭天下之爭端也。子曰："君子無所爭，必也，射乎？揖讓而升，下而飲，其爭也君子。"又曰："射者何以射，何以聽？循聲而發，發而不失①正鵠者，其唯賢者乎？"蓋極贊射禮之盛美也。射禮既畢，復行旅酬，無算爵之禮以終之。日莫人倦，齊莊中正而不敢懈怠。禮以固人肌膚之會、筋骸之束，動作威儀以定命。君子爲禮，於是乎至矣。

《周禮》以鄉射之禮五物詢衆庶，此篇未見詢衆庶之事。《射義》曰"射至於司馬，使子路執弓矢出延射"，蓋所謂詢衆庶也。又"使公罔之裘、序點、揚觶而語"，所謂古者於旅也、語也。射者習乎禮樂、純乎道德之美如此，是以用之於禮儀則有敘，用之於四方則無敵。近世羅忠節與弟子講明理學②經世之務，其後卒以子弟戡夷大難，可謂得射禮之遺意者矣。

燕禮大義

燕禮所以明君臣之義，尊尊賢賢之禮也。古之君人者，尊賢使能，俊傑在位，夙夜兢兢，君臣交警。及政事之暇，相與燕飲，以講道行禮，通上下之情。

燕禮，君與臣燕，而必立賓主者，飲酒之禮必有賓主，孟子曰"禮之於賓主也"。禮於五倫無不備，而賓主之間節文尤多。臣以爲賓，尊賢也。不以公卿爲賓，而以大夫爲賓，別嫌明微，所以定上下也。與卿燕，則大夫爲賓；與大夫燕，亦大夫爲賓。不以所燕者爲賓，燕主歡，賓主敬也。主人先獻賓而後獻公，明君尊賢之意。公不自獻，臣莫敢與君抗禮也。

既獻公而後酬賓，尊公也。酬，勸酒也，必獻公而後敢勸賓酒也。

---

① "失"，排印本作"射"。

② "理學"，排印本作"禮樂"。

賓爲公舉旅行酬，而後獻卿，承君之惠以行禮也，獻大夫、獻士、獻庶子皆同此義。公再舉旅，歌樂備作，節文充實，禮莫盛也。公酬賓於西階上，降尊以就卑也。賓進受虛爵，以臣就君也。更觶洗，不敢襲君爵也。公有命不易，君之意也。不易則不洗，臣之禮也。賓請旅士，不敢專君惠也。凡公所賜爵，皆降再拜稽首，升成拜，臣禮而兼賓禮也。公命徹冪，則卿大夫皆降再拜稽首，不復升拜，純乎臣禮也，孔子所謂"拜下，禮也"。

歌《小雅·鹿鳴》《四牡》《皇皇者華》，文王爲諸侯時燕羣臣嘉賓，勞使臣之詩也。合鄉樂，風化之本也。凡文王時，詩皆在《小雅》；文王既没，追尊之詩乃在《大雅》。故《大雅》以文王在上發端，此周公制樂之精義也。燕、大射皆歌文王爲諸侯時詩，以文王之道爲萬世爲諸侯者法也，此周公制禮之精義也。

立司正命諸公卿大夫，君曰"以我安"，皆對曰"敢不安"。及無算爵，命曰"無不醉"，皆對曰"敢不醉"。君臣和樂恭敬之情萬世之下如或見之。公命徹冪，必盡醉乃已。《易》曰"井收勿冪，有孚元吉"，此之謂也。

古之君臣文焉而情通，降及春秋，下陵上替，故《八佾》一篇歎息痛恨於僭禮之臣。戰國之時，諸侯驕佚，故孟子極論尊賢之義。《詩·天保》之序曰："君能下下以成其政，臣能歸美以報其上。"《孟子》曰："用下敬上，謂之貴貴；用上敬下，謂之尊賢。"於《燕禮》見之矣。

大射儀大義

《鄉射》教士衆也，《大射》練將帥也。天子、諸侯[①]將有祭祀之事，必[②]與群臣射，以觀其禮而擇士也。祭何以必擇士，擇士何以必行射禮？天子、諸侯以保守其祖、父所傳之天下國家爲孝，必使賢者在位、能者在職，内足以正德利用厚生，外足以折衝禦侮，然後可以保社稷而妥神靈。故《記》曰："射中則得爲諸侯，射不中則不得爲諸侯。"

---

① 排印本"諸侯"下多"之射，有賓射、有燕射、有大射，大射者"等十四字。
② 排印本無"必"字。

言其能保民否也。又曰："射中者得與于祭，不中者不得與于祭。"言其能任職否也。天子之選諸侯，與諸侯之選士，其義一也。

諸侯之射也，必先行燕禮、大射之禮。如無事而燕者，尤嚴經發首①。君有命戒射，政教由君出也。宰戒百官，宰夫戒宰及司馬，重其禮，謹戒之豫也。凡事豫則立，況禮大之者乎？量侯道，設樂縣，其文至備，重之也。席小卿，次上卿，射禮辨貴賤也。射前獻賓，賓酢，主人獻，公酬賓，公爲賓舉旅、爲卿舉旅，極君臣和樂之情，明天職尊卑之義，君臣盡志於禮也。

奏②《肆夏》，著宣王德，勸賢也。歌《鹿鳴》，管《新宮》。不間不合，志在射，略於樂。又禮盛不待樂也，工六人。國君禮大也，請射、請釋算、請用樂，皆告於公，尊君也。司射比三耦，大夫與大夫，士御於③大夫，諸侯下大夫五人，又有鄉遂大夫之等，無慮其不足。而三耦兼取士者，以此知立賢無方，選練將帥不拘成格也。上射取矢興，左還，毋周④，恐下射之背君也。未有仁而遺其親，未有義而後其君。一周旋進反之間而謹嚴如此，敬之至也。君子己善猶欲人之善，己能猶欲人之能，己不敢背君而并使下射得以遂其敬，恕之至也。推是道也，子與子言孝，臣與臣言忠，安有背君親而爲不義者乎？

公將射，隸僕人埽侯道，新之也。公就物，小射正奉決、拾以笥，其踧踖致敬何如也。君位下射，以貴下賤，大得民也。大射正、小臣正，贊設決拾，授弓⑤以矢行告。尊君之至，殊⑥異於群臣，臣莫敢與君抗禮也。君在不勝之黨，賓飲君，如賸觶⑦之禮，不敢以爲射爵也。

君既飲，賓夾爵，亦所以恥公也。諸侯爲天子守土之臣，苟不能盡志於射以習禮樂，使外無敵而內順治，則亂亡及之。臣下不匡，罪莫大焉。賓復飲則不祭，自同於射爵，以見不能匡救將順之過也。賓諸公卿

---

① "嚴經發首"，排印本作"嚴謹法守"。
② "奏"，排印本作"秦"，誤。
③ "御於"，排印本作"與"。
④ "上射取矢興，左還，毋周"，排印本作"上射興毋周"。
⑤ "弓"，排印本作"公"。
⑥ "殊"，排印本作"示"。
⑦ "賸觶"，排印本作"燕致"。

大夫不勝，皆飲於西階上，不敢以己尊而辭罰也。大夫之耦不勝，特升飲，所以愧勵之，使士皆知興道興藝也。自賓及諸公卿、大夫、士、庶子旅食①，皆與於燕、與於射。既射而坐燕以終之，所謂"大夫君子，小大莫處。以燕以射，則燕則譽"。上下相與②，盡志於射，以習禮樂，民有與安而國有與立，其以此夫？

古者，君將皆命卿，師帥皆中大夫，等而下之，凡立於朝、升於學者，皆明於正身安國③之道，爲民捍災御患之方④。故將才多而眾志奮，利御寇而不爲寇。本之以仁義，行之以節制，皆於射禮見之。⑤《詩·出車》勞還率也，此大射之效也；《杕杜》勞還⑥役也，此鄉射之效也。降及春秋，晉擇元帥，取說禮樂而敦詩書⑦，大射之遺意也。晉侯登有莘之墟以⑧觀師，曰"少長有禮，其可用也"，鄉射之遺意也。射者，天下武備而文之以禮樂，先王保民遏亂之意深矣⑨。

聘禮大義

封建所由來尚矣，生民之初，茹毛飲血，與禽獸争一旦之命，泯泯棼棼，散無有紀。其後仁足以合羣、知足以禦災捍害者，遠近從而歸之，從之成羣，是爲君矣。天生聖人，聰明睿智神武，能盡其性以盡人之性、盡物之性者，應運而出乎其間，則天下之羣合而歸之，是之爲王。王者既爲天下所歸，於是就衆羣之長，分之土而授之民，使司牧之，弗使失信，此封建之所由起也。

上古人心素樸，不以位爲樂，而以治民爲憂，故選賢與能，諸侯不

---

① "自賓及諸公卿、大夫、士、庶子旅食"，排印本作"自賓及諸公卿大夫坐，士始旅食"。
② "與"，排印本作"射"。
③ "正身安國"，排印本作"修己治人"。
④ "爲民捍災御患之方"，排印本作"而有折衝禦侮之能"。
⑤ 排印本無"故將才多……皆於射禮見之"句。
⑥ 排印本無"還"字。
⑦ "晉擇元帥，取說禮樂而敦詩書"，排印本作"孟獻子曰'晉帥乘和，師必有大功'"。
⑧ 排印本無"以"字。
⑨ 排印本無"射者，天下武備而文之以禮樂，先王保民遏亂之意深矣"句。

必繼世。虞夏以後，地平天成，水土荒沈之天下一變而爲子女玉帛之天下，人心争端漸著。於是世及爲禮，使君有常尊、民有定奉。聖人懼其生於深宫，長於保阿，不知修身治國之道，於是立世子之法，重保傅之教，崇黜陟之典，以正其内治。猶懼其怙勢作威，阻兵安忍，殘民以逞，於是隆朝覲、會盟、聘問之禮，以篤其外交。聘禮者，天子主之而諸侯務焉，所以使内不相陵、外不相侵，禮之大者也。

君與卿圖事，遂命使者，重使才也。古者使於四方，必極一國之選，然後可以繼好息民、折衝禦侮於尊俎之間。故孔子論士以不辱君命爲重。聘用圭璋，君子與玉比德，明諸侯以道義相切礪也。玉，天地所化生，以爲瑞節，重天德也。帛，人功所造成，以示覆蔽，重民功也。過邦假道，諸侯以國爲家，不敢直遂也。主人餼之以禮，雖非有事於己，而送往迎來，無忘賓禮，厚之至，禮之善物也。賓將行，釋幣於禰，既反釋奠，出必告、反必面之義。

子之能仕，父教之忠。爲卿大夫者能存此心，則事君必忠，奉職必敬。孔子釋卿大夫之孝曰：“口無擇言，身無擇行。言滿天下無口過，行滿天下無怨惡。”蓋必奉職於内，撫政於外，竭忠盡敬，無少隕越，而後能保其宗廟，賜饗羹�，筮尸而祭。人君之大事，常若父母臨之在上，此移孝作忠之大義也。聘享，君拜迎而廟受，設几筵以臨之。列國之賓來，社稷宗廟安危之所繫，臨之以先君，敬之至也。聘君、聘夫人，享君、享夫人，所謂以社稷故稱寡小君，明夫婦一體之義也。聘之明日問大夫，大夫或不見，則君使大夫爲之受，饗食亦如之，明君臣一體之義也。問卿，卿受之於祖廟，亦臨之以先人也。不几筵，不敢同於君也。賓私覿，示致其敬也。主人辭，請醴賓，先施之義也。賓初以臣禮見，公辭之，乃以客禮見，不純臣之臣也。

聘時，公升二等，賓致命，公再拜，賓三退負序，尊卑之等也。公送賓，問君問大夫，殷勤之至也。賓至郊，君使卿郊勞。聘之前日致飧，聘日致饗，聘之明日夫人歸禮。壹食再享，燕與羞無常數，厚賓之至也。上賓饗餼五牢，堂上東西夾，籩豆惟備，米百筥，門外米三十車，薪芻倍禾，上介、士介禮各有差。用財之厚如此，而國不困者，《周禮》以九式均節財用，祭祀賓客各有所待，量入爲出也。三記賓聘享私覿之容，與《論語·鄉黨篇》文相似，所謂動容周旋中禮，盛德之至，惟聖人能盡之。

古之卿大夫，皆有道德、學問、文章，周公著爲典型，以觀德行。千載後讀之，尚可想見其齊莊中正、恭敬溫文之度，而使惰慢邪僻之氣不設於身體。周文鬱鬱、君子彬彬，於此可得其大概焉。

賓將歸，君使卿還玉，賄用束紡。禮，玉帛乘皮，禮尚往來，所以交恩定好也。公贈如覿幣，大夫贈如面幣，報之必稱也。賓初受命，遂行，不宿於家也。歸至郊，請反命，臣不敢自專也。反必有獻，臣子忠孝之至情也。公幣私幣皆陳，臣不敢私有也。君賜之，再拜稽首受，非私受於所聘之君，乃受於己君也。聘遭喪，入竟則遂。以及遭本國君喪、遭私喪及賓介卒，思患預防，曲盡其道，仁之至、義之盡也。

古者聘問之禮行，而諸侯相親睦，愛敬之道徧於天下，内可以弭亂臣賊子之禍，外可以禦戎狄豺狼之患。故陳衛方睦，州吁之亂人人討之。齊桓公合諸侯，邢遷如歸，衛國忘亡。禮之遺教，所繫大矣哉。昔者魯昭公如晉，自郊勞至贈賄無失禮，說者以爲是儀也、非禮也。不知禮之所尊，尊其儀，苟得其儀，進退揖讓無非天經地義之所存，所謂民受天地之中以生，所謂命也。是以有動作、禮義、威儀之則以定命也。故春秋列國君大夫朝聘，每於其敬肆之間知其禍福。而接禮賓客之善否，即可以見政治之治忽。故舜賓於四門，四方諸侯賓客皆敬。孔子爲魯相，四方至者不求有司。否則陳靈無禮，單子知其必亡。禮，經國家、定社稷、序民人、利後嗣，於此見之矣。

公食大夫禮大義

《孝經》曰："明王之以孝治天下也，不敢遺小國之臣。"天子如此，況諸侯乎！公食大夫之禮，主國君與小聘大夫相接之禮也。

主君待賓之禮有饗、有食、有燕。享以訓共儉，主於敬；宴以示慈惠，主於愛；而食則愛敬兼之。食禮陳鼎七，三牲魚臘，盛其禮也。設正饌，加饌，豆、簋、簠、鉶、飲酒、漿飲，惟具備物也。如是而猶以爲未足，用束帛以侑之，殷勤之至也。食禮之初，使大夫戒，各以其爵，敵者易以相親敬也。公迎賓於大門內，亞於待其君也。三揖至於階，三讓以賓升，賓主之義也。卿大夫士皆備位，士舉鼎，大夫匕，助君樂嘉賓也。公親設醬、設涪、設飯粱，尊賓之至也。公拜至、拜食、拜送幣、拜送，用上敬下，優賢也，尊賓也。主人所以禮賓者如是，賓於此有踧踖不敢自安之心焉，有唯恐忝大禮以辱君命之心焉。加食三辭，不敢當也。公升二等，賓升，君臣之義也。公所親設，必遷之，不敢當君之禮也。擁簟粱、執涪以降，所以著尊讓也。將食降辭，不敢當尊者之臨己也。公聽之，成賓意。既受侑幣而出入，再拜稽首，若欲從此辭者，於此可以見行禮要節之妙矣。明日拜賜、拜食與侑幣，皆再拜稽首，重大禮也。

賓主君臣之禮，曲盡如此，夫然後邦交固，邦交固則天下暴亂侵陵之患息矣。孟子曰："食而弗愛，豕交之也；愛而弗敬，獸畜之也。"君子之養賢，非曰吾飲食之而已，盡其愛敬之道焉爾。

覲禮大義

尊尊之義莫著於覲禮。《易》曰："上天下澤，履。君子以辨上下，定民志。"古之治天下以諸侯，諸侯篤於臣義，奉上法而天下治矣。

覲禮至於郊，王使人皮弁用璧勞，樂其順命於王所，勞其道路之勤。使者不讓先升，奉王命尊也。既受勞，儐使者，尊王使也。天子賜舍，使即安也。將覲，釋幣於禰，資於事父以事君之義，明敬順王命，乃能保社稷、守宗廟也。服裨冕，服命服也。乘墨車，不敢盡同於王也。天子受之於廟，明撫有四海，惠受羣後，蒙先王之德也。袞冕負斧，南面而立，服先王之法服，當陽以臨之也。侯氏入門右，再拜稽首，正臣禮也。天子揖之，升致命，降階再拜稽首，升成拜，天子以客禮受之也。四享皆束帛加璧，庭實惟國所有，效職貢也。拜於下，不復升成拜，享禮。三王之尊益君，侯氏之卑益臣也。右肉袒告聽誓，惟恐在國有罪惡也。夫如是則諸侯制節謹度，不驕不盈，不敢侮於鰥寡，而天子巡狩，所謂不孝不敬不從、背畔以陷于流放黜爵削地者，蓋亦鮮矣。天子賜侯氏以車服，嘉其盡職而禮至也。庭實惟國所有，而重賜無數，厚往而薄來，所以懷諸侯也。

饗燕之禮，王有時答拜，而覲禮無答拜，此君臣上下之定分，萬世之通義也。覲禮之義明而亂臣賊子之禍息矣。

喪服大義

喪服，精義之學也，人倫之至也。禮自順此生，刑自反此作。喪服節文有時變易，而服之大義則百世不與民變革，是百王之所同，古今之所壹也。

服術有六。一曰親親。制服之本，至親以期斷，父子首足、夫妻牉合、昆弟四體，母同父，姊妹同昆弟，是謂一體之親。其生也恩愛深篤，其死也哀痛無窮。制服之始，法天地四時變易之節度，其服皆齊衰期，親親以三爲五，以五爲九，上殺、下殺、旁殺而親畢。至親之服爲隆，其餘由此而殺。由父母而上殺之，爲父母期，則爲祖父母大功，曾祖父母小功，高祖父母緦。由子而下殺之，爲子期，則爲孫大功，曾孫小功，玄孫緦。由昆弟而旁殺之，昆弟期，則從父昆弟大功，從祖昆弟小功，族昆弟緦。是謂四世而緦。

且由父而旁殺之，則爲世叔父大功，爲從祖父小功，族祖父緦。由祖而旁殺之，則爲從祖祖父小功，族祖父緦。由曾祖而旁殺之，則爲族曾祖父緦。由子而旁殺之，則爲昆弟之子大功，從父昆弟之子小功，從祖昆弟之子緦。由孫而旁殺之，則爲昆弟之孫小功，從父昆弟之孫緦。由曾孫而旁殺之，則爲昆弟之曾孫緦。昆弟，同出於父者也；世叔父、從父昆弟，同出於祖者也；從祖祖父、從祖父、從祖昆弟，同出於曾祖者也；族曾祖父、族祖父、族父、族昆弟，同出於高祖者也。是故父之族服如父，祖之族服如祖，曾之族服如曾，高之族服如高。尊者於卑者即以此報之，此制服之本也。

然而創巨者其日久，痛甚者其愈遲。人子於父母哀痛思慕終身無窮，而謂期可以已乎哉？子生三年然後免於父母之懷，故加隆而倍之爲再期。二十五月而大祥，二十七月而禫，入三年之限，故曰再期之喪三年也。既加其期爲三年，於是又加其服爲斬衰，所謂三年之喪如斬，哀痛之至也。父母親同，然家無二主，尊無二上，故父在爲母屈而爲杖期，心喪三年；父卒則齊衰三年。既加父母爲三年，於是加祖父母之服爲期，則曾祖當大功，高祖當小功。然小功者兄弟之服，大功亦非至親之服，不敢以之服至尊。而曾祖與曾孫恩較殺，故重其衰麻，減其日月，而爲齊衰三月。高祖與玄孫及見者鮮，故空其文，明及見則與曾祖同。正尊雖遠，無無服之道，高祖以上若及見，皆當以曾祖之服服之。此上殺之制所由定也。

父母於子期，正也。然爲父後者正體於上，其長子將代己傳祖之重，故加隆爲斬衰三年。母亦爲長子齊衰三年，重正禰之正體也。長子死則立嫡孫，加隆爲期，重嫡也。非嫡孫則從其正大功。爲孫大功，則爲曾孫當小功。然祖爲孫之月數不可反多於孫爲祖，故殺而爲緦。此下殺之制所由定也。

自昆弟以及族昆弟，皆如本服，無加降。世叔父與父一體，故推父之親而加隆爲期。然旁尊不足以加尊，故世叔父於昆弟之子亦期，其餘皆如本服。此旁殺之制所由定也。

婦人未嫁從父，既嫁從夫。父者子之天，夫者妻之天，故爲夫亦加隆三年。而夫爲之杖期，至親且爲主也。父在則爲妻不杖，以父爲之主也。妾爲君與妻爲夫同，以不得體之，特尊其名，而君爲之貴者不過緦，以絕上僭匹嫡之禍。至於姊妹未適人者、姑未適人者、女子未適人者，其服如世叔父、如昆弟、如衆子。

是謂親親之服。

二①曰尊尊。親親，父母爲首；尊尊，君爲首。資於事父以事君而敬同，父子之道天性也，君臣之義所由起。天下君君臣臣，而後人人得保其父子。孝子事君必忠，故爲君亦斬衰三年。諸侯爲天子、大夫爲諸侯、大夫有地者之臣爲大夫，其服同，服君如父也。庶人爲國君齊衰三月，如曾祖也。爲舊君齊衰三月，致仕及在外者與民同也。寄公爲所寓齊衰三月，亦與民同也。

古者不降上下，各以其親，然殷道親親，兄終弟及，禍亂易作。周

---

① "二"，原作 "一"，鈔本《禮經大義》同，然下文作 "三" "四" "五" "六"，據改。

初管、蔡流言亦因殷世兄弟相及而然。周公痛其失兄弟相承順之道，至於被誅，故其制禮以尊尊統親親。天子、諸侯盡臣諸父、昆弟，旁期以下皆絕服，大夫降一等，惟諸侯、大夫尊同者不降。是故君大夫以尊降，公子大夫之子以厭降，公之昆弟以旁尊降，所以別嫌明微，正倫理、篤恩義，保全親親之大者也。君所以統臣民，宗子所以統族人，尊祖故敬宗，故丈夫、婦人爲宗子齊衰三月。而大宗無後，得以族人之子後之。爲人後者爲之子，有宗而族不亂，有君而國不亂。其服皆稱情而立文也。

是謂尊尊之服。

三曰名。同姓從宗合族屬，異姓主名治際會，名著而男女有別。凡異姓來嫁者，與夫黨相爲服，皆主乎名。自世叔母至族曾祖母，皆以母名而爲之服。昆弟之子婦、孫婦，皆以婦名而報之服。蓋世叔父，父行也，其妻爲母道，母則尊；昆弟之子，子行也，其妻爲婦道，婦則卑。尊卑殊絕則不嫌，故相爲服。至於昆弟則己行也，兄之妻不可謂之母，弟之妻不可同於婦，更不可以妻道屬之。昆弟之妻義無可推，故分雖親而不服。《記》曰叔嫂之無服也，蓋推而遠之也。分愈親則避嫌愈嚴，此先王制禮之精意。

名者，人治之大。名不正則言不順，至於刑罰不中，而民無所措手足。男女之別，尤聖人正名之本。人之所以別於禽獸者在此，人之所以羣居和壹、長惠幼順、無相奪倫者，皆出乎此。服以名爲重，故舅與從母親同，而從母小功，以名加也。爲庶母緦，爲乳母緦，以名服也。凡稱父者必同姓，稱母者必異姓。故父之昆弟稱世叔父，而父之姊妹不可稱母而謂之姑；母之姊妹稱從母，而母之昆弟不可稱父而謂之舅。此名之至正，所以嚴同姓異姓之辨，而外親之服，且因是有輕重焉。

是謂名服。

四曰出入。天之生物也，使之一本，入者重之，出者輕之，尊無二上，以一治之也。

爲人後者爲所後斬衰三年，受重者必以尊服服之。爲所後者之祖父母、妻，妻之父母、昆弟，昆弟之子、若子，於所爲後之兄弟之子、若子，此入而重也。持重於大宗者降其小宗，爲人後者爲其父母期，不貳斬也。其父母亦以旁尊自處，而報之期。因而爲小宗諸親皆降，昆弟大功，弟子長殤、姊妹適人者小功。小宗有四，有父宗，有祖宗，有曾祖宗，有高祖宗，爲人後者所後親疏不定，有不降祖宗、曾祖宗、高祖宗，而無不降父宗者。經舉父宗有定者爲例，而此外凡屬小宗，皆可準之爲服。《記》曰："爲人後者於兄弟降一等報，不貳統也。"此出而輕者也。

婦人未嫁從父，既嫁從夫。父者子之天，夫者妻之天。妻爲夫斬衰三年，至尊也。爲夫之黨，尊者皆從服，視夫降一等；卑者皆據報之，與夫同。娣姒婦非從非報，以相與居室，同室而生小功、緦之親。此入而重也。

婦人不能貳尊，女子子適人者，爲其父母期，不貳斬也；爲世叔父母、昆弟以下旁親皆降一等，諸親爲之亦如之。《記》曰："姑姊妹之薄也，蓋有受我而厚之者也。"此出而輕也。

二者皆親親中之尊尊，爲人後者與太祖爲一體，必如所後者之親子。太宗尊統，永永不絶，莫敢干亂，而後族人親疏別、昭穆序，老窮不遺，鰥寡孤獨廢疾者皆有所養，此以尊尊濟親親之窮也。婦人不貳尊，而後夫婦之義重，貞信之教明，繫心所天，從一而終。類族辨物，而天下之爲父子者定，此以尊尊正親親之本也。

然爲人後者，與女子子事類同而義異。特重於大宗者，降其小宗，統於太祖之尊，故小宗正尊皆降而且報。女子子適人則本宗正尊如故，故爲祖父母、曾祖父母皆不敢降，而祖父母、父母皆以出降之。惟祖父母、曾祖父母不敢降而父母之服獨降。然後既嫁，天夫不貳斬之義明。女子子於正尊不敢降，旁親則降。而父卒爲昆弟之爲父後者期，然後婦人雖在外，必有歸宗之義。明妻道猶臣道，子之能仕，父教之忠，故女子子以父母之命而適人，則一心從所天而不敢貳尊。其或不幸而反，則出而復入，仍爲父母三年，餘親之服各如其舊。或不反而無祭主，則本親爲之不降。而適人者惟以不貳斬之義，爲父母仍服期，其餘皆報，此仁之至、義之盡也。妾服惟爲女君期，餘皆同。

是謂出入之服。

五曰長幼，謂成人與殤也。禮重成人，將責爲人子、爲人弟、爲人臣、爲人少者之禮行，孝弟忠順之行立，而後可以爲人。人之生也，心知與血氣俱長，必二十而後可責以成人之禮。天地生人，氣化不齊，降年有永有不永，自下殤而上至成人，其付畀之厚薄固大不同，此天道也。父母生子，自初生以至三月，以至八歲而齓，十二而一星終，十五而成童，至於滿十九之月數、入二十之限而冠，拊之、畜之、長之、育之、顧之、復之、飲之、食之、教之、誨之，年愈長則劬勞之積愈久，屬望之情愈切，不幸而死，其痛之也亦愈甚。三殤與成人哀痛淺深必有差，此人情也。

年之貴乎天下久矣，殤與成人之服不同，本天地生人、父母生子自然之理，與情以爲節度，而兄先弟後、長尊幼卑之序自此出焉。服主乎一本正尊，一體至親，故斬衰首父，齊衰首母，不杖期首祖父母，大功首姑姊妹。女子子適人者之降服而殤，大功首子，女子子之長殤、中殤，殤服不殊。長子、衆子未成人也，雖不殊，而公大夫惟適子之長中殤降一等服之，重適也。大夫爲昆弟爲士者長殤小功，而無爲昆弟爲大夫者之殤服。丈夫冠而不爲殤，才德出衆而爲大夫，雖年未二十，必早冠之。以此知大夫禮與士異者，貴貴中皆有賢賢之意。孔子謂"能執干戈以衛社稷，勿殤可也"，即此意也。君無殤服，爲之後者爲之子，臣子不殤君父，至尊也。宗子殤，大功衰、小功衰三月。庶子弗爲後，後其父。族人於宗子，兄弟之道也。此尊卑之等也。大功，長殤九月，中殤七月。長殤、中殤降一等，下殤降二等。大功之殤中從上，小功之殤中從下。妻爲夫之黨服，則齊衰之殤中從上，大功之殤中從下，親疏之殺也。

是謂長幼之服。

六曰從服。從服者，子從母也，妻從夫也，夫從妻也，臣從君也，爲外祖父母從母舅，舅之子從於母而服之，屬從也。妻爲夫之黨，夫爲妻之父母，夫妻胖合相從，亦屬從也。臣爲君之父母、妻、長子、祖父母，妻爲夫之君，妾子爲君母之父母、從母，皆以義而從之服，徒從也。妻爲夫斬衰三年，而婦爲舅姑期，非厚夫而薄舅姑也，從夫而服，不敢同於夫也。婦必從夫，而後能以夫之心爲心，以夫之所以事父母者事舅姑，故曰親夫以孝舅姑。若服舅姑與夫之服父母同，是抗乎夫專用而踰等也。婦人不貳尊，爲夫斬則爲父母期，屈乎從夫之義也。服舅姑如己之父母，因乎從夫之義也。

其服適均皆至親之服，是謂稱情而立文。蓋子爲父、臣爲君、妻爲夫，此三綱也。子爲父斬而爲父之父母期，臣爲君斬而爲君之父母期，妻爲夫斬而爲夫之父母期，由三綱至尊等而上之也。妻從夫而盡孝舅姑，猶子從父而盡孝於祖父母，爲舅姑期，所以著其爲從服以明從夫之本意。婦必專壹從夫，而後能一心以孝舅姑，故地道代終。夫死則守節以盡孝，是義之至也。且婦爲舅姑服雖止於期，而喪之實則必三年。家事統於尊，斷無夫猶縞素，己獨玄黃，聞樂、食旨一如平常之理。且衰麻哭泣，喪之文也；不飲酒、不食肉、不處內，喪之實也。然喪有疾則飲酒食肉，君、大夫食之不避粱肉。先王制禮，孝子居喪，惟處內一事爲無時而可假借。故《春秋》之義，喪將終未除而納幣謂之喪娶，賤其無人心也。婦爲舅姑服雖除，而男女居室，斷在其夫比御不入之後，特衰麻哭泣之節以斷耳。

從服之義，繫於所從，其服宜皆視所從降一等。然先王權於尊尊親親之間，屈伸隆殺，義非一端，有從有服而無服者，公子爲其妻之父母，公子厭於君父之尊，爲妻服在無服之外，故爲妻之父母無服也。有從無服而有服者，公子之妻爲公子之外兄弟，公子以厭降，爲母黨亦無服，而舅不厭，婦則其妻自依從之常，所謂夫之所爲兄弟服，妻降一等也。有從重而輕者，夫爲妻之父母，尊本宗、抑外親，外親之服不過緦，雖外祖父母僅以尊加小功，故妻自父母止於緦也。有從輕而重者，公子之妻爲其皇舅姑，公子以厭降，爲母不得伸，而婦爲姑則尊厭所不及，如其常。蓋厭降之義惟君父施於子，以嚴嫡庶之辨，絕覬覦之萌，其餘則否。故祖不厭孫，大夫降其庶子，其子不降其父，舅不厭婦，公子、大夫之子之妻不降其夫，則自不降其姑。其降焉者，厭於尊尊之義，尊厭所不及，則如親親之常也。是四者從重而輕也，從有服而無服也，皆夫從妻也；從輕而重也，從無服而有服也，皆妻從夫也。此尊卑之差也。

是謂從服。

服術有六，其別如此。此六者親親尊尊以爲之經，餘四者以爲之緯，五服之制由此定，降正義隆殺之差由此出，所謂親親也、尊尊也、長長也、男女有別，此百世不與民變革者也。服無賢賢之制，古者貴貴尊尊賢賢，其義相因，尊尊即本賢賢之義，故曰親親之殺，尊賢之等，禮所生也。人倫有五，師無當於五服，五服弗得不親，故爲師心喪三年。朋友麻不列之五服者，師友之恩深淺不定，如七十子之於孔子，及羣相爲朋友，服則義之至也。三代之學皆所以明人倫，子與子言孝，弟與弟言弟，臣與臣言忠，師友所講明無非親親、尊尊、長長、男女有別之義。此四者能盡其道，則其於師友之誼重可知矣。

斯道也，自伏羲定人倫以來，至堯、舜、禹而大綱始備，至周公而詳節備文，曲盡乎天秩民彝之正，孔子極論其大義以授子夏。蓋天地剖判以來，神聖相傳之至教，人類之所以別於禽獸，草昧之所以變爲文明，禮樂刑政皆由此出焉。秦政滅禮，入漢復興，六朝禮議根據鄭學，遂啓唐律，因服弼教歷明。至我大清，彝倫敘於上，禮教達於下。蓋自周末以來二千餘年，天下屢亂而復治，實賴此大經大法有以維持乎人心。賢者明人倫，不孝者憚王法，故孝弟忠順貞節之行足以爲天地立心，爲生民立命，而淫逆大惡無所容於覆載之間。雖後王議禮未能盡得先聖本意，然如子爲母、婦爲舅姑加斬衰三年，猶本明王孝治天下之意。嫂叔有服，亦過而從其厚。從未有裂冠毀冕、拔本塞源、忍心害理、敗綱斁倫、非聖無法、非孝無親、誨淫誨盜，率天下而入於禽獸如今日者。履霜堅冰，姚來有漸。自二十餘年前短喪廢服，父子並權之邪說已稍萌芽，涓涓不塞，遂至滔天。鴃舌鴂音，萬喙一沸，反易天常，惑亂人心，遂爲元惡大憝篡盜之資，貽薄海生靈塗炭之禍。因是民俗大壞，逆節淫風蕩然無忌，殺氣彌天，亂靡有定。悲夫！《傳》曰“亂之所生，惟禮可以已之”，今欲極天下生民於獸蹄鳥跡之中，挽殺運而全生理，必自正人心始，正人心自明禮教始，明禮教自講《喪服》始。昔孔子作《春秋》討亂賊，復作《孝經》以立天下大本，講明《喪服》即《孝經》之疏也。《易》曰“碩果不食”，言天不變道亦不變，經常之道不可亡也。又曰“鳴鶴在陰，其子和之”，言傳道之在人也。甚矣吾衰，日西方暮，仁爲己任，願與二三子勉之。

士喪禮大義

曾子讀《喪禮》泣下霑襟，《喪禮》哀戚之至也。

孝子之事親也，居則致其敬，養則致其樂，病則致其憂，喪則致其哀，祭則致其嚴，生事之以禮，死葬之以禮、祭之以禮，可謂孝矣。孝子之養老也，樂其心不違其志，樂其耳目，安其寢處，以其飲食忠養之。父母所愛亦愛之，父母所敬亦敬之，聽於無聲，視於無形，先意承志。常以皓皓，是以眉壽，一則以喜，一則以懼。雖親年未艾，血氣未衰，惕然常恐愛日之不久，朝露之易晞也。其侍疾也，至憂至謹，專精服勤，曲中其嗜欲而防其失宜。飲食、衣服、藥物之節度，深體入微，殫心竭力，祈天永命，百計以求一息之延。

嗚呼，人之生而不能無死也，此天道之無可如何者也。孝子之心怙恃父母，依依然以爲不可斯須無，此天性之不能自已者也。故喪禮者，孝子創鉅痛深，於呼天搶地、無力致力之中，竭誠盡情以奉其親者也。死于適室，君子慎疾。疾者齋，養者皆齋，正情性，庶其疾之愈也。不幸而疾革，則正終之道也。男子不絕於婦人之手，婦人不絕於男子之手，保其清明之氣也，復敬愛之道也。方疾之革也，奔告五祀，籲天求代，孝子固已盡禱詞之心矣。

惟哭先復。嬰兒卒然中道失母，已號咷悲啼不能自止矣，然而幸生之心未已也，以爵弁服升屋而號，庶其聞聲識衣而反乎。北面招求諸幽，庶其自鬼神之道而來乎。受衣者以衣尸，庶幾得魂反之乎。復而不反，則幸生之心雖切，而死事不可緩矣。

喪禮大綱二，曰奉體魄，曰事精神。楔齒綴足，本奉體魄之始也，由是而含焉、襲焉、小斂焉、大斂焉、殯焉、葬焉。附於身者必誠必信，勿之有悔；附於棺者必誠必信，勿之有悔。則所以奉體魄者備矣。奠脯醢、醴酒，事精神之始也。由是而小斂奠焉，大斂奠焉，朝夕哭奠焉，朔月奠焉，遣奠焉。送形而往，迎精而反，三虞以安其神，卒哭而祔於祖。期小祥，又期大祥，中月禫而喪畢，四時祭焉，時食薦焉，則所以事精神者備矣。

言子不云乎："人死斯惡之矣，無能也，斯倍之矣。是故制絞衾、設蔞翣，爲使人勿惡也。始死脯醢之，奠將行遣而行之，既葬而食之，未有見其饗之者也。自上世以來未之有舍也，爲使人勿倍也。"嗚呼，喪有死，子道焉。精神既離，形體易敗，先王之所難言，孝子之所大不忍，故死日必襲，所以深護父母形體，不可不急也。厥明而小斂，又厥明而大斂、而殯。殯、斂必三日者，《記》曰"孝子親死，悲哀志懣，故匍匐而哭之，若將復生然，安可得奪而斂之也"，故曰三日而後斂者，以俟其生也。三日而不生，亦不生矣，孝子之心亦益衰矣，家室之計、衣服之具亦可以成矣，親戚之遠者亦可以至矣。是故聖人爲之斷決，以三日爲之禮制也。荀子曰："紸纊聽息之時，則夫忠臣孝子亦知其閡已，然而殯斂之具未有求也。垂涕恐懼，然而幸生之心未已，持生之事未輟也。卒矣，然後作具之，故雖備家，必踰日然後能殯。"然則，死日而襲者，所以急護親之體膚。三日而殯者，所以遂孝子冀幸萬一之心，且以備飾終之禮，極忠厚敬文之道以事其親也。

自始死至於葬，無時不奠。鬼神無象，設此以馮依之也。將設新奠、徹宿奠，必再設於序西南，爲神馮依之久，且孝子不知神之所在，多方以求之也。銘明旌也，既襲則親之面目不見矣，既殯則親之形體不見矣，故爲銘以誠之、愛之、斯錄之矣。重主道也，設之三分庭。一在南，爲魂神往來馮依之也。既奠矣，既飯矣，而又以含之。餘飯縣二鬲於重多方以依神也，敬之斯盡其道焉耳。沐浴以絜清，終也蚤揃如他日，事死如生也。

澳濯巾栖棄于階間所掘之坎，得尸之氣與鬌蚤同埋之，骨肉歸復於土之意也。飯用米貝，弗忍虛也。不以食道而用美物於死者，宜也。哀哉，孝子供養接乎親之形體者，至是止矣。設掩瑱幎目握手，愛護深固也。襲三稱，爵弁服、皮弁服、褖衣，士冠三加之服也，所謂先王之法服，君之命服也，得正而終，服是服而安也。設冒全體櫜之，所以使千百年後尸骸不復散，計深慮遠也。緇質□殺，象天地也。小斂衣十九稱，美者在中，親身也。大斂衣三十稱，美者在外，以君襚成禮也。奠以素器，以生者有哀素之心也。

始死，筓纚，徒跣，扱上衽，交手哭。至於小斂既奠，晝夜不絕聲，含襲於牖下。小斂於户內，漸遠矣。既斂，將俟尸于堂，親自此離其室矣。主人馮尸踊無算，主婦亦如之。主人髺髮袒衆，主人免，婦人髽，惻怛痛疾在心，形變於外也。男女奉尸俟于堂，如室位，踊無算。心摧氣絕，如斬如剡，痛之至也。奠者升，丈夫踊。降至西階，婦人踊。由重南東，丈夫踊。親之容色言笑宛然在目而不可得見也。雖疾篤之時，猶可勸進一勺之飲，而今冥然無聞也，哀痛感觸於是爲極矣。大斂於阼，主位也。夏后氏殯於東階之上，所以爲愛也。殷人殯於兩楹之間，所以爲敬也。周人殯於西階之上，父母而賓客之，所以爲哀也。卒斂，主人馮尸、奉尸斂於棺，踊無算。哀哉，自是親之形體不復見矣。死之爲道也一，而不可復得也，故人未有自致者也，必也，親喪乎？設熬以惑蚍蜉，令不至棺旁也。塗之爲火，備也，慎終之至也。

始死，赴於君，達死者之忠心，號哭而告於所天也。君使人弔襚。臣者，君之股肱耳目，痛之深也。主人哭拜稽顙成踊，感君恩而痛親也。君視大斂。師友之誼，恩禮尤篤也。漢賈山有言曰："古之賢君於其臣也，尊其爵禄而親之，疾則臨視之無數，死則往弔哭之。臨其小斂、大斂、已棺、塗，而後爲之服錫衰麻絰而三臨其喪。未斂不飲酒食肉，未葬不舉樂。當宗廟之祭而死，爲之廢樂。故古之君人者於其臣也，可謂盡禮矣。服法服，端容貌，正顏色，然後見之，故臣下莫敢不竭力盡死以報其上，功德立於後世而令聞不忘也。"近之儒者亦曰："古者，人君於其臣之喪，親臨之視斂，親撫之，其恩禮何厚也。巫不入門，祝先之，其恭敬何至也。升，主人馮之，又命主婦馮之，其教孝何切也。臣於君之臨也，迎而先入，撫而先降，必俟君命而後馮，馮又不敢當所，且於男女之別亦不紊焉，細微曲折無不合理。觀於此者，仁愛忠孝之心油然生矣。"微特君臣大功以上，親者也，庶兄弟也，朋友也，各竭其情、致其禮，賓客之用幣，義之至也。

殯殮既畢，主人揖衆，主人就次。昆弟分形於父母，嬛嬛在疚，形影相弔，其相憐爲何如。言念及此，則終身友愛，又不能已矣。拜君命及衆賓，君恩如此其高厚也，賓客之義如此其肫懇也，言念及此，雖欲不勉爲忠臣良士以無忝此生，不可得矣。既殯，主人說髦，幸生之心已矣，三日成服，純乎凶矣。自始死至此，惻怛之心、痛疾之意，傷腎乾肝焦肺，水漿不入於口者三日，病矣，必杖而後能起矣。在孝子之心，則鮮民之生不如死之愈也。然而身體髮膚受之父母，傷其身是傷其親，非孝也。君子惕然念始之者也。君命食之，所謂毀不滅性，聖人之政也。鄰里爲之糜粥以飲食之，所謂凡民有喪，匍匐救之也。於是不得已始歠粥矣。居倚廬，哀親之出於室也。寢苫枕塊，哀親之在土也。倚廬之中哭，晝夜無時。眅眅心目，寢寐見之，自顧其身，塊然四體，鞠我育我，父母心力氣血所由耗竭也。兄弟相顧，如見父母，涕洟嗚咽，髣髴父母彌留之際，恩斯勤斯，對之有無窮之悲且憐，而不能言者。然痛念平日事親，何者未竭其力，何者未當親心，千悔萬恨，補救無從。嗚呼，樹欲静而風不停，子欲養而親不待。親戚既没，雖欲孝，誰爲孝？爲人子者，當逮事父母之日，其可忽乎哉！其可忽乎哉！

朝夕哭痛，昏定晨省之不可復得也。既哭而奠，恍若昧爽而朝，慈以旨甘，日入而夕，慈以旨甘，如何不見父母之嘗之也。神志格思，庶或饗之乎？朔月奠，哀親不復歷此日也。薦新奠，哀親不復食此物也。既朝夕奠於殯宫，復饋於下室，如平時孝子不忍一日廢其事親之禮也。三日而殯，三月而葬，大象其生以送其死，備服器，仁之至也。并椁，主人還之，獻明器之材，主人徧視之，慎之至也。哭之，哀親將舍生時宫室器用而用此也。拜工，謝其爲親盡力也。死者以骨肉歸復於土爲安，物土而筮宅，求吉土以安其親也。卜日，求吉日以送其親也。命筮辭曰：“無有後艱，求體魄之永安也。”命龜辭曰：“考降無有近悔，求體魄之安，并求精神之安。”葬日，神實馮之也。百計審慎以深安其親，精誠之至，通於神明，是以吉凶不爽也。殯前北面哭，哀親之將去家而就墓也。喪事每加，以遠哀也。

既夕禮大義

將葬，先奉柩朝於廟，順死者之孝心也。其哀離其室也，故至於祖考之廟而後行。凤興，丈夫髽，散帶垂，入，即位，祖，爲將啓殡，變哀之至也。入門不哭，將以啓告神，不敢護，囂敬之至也。商祝執功布，升自西階，聲三，體孝子之心以存神也，言啓三，告神也，命哭。祝取銘置于重，主人踊無算。既告神，將舉柩，孝子惻怛痛疾，志遫氣盛，哀不可節也。遷祖，重先主道也。奠，從神所馮依也。主人及男女號泣從柩，親自是離其室矣。入廟，升自西階，用子道，不由阼也。正柩兩楹間，北首，象鄉户牖間，祖考之位也。設從奠而薦車，設遷祖奠而薦馬，象生時將行效駕也。

主人感之，哭踊，行道遲遲，中心有違。凡人暫離，猶依依不忍，而況生我之親永訣之痛，一去不復返者哉。反是而思，父母在時，人子宜如何愛日以養，而忍遠遊離親乎哉？嗚呼，生之膝下，一體既分，固日遠之勢。二親之壽忽如朝露，雖有至孝之心，致期頤之年，瞻依怙恃，亦能有幾時。故冠昏之禮，子筵束序，婦降阼階，已示人事代謝，父母而賓客之意，如何一轉瞬間而驪駒在門，攀援莫及，擊心觸地，悔何追邪。祖，行始也，將載，主人祖，踊無算。將還柩，主人祖，踊無算。朝廟於堂，祖於庭，益遠矣。自啓至葬，孝子侍親一晝夜間耳，嬰兒須臾離其父母則號呼不能止矣，如之何其餞送之。

商祝飾柩，一池，紐前纁，後緇，齊三采，象生時居宮室帷帳之中而衣文繡也。凡禮，事生飾始也，送死飾終也。終始具，而孝子之事畢，聖人之道備矣。設披，備傾虧，慎之至也。屬引，用人引之柩車，乘人專道而行。自天子達慎終之道，孝子之心貴賤一也。陳明器，緣生以送死也。折、抗木以禦土也，抗席以禦塵也，茵實綏澤以禦溼也。骨肉歸復於土，命也。苟比他者，無使土親膚，於人心獨無恔乎？故孝子仁人之掩其親必有道矣。設苞、筲、甕、甒，用器，樂器、役器、生器以適墓，象徙道也。夫豈不知死者之無所用此乎？情不能以已也。備物而不可用，神明之也，不忍致死之而又無從致生之，是皆所以重哀也。久之，以蓋堅塞其口，懼肉腐之出蟲，防患之象也，將由夫防患之意歟？則醯醢屑之等，雖不用可也。曾子譏宋人執葬曰：“既曰明器矣，而又實之。”禮意也夫！

既祖，婦人降，即位階間，柩去有時，不忍遠也。代哭，柩將去，哭不忍絕聲也。然而，使之代者，葬喪之大事必誠必信、至敬至慎，懼哀悔之過不能勝也。

公賵，玄纁束、馬兩，哀而榮之也。賓奠幣于棧左服，若親授之。然古之人事死如事生，故襚則衣尸，贈則實幣於蓋。忠厚之至，所以教天下不背死而忘生也。賓賵奠賻贈各盡其情，兄弟賵奠可兼行，親親之恩也。

厥明，設大遣，奠用少牢，加常禮一等。緣人子之心欲尊其親，而葬為奉體魄之終事，於此而不盡其情，惡乎盡其情？故先王制禮加隆焉爾。徹奠，苞牲，取下體，猶大饗卷三牲之俎歸於賓館，在賓客為厚之至，在父母則哀之至矣。讀賵，昭君恩，明兄弟朋友之義，以見死者之賢也。公使讀遣，成其得禮之正以終，所以示恩榮而彌僭忒，使人子事親一於禮而不苟也。商祝御柩，主人袒，乃行，踊無算。擗踊哭泣，哀以送之，啼號攀援，痛之至也。出宮，踊，見親平生接賓客之處，感觸嗚咽，哀不自勝也。公使宰夫贈于邦門，痛念股肱，惓惓之意。先儒有言曰："初喪，君既襚之矣，又或親其大斂矣。既則賵之，至柩行又贈之。"於士如此，則大夫以上又加厚焉可知，此即體羣臣之實也。夫然，故有世祿之典，有與國為體之臣，有子之能仕父教之忠之義。明乎此禮之義，天下尚有背君親而為不義者乎？

至壙，屬引，主人、衆主人、婦人夾羨道為位，皆不哭，將窆，忍哀極敬以莅事。喪禮，敬為上，哀次之，謂此類也，慎之至也。既窆，哭，踊無算，贈、拜稽顙，踊如初，痛之極也。主人拜賓，主婦亦拜賓。實土三，主人拜鄉人，謝其恩厚勤勞，情之至也。即位，踊，哀親之在斯也。送形而往，迎精而反，傳曰："其送往也，望望然、汲汲然，如有追而弗及也。其反哭也，皇皇然若有求而弗得也。故其往送也如慕，其反也如疑，求而無所得之也。入門而弗見也，上堂又弗見也，入室又弗見也，亡矣、喪矣，不可復見已矣，故哭泣辟踊，盡哀而止矣。"反哭，升自西階，反諸其所作也。主婦入于室，反諸其所養也。賓弔者升自西階，曰"如之何"，反而亡焉，失之矣，於是為甚也。朝竿，日中而虞，不忍一日離也。骨肉歸於土，精氣無所不之，孝子為其傍徨，三虞以安之。傳曰："為之宗廟，以鬼享之，徼幸復反也。"是日也，以虞易奠，生事畢而鬼事始矣。

嗚呼，送死有時，復生有漸，卒哭而□，尸祔於祖以安之。由是期小祥，又期大祥，三年之喪如駟之過隙，君子有終身之痛，如之何哉？《孝經》曰："宗廟致敬，不忘親也。修身慎行，恐辱先也。""立身行道，揚名於後世，以顯父母，孝之終也。"孝子之身終，終身也者，非終父母之身，終其身也。行父母之遺體，戰戰兢兢，如臨深淵，如履薄冰，將為善必果，將為不善必不果，庶幾無忝所生矣夫。

士虞禮大義

嗚呼，人之生也，呱呱一聲，始與母親。神麗乎形，而氣微質弱，若有知、若無知，蠕蠕以動，惕惕以息，終日握而不能有所取，終日嗄而不能有所言，惟賴父母煦嫗鞠育，心誠求之，節氣寒煖，時其寢食，聽於無聲，視於無形，以曲中其嗜欲，深察其疾苦，而後子之身乃得安，以馴至於長。及其死也，神與形離，恍惚杳冥，虛無所薄，焄蒿悽愴，若可接也而不可接也，噫興歎息，若可聞也而不可聞也，升降上下於彼乎、於此乎？鬼神依人而行，惟賴人子極哀盡誠以感通而聯屬之，使絕者續、散者凝，飄忽無定者有所憑依，而後父母之神乃得安，上與祖考合，而下以子孫爲歸。是故孝子之喪親也，送形而往，迎精而反，朝葬，日中而虞。虞之爲言安也，骨肉歸復於土，魂氣無不之，祭之宗廟，以鬼享之，徼幸復反也。葬日虞，弗忍一日離也。

士虞禮，特豕饋食，始用祭禮也。虞而立尸，有几筵。哀哉，生事畢而鬼事始已。側亨陳鼎於廟門之右，設洗於西階西南，反吉也。用素几，表哀素之心也。主人及兄弟如葬服，即位於門外，如朝夕哭，入門，即位，如反哭，反哭升堂，反諸其所作。升自西階，受弔於客位，若親猶在阼階也。求而弗所得之，心悵焉、愴焉、惚焉、愾焉，心絕志悲，號泣攀援，以詔告於幽明，庶幾其來也。祝取苴，洗之，奠於几東席上神位之前。苴者，所以藉祭也。孝子始將納尸以事其親，爲神疑於其位，設此以定之也。祝洗觶，升，止哭。神之格思，抑哀盡敬以迎之，不敢讙囂也。主人倚杖入，祝從祭。祭祀之禮，唯祝所詔侑，而此獨主人先之，孝子之心猶若父母之存，親之也。薦菹醢，設俎、敦、鉶，祝酌醴、佐食、啓會。祝奠觶，主人再拜稽首，祝饗佐食，祭黍稷，祭膚，祝祭醴，主人再拜稽首。祝祝，卒，主人拜如初，極順盡敬以勸強之，庶或饗之。庶或饗之，所以安之也。哭，出，復位，哀不能自抑也，是謂陰厭。陰厭也者，尸未入，設饌於奧，求諸陰而厭飫之也。

古之君子之說此禮也，曰：“齊戒，几筵饋薦，告祝，如或饗之，物取而皆祭之，如或嘗之。主人有尊，如或觴之。”事死如事生，事亡如事存。狀乎無形，哀夫敬夫。昏禮，婦以特豚饋，子婦供養之始。婦贊成祭，卒食而酳，何其歡也。虞禮，特豕饋食，子孫追養之始。猶是酳也，而末由見其啐；猶是贊祭，而末由見其嚌。能無悲夫？文王之祭也，事死者如事生，思死者如不欲生，君子有終身之喪，而況於入門弗見，上堂弗見，入室弗見，創鉅痛甚、方深未愈之時乎？

迎尸入，九飯，正祭之禮也。尸，主也，孝子不見親之形貌，心無所繫，立尸而主意焉。因祖考遺體以凝聚祖考之氣，氣與質合，庶幾散者復聚乎？虞而立尸，體魄既藏，藉生人之形質以凝聚其精神也。祝延尸，一人衰絰，哭從尸。尸入門，丈夫踊，婦人踊，升堂踊，入室踊。見尸如見親，觸目重哀，於是為甚也。尸入戶，哭止，將行正祭，以敬抑哀也。主人拜妥尸，安之也，安尸所以安神也。尸祭豆，祝命佐食墮祭。尸祭之，祭奠。祝祝，主人拜。尸嘗醴。佐食舉肺脊，尸祭，嚌之。祝命佐食爾敦，尸祭鉶，嘗鉶。三飯，佐食舉幹；又三飯，舉胳；又三飯，舉肩。皆祭嚌之。

主人極誠盡敬於尸以事神，尸順主人之孝心，以身依神而厭飫之，故曰“祭如在”，又曰“孝子臨尸而不作”，此祭之通義，於虞乎始之。喪主哀，祭主嚴，於虞乎兼之。虞之禮，視饋食為略，主人之心方哀痛惻怛，如慕如疑，如有求而弗得，然喪與其易也寧戚，壹使足以成禮而安神則止矣。

主人獻尸，主婦亞獻，象生平子婦承歡供養也。賓長三獻，貴得尊賓嘉客以神事其先，所謂朋友以助敬也。尸酢主人，主人拜受卒爵，神惠不敢辭，若親之賜之，其感觸哀痛可知也。獻祝佐食以接神，及之祭禮然也。孝子之事親也，父母之所愛亦愛之，所敬亦敬之。獻祝及佐食，由致孝鬼神之心而推之也。祝告利成，祭禮畢矣，親其安乎否乎？尸將謖矣，神其留乎否乎？主人及兄弟、諸婦依戀想像，忍痛抑哀，歷九飯三獻之久，至是不可止矣。主人哭，皆哭，尸謖，從者奉筐，哭，尸出戶踊，出門踊，哀之至也。

祝反，入徹，設於西北隅。不知鬼神之節，改設之，庶幾歆饗，亦猶奠之。再設於序西南，求神於庭也。扉用席。鬼神尚幽闇，雖當室之白而猶隱之也，是謂陽厭。陽厭也者，尸已出，改饌，求請陽而厭飫之也。嗚呼，事生存之父母，或先或後，就養無方，所欲可得而敬進也，嘗之甘否可得知也。今也視之而弗見，聽之而弗聞，恍惚不可為象，將由夫依人而行與？則立尸，庶乎其有所憑依也。將由夫神道清靜，或諸遠人與？則尸未入而饗之，尸已出而飫之，庶乎有一當也。嗚呼，爲人子者，知父母既没，求神之來格來饗，至虛至難如此，則於父母生存奉養至實至易之時，其可須臾忽哉？樹欲靜而風不停，子欲養而親不待，不得已而祭以追養，求神多方，尚不能定其於彼於此，實見其饗之，而謂齊戒祭祀，可少忽乎哉？

虞之辭曰："哀子某，某^①顯相，夙興夜處不寧。"言悲思不安也。祔之辭曰："孝子某，孝顯相，夙興夜處，小心畏忌，不惰其身，不寧。"皆本人子哀痛思慕至隱而出之。孔子曰："少連、大連善居喪，三日不怠，三月不懈，期悲哀，三年憂。"此其情也。方望溪侍郎有云："《春秋傳》曰祝史陳信於鬼神，無愧辭。若主喪者及衆主人心無畏忌，身實懈墮，夙興夜寐無甚不安，而以此告於先靈，能不怵然内愧而怍於姻族友黨乎？先王制哭踊之節，正薦告之辭，皆所以振發人之本心而俾自循省也。"善哉，言乎得禮意矣。

宗人詔降，主人出送賓，拜稽顙，觸地無容，求親而不可得，謝賓之勞，哀無已也。始虞、再虞用柔日，三虞用剛日，安之之節也。每祭皆告以適皇祖，神以與祖合爲安也。喪事每加以遠，虞而以祭易奠，卒哭曰成事，以吉祭易喪祭矣。此事勢之無如何者也。卒哭之餞尸，哀之至也。丈夫、婦人皆出門，即位而哭，俟尸之即席，親將離其室外，哀更深也。主人酳，廢爵，獻尸，拜送，哭，復位，號泣而行，痛不能自止也。初獻，主人及兄弟踊，婦人亦如之。亞獻，主婦及婦人踊，主人、兄弟亦如之。三獻，凡在列者皆踊。哭之久，踊之多，幾與殯前啓後等。

親之形體既藏，而神又將去寢而即廟，父母而賓客之、鬼神之，能無悲乎？明日，祔於祖父。人本乎祖，反本復始，故將葬而朝，卒哭而祔，魂兮歸來。明則有子孫，幽則有祖考，有保合聚順之歡，而無震蕩播越離别之恨，孝子安親之道庶乎備矣。由是期而小祥，又期而大祥，中月而禫，三年之喪如斯之過隙。送死有期，復生有節，喪服由變而除矣，孝子之心其能已矣乎哉？欲報之德，昊天罔極，將如之何而可哉？

---

① "某"，《儀禮注疏·士虞禮》作"孝"。

《孝經》有言："生則親安之，祭則鬼享之。"父母雖没，其心實與子息息相通。《詩》曰："惠于宗公，神罔時怨，神罔時恫。"《祭義》之言孝曰："尊仁安義可謂用勞矣，博施備物可謂不匱矣。"行父母之遺體，居處必莊，事君必忠，莅官必敬，朋友必信，戰陳必勇，將爲善，思貽父母令名，必果。一舉足、一出言不敢忘父母，其極至於師表人倫、道濟天下、垂教萬世，若周公、孔子、孟子其人，所謂大小不匱、博施備物，道存則身常存，身常存則親常存，安親之道於是爲至。孔子曰："人未有自致者也，必也，親喪乎？"人雖至愚不肖，而當送形迎精之際，未有不求親之安者。充此安親之心，則人人可以爲孝子忠臣、仁聖賢人，而天下萬世由此安矣。人之行莫大於孝，故因虞義而極推之。

特牲饋食禮大義

孝子之事親也，生則養，没則喪，喪畢則祭。祭者，非物自外至者也，自中出生於心也。三年之喪如駟過隙，復生有節，追慕無窮，四時變易，觸境生哀。秋霜露既降，君子履之，必有悽愴之心；春雨露既濡，君子履至，必有怵惕之心。五穀成，果實熟，馨絜盈乎前，而父母不復嘗新，雖有千駟之富、萬鍾之禄，曾不得復致須臾之養。其在嘉會好合之時，與何舉家歡娱，獨吾父母音容杳然，笑語寂然也。其在疾苦慘怛之時，與何痛切肌膚，呼父母而不聞也。故君子有終身之喪，孝子仁人之於其親也，哀痛思慕至死不窮。聖人通神明之德，知衆生必死，形魄歸地，魂氣歸天，形有盡而神無窮也。鬼神依人而行，祖考與子孫幽明雖隔，而精誠相通也。於是制祭祀之禮，以追養而繼孝，自天子至於庶人各隨其分，竭其力、盡其誠敬，以反本復始，致隆於其所自生。制禮自士始，而庶人放焉。

特牲饋食之禮，筮日、筮尸。重祭禮，不嚴自專求當鬼神之意也。孝子有祭乎，有齊乎，夫能存無形、屬荒絶者，惟齊也。孝子將祭，散齊七日以定之，防其邪物，訖其嗜欲耳。不聽樂。心不苟慮，必依於道；手足不苟動，必依於禮。其慮事也豫，其比時具物也備。致齊三日以齊之，思其居處，思其笑語，思其所樂，思其所嗜。齊三日乃見其所爲齊者。祭有十倫，見事鬼神之道，齊其本也，故擇祭日，必先期旬有一日，以容齊也。筮日、筮尸，子姓兄弟咸在。宿尸，知心兄弟從，與主人同孝敬之心也。祝、宗人、有司各就其位共其事。孝子之祭，備其百官，序其禮儀，奉承而進之，此其始事也。自筮日至正祭，辭皆稱孝子孝孫，以其義稱也，所以使祭者顧名而思義也。宿尸，尸許諾，主人再拜稽首，以筮吉已當神意，敬之如神也。宿賓，帥朋友以助敬也。賓在有司中而必宿之，將使致敬於己親，必先尊之也。古之君子愛親以愛人、敬親以敬人，夫然，故人恒愛之、人恒敬之。得人之歡心以事其親，生則親安，祭則鬼享也。出門如見大賓，使民如承大祭，而況於承祭之賓乎？

厥明夕，主人及兄弟、賓、眾賓濯，視牲，致絜也。主人門外拜賓，謝其爲祭而來，猶喪禮之拜賓也。宗人請期，重祭時也。祭之日，夙興，主人冠端玄，如筮日服，主婦纚笄宵衣，齊戒沐浴，盛服以莅事也。主人視側殺，主婦視饎爨，祭以牲與盛爲主也。孟子有言：“禮曰：諸侯耕助以供粢盛，婦人蠶繅以爲衣服，犧牲不成、粢盛不絜、衣服不備，不敢以祭。惟士無田，則亦不祭。牲殺、器皿、衣服不備，不敢以祭，則不敢以宴。”故《孝經》之義，天子以德教光於四海爲孝，諸侯以保社稷爲孝，卿大夫以守宗廟爲孝，士以保禄位、守祭祀爲孝。資於事父以事君而敬同，忠順不失以事其上，而後能保禄位以承祭祀。有絜牲、普淖之薦，故《禮》之目曰“特牲饋食”“少牢饋食”。位稱其德，禮稱其位，君之恩也、親之澤也。明乎此義，則家有孝子、國有忠臣，而天下平矣。

祝筵几於室中，爲依神也。古者，天子、諸侯有主，大夫依神，士結茅爲菆，亦主道也。考妣主異而尸同，孫於祖父母得兼體之，故鋪筵設同几，明神靈共於是憑依。祝曰：“孝孫某，薦歲事于皇祖，以某妃配某氏。”資於事父以事母而愛同，尊親一體之義也。

陰厭，主人及祝升，西面于户内。《記》曰：“祭之日入室，優然必有見乎其位。”其在此時與？又曰：“及祭之日，顏色必溫，行必恐，如懼不及愛然。”如懼不及見其所愛者。又曰：“孝子之祭可知也，其立志也敬以詘。”充詘形容喜貌。又曰：“孝子有深愛者必有和氣，有和氣者必有愉色，有愉色者必有婉容。和氣謂立而詘。孝子如執玉、如奉盈，洞洞屬屬然如弗勝、如將失之。"其孝敬之心至也與？昔子夏問孝，子曰："色難。"未有生不敬養而没能盡享者，未有養不致樂而能致嚴者。祭如在，事死如事生，事亡如事存，孝之至也。

主婦盥，薦兩豆。主人降，及賓盥，出，舉鼎。《記》曰："周還出戶，肅然必有聞乎其容聲。"其在此時與？孝子之祭也，"色不忘乎目，聲不絕乎耳，心志嗜欲不忘乎心。致愛則存、致慤則著者，存不忘乎心，夫安得不敬乎"。

主人升，入，復位。俎入，設。主婦設兩敦、兩鉶。祝酌奠。《記》曰："孝子之祭也，其薦之也，敬以欲，薦之謂進執。其奠之也，容貌必溫、身必詘，如語焉而未之然。"其在此時與？主人再拜稽首，祝祝，卒，主人又再拜稽首。拜，服也；稽首，服之甚。至誠懇惻、極順盡敬以勸強其親，想像恍惚，諭其志意以與神明交，庶或饗之，孝子之志也。此尸未入之先，事鬼神之道也。

古者祭必有尸，尸，神象也。鬼神聽之無聲，視之無形，升自阼階，仰視榱桷，俯視几筵，其器存、其人亡，虛無寂寞，思慕哀傷，無可寫泄，故座尸而食之。孫爲王父尸，而子不爲父尸。祭本出於子之思慕深切，欲得一人以凝聚父母之精神，故取其血脈相通而倫序稍遠，心氣差能自定，以成禮者爲之。《記》曰："所使爲尸者，於祭者子道也，父北面而事之，所以明子事父之道也。"苟爲神靈所憑依，則吾見其爲祖考也，不知其爲卑幼也。孝子之事親也，父母所愛亦愛之，所敬亦敬之，而況於精氣所式憑者乎？故以世叔父、宗子之尊，顑乎頠乎，事之謹而服之甚，夫然，而子事父之道明矣。微特此而己，祭之末嗣子爲上養，主人接之如事嚴賓，以當先祖之正體，爲宗廟祭祀之重所繫，故降尊而極禮之如此。夫然，而人子念祖穆修德、永世克孝之心不能不大動矣，此父子之倫也。

祝迎尸于門外，主人降，立于阼階東，踧踖以俟尸也。不出迎，事尸之禮止於廟中，成尸尊也。《記》曰："君迎牲而不迎尸，別嫌也。尸在廟門外則疑於臣，在廟中則全於君。君在廟門外則疑於君，入廟門則全於臣、全於子。是故不出者，明君臣之義也。"士祭祖禰，祖之尸則主人乃宗子，禰之尸則主人乃父道，必入廟而後尸之，尊無所屈。不出者，蓋以明長幼枝主之義也。

尸入門，盥，侍神必絜也。不就洗，尊也。尸入，主人從，見尸如見親，彷彿生平出入隨從扶持也。尸即席，主人拜妥尸，安尸以安神也。尸執奠，祝饗，主人拜如初，欲神因尸以饗也。惟孝子爲能饗親，饗者鄉也，鄉之然後能饗焉。是故孝子臨尸而不怍，致其誠信，與其忠敬，明薦之而已矣。祝命授祭，尸祭豆，佐食取黍稷肺祭授尸。尸祭之，墮損其饌，欣然若生時倚食，贊成祭也。尸祭酒，告旨，主人拜。祭鉶、嘗鉶，告旨，主人拜。酒穀，味之芬芳者；鉶肉，味之調和者。齊敬共之，唯恐不美。告之達其心，神明饗之，主人拜，喜神之饗之也。尸每三飯告飽，祝侑，主人拜，如是者三，如生時下氣怡聲、柔色殷勤，勸親加餐也。佐食徧舉牲體及獸魚，尸祭之嚌之，象生時供養物，舉以奉親嘗之也。設太羹湆，重古也。羞庶羞博，滋味也。主人親羞胾俎，胾之爲言敬也，敬尸所以敬神也。仲尼嘗，奉薦而進，其親執事也愨，其行也趨趨以數。精誠專一之至，若親見父母，而趨走饌設於其前，所謂祭如在者與？主人初獻，主婦亞獻，賓長三獻，既食而醋之，以衍安其所食養之樂也。既內自盡，又外求助。祭也者，必夫婦親之。故《詩·周南》有"荇菜"，《召南》有"蘋繁"，所以成孝敬、立人倫之本也。

古者，吉凶之事必與賢者共之，士祭有朋友、屬吏，大夫有僚屬、家臣，諸侯百官各揚其職，天子相維辟公。天子不毀傷天下，諸侯不毀傷其國，卿、大夫、士不毀傷其家，而後能帥其屬以事其先，故君子不可以不修身，思修身不可以不事親，思事親不可以不知人。親親賢賢，義相表裏，宗廟之禮有序爵辨賢。傳曰："信乎朋友有道，不順乎親，不信乎朋友矣。順乎親有道，反諸身不誠，不順乎親矣。"苟平日反身不誠，事親不悅，祭祀不誠不敬，則賢者必不樂與之成禮。故祭有賓，義之大者也。

主人酳尸，尸酢主人，飲酒之禮也。孝子惟恐神之遽去，備禮極敬以樂皇尸，節文充遂所以娛神也。尸食，祝以孝告；尸酢，嘏以慈告。嘏，長也、大也，授主人以長大之福。賢者之祭也，必受其福，非世所謂福也。福者備也，備者百順之名也。無所不順者謂之備，言内盡於己而外順於道也。忠臣以事其君，孝子以事其親，其本一也。上則順於鬼神，外則順於君長，内則以孝於親，如此之謂備。惟賢者能備，能備然後能祭，祭則受福，此之謂也。嘏以黍，其辭曰：「受禄于天，宜稼于田。」知稼穡之艱難，聰聽彝訓。聽祖考之彝訓，務忠儉而無敢汰侈，以保族宜家也。

　　獻，祝佐食，始行神惠，以接神先之也。主婦亞獻，宗婦執兩籩，户外坐。主婦受設之，其孝敬同而供養統於適也。主人獻賓，長以肝從，主婦、兄弟長以燔從，親疏内外之別也。賓三獻，燔從，爵止，欲神惠之均於室中也。主婦致爵於主人，主人酢主婦。主人致爵於主婦，主婦酢主人。夫婦相授受，不相襲，處酢必易爵，明夫婦之別也。於斯時也，父母神顧而樂之，子婦和敬如是，與生時寢門侍奉佐餕有以異乎？無以異也。三獻禮畢，主人獻賓，獻兄弟，獻内兄弟，行神惠於助祭者無不徧，博愛廣敬之義也，夫是以宗族、姻黨、朋友和敬同愛也。先獻賓，次兄弟，賓尊而兄弟親，尊賓之義也。長賓、長兄弟獻酢酬之禮繁，衆賓、衆兄弟則省，尊卑之等也。下及公、有司、私臣皆得獻，上下之際也。古者，上有大澤則惠必及下，不使其下有一人之不被其愛敬，此在邦在家之通義，所以和睦無怨也。

　　古者小宗祭而兄弟皆來與焉，宗子祭則族人皆侍，庶子不祭，統於宗也。蓋兄弟之義無分父母，生時兄先弟後，羣從和集以致孝養。自父母視之，諸子猶一人也。自祖父母視之，諸孫猶一人也。推而上之，極於始祖，則合族猶一人也。故宗廟之禮，子姓兄弟、羣昭羣穆咸在，昭與昭齒，穆與穆齒，而不失其倫。夫是以親者益親而疏者不離，此親疏之殺也。一本之恩，瓜緜葛衍，同在宗廟之中，其有凍餒無告而主人未之恤，將何以慰先人。其有不孝不弟、奇邪放恣，將陷於刑辟而主人未之匡救，又何以慰先人。喪祭之禮明，不忍背死，則不敢忘生。親親故尊祖，尊祖故敬宗，敬宗故收族，自然之道也。故曰：「慎終追遠，民德歸厚矣。」「戚戚兄弟，莫遠具爾。」神實臨之也。

　　長兄弟爲加爵，助主人致孝也；衆賓長爲加爵，助主人致敬也。爵止，欲神惠之，均於在庚也。嗣舉奠，貴適重正，尊尊之義，宗法之本，欲使象賢崇德、負荷家業，而亦以深動其孝養愛日之心也。大夫之子不舉奠，大夫不世爵，避賢路、防專僭也。士之子恒爲士，備禮不嫌也。兄弟弟子洗，舉觶于其長，爲旅酬發端，及無算爵。賓弟子、兄弟弟子各舉觶于其長，所以序長幼、教孝弟。旅酬逮賤，自上而下，少長以齒，明長幼之序也。賓取，主人酬觶，以酬長兄弟。長兄弟酬衆賓、長賓，兄弟交錯其酬，以辯於斯時也。父母之神顧而樂之，兄弟和協如是，視生時怡怡聚順有以異乎？無以異也。朋友衆賓樂與成禮，幸哉，有子可以保家矣。《詩》曰：“妻子好合，如鼓瑟琴。兄弟既翕，和樂且耽。”父母其順矣乎？又曰：“刑于寡妻，至于兄弟，以御于家邦。”治家者得人之懽心以事其親，而神猶有怨焉恫焉者乎？於是爲加爵者作止爵，若神欣然舉觴，上下爵並行，長兄弟取弟子所舉觶以酬賓，如賓酬兄弟之禮，賓兄弟遂各取弟子所舉觶，交錯相酬無筭。因今接會，使之交恩定好，此百姓所以親，五品所以遜也。主人於此覬賓兄弟之肅肅雝雝濟濟添添，想像神靈洋洋乎如在其上，如在其左右，庶幾先祖是皇、神保是饗，而視之不見、聽之不聞，焄蒿悽愴，若即若離，則又黯然悲不自勝矣。故曰：“祭極敬，不繼之以樂也。”

利洗散，獻于尸，終佐食之義也。祝告利成，主人出，尸謖，主人降，正祭畢矣。神之格思，不可度也。神保聿歸，亦不可知也。神其依人而行乎，或諸遠人乎？於是將改饌西北隅，爲陽厭以飫神。先命舉奠，及長兄弟養，戒之曰：“養有以也。”言當似先祖之功德，積善流慶，以保世滋大也。曰：“酳有與也。”言當與兄弟相親睦，正倫理、篤恩誼也。先陽厭戒之，承祖考之命以命之，庶神之聽之也。佐食，改設尸饌，闔牖戶，或者鬼神尚幽闇，與主人戶外屏息而聽，其亦慨然聞乎其歎息之聲與？祝告利成，主人降，賓出，拜送。《記》曰：“宿者皆出，其立卑靜。以正如將弗見然。及祭之後，陶陶遂遂，如將復入然。”是故孝子慤善不違身，思慮不違親，未祭而齊、如見所祭，已祭而思、明發不寐，充是心也。一舉足、一出言，雖微祭也，何往而不如臨父母乎哉。

祭畢，歸尸俎，賓俎留，兄弟燕私。先人不可見矣，兄弟皆祖考遺體，不忍其去，留與殷勤，親親之恩也。燕毛序齒，雖諸侯之尊，與父兄齒，而況大夫、士，敢或以貴富加於父兄、宗族乎哉？祭禮一日之澤，親疏貴賤施惠必均。故曰："羔豚而祭，百官皆足。"恭儉慈惠，見政事之均焉。

人有五倫，祭者追養繼孝，父子之道而君臣、夫婦、長幼、朋友之義皆於是著焉。祭有十倫，惟臣無作福，士大夫之祭無爵實之施，餘皆備焉。故曰："治人之道，莫急於禮。禮有五經，莫重於祭。"士祭之義如此，而況天子、諸侯之祭乎？故曰："明乎郊社之禮、禘嘗之義，治國其如示諸掌而已。""文王之祭也，事死者如事生，思死者如不欲生，忌日必哀，稱諱如見親。祀之忠也，如見親之所愛，如欲色然，其文王與？《詩》云：'明發不寐，有懷二人。'文王之詩也。祭之明日，明發不寐，饗而致之，又從而思之。祭之日，樂與哀半。饗之必樂，已至必哀。"孔子之所慎齊，曰："吾不與祭，如不祭。""君賜腥，必熟而薦之。"鄉人禓，孔子朝服立於阼，以安室神也。天性之恩，聖人與我同。誰非人子，而忍忽於祭祀，怠於齊戒哉！

嗚呼！祭者，人子終天抱痛，萬不得已之至情也。曾子曰："椎牛而祭墓，不如菽水之甘也。"又曰："親戚既没，雖欲孝，誰爲孝？年既耆艾，雖欲弟，誰爲弟？故孝有不及，弟有不時。"故君子常於其不可得者而先施焉。曾子事親養志，常以皓皓，夫是以眉壽。昔者皋魚哭而哀，孔子問之，曰："往而不復反者年也，失而不復得者親也。樹欲靜而風不停，子欲養而親不待。"孔子曰："小子識之。"於是門人多辭而歸養。往者張聞遠同年遭父喪，後與元弼書曰："不孝已矣，兄當父母俱存之日，幸無負此光陰。"豈意一轉瞬間俱爲鮮民，今三十餘年矣。每誦其言，心如摧絕。敢以爲二三子告，凡我同人，深思祭禮之義，其無忽於事生乎哉。

經學通義開宗[*]

曹元弼　著　孔　泱　點校^{**}

原道第一

甲辰春，授吾黨學人經義，開張宗本，説此三篇。天降下民，作之君以生養保全其身家性命，故聖人取類以正名，而謂君爲父母，謂民爲赤子。我國家受命於天，聖聖相承，重熙累洽，久道化成，德厚侔天地，利澤溥四海，民得離於明季逆閹之威虐、流賊之荼毒，以休養生息，和親安平康樂者二百數十年。天運周流，否泰相乘，無平不陂。自道光之季，外侮漸至，日甚一日，以迄於今。滄海橫流，烈火燎原，中國元氣剥蝕殆盡。我皇太后、皇上不忍數萬萬赤子離慈父母之懷中而久入於水火鼎鑊也，乾惕震厲，力圖自强，屢詔各省迅速興立學堂，造就人才，以濟時艱。皇仁惻隱，訓辭愷切，士之入堂而學者，宜如何感奮精專，以仰副朝廷爲民禦灾捍患之心，而拯我同類萬族一命、朝不及夕之禍耶？

嗚呼，今日之學非他，爲君父而學也，爲萬萬生靈而學也！伊尹思天下之民匹夫匹婦有不被堯、舜之澤者，若己推而納諸溝中，其自任以天下之重如此。曾子曰："士任重而道遠，仁以爲己任，不亦重乎？"聖人之仁天下萬世也以學，故《論語》首章言學，次章、三章即言仁。仁

* 據復旦大學圖書館館藏清光緒間刻"禮堂寫定文"整理。

** 孔泱，復旦大學哲學系碩士生。

天下以學，此自古帝王立政立教之大原，而作經之本心也。嗚呼，經學至今日或幾乎息矣！然而剝極思復，天理無或息之時，人心有將轉之機，經學至今日乃可得而明矣。

夫經者，豈別有深文奧旨哉？亦人心之所同然而已矣。人心之所同然者，何也？生人相生相養相保之道也。天地之大德曰生，人心莫不好生而惡死，而未知所以遂生、所以救死。聖人先知先覺，先得人心之所同然，知人之相生必由於相愛相敬。而相愛相敬之本，出於父母之愛其子與子之愛敬其父母。愛親者不敢惡於人，敬親者不敢慢於人。因嚴可以教敬，因親可以教愛，故人道自父子始。然必人類有定偶，而後人人知父之爲父、子之爲子，於是乎爲之夫婦。一陰一陽之謂道，乾道成男，坤道成女。陰從陽，婦從夫，天地之大義也。夫婦有別，而後父子有親，故夫爲妻綱，父爲子綱。且必人類有會歸，而後人人得父其父、子其子，於是乎爲之君臣。資於事父以事君而敬同。乾爲天爲父爲君，坤爲地爲臣。乾元統天，坤順承天。天尊地卑而乾坤定，乾元用九而天下治。君臣有義，則自天子至於庶人，父子世世相保，永無弱肉強食、死亡危苦之患，故君爲臣綱。

有父子則有兄弟，乾坤三索以序長少，而愛敬篤於家；有君臣則有朋友，六爻發揮旁通以行典禮，而愛敬達於天下。三綱五倫，王政之始。聖教之本，易知易能。極萬世之變易而歸於不易，此《易》之大義也。

三綱五常，禮之大體。有父子則有慈孝，而冠禮、喪禮、祭禮行焉；有君臣則有仁敬忠順，而覲禮、聘禮行焉；有夫婦則有廉恥貞信，而昏禮行焉；有兄弟則有友恭弟長，而鄉飲酒、鄉射之禮行焉；有朋友則有忠信辭讓，而士相見禮行焉。禮之所尊，尊其義。親親、尊尊、長長、賢賢、男女有別，則四海之內，合敬同愛，人之所以羣居和壹之理盡矣，此《禮》之大義也。

有人倫則有王道。欲爲君，盡君道；欲爲臣，盡臣道。堯之所以治民，舜之所以事君，人倫之至也。禹思天下有溺者由己溺之，稷思天下有飢者由己飢之，愛敬之至也。爲天下得人，合天下愛敬之心力，以平地成天。禦大災，捍大患。使四海之內，各遂其飲食男女之欲，而無死亡貧苦之患。知人以安民，立事以永年。良法美意，利濟萬世，於是乎有《書》及《周官》。

王道本於人情。忠臣、孝子、弟弟、信友、貞婦，情動於中而形於言。先王以是經夫婦，成孝敬，厚人倫，美教化，移風俗。論功頌德，刺過譏失。爲法彰顯，爲戒著明。聖人無常心，以百姓心爲心。所欲與聚，所惡勿施。先王懼四海之內有一人不被其愛敬，不遂其生養，悖於倫，逆於理，故設采詩之官以通下情。飢者歌其食，勞者歌其事，男女怨曠各言其志。王者不窺户牖而知天下，上下一體，君民如家人父子，於是乎有《詩》。

先王懼爲人上者或惡慢於人，以失生養之理，設之史官，爲之聳善而抑惡，以怵懼其動，昭明德而廢幽昏。君舉必書，善惡吉凶炳若日月，百世不改，降及後世。良史直筆以鋤凶銷逆，聖人垂法以撥亂反正，於是乎有《春秋》。

蓋六經者，聖人因生人愛敬之本心而擴充之，以爲相生相養相保之實政。《易》者，人倫之始，愛敬之本也；《書》者，愛敬之事也；《詩》者，愛敬之情也；《禮》者，愛敬之極則也；《春秋》者，愛敬之大法也。三代之學皆所以明人倫，孔子直揭其本原而爲之總會，於是乎有《孝經》。故曰："唯天下至誠，爲能經綸天下之大經，立天下之大本。"《論語》之所謂學、所謂仁、所謂勝殘去殺、所謂教民即戎，《孟子》之所謂性善、所謂推恩足以保四海、所謂仁者無敵，皆此道也。故曰："吾道一以貫之。"

夫天下者，生人心力之所爲也。人非人不濟。愛敬則相濟，惡慢則相害；愛敬則相生，惡慢則相殺；愛敬則聚，惡慢則散。聚則智，散則愚；聚則強，散則弱；聚則屈物，散則爲物所屈。聖人求所以聚之之道，而得之愛敬；求所以教之愛敬之道，而得之人倫。孩提之童無不知愛其親，此人心之大可用者。於是使婦從夫以正其本，君帥臣以統其類。故父者，子之天也；君者，臣之天也；夫者，妻之天也。三綱既立，五倫既備，天下尊卑、貴賤、長幼、賢愚，各盡其愛敬以效其能，合天下之智以爲智，合天下之力以爲力，合天下之財以爲財，合天下之巧以爲巧。莫大灾患無不弭平，莫大功業無不興立。此伏羲而下，草昧所以變文明；三代之世，中國所以服夷狄也。

天下之生久矣，一治一亂。生民之初，草木榛榛，鹿豕狉狉，茹毛飲血，與禽獸爭。且夕之命，至危苦也。伏羲因民父子相愛之心，爲之別男女以爲夫婦，正人倫而作《易》。有人倫則有是非利害，於是乎有吉凶、悔吝、消息，有否泰、剝復，有君子、小人。有人倫則家有家教，國有國政，於是乎有盛德大業；有人倫則合眾智眾力，以相生相養相保，於是乎有網罟耒耜十二，蓋取相繼而作，開物成務，冒天下之道。萬世之法，於是而興。治始於伏羲，而成於堯。禹平水土，稷降播種，契教人倫，而愛敬生養之能事畢。故刪《書》斷《堯典》。夏、殷相繼，因時制宜以利生民。及紂之身，天下大亂，諸侯不朝。文王懼彝倫之斁，而生人愛敬之道息也，三分天下有其二以服事殷，因伏羲之《易》以正君臣父子夫婦之義。成王之初，管、蔡流言。周公遭人倫之變，立人臣之極，卒成周道。其制禮也，以尊尊統親親。上下相安，君臣不亂，民用和睦，頌聲洋溢，是以深根固本，可大可久。周禮未改，晉知勤王；猶秉周禮，齊不動魯。及五霸之末，篡弑相仍，人道絕滅。孔子懼，作《春秋》。"《春秋》，天子之事"，謂周天子也。《春秋》發首書"元年春王正月"，奉王以治天下，而後有是非、有功罪、有誅賞，亂臣賊子無不伏其辜。尊親之分可得而定，愛敬之情可得而合，富教之事可得而興。伏羲正人倫之始以立愛敬之本，孔子正人倫之變以塞惡慢之原。聖人，人倫之至。孔子志在《春秋》，行在《孝經》。伏羲以來之道備於孔子，六經之義歸於《孝經》。是故天地之性人爲貴。

人之爲道也，入有父子兄弟之親，出有君臣朋友之義，耳可極天下之聰，目可極天下之明，親親之仁，長長之義，可達天下。乾，吾父也；坤，吾母也；大君者，吾宗子也；凡天下疲癃殘疾不得其所者，皆吾兄弟之顛連而無告者也。痛癢不相關則不仁，不仁則非人。仁者，人也。此人之所以爲人也。聖人因之所以爲人，導其愛敬之原而爲之倫理。人人親其親、長其長而天下平，人人智其智、勇其勇而天下強，人人樂其樂、利其利而天下安。聖人愛敬萬世之心無窮，不能豫爲萬世興治過亂，而能爲萬世豫立有治無亂、撥亂反正之本。

天不變，道亦不變，經之所以爲經也。知經之所以爲經，而存諸心、修諸身，爲子則孝，爲弟則弟，爲臣則忠，爲友則信。無不愛，無不敬。溫故知新，凡有益民生日用之事無不學，學無不精。博文約禮，學顏子之所學；堯、舜君民，志伊尹之所志；賢者識大，不賢者識小，師仲尼之所師。博物多能，會其有極，百家羣言必衷諸聖，學之所以爲學也。

先王生養萬民之實政，井田、軍賦、學校、宗法，至秦而盡滅，更二千年，遂成爲今日渙散愚弱之中國。幸而孔子刪述六經於前，以仁萬世。六經存則三綱五常存，而人心之愛敬可得而用。人心之愛敬用，則愚者可使明，弱者可使強，散者可使聚。今日人爲刀俎，我爲魚肉，累卵積薪，未足以喻其危。唯有確明宗旨，激發忠義，萬眾一心，知人爲大清人，學爲大清學，畢智竭慮，通達萬變，不離其宗。上紓君父之憂，下濟蒼生之厄，前答先聖愛敬萬世之仁，今日學堂之所以爲教、所以爲學也。合是四者，經明行修，通經致用，夫是之謂經學。

嗚呼，經之不明久矣！俗儒鄙夫，鏨嵬是工，科第是求，懷利以事其君。平日父子兄弟之間且不可問，更何望其愛國愛民？其於綱常大義、聖學本原茫然不知，物既腐而蟲生之，是以邪說詖行，橫行無忌，犯上作亂，非聖無法，充塞仁義，率獸食人，荼毒糜已。俗士之痿痺不仁如彼，是使民無生氣者也；賊民之悖逆無道如此，是使民陷死地者也。大經不正而世禍亟矣。元弼學識樗昧，何足振興經學！惟是世受國恩，讀聖賢書，沈潛於先師鄭君、朱子之說，以仰窺經旨者二十餘年，求識忠孝二字，求識周、孔諸數人，愚心頗有所覺，不敢爲諸君子隱。范文正公曰：「先天下之憂而憂。」此言抉經之心。諸君子爲公後進，奮發忠義，研精學術，遏燎湮洪，扶屯濟否。大儒之效，豈異人任哉！

述學第二

愛敬天下之道在經，則治經者，不可不審所以從入，以確得其旨。苟誤解經文，是誤天下蒼生也。至當歸一，精義無二。自七十子後學以至今日，凡說經之家，其篤信好學，平心實事以求是者，皆任重道遠，扶植綱常，膠固王道，以愛敬聖人之所愛敬者也；其矜奇炫異，不求真是，不顧流弊，好爲大言，博辯以求勝者，皆欺世盜名，將釀天下離經叛道莫大之禍，以惡慢聖人之所愛敬者也。治醫者欲活千萬人，必先審方書之得失；治經者欲道濟天下，必先知經說之是非。未有人入室而不由戶者。往者元弼嘗舉各經傳，述源流，定治經者不易之途徑，以告兩湖之士，今重爲吾黨諸君子言之。其辭曰：

學莫大乎經。經之所重者，道也。所以明其道者，辭也。所以成其辭者，文字、聲音、訓詁、名物、制度也。局於文字、聲音、訓詁、名物、制度而不求道者，陋也。求道而不由文字、聲音、訓詁、名物、制度入者，亦非也。孔子没而微言絶，七十子喪而大義乖。延及於今，兩千餘年，既文字、聲音、訓詁、名物、制度，亦已聚訟紛紜，莫可究詰，師法淆亂，古義淪亡。苟不審別是非，確明宗旨，好學深思之士，亦何由致力於其間哉！

然則如之何而審別之？曰：得孔氏之傳者爲是，背孔氏之傳者爲非。

《易》自商瞿傳至田王孫，而有施、孟、梁丘之學，京氏出於孟氏，費氏獨傳古文。施、孟、梁丘、京、費，得孔氏之傳者也。虞氏傳孟氏學；荀氏傳費氏學而出入孟氏；鄭君先通京氏，後傳費氏。則鄭、荀、虞，亦得孔氏之傳者也。唐李氏《集解》以荀、虞爲主；國朝惠氏棟《周易述》，精發古義；張氏惠言獨攻虞學，又爲鄭、荀，各通其要；姚氏配中會通諸家，據象推義，尤多至理名言。李氏、惠氏、張氏、姚氏，紹孔氏之傳於既絶也。王弼以老莊言《易》，背孔氏之學者也。今治《易》，當由李、惠、張、姚以達鄭、荀、虞。

《書》，伏生今文，孔安國古文，得孔氏之傳者也。今文有歐陽、大小夏侯之學，古文有衛、賈、馬、鄭之學，皆孔氏之傳也。僞孔氏臆造經傳，虛言亂實，背孔氏之傳者也，宋吳才老、朱子，元吳氏澄，明梅氏鷟，國朝閻氏若璩、惠氏棟辭而闢之。江氏聲、段氏玉裁治古文，孫氏星衍兼治今古文，陳氏壽祺父子專治今文，胡氏渭獨精《禹貢》，皆紹孔氏之傳於既絶者也。今治《書》，當由胡、江、王、段以達伏、孔、鄭氏。道光、咸豐之間，治今文學者往往蔑棄古文家，因而蔑棄經文。猖狂怪誕，流毒無窮。惟陳氏爲善。

《詩》，齊、魯、韓、毛皆孔氏之傳，而毛義尤正。鄭《箋》宗毛爲主而兼采三家，尤能溯四家之所自來者也。王肅名爲申毛，實以私意難鄭，背孔氏之傳者也，幸鄭學之徒辭而闢之。孔沖遠兼疏毛、鄭，不爲邪說所惑，善守孔氏之傳者也。其書廣大精微，沈懿雅麗，後之學者莫之能尚。國朝陳氏啓源、戴氏震、段氏玉裁之書，發疑正讀，亦信多善。陳氏奐訓詁至精，而言禮輒謬。夫禮是鄭學，言禮不本鄭，非孔氏之傳也。當分別觀之。胡氏承珙、馬氏瑞辰，瑜不掩瑕。陳氏喬樅，則存亡繼絕，有功矣。今治《詩》，當以孔《正義》爲主，以各家輔之。

《周禮》，杜子春創通大誼，先後鄭以經、書、記轉相證明，紹孔氏之絕學者也。賈《疏》確守鄭氏家法。國朝江氏永、戴氏震、鄭氏珍之書，雖非訓釋全經，而剖疑析惑，發揮旁通，可謂能致其精。今治《周禮》，當以《疏》爲主，輔以諸家。他若沈氏彤之考禄田，甚難而非；王氏鳴盛之説軍賦，墨守而誤；而程氏瑤田《考工創物小記》，故與鄭立異，尤失平心求是之旨。以子尹之法，箴其膏肓可也。

《儀禮》《禮記》注疏，孔氏之正傳也。賈擇精而孔語詳。國朝張氏爾岐、江氏永、凌氏廷堪、張氏惠言、胡氏匡衷、培翬之學精且博矣，當與注疏并治。元弼亦嘗不揣固陋，覃精研思，爲十七篇《校釋》，於初學不無小補。其他通説“三禮”之書，若朱子《儀禮經傳通解》、江氏永《禮書綱目》、徐氏乾學《讀禮通考》、秦氏蕙田《五禮通考》、金氏榜《禮箋》、孔氏廣森《禮學卮言》，及段氏考《周禮》《儀禮》漢讀，胡氏承珙疏《儀禮》今古文，諸書皆當玩索服膺者也。

《春秋》，《左氏》《公羊》《穀梁》，皆本孔氏之傳。

張蒼、賈誼，得《左氏》正傳者也。後漢賈景伯、服子慎治之尤精。服汪[①]半本鄭注，杜元凱因賈、服而潤色之，雖有更定，大恉不殊。觀各書所引賈、服舊義，多與杜同。洪氏亮吉《左傳詁》輯賈、服注，每云“杜本此”，可證也。《釋例》五十凡，若網在綱，孔氏《正義》亦甚詳明。杜注間有乖謬，光伯規過，多見《正義》。國朝顧氏炎

---

① “汪”，疑当作“注”。

武、惠氏棟、沈氏欽韓、劉氏文淇、李氏貽德辨正尤多。今治《左氏》，宜以《注疏》爲主，而以各家疏通證明之。

《公羊》，漢世最盛。何氏《解詁》雖病專己，要其大義，得孔氏之傳者也。國朝孔氏廣森《通義》，推而廣之，約而精之，有功經傳甚大。陳氏立以禮說《公羊》，尤爲平實。今治《公羊》，當以《注疏》、孔、陳爲主。國朝爲《公羊》學者，惟二家無弊，餘率詆訶《周禮》，譏訕康成，侮慢宋賢，目無法紀。羣不逞之徒，或借漢人，推衍依託"黜周""王魯"等語，文其奸言，冒上無等，非聖無法，蓋經學之敗類，聖世之賊民而已。今宜一切屏絕之。

《穀梁》，尹更始、麋信等注久亡。范書是非互見，要其立心甚公，可師也。近鍾氏文烝《補注》，雖淺近，亦復名家，可並及之。

他若顧氏棟高《春秋大事表》，網羅群言，體大物博。雖家法不甚謹嚴，而議論多正，且可推以致用。惠氏士奇《春秋說》，發揮經義，亦多心得。通說《春秋》之書，斯爲善矣。

《孝經》有今古文。許君爲古文說，鄭君爲今文註，皆孔氏之傳也。鄭注久亡，近儒左右采獲，十得五六，惟《群書治要》所載不足信。明黃氏道周有《孝經集傳》。國朝阮氏元論《孝經》，多創通大義。其子福《補疏》，采輯古說，亦略可觀。

《論語》包氏、鄭氏注，《孟子》趙注，得孔氏之傳者也。朱子注本古注，而益致其精，尤學者所當深信篤好。《論語》近有劉氏寶楠《正義》，《孟子》近有焦氏循《正義》，勝於舊疏。

《爾雅》，孔子門人所記。漢魏人訓詁至精，景純之注，不減樊、孫。國朝邵氏晉涵《正義》、郝氏懿行《義疏》，遠勝叔明，當依據。

《說文》所載字多本孔子壁中書。段氏《注》體大思精，讀段氏《注》而後可以通字例之條，而後可以讀經，而後可以讀周、秦、漢古書。王、桂兩家皆未逮也。

此外，通說群經之書，若顧氏炎武之《日知錄》，首數卷維持名教，通達治道。經學如此，方爲有用。王氏引之《經義述聞》《經傳釋詞》，深通文字假借、因聲得義之源。學者知此，方能遍讀古書。陳氏澧《東塾讀書記》，提要鉤玄，指說各經要領，囊括大典，義據深通，立心純粹，立言矜慎。讀書如此，方可守先待後，永無流弊。

經學源流大致如此。總而論之，則漢之許、鄭，宋之程、朱，得孔氏之傳者也。背許、鄭、程、朱者，背孔氏者也。由許、鄭、程、朱以通孔孟之大義，實事求是，身體力行。爲子則孝，爲弟則弟，爲臣則忠，爲友則信，則儒者之能事畢，而宇宙之患氣無不可消者矣。

守約第三

元弼所以告兩湖之士者如此。經學淵深，非博稽載籍，旁推交通，無以究極古義，精發聖言。

即以《易》論。前所舉外，漢儒書，有揚子《太玄》，準《易》者也，微言大義，往往而在；焦氏《易林》、京氏《易傳》，《易》之支流也；魏氏《周易參同契》，借《易》以爲説，而其所借之義，固漢《易》古義也。唐儒書，孔《正義》外，有史氏《周易口訣義》，間存古説。宋儒書，自程子《易傳》、朱子《易本義》，説理精純，立文顯白，人人誦習外，朱氏《漢上易傳》多采舊訓，楊氏《誠齋易傳》善言政治。國朝先儒，如胡氏渭《易圖明辨》，考論圖書甚詳；惠氏士奇《易説》，名言尤多；焦氏循《易學》，雖穿鑿附會，破壞家法，幾於不可究詰，而其深造獨得之處，實能發先儒所未發；孫氏星衍《周易集解》，網羅放失，舊聞尤備。其他輯錄校勘之學，皆有功經訓，各經皆然。

然今悉略之，而每經限以最切要之數書，歸於永無流弊之一途，不復使人理璞取瑜，採山鑄銅。固已舉要，不求備矣。然時局之危，朝不謀夕；需材之亟，刻不容緩。前舉各書，遍讀盡通，已非十年不爲功。今日之學，如理軍市，如救水火，如醫急症，如求亡子。風雨漂搖，危急存亡之秋，豈能從容待此善乎！

南皮張宮保之《勸學篇》，設治經簡易之法，爲守約之説。

孟子曰："博學而詳説之，將以反説約也。"又曰："守約而施博者，善道也。"夫約者，聖學之所以成始而成終。

《易》六十四卦，約之以成既濟；《詩》三百，約之以一言；《書》百篇，約之以七觀；《禮》三百三千，約之以誠敬；《春秋》二百四十年之事，孔子褒善貶惡，約之以禮。鄭君曰："孔子以六藝題目不同，指意殊別，恐道離散，後世莫知根源，故作《孝經》以總會之。"總會之者，約之也。趙邠卿曰："《論語》者，五經之錧鎋，六藝之喉衿也。"錧鎋、喉衿者，約之也。且子以四教，文約之以行，行約之以忠信，多學而識約之以一貫。顏子博學於文，約之以禮；克己復禮，又約之以視聽言動。此皆博學反約之説也。

孟子曰："堯、舜之道，孝弟而已矣。"孝弟，約也。惟其孝弟，是以能親睦九族，平章百姓，協和萬邦，爲天下得人，以平地成天。施博也。曾子曰："夫子之道，忠恕而已矣。"忠恕，約也。惟其忠恕，是以所求乎子，以事父；所求乎臣，以事君；所求乎弟，以事兄；所求乎朋友，先施之。老者安之，少者懷之。溫良恭儉讓，而所至必聞其政。言忠信，行篤敬，而蠻貊可行。立之斯立，道之斯行，綏之斯來，動之斯和。而教澤感乎，萬世永賴。施博也。漢制，使天下誦《孝經》，約也。東漢人倫之厚，氣節之重，皆由於此。施博也。漢世儒者，無論治何經，皆先通《孝經》《論語》，約也。由此經學昌明，人識君臣父子之綱，家知違邪歸正之路。正士在朝，卓、操緩其逆節；人心思漢，昭烈資以中興。施博也。此皆守約施博之説也。

蓋約者，博之會歸，博之宗旨。

竊嘗考古者治經之法，有二：一爲略舉大要之學，一爲究極經義之學。

盧子幹不守章句，謂治經有卓識，不若守文之徒滯固所稟也；諸葛武侯讀書，觀大略，謂通經致用，知其典要，觀其會通也；陶淵明讀書，不求甚解，謂以意逆志，不以文害辭，不以辭害志也；韓昌黎讀《儀禮》，掇其大要，奇辭奧旨著於篇，太史公爲治國聞者要刪之法也。此皆略舉大要之學也。

淄川田生以下諸儒之《易》，濟南伏生以下諸儒之《書》，齊、魯、韓、毛之《詩》，高堂生、后氏、戴氏之《禮》，胡母生、董子之《春秋》，皆專精一經，竭畢生之力治之。孟子長《詩》《書》，通五經。荀子善於《禮》，而漢初五經多出其傳授。董子精《春秋》，兼通五經。許君《説文》，稱"《易》孟氏、《書》孔氏、《詩》毛氏、《周官》、《春秋左氏》、《論語》、《孝經》"。鄭君三禮之學與經藝相輔，囊括大典，各經皆有注說。程子專力在《易》，朱子專力在四書，而論撰羣經，亦皆扶植綱常，足爲後世法。此皆究極經義之學也。

由前之說，以約爲博之本；由後之說，以博盡約之趣。

今欲強中國，自勤習中西各學始；欲學之專、學之精、學之成、學之爲國用不爲敵用、學之爲民出死入生而不自陷其身於死以陷天下，自正人心始；欲正人心，自發明聖經大義始。大義必易必簡，則守約爲至要。

孝達先生之《守約篇》，取國朝經師之說，約之以每經讀最簡而能賅之一書，又約之以提要鉤玄之法，立明例、要旨、圖表、會通、解紛、闕疑、流別七條目以統之。往者以此事屬元弼，元弼不自量力，素不敢辭名教綱常之責，疾邪說詖行如寇讎。每讀韓昌黎語："苟斯道由愈而粗明，雖滅死萬萬無所恨。"未嘗不壯其志而慕其風。況先生公忠體國，博學爲政，安社稷爲悅，扶人倫爲心。每論學術，謬附同志，用敢謹諾，不辭閉戶研精，於今五年。季長之目瞑意倦，猶解《周官》；邠卿之行瘵心勞，仍注《孟子》。下筆躊躇，惴惴其慄，唯恐去取稍有不慎，以負愛敬本心。屬稿過半，將就公審定。七條之中，要旨尤切。今承當道諸公殷殷以培植，吾黨後進，爲心誠嘉惠盛德，過蒙不遺，屬與諸君子商論經旨。

《傳》曰："禮之所尊，尊其義也。"用取所編要旨錄以相質。此書名《經學通義》，放陳氏澧《漢儒通義》之例，以義爲主，其各經通例及大典章制度，間釋一二，約之又約。務取明白正大，足以感發人之善心，有裨修身治世實用。進而求詳，則有他日孝達先生審定之經義在。又進而求之，則專經之學，深造自得。且遍讀羣經古今訓詁，以上窺御纂欽定諸經，窮理盡性，參贊化育之旨，其功用更無窮矣。子曰："君子博學於文，約之以禮，亦可以弗畔矣夫。"漢儒申之曰："夫博而不約，必畔道也。"彼學非而博，言僞而辨，誦六經以文姦言，設淫辭以倡暴行者，蕩檢踰閑，壞法亂紀，正坐不約之病。不約則博非所博，誣衊聖賢，排毀六經，而大禍至矣。

孝達先生曰："有經義千餘條，以開其性識，養其根本，則終身無

離經畔道之患。"彼邪說詖行，除一二匪首外，大都隨聲附和，陷於大
戾，夫豈其性惡哉？父兄之教不先，子弟之率不謹，不讀書，不知禮。
初不識六經爲何語，堯、舜、周、孔爲何如人，孝、弟、忠、信爲何如
事。中無所主，遂爲邪說所誘。赤子匍匐而入井，冥行索塗，納諸罟擭
陷穽之中而不知避。苟平日稍知經義，何至如此！故先聖垂典文、褒厲
學者之功篤矣。

今願約取經義，與諸君子共守。以此修身，則孝弟忠信敬讓；以此
讀書，則求有用之學，不誦無益之言，爲天下國家愛惜光陰，愛惜精
力；以此治西學，則畢智竭慮以效其長，精進神速以備國用，擇善而
從，不爲所蔽；以此處鄉里，則謹守官法，以爲民倡敦善行而不怠，使
人望之若祥麟威鳳；他日以此服官，則本所學以施之政事，竭忠盡智，
尊主隆民，公家之利，知無不爲，廉以持身，仁以恤下，勇以任事，開
誠布公以得人心，集思廣益以濟艱大。陸宣公之轉危爲安，范文正之先
憂後樂，高山仰止，景行行止。區區此心，不勝以施博，望諸君子也。

經學史論

康有爲的三世説與 《大同書》

干春松 *

晚清時期中國的危機首先表現爲"國家"的危機，即現代西方的經濟、政治、法律體系在向全球擴張的時候，導致了許多傳統帝國的崩解。當西方的觸角伸向清王朝的時候，這個延續了幾百年的帝國同樣面臨著由帝國向現代民族國家轉型的壓力。困境在於，這種轉型并不是基於帝國的經濟和政治的自身發展所引發制度和觀念的變革，而是由外來的軍事和經濟壓力所導致的中國社會的剛性斷裂，這導致人們對於中國應該被塑造成什麼樣的"國家"產生了多種態度。比如隨著"民族國家"觀念的引入，在20世紀初逐漸形成爲新的政治勢力的"革命派"提出了"單一民族"國家的主張，試圖以民族主義來喚起漢族人的革命意識從而推翻清政府來建立一個以漢族爲主體的民族國家。而康有爲、梁啓超和楊度等政治人物，則希望通過對"中華民族"概念的重新闡述而建構一種"國族主義"的觀念。這樣，便可以在建國運動的過程中，努力保存清帝國的疆域和人口。

那麼，儒學如何在這樣的複雜語境中提供思想資源，進而甚者，儒學在試圖對"民族國家"提供解釋的過程中會提供什麼樣的與西方不同的"國家"圖景呢？

有人認爲，民族國家觀念的引入會導致儒家普遍主義面相的失落，轉而成爲一種"特殊性"和本土化論説的提供者，汪暉就認爲這是晚清儒學所面臨的最大危機。他説："晚清儒學面臨的最大困境是：隨著帝國成爲世界資本主義的邊緣區域，儒學'萬世法'同時淪爲一種不合時

* 干春松，北京大學哲學系教授。

宜的'地方性知識'。儒學'萬世法'建立在儒學禮儀與'中國'之間的内在的歷史關係之上，一旦'中國'無法抽象爲普遍的禮儀原則，一旦風俗、種族、地域等等超出'中國'的範圍（即無法納入'内部'），一旦'中國'的存在不再能够自我界定或必須有'外部'來加以界定，這一'萬世法'的普遍性和適用性必然面臨危機。"① 將普遍主義的失落看作是晚清儒學的最大困境有可以討論的空間。普遍主義固然是儒家的基本面向，但儒學始終是既特殊又普遍的，而普遍主義是建立在各種帶有特殊和時代特色的解釋系統上的，於是，在我看來儒學在晚清的最大困境并不在於是否能解釋這個世界，而在於能否給中國的現實困境提供解釋。最終儒學被否定而失去制度性支援，其根本原因是無法解釋"中國"。也就是説，當人們認爲通過儒家價值體系建立起來的社會秩序難以應對西方的挑戰，那麼儒學便會産生"績效"層面的危機，并轉而認定儒學是中國得以維持和發展的障礙。

圍繞"普遍性"的争議在明末清初的"禮儀之争"過程中就已經十分尖鋭，這或許可以理解爲排他性宗教和地方習俗的矛盾。在這樣的矛盾中，儒教的敬天法祖思想是否可以理解爲一種普遍性的信仰就存有争議。對於清帝國而言，所要面對的是國家内部的種族之争，當一個人口占少數的民族成爲"民族國家"的核心民族的時候，其代表性就成爲問題。因爲民族國家的要素中，"人口"是最爲關鍵的。當滿族作爲一個少數民族在建立起清朝的時候，其正統性就一直面臨著挑戰。按照儒家《公羊》學"從變而移"的文明觀，清政府努力通過接受漢族文明來建立其文化認同，而一些儒家文化圈的國家却不願意接受游牧民族作爲禮樂文明的代表，所以，在 17 世紀之後，朝鮮王朝和日本國君都認爲被滿族統治的中國不再能代表文明意義上的"中國"，唯有他們才能代表。②

---

① 汪暉：《帝國的自我轉化與儒學普遍主義》，見《現代中國思想的興起》上卷第二部，《帝國與國家》，北京：生活·讀書·新知三聯書店，2004 年，741 頁。

② 葛兆光説：朝鮮人在明朝滅亡之後，認爲本來是儒家發明并自以爲正宗的禮儀，在中國的保存却反不如朝鮮純粹。因此，明朝以後無中國，他們却以"後明朝"和"小中華"自認。（參葛兆光：《西方與東方，或者是東方與東方——清代中葉朝鮮與日本對中國的觀感》，見葛兆光：《宅兹中國：重建有關"中國"的歷史論述》，北京：中華書局，2011 年，156 頁）

與利瑪竇等耶穌會士通過傳教所帶來的文化衝擊不同，1840 年以後的西方文化是通過戰爭和貿易的方式進入中國的，傳教成爲附屬物。戰爭給中國造成的是包括經濟、政治甚至信仰的全方位影響。這種霸權式的文明植入所帶來的後果是雙重的：一方面，基於保國、保種的需要，許多人認爲要模仿西方的現代國家體制，甚至接受其價值，由此建設有競爭力的國家；另一方面，則是從儒家和佛教等多種中國傳統的因素出發，對新的國家形態的正當性進行反思。當西方文明自身的自我批評的思想資源傳入中國之後，與傳統中國的價值產生了特殊的化合作用。比如，社會主義對平等的追求和對於資本主義的不合理的經濟政治制度的批評，與儒家的大同、小康思想形成了共鳴，導致晚清大多數的思想家都曾經有過研究和提倡社會主義的階段。[1] 有研究表明，康有爲很早就接觸到社會主義的思想，這也影響到他的大同思想的形成。[2]

大同觀念可以看作是康有爲重建儒家普遍主義的努力，也可以看作他對於現代民族國家體制的不滿，更可以理解爲近代中國人對於理想秩序的期待。因此，對康有爲的大同觀念的討論對於理解康有爲的思想是十分重要的。而如果要對他的大同觀念的思想基礎進行探尋，首先得從他的三世說的歷史哲學開始。

一、"三世說"與康有爲的歷史哲學

傳統儒家對於"時間"的認知具有"往復性"和"綫性發展"等範

---

[1] 劉師培就是社會主義與無政府主義的重要先驅。他說："現今倡無政府說者，一爲個人無政府主義，一爲共產無政府主義，一爲社會無政府主義，而吾等則以無政府主義當以平等爲歸。"（劉師培：《無政府主義之平等觀》，見《劉師培辛亥前文選》，北京：生活·讀書·新知三聯書店，1998 年，116 頁）他甚至認爲無政府主義比共產主義還要更徹底地堅持平等的原則。"今之言共產主義者，欲掃蕩權力，不設政府，以田地爲公共之物，以資本爲社會之公產，使人人作工，人人勞動。"但劉師培認爲即使人人勞動，那麼各人的能力不同，會導致事實上的不公平。（劉師培：《人類均力說》，見《劉師培辛亥前文選》，107 頁）這些都是比較早期的社會主義思想。與康有爲的《大同書》中的平等和無政府主張有共通之處。

[2] 張汝倫說："凡是讀過《大同書》的人大概都會同意，康有爲的大同（社會主義）思想的確受到西方社會主義思潮的影響。"（張汝倫：《現代中國思想研究》，上海：上海人民出版社，2014 年，347 頁）但具體是哪些人的思想，則比較難以斷定。

式。以《周易》爲基礎的干支計時方式，體現了歷史時間在現實展開中的回圈性，從而建立起以對於王道的遵循和違背的"治亂回圈"的歷史認識。在"綫性"發展上則存在著由三代到後世的政治不斷被霸道化的"退化"範式和以《公羊》三世爲基礎的歷史不斷發展的"進化"思維。這些模式在思考現實政治的時候，會被複合式地使用。

而近代以來西方思想的傳入，對康有爲而言，西方的"時間"觀念對他直接的衝擊就是耶穌紀年。這雖然表現爲對於基督教和孔教之間的"教爭"，但當康有爲在導致"强學會"危機的"孔子紀年"事件中，事實上就是選擇了歷史不斷發展的邏輯。① 這個邏輯對於儒家的最爲直接的衝擊就是以往儒家的理想"三代之治"被"歷史化"地還原，因此，康有爲在萬木草堂等講課的時候，已經十分人類學化地將堯、舜"還原"爲一個部落的首領，相當於現在少數民族的一個"土司"。換言之，如果選擇了一個進化的歷史發展範型，理想的社會必然在未來，而新的歷史哲學需要對這樣的未來提供一個藍圖，此爲康有爲的《大同書》之"歷史哲學"的功能。

1. 康有爲"三世説"歷史觀的形成與完善

康有爲的政治哲學基礎，在他捨弃《教學通義》雜糅今古文的立場而轉向今文經學的理路的過程中得以確立。換言之，通過重新確定周公和孔子的歷史地位，康有爲的托古改制的"改制者"身份才得以自任，既然他試圖通過上書來改變現實政治面貌的道路顯得如此遙遠，他乾脆决定自己來擔任這個角色。這種方式是如此令人驚駭，以致他很早獲得了"康聖人"的名號，很顯然，這個頭衔帶有揶揄的意味。康有爲早期弟子陳千秋最能體察康有爲的思想轉變，認爲孔子創造六經，爲萬世制法的精神，漢宋儒者多有繼承；到清朝醉心考據，使聖學難明，因此，"吾師康先生，思聖道之衰，憫王制之缺，慨然發憤，思易天下，既紬

---

① 詳見干春松：《儒家制度化重建的嘗試：康有爲、陳焕章和孔教會》，見干春松：《制度儒學》(增訂版)，北京：中央編譯出版社，2017 年，195～199 頁。

之於國，乃講之於鄉"①。這樣的"講之於鄉"，對於康有爲而言，并非一次簡單的講學，他甚至自比爲類似於孔子退而著《春秋》的"天子之事"。事實上，康有爲的《新學僞經考》《孔子改制考》一出，的確在晚清的朝野和學界引發地震，從而開啓了一個新的時代。

抛開康有爲之改制等種種現實政治設計不論，康有爲之今文學的確定，一個重要的意義是他根據《公羊》三世說，確立了他解釋歷史的範型，在三世說的支持下，他的托古改制以及大同理想無非是歷史哲學的"現實化"展開而已。

"三世"概念出現在康有爲的著作中很早，在他的第一本著作《教學通義》中，就用了"三世"概念，不過，這時的"三世"指的是中國自晉以來的歷史可以分爲三個階段。

> 自晉至六朝爲一世，其大臣專權，世臣在位，猶有晉六卿、魯三家之遺風，其甚者則爲田常、趙無恤、魏螯矣。

> 自唐至宋爲一世，盡行《春秋》譏世卿之學，朝寡世臣，陰陽分，嫡庶辨，君臣定，篡弑寡，然大臣猶有專權者。

> 自明至本朝，天子當陽，絕出於上，百官靖共聽命於下，普天率土，一命之微，一錢之小，皆決於天子。②

康有爲有時也使用"世"來作爲時間的"刻度"，比如在 1888 年《上清帝第一書》中，康有爲就以不同的"世"應采取不同的治理方式來說明變法的必要性。他說：

> 今之時局，前朝所有也，則宜仍之，若知爲前朝所無有，則宜易新法以治之。夫治平世，與治敵國並立之世固異矣。③

這裏所提到的"治平世"還不是後來三世中的太平世的一種提

---

① 陳千秋：《長興學記跋》，見《康有爲全集》第一集，北京：中國人民大學出版社，2007 年，315 頁。劉巍說："在在上者一無可望的情況下，'人人存改制之心，人人謂素王可作'，也許才是中國的唯一生機。康有爲的今文經學，是其上行路綫走不通而不得已開關下行路綫……這是他告別《周禮》而另尋旨歸，捨周公而宗孔子的關鍵。"（劉巍：《中國學術之近代命運》，北京：北京師範大學出版社，2013 年，113 頁）

② 康有爲：《教學通義》，見《康有爲全集》第一集，40 頁。

③ 康有爲：《上清帝第一書》，見《康有爲全集》第一集，183 頁。

法，而是表示我們已經處於敵國并列的時代，不能用舊方法來治理國家了，并不關涉"三世"。在 1893 年參加癸巳科考的草稿中，他在解讀"如有王者必世而後仁"中闡述了《春秋》三世說："《春秋》明王道，王道本於仁，故《春秋》之義，莫重於仁。而必張三世，何哉？蓋《春秋》托始亂世，中進爲升平世，而終爲太平世，然後教化流行，德澤大洽，人人有士君子之行，故王者必世而後仁。"①

即使到了戊戌變法時期，康有爲的三世思想依然沒有形成其獨特的歷史解釋系統。他在萬木草堂講學的時候，反復跟學生强調，如果不講改制，那麼讀《春秋》就沒有意義。不過，康有爲還不能有效地利用三世理論將制度變革和歷史階段結合起來。他在講三世的時候，還是基本沿襲"禮制"派②思路，甚至將《中庸》中的"凡有血氣，莫不尊親"，看作是"《春秋》太平之世也"③。

據估計是寫作於 1893 年到 1897 年的《春秋董氏學》，康有爲在解說董仲舒的三世說的時候，已經初步形成他自己的三世思想。"'三世'爲孔子非常大義，托之《春秋》以明之。所傳聞世爲據亂，所聞世托升平，所見世托太平。亂世者，文教未明也。升平者，漸有文教，小康也。太平者，大同之世，遠近大小如一，文教全備也。大義多屬小康，微言多屬太平。爲孔子學，當分二類，乃可得之。此爲《春秋》第一大義。"④ 從這段話中，我們可以注意康有爲將大同和小康納入"三世"系統，說大義多屬小康，主要是要說明後世所遵循的儒家義理多是對小

---

① 康有爲：《如有王者必世而後仁》，見《康有爲全集》第二集，4 頁。
② 丁亞傑說："清代《公羊》家論三世，概有三種思路：一以書法論三世，莊存與、孔廣森屬之；一以禮制論三世，劉逢祿、宋翔鳳、皮錫瑞、廖平屬之；一以政事論三世，龔自珍、魏源屬之。學術與政治日漸緊密。"（丁亞傑：《清末民初公羊學研究——皮錫瑞、廖平、康有爲》，臺北：萬卷樓圖書有限公司，2002 年，312 頁）
③ 《康南海先生講學記》，見《康有爲全集》第二集，123 頁。
④ 康有爲：《春秋董氏學》，見《康有爲全集》第二集，324 頁。這樣的區分在熊十力看來是"無知混亂"："有爲祖述班固，以爲大義者，即小康之禮教，而孟軻言誅亂臣賊子之類皆是也。微言者，即《禮運》大同之說，與《春秋》太平義通，皆隱微之言也。如有爲所云則《春秋》爲大義、微言兩相淆亂之書，孔子本無一定之見。"（熊十力：《原儒》，北京：中國人民大學出版社，2006 年，99 頁）熊十力的批評事實上遠離了《公羊》學的本義，他也認爲《公羊傳》傳達的并非孔子的思想。

康社會而發，祇是孔子基於人的發展程度而定的法則，并非儒家最爲理想的制度。這些理想存於孔子對於大同之世的描述中，是需要闡發的"微言"。

戊戌變法失敗之後，康有爲與梁啓超等流亡海外，他們仍不斷組織政治和軍事活動試圖改變政局。至 1900 年唐才常所領導的自立軍失敗，保皇派的氣勢受挫并開始分化，許多康有爲門下的弟子逐漸傾向推翻帝制的革命。因爲清政府的壓力，1901 年康有爲離開日本避居馬來西亞的檳榔嶼，在此期間完成了他的《公羊》學的最爲系統的著作《春秋筆削大義微言考》，在這本書中，"清末《公羊》思想的要素，尤其是'三世'模式，都有極詳密的發揮"①。康有爲自己也是極其看重此書，他在給朋友的信中説："方今世變彌大，然孔子之道，圓周溥博，四通六辟，無所不在。其最要之旨，在《禮記·禮運》之言小康、大同，在《春秋》言三世之據亂、升平、太平。夫《春秋》之義不在《左傳》，而在《公羊》口説之董氏、何氏。若不知古文《左傳》之僞，則不知今文《公羊》之真，則孔子之大道終無由明。但據諸經據亂之説，狹小孔子範圍，則對於歐米民主之政，國際之學，及一切新説，皆不能範圍，則孔子之道，豈不窮而將弊乎？……《僞經考》所以辨僞孔經之非而存其真，《論語注》所以考今文之説而存七十子之學，《春秋筆削大義微言考》則稍備孔子三世之學，庶幾孔子之道不墜。"② 事實上，1902 年之後的經典注釋作品也是圍繞著三世原則所做的發揮。

在《春秋筆削大義微言考》一書中，康有爲確立了以未來爲導向的叙述策略，也就是説以孔子的太平世爲目標，來爲中國接受新制度提供正當性基礎，同時又通過世變時移的辯證思維來確定以往制度在不同世存在的合理性。這是一種在大變局的處境下尋求過去和未來之間儒家義理一致性的努力。

康有爲在該書的"自序"中，對孔子的精神做了全新的闡述，他説："孔子之道，其本在仁，其理在公，其法在平，其制在文，其體在

---

① 孫春在：《清末的公羊思想》，臺北：臺灣商務印書館，1985 年，182 頁。

② 康有爲：《答李參奉書》，見《康有爲全集》第十一集，244 頁。

各明其分，其用在與時進化。夫主乎太平，則人人有自立之權；主乎文明，則事事去野蠻之陋；主乎公，則人人有大同之樂；主乎仁，則物物有得所之安；主乎各明許可權，則人人不相侵；主乎與時進化，則變通盡利。故其科指所明，在張三世。"① 這段話是對儒家核心理念的重新解讀，將公平、自立、進化等現代觀念注入仁學本體之中。在康有爲看來，孔子雖然身處據亂之世，但他通過三世法，描繪了人類由亂至治的軌迹。其用心并非在一族、一國，而在於"浹乎天人"。此"天人"觀乃康有爲對於儒家有關"人"的認識的根本性轉變，即"人爲天生"，所以人是"獨人"，因此其最終的目標是人的可能性的完整實現，即大同太平之世的實現。

三世説確定了發展的必然性，接下來的問題就是中國處於三世中的哪一世？當將中國確定爲正在由據亂向升平轉進的時候，就不能再泥守孔子基於據亂而制定的法則，而是要與時進化。康有爲批評以往的儒者固守據亂之法，導致了中國社會的停滯。"我國從前尚守孔子據亂之法，爲據亂之世，然守舊太久，積久生弊，積壓既甚，民困極矣。今當進至升平，君與臣不隔絶而漸平，貴與賤不隔絶而漸平，男與女不壓抑而漸平，良與奴不分別而漸平，人人求自主而漸平，人人求自立而漸平，人人求自由而漸平。其他一切進化之法，以求進此世運者，皆今日所當有事也。此董子所謂'以奉仁人'。雖以據亂之法不同，乃正以救其弊，子思所謂'並行而不悖'。若守舊法，泥古昔，以爲孔子之道盡據亂而止，是逆天虐民，而實悖乎孔子者也。《春秋》三世之法，與《禮運》小康、大同之義同，真孔子學之骨髓也。"② 在這裏，康有爲又重申了他在《新學僞經考》中的論點，認爲是劉歆的僞纂經典，導致孔門大同之精神難以發揮作用，致使《公羊》學有書無師。要不是僞經當道，中國在魏晉時期，就已經可以進入升平世，而到現在則可能已經是太平世了。③

---

① 康有爲：《春秋筆削大義微言考》，見《康有爲全集》第六集，3 頁。
② 同上書，17～18 頁。
③ 同上書，18 頁。

　　根據三世的歷史觀，康有爲認爲六經中隱藏著儒家不同世的治理法則。"孔子之爲《春秋》也，陳三世之法，始於據亂，中於升平，而終於太平。據亂之世，君主專制；升平之世，立憲法而君民同治焉；太平之世，去君主，人民自治而行共和焉。故《詩》與《春秋》皆始文王，由據亂而進爲升平之立憲君主也。《春秋》之終，《書》之始，皆稱堯、舜，由升平之立憲民主進而爲太平也。至作《易》曰：見群龍無首，吉。"① 從《尚書》到《春秋》，不同的經典描述的是不同世的治理原則。從社會制度的層面，則要由君主制發展到君民同治的共和制，最後則是人各自立、群龍無首的大同世界。

　　三世説作爲一種歷史發展不同階段的理論，不僅是制度原則的差異，也包含著具體的制度設置和社會結構的變化。比如儒家素重君臣大義，在君臣關係上，强調君臣上下尊卑。然康有爲根據人爲天生的原則提出就天賦的意義上，所有的人都是"天之子"，這樣，天子之號不能由君主獨擅，而從生理的意義上，君主也是母親的兒子："古者君主皆托於天生，自稱爲天子。孔子則發明凡生人皆爲天生，就其體言之，則君亦爲母之子；就其性言之，則民亦皆天之子；不過古者尊者取其尊稱，卑者取其卑稱耳。分别尊卑，此就當時據亂世而言。蓋亂世以天統君，以君統民，故有尊卑之隔。太平世則無尊卑之别，人人獨立，直接於天，則人人皆可稱爲天子矣。若當升平，則人人亦可行郊禘而稱天子。此孔子之意也……又發明民所歸往謂之王，然則必億兆謳歌，朝覲公舉爲之，然後可謂之王。大同之世，所謂選賢與能也。若夫以力服人，此祇可謂之霸，不能謂之王。如後世唐太宗、宋太祖，祇能謂之唐太霸、宋太霸而已。至於秦始皇、元太祖、明太祖，暴骨以逞，祇可謂之民賊。"② 康有爲説現在的歐洲已經廢除世卿制，即使君主不能立刻改變世襲制，也會通過選賢爲相的方式來補救，因此，已經發展升平世了。

　　在三世説的理論中，平等觀念、公天下的理念被視爲社會進步的標誌。康有爲可能是中國最早提倡男女平等的思想家。他説："'妻者齊

---

①　康有爲：《共和建設討論會雜誌發刊詞》，見《康有爲全集》第九集，288 頁。
②　康有爲：《春秋筆削大義微言考》，見《康有爲全集》第六集，60 頁。

也’，義本平等。升平之世，必一夫一妻相平……若太平之世，則凡人類祇能謂之爲人，不別男女，人人獨立，人人平等；其爲夫婦，如交友然，祇有合好而已。”① 這種男女平等的觀念在《大同書》中得到進一步的發揮。

在經濟制度上，儒家歷來反對政府與民爭利，強調天下乃天下人之天下：“山林藪澤之利，所以與民共也，虞之非正也。此明與民同山林藪澤之利，國家不可奪而專之。此平世之義也，中國今猶行之。然諸國并立，競爭圖存，講求財政，日益加密，固有不能已者。取天地自然之利，猶勝於重稅於民，故多立虞。至大同時，一切與民共之，必無是政矣。”② 與其他部分不同的是，在經濟制度方面，康有爲不但批評了專制君主將天下視爲私產的行爲，同樣也批評了資本主義國家所采取的重賦政策，由此，許多人認爲康有爲的三世說中，已經包含了社會主義的因素。

在討論具體的制度構想的時候，康有爲尤其注意區分理想與現實的緊張，在理論上他固然側重於反對以往儒者泥於據亂而不知進於升平的頑固觀念，但在實踐上他并不是要立刻照搬看起來最爲完善的制度，而是要從效能的角度來衡量制度的可行性。比如，他提倡民權而專主立憲，然而在實地考察了法國和德國的政治得失之後，他認爲德國的政治才是最適合還未進入大同世的當今世界：“今中國人士甫知美之民主、法之革命自由、英之立憲民權，皆爭慕之，以爲立極之理。豈知事變日生，新理日出，舊曆已過，又爲新曆時代耶！吾觀德之政治，吾以爲德必霸歐洲，蓋有適宜之政體焉。其他不適於時宜，而爲世論所壓、不能自拔者，則歸於淘汰矣，奧國是也。奧以數十黨爭而待亡，德以一賢主專制而致霸。”③

2. 經典注釋與“三世說”的闡發

孫春在先生認爲，《春秋筆削大義微言考》的完成，標誌著康有

---

① 康有爲：《春秋筆削大義微言考》，見《康有爲全集》第六集，78頁。
② 同上書，89頁。
③ 康有爲：《德國游記》，見《康有爲全集》第七集，444頁。

爲《公羊》學理論創制的結束，接下來的作品，尤其是他對幾部儒家
經典的注釋，不再對《公羊》學有新的理論的闡發，而是用所確定的
《公羊》三世理論來解釋儒家的歷史和現實。[①] 當然問題也由此產生，
即一個基於儒家的普遍性歷史範型如何去解釋新的地理空間中的問
題。此類問題在後來中國引入社會發展五階段的學說時以另一種方式
重演過。

以重新詮釋的仁的價值爲基礎，康有爲確定了由據亂、升平向太平
大同世界進化的社會發展觀，并以此作爲他在東南亞以及印度時期經典
詮釋活動的價值導向。1898 年之後的流亡時期，雖然在政治上屢屢受
挫，却因禍得福地進入了他人生中難得的理論建構階段。如果說引發軒
然大波的《孔子改制考》等著作是由學生集體編纂而成的話，那麼，此
期間的著作是他獨立完成的。在此期間，他不但完善了《大同書》，而
且對《論語》、《孟子》、《中庸》和《禮記·禮運》進行了注釋。通過注
釋經典來發揮自己的思想是歷代儒生最爲通行的方法，康有爲注釋這些
著作，目的在於說明三世說乃是孔子思想之真精神，并進一步說明中國
在三世中的定位以確定當下的任務和未來的目標。

康有爲選擇經典進行集中注釋可以看作是對朱熹的一種"效仿"。
朱子選擇《論語》《孟子》《大學》《中庸》進行注釋，是憂慮"道統"
之不傳。而康有爲這麼做則是擔心"大同"理想被湮没。所以，他特
意加入了《禮記·禮運》，與《論語》、《孟子》和《中庸》構成"新
四書"。[②]

在《不忍》雜誌刊登的關於《禮運注》的廣告中，有一段文字很耐
人尋味，廣告說《禮運》大同篇的論說和《公羊》三世的說法，可以互
相印證："若《公羊》三世之義，董仲舒、何休傳其口說，然仍少明文，
遍考遺經，大書特書，發明大同至道者，惟《禮運》一篇，若此篇不
存，孔道僅有小康，則君臣之義被攻，而孔教幾倒，中國禮文皆與孔爲

---

① 孫春在：《清末的公羊思想》，184 頁。
② 在《康有爲全集》中我們可以看到他曾經做過《大學》注的痕迹。但我認爲這或許
祇是康有爲的計劃。可以推測康有爲原本是通過注釋傳統的"四書"來闡發他的"大同"之
理，但《禮運》篇顯然更爲適合，所以，他將《禮運》和四書中的其他三篇構成"新四書"。

緣隨之同盡，是中國爲墨西哥矣。即廢丁祭收祭田，亦可畏矣。今幸
《禮運》猶在，大同發見，實希世之鴻寶，中國之絕學，獨一無二之秘
傳，即其言據亂之禮，亦多大義微言，爲群經所不及。前儒蔽於亂世小
康之義，疑莫能通，久翳雲霧，鬱而不發者二千餘年。南海先生生當地
球大通，冠歲而悟大同之理，求之孔子之道，得《禮運》之篇，乃大發
明之。自有此注而孔子之道乃顯，大教不墜。近人疑孔子爲專制，辯護
者亦可閉喙矣。"[①] 廣告雖然是民國成立後的事，卻也可以窺見康有爲
注《禮運》的意圖。

在這些經典中，康有爲特別重視《禮運》篇。"讀至《禮運》，乃浩
然而歎曰：孔子三世之變，大道之真，在是矣。大同、小康之道，發之
明而別之精，古今進化之故，神聖憫世之深，在是矣。"[②]

爲了區分大同和小康，康有爲推定了孔子思想包含"仁運"與"禮
運"。他説："孔子之道有三世，有三統，有五德之運，仁智義信，各應
時而行運。仁運者，大同之道。禮運者，小康之道。撥亂世以禮爲治，
故可以禮括之。禮者，猶希臘之言憲法，特兼該神道，較廣大耳。"[③]
康有爲將"大道之行也"與"三代之英"進行了拆分，重構了儒家理想
秩序的框架，將三代之治設定爲升平世的小康之道；而孔子的志向則是
人理至公的"大道"。

康有爲認爲中國已經到了小康之世，應該向大道進發。"今者，
中國已小康矣，而不求進化，泥守舊方，是失孔子之意，而大悖其道
也。"[④] 當然，他也不是始終如此樂觀，更多的時候，康有爲將中國的
社會發展判定爲由據亂向升平發展的時期，"小康社會"是其要建設
的目標。

在"大道"的映襯下，以往儒家思想所著力建構的倫常秩序變成了
"古昔之小道"，未及"公"的世界。康有爲認爲："天下國家身，此古
昔之小道也。夫有國、有家、有己，則各有其界而自私之。其害公理而

---

① 湯志鈞編：《康有爲政論集》上，北京：中華書局，1998 年，194 頁。
② 康有爲：《禮運注》，見《康有爲全集》第五集，553 頁。
③ 同上書，554 頁。
④ 同上書，553 頁。

阻進化，甚矣。惟天爲生人之本，人人皆天所生而直隸焉。凡隸屬天之下者皆公之，故不獨不得立國界，以至强弱相争。并不得有家界，以至親愛不廣。且不得有身界，以至貨力自爲。故祇有天下爲公，一切皆本公理而已。"①

康有爲進一步解釋"公"的概念説："公者，人人如一之謂，無貴賤之分，無貧富之等，無人種之殊，無男女之異。分等殊異，此狹隘之小道也。平等公同，此廣大之道也。無所謂君，無所謂國，人人皆教養於公産，而不恃私産，人人即多私産，亦當分之與公産焉。"② 就此而論，國家、家族和自身，乃是陷於私而不及公。康有爲認爲國家的存在是戰争和争奪的根源，而父子兄弟夫婦之親情，較之亂世的不明人倫也是一種進步，但還未達至社會之理想狀態，而祇是"自營其私"而已。聖人緣情制禮，制度設置不能超越時代，祇能應其俗，順其勢，整齊而修明之。以"大道"爲標準，我們發現爲歷代儒家所推崇的三代之治，在康有爲這裏也祇能算是小康之道，而未能進於大同之道。"故禹、湯、文、武、周公之聖，所爲治化，亦不出此，未能行大道也。不過選於亂世之中，較爲文明而已。其文明之法，皆在隆禮，有禮而謹修之。故於五德之運，未能至仁運、智運，而僅當禮之運而已。不獨未能至仁運、智運也，即義運、信運亦未之至，但以禮爲經，而著其義、考其信而已。"③ 對於禮運之上存在著仁運，或許可以理解。但智運、信運和義運，則匪夷所思，而且也造成了三世理論一致性的困擾。

《禮運注》對於三代之治的否定已經足以令人駭然，然這并不是最觸動當時人的神經的。因爲，《論語注》直接否定了我們可以從《論語》中瞭解孔子的最關鍵的思想。

在《論語注》的序言中，康有爲説孔子弟子各聞孔子之教，支派繁多，比如《中庸》者子思之學，孟子傳《春秋》，子游傳大同思想，子

①② 康有爲：《禮運注》，見《康有爲全集》第五集，555頁。
③ 同上書，556頁。康有爲對於禮治的定位也多有差異，比如在注釋《論語》中"道之以政"章的時候，康有爲就説："政刑者，升平小康之治也。養其善性，和以文明，使民種民俗皆為仁良，日遷善而不知，忠直公溥之風已定，自不屑爲奸慝之事。故德禮者，太平大同之治也。"(《康有爲全集》第六集，388頁)

貢則傳孔子性與天道之學，等等，甚至把莊子等都列入孔門再傳弟子之列。而一貫被看作是最爲直接反映孔子言行的《論語》則是"曾子門人弟子後學所纂輯也"。

康有爲説曾子一派，"專主守約"，經典中所記録的曾子言行，都是如何修身謹篤，衹是一家之學説，"以孔子之道之大，孔門高弟之學術之深博如此，曾門弟子之宗旨學説狹隘如彼"，如此這般，以他們爲主所采擷的孔子言語，"少掩聖仁之大道，而孔教未宏矣。故夫《論語》之學，實曾學也，不足以盡孔子之學也"①。在康有爲的孔子思想傳承體系中，孟荀并重，而特別强調董仲舒，認爲孔子之萬世法，唯董仲舒傳其微言，而後世的朱子等宋代賢人，因對大義微言無所得，以爲《論語》乃孔子思想之大全，把本來屬於六經輔翼的《論語》抬高到超過六經的地步，并與《大學》《中庸》《孟子》一起立於學宫，作爲科舉之標準，由此《論語》取代六經成爲孔教之大正統。

康有爲説，聖人之教數千年來，被曾子、朱子二聖所約束，所幸的是聖道未泯，上天讓他來"發明《易》《春秋》陰陽、靈魂、太平、大同之説"。同時將《論語》中所隱含的微言大旨也一一發掘。② 而這也就是他注釋《論語》的本意。

康有爲以制法者自居，他之注釋《論語》多有繼承劉逢禄、宋翔鳳等晚清今文學家的風格，甚至重拾讖緯來證明孔子乃受命改制。比如在解釋《述而》中"述而不作，信而好古"時，康有爲説："孔子仰推天命，俯察時變，却觀未來，豫測無窮，故作撥亂之法，載之《春秋》。删《書》，則民主首堯、舜，以明太平；删《詩》，則君主首文王，以明升平。《禮》以明小康，《樂》以著大同，係《易》則極陰陽變化，幽明死生，神魂之道。作《春秋》以明三統三世，撥亂、升平、太平之法。故其言曰：文王既没，文不在兹？又曰：天生德於予，雖藉四代爲損益，實爲創作新王教主，何嘗以述者自命，以老彭自比乎。"③ 從《孔

---

① 康有爲：《論語注·序》，見《康有爲全集》第六集，377 頁。

② 同上書，378 頁。

③ 同上書，425 頁。

子改制考》開始，孔子就被看作是大地教主，通過托古改制而來爲萬世制定法則，其手段即是删定六經。在這裏康有爲將孔子做六經和作爲教主新王的使命結合起來，這與宋明以來的《論語》主流注釋方法差異巨大。

比較值得注意的是《論語注》中對於"孝"的處理。我們知道，在康有爲的大同視野中，一直將家國身視爲"小道"，而家國觀念中最爲關鍵的儒家德行就是"忠孝"，而此或爲康有爲所批評的《論語》守約之核心。不過康有爲并没有否定孝，而是認爲孝與忠一樣，是體會一體之仁的階梯。在解釋"孝弟也者，其爲仁之本與"時，康有爲説，孔子志在《春秋》，行在《孝經》，立教在仁，行則要從孝開始。雖然大同之世不獨親其親、子其子，而父母作爲類之本，父母生養、兄弟同氣，所以孔子要強調孝悌。而這種情感是培育人類之愛的基礎。康有爲發揮"孝子不匱，永錫爾類"的意思，説《孝經》中言事親的事并不多，是爲了強調超越家庭的人類之愛。"故堯、舜仁覆天下，而孟子稱之曰：堯、舜之道，孝弟而已。誠以孝弟爲行仁之本。立愛自親始，本原既定，推以愛民物、通天人，而大道自生也。"① 换句話説，康有爲并非直接肯定孝行本身，而是看重孝的情感對於建構大同理想的導引性作用。

康有爲認爲，如果一種秩序背於人情天理，必然行之不遠。所以在《孟子微》中，對於孟子稱墨子無父之論是禽獸也，他做了如此的辯護："平等之義，但言人類平等則可，孔子所以有升平、太平之説。若愛，則雖太平大同亦有差等，蓋差等乃天理之自然，非人力所能強爲也。父母同於路人，以路人等於父母，恩愛皆平，此豈人心所忍出乎？離於人心、背乎天理，教安能行？"②

康有爲對於孟子極其推崇，將孟子視爲孔教的保羅和龍樹，深得孔子《春秋》之學而發揚之。康有爲認爲孟子的學術，就在"道性善""稱堯、舜"這六個字中。

雖然在人性論的問題上，康有爲更爲接受董仲舒的性三品説，認爲

---

① 康有爲：《論語注》，見《康有爲全集》第六集，381 頁。
② 康有爲：《孟子微》，見《康有爲全集》第五集，497 頁。

人性之質點可以爲善，然此與孟子之性善説相合。孟子説人皆有不忍人之心，然後發爲不忍人之政，因此人性善是治教之本。"蓋言性惡者，亂世之治，不得不因人欲而治之。故其法檢制壓伏爲多，荀子之説是也。言性善者，平世之法，令人人皆有平等自立，故其法進化向上爲多，孟子之説是也。各有所爲，而孟子之説遠矣，待人厚矣，至平世之道也。人人有是四端，故人人可平等自立。自謂不能，是棄其天與之姿，卸其天然之任，墮於惡下，失於自立，故謂之自賊也。"①

他在解讀《孟子·盡心》篇中的親親仁民愛物時，就是從三世説的角度來討論。他説大同之世才能仁民愛物，而亂世則要能夠做到親親。眾生也是受天地之氣而生，各種生物也是我們的同胞，安有不愛之理！不過據亂世人道經營未達化境，要儘量做到節制來控制殺機。

不同世衹能按不同的原則來要求，既不能超前，也不宜拖後。像佛教之戒殺，雖是高尚理想，但倡之過早。"凡世有進化，仁有軌道，世之仁有大小，即軌道大小，未至其時，不可强爲。孔子非不欲在撥亂之世遽行平等、大同戒殺之義，而實不能强也。可行者乃謂之道，故立此三等以待世之進化焉。一世之中又有三世，據亂之中有太平，太平之中有據亂。如僅識族制親親，據亂之據亂也。內其國，則據亂之太平矣。中國、夷狄如一，太平之據亂也。眾生若一，太平之太平也。一世之中有三世，故可推爲九世，又可推爲八十一世，以至於無窮。孔子之仁，亦推於諸星諸天而無窮。孟子先發親親、仁民、愛物三等之凡例於此，其餘學者可推之，自內以及外，至於無窮量數焉可也。"②

在這裏康有爲提出了一個新的問題，即所謂據亂世中的據亂、升平和太平。此事殊爲複雜。三世説原本爲中國的歷史而發，如果在特定的空間單元中，我們可以區分爲三世，比如中國當時所處之階段爲據亂或升平，因此，我們需要向升平或太平"進化"。在地理空間拓展之後，三世説不但要用以解釋中國的歷史和現實，也必須對世界歷史的發展做出解釋。這是重構儒家的普遍主義的內在要求，但困難是明顯的，當

---

① 康有爲：《孟子微》，見《康有爲全集》第五集，414 頁。
② 同上書，415～416 頁。

《公羊》學家試圖通過經典的重構和强調"口説"來擴展解釋的空間的時候，經學内部的張力就出現了，這種新經學會造成經典的神聖性的喪失。更爲困難的是，當《公羊》學試圖解釋世界的時候，中國便不再具有文明上的優勢，普遍性便難以確立。若現代世界的理想秩序是由西方世界來呈現的，那麼文明的代表性人物就不再是三代之英，而是華盛頓這樣的"洋人"。①

如果以世界爲坐標，那麼大致説來西方處於升平向太平的階段，而中國處於據亂向升平，非洲、太平洋的島嶼則處於據亂。如果以中國爲坐標，則少數民族居住區與其他部分也處於不同的"世"。在這個解釋過程中，康有爲顯然受了佛教的影響，構建出"三世遞回"。②

對於"三世遞回"的最爲完備的描述，出現在康有爲對於《中庸》中"王天下有三重焉，其寡過矣乎"的注釋中。③由於要面對"西方"的存在而導致的"三世説"的解釋有效性的問題，最直接的解決辦法是增加變數。首先所要借用的是過往的經典解釋所釋放的空間。比如《春秋繁露》。他解釋説："王，往也。天下所歸往之謂王，如孔子也。孔子世，爲天下所歸往者，有三重之道也。重，復也，如《易》卦之重也。《繁露·三代改制》曰：故王者有不易者，有再而復者，有三而復者，有四而復者，有五而復者，有九而復者。此通天地、陰陽、四時、日月、星辰、山川、人倫，皆有三重之制也。"④雖然并没有具體説明三而復、四而復等等是如何皆有三重之制的，但是這些制度是王者所不易的。

康有爲也借助佛教的思想資源來説明"三世"中每一世均包含有三重。他説："三重者，三世之統也。有撥亂世，有升平世，有太平世。

---

① 康有爲在解釋舜是東夷之人的時候，指出，聖人之所以爲聖人是能稱爲後世法則，而不是因爲其出生於中國還是東夷。這固然是夷狄進於中國則中國之的《公羊》大義。"孟子所稱仁心仁政，皆法舜、文王，故此總稱之。後世有華盛頓其人，雖生不必中國，而苟合符舜、文，固聖人所心許也。"（康有爲：《孟子微》，見《康有爲全集》第五集，417 頁）

② 孫春在：《清末的公羊思想》，190 頁。

③ 類似的解釋在《春秋筆削大義微言考》和《論語注》中都出現過。一方面這些著作大約寫作的時間比較接近，另一方面其内容也很相似，而《中庸注》可以説是完備的和複雜的，故以此爲代表。

④ 康有爲：《中庸注》，見《康有爲全集》第五集，387 頁。

撥亂世，內其國而外諸夏。升平世，內諸夏而外狄夷。太平時，內外遠近大小若一。每世之中，又有三世焉。則據亂亦有亂世之升平、太平焉，太平世之始，亦有其據亂、升平之別。每小三世中，又有三世焉。於大三世中，又有三世焉。故三世而三重之，爲九世。九世而三重之，爲八十一世。輾轉三重，可至無量數，以待世運之變，而爲進化之法。此孔子製作所以大也。"① 從邏輯推理的角度，若是三世中含有三世，那必然會是無量數的，而一旦引入無量數，則會面臨新的解釋效率的稀釋。這是三世說所遇到的最爲直接的挑戰。

三世可以并行不悖，這是天地之所以爲大的根本原因。"即以今世推之，中國之苗瑶侗僮，南洋之巫來由吉寧人，非洲之黑人，美洲之煙剪人，今據亂之據亂矣。印度、土耳其、波斯頗有禮教政治，可謂據亂之升平矣。若美國之人人自主，可謂據亂之太平矣。今治苗瑶黎侗、非洲黑人之法，必設以酋長，別其男女，教之讀書，粗定法律，嚴其爭殺，導之禮讓，斯可矣。若遽行美國之法，則躐等而殺爭必多。待進化之印度、波斯，乃可進變於美國也。太平與據亂相近而實遠，據亂與升平相反而實近。而美國風俗之弊壞，宜改良進化者，其道固多。若所以教中國之苗人，非洲之黑人，則教據亂之法，尚不能去也。將來太平之世，各種未齊，亦必有太平之據亂者存，此亦無如何者也。故今者大地之中，三世之道并行，法則悖矣，而治世之意各得其宜，則未嘗小悖也。"② 到大同世固然治法也有所不同，却各得其宜。而當下各地各有其弊，但治理之法則不能千篇一律。

複雜化固然是因爲所要解釋的对象的豐富多樣所必須做出的調整，但當"三世"經過無數的"三重"之後，便不再具備解釋現實的力量。

在三世的制度建構中，"孔子發明據亂、小康之制多，而太平、大同之制少。蓋委曲隨時，出於撥亂也。孔子之時，世尚多稚，如養嬰兒者，不能遽待以成人，而驟離於襁褓。據亂之制，孔子之不得已也。然

---

① 康有爲：《中庸注》，見《康有爲全集》第五集，387 頁。
② 同上書，389～390 頁。

太平之法，大同之道，固預爲燦陳，但生非其時，有志未逮耳。進化之
理，有一定之軌道，不能超度。既至其時，自當變通。故三世之法、三
統之道各異，苦衷可見，但在救時。孔子知三千年後必有聖人復作，發
揮大同之新教者。然必不能外升平、太平之規則，亦不疑夫撥亂、小康
之誤也。"① 在這段話中，康有爲對自己的使命有一種明確的表示，他
認爲孔子是因爲身處的時代，不得已對於小康之制多所發明。而三千年
後的聖人，其爲康有爲之自許乎？他之所以以終身之力寫作《大同書》，
亦是爲了未來的世界"制法"。

3. "三世"與大同、小康

《公羊》三世説本來祇是《公羊》家解釋歷史的一種範型，當康有
爲試圖以三世説作爲一個更爲普遍性的模式來解釋世界歷史的時
候，就會面對世界"一時兼三世"的複雜性。如若又想獲得經典的支
持，那麼還需與儒家其他的社會發展理論進行協調。而康有爲尤其要
面對的是《禮運》篇中的"大同、小康"和《孟子》中的"平世、亂
世"模式，因此，《禮運》篇和《孟子》是康有爲 1901—1902 年經典
注釋計劃的重點。

《孟子》中有平世和亂世之分，在《離婁下》中説："禹、稷當平
世，三過其門而不入，孔子賢之。顔子當亂世，居於陋巷，一簞食，一
瓢飲，人不堪其憂，顔子不改其樂，孔子賢之。"這裡的平世和亂世之
分，本祇就他們所處的時代狀況而論，大禹生活的時代秩序井然，而顔
回則生活在一個禮崩樂壞的時代。康有爲以這句話爲基礎來發揮他的三
世説，并將之作爲孟子傳《公羊》的證據。"《春秋》要旨分三科：據亂
世、升平世、太平世，以爲進化，《公羊》最明。孟子傳《春秋公羊》
學，故有平世、亂世之義，又能知平世、亂世之道各異。然聖賢處之各
因其時，各有其宜，實無可如何。蓋亂世各親其親，各私其國，祇同閉
關自守。平世四海兄弟，萬物同體，故宜飢溺爲懷。"不同世的"世道"
不同，原則也不同。"亂世主於別，平世主於同。亂世近於私，平世近

---

① 康有爲：《中庸注》，見《康有爲全集》第五集，388 頁。

於公。亂世近於塞，平世近於通，此其大別也。"① 對於平世這個概念
的偏好約略可以推測是因爲"平世"之"平"。對平世和亂世的不同價
值原則的區分，是要説明孔子制定那些基於別的原則時的合理性，同時
還要指歷史必然會向平世發展。

在《盡心上》"親親仁民愛物"章的解釋中，康有爲是將平世亂世、
大同、小康與三世説加以勾連，認爲親親、仁民和愛物分別是據亂、升
平和太平世不同的社會建構原則。這種差別也體現了"仁"的不同層
級。"大同之世，人人不獨親其親、子其子。禹、稷當平世，視人溺猶
己溺，人人平等，愛人若己，故平世之人廣遠。"② 在這裡，平世和大
同、小康是混雜在一起説的。

康有爲并非一個現代意義上的學問家，所以，他在處理這些不同系
統的問題的時候，并没有太過著心於各個系統之間的障礙。這些問題也
出現在《禮運注》中。

我們知道《禮運》所描述的大同、小康乃儒學史上最爲經典的社
會發展階段論説，在康有爲的解讀中，這二者的關係是如此處理的：
"大道者何？人理至公，太平世大同之道也。三代之英，升平世小康
之道也。孔子生據亂世，而志常在太平世，必進化至大同，乃孚素
志。"③ 康有爲認爲：孔子自己所處的時代算不上小康，所以提出大同、
小康以伸張他的志向。并説孔子討論禮制，則主要是爲小康所做，這是
由他所處時代所決定的，根本目標則是大同。

由此，我們可見，爲了彌補三世説的普遍化所帶來的問題，康有爲
除了對三世三重化之外，又引入大同、小康和平世、亂世兩種二世説來
與之相配，這反映出經學時代要面對現實問題所必須面對的"經典牽
制"。讓經典來遷就現實，既會削弱經典的神聖性，也會導致更多的遷
就。比如，如果以小康爲升平世，大同爲太平世，那麼據亂世就需要一
個新的定位。如果采用平世和亂世模式，那麼平世是否應該包括太平世

---

① 康有爲：《中庸注》，見《康有爲全集》第五集，421 頁。
② 康有爲：《孟子微》，見《康有爲全集》第五集，415 頁。
③ 康有爲；《禮運注》，見《康有爲全集》第五集，554 頁。

和升平世在内呢？具體到康有爲所希望接近的西方議會、民主、共和等政治制度，他更是難以將西方和中國進行“三世”式的定位。當時的經學家們也是從這樣的解釋過於曲解經典來批評他的。① 孫春在先生説：“康有爲在 1901 年的作品中，已有時將‘三世’作模糊的二分法。或以‘據亂升平’與‘太平’對稱，或以‘據亂’與‘升平太平’對稱。……這種兩極化的趨勢（指理想與現實趨向難以調和或漸進的兩個極端）在 1901 年時，藉《中庸注》中的‘遞回三世’模式作了第一度的表露。但雖然‘據亂之據亂’與‘太平之太平’之間距離加遠，終還是有一些段落可循。它所顯現的消極意義，祇是由於理想之不可驟至而放緩了改革的步驟而已。然而 1902 年中顯化的‘二世’模式就不同了，它代表著理想界‘平世’與現實界‘亂世’中斷層的正面浮現。”② 這就是説，康有爲將那些理想的制度留給了未來的平世，而他自己則著力要解決“亂世”的問題。具體到他的政治主張變化軌迹上，隨著革命派的迅速崛起，他越來越趨向於接受君主制而非革命派所主張的共和制。

《公羊》家“所選取的《公羊》義例，已有模式化的雛型，并且可由古史推向未來，建構成一個世界性的體系。這一體系，或者有大而無當的隱憂，但却的確是前瞻性的、世界性的、富創意而積極的。‘三世’模式可以將紛至的‘理想’劃分層次、標定次序，並藉著對己身時代在模式中的定位，進而勾繪出前進的步驟。這一階段式的思

---

① 葉德輝説：“三世之説，曰‘所見’，曰‘所聞’，曰‘所傳聞’，傳有明文，屢自申其義例，何休衍爲‘據亂’‘升平’‘太平’，雖《公羊》家舊説流傳，不爲無本，然祇可謂經師家法，不得謂聖作精神。春秋之世，何曾一日太平？聖人作《春秋》以垂法後人，豈以此高深要眇之談，使讀者迷惑其本旨？果如此類議論，則是六經之精意，同於文士之神思，於義則高，於世何補？此大謬不然者也。《傳》云：‘内其國而外諸夏，内諸夏而外夷狄。’中外、夷夏之界，至明且嚴。又云：‘王者欲一乎天下，曷爲以内外之辭言之？言自近者始也。’此言治天下之次第本末，語意顯明，何休推至太平世，遠近大小若一，以爲聖人用心尤深，亦謂聖人大道爲公，望夷狄之治無異諸夏之治，而内外華夏四者何嘗不分別言之？彼不深究傳文而死讀注字，是彼於傳注尚未了然，何足語於經義乎？《禮運》一篇，言世運之轉環，大同之世，盜賊不作，是以外户不閉，無一語及《春秋》，更無一語及夷夏，聖人望治之意，六經皆可會通，斷不能武斷小康爲升平、大同爲太平。”（葉德輝：《葉吏部與段伯猷茂才書》，見《蘇輿集》，長沙：湖南人民出版社，2008 年，203 頁）

② 孫春在：《清末的公羊思想》，199 頁。

考方式，對於面臨紛繁的外部壓力的十九世紀末的中國是很有價值的"①。但是《公羊》家們也發現了一個殘酷的現實，即不管如何進行系統内部的調整，《公羊》的義例已經難以完全解釋這個數千年未有之大變局。比如，康有爲等人通過對三世説的複雜化處理，試圖來給中國和世界的發展階段進行定位，但這并不能真正回應中國傳統制度和現代制度之間的張力。而最終的結論或許就是，《公羊》的模式已經無力回應時代的問題。"即令是繁複化之後的'三世'模式，仍不能有效地提供當時以有力的回應行動。這一點是由於思想體系本身的缺陷。易言之，'三世'祇是一個進化史觀（清末的意義），并不足以構成一個完整的、且是'現代的'系統。然而當時的《公羊》思想家們却未慮及此。在回應乏力之時，有些人放弃了此一途徑的努力，而轉向他求；有些人則將模式作太過一般化的繁複推衍，而使其蜕變并回歸到傳統的二元世界觀，反趨保守。"② 從放弃這一層來説，意味著對於通經致用一途的否定。而對於繁複化的一層來説，其實也是放弃了《公羊》學對於現實的積極回應，而是消極地試圖讓外在的現實削足適履般地回歸到《公羊》模式中，事實上，也使《公羊》學由變革的動力僵化爲變革的阻力。

康有爲三世説的價值基礎是儒家之"仁"，而動力因素則建基於由氣、電等物質因素所帶動的事物進化的傾向。康有爲通過對"仁"的重新解釋來作爲儒家普遍主義立場的基礎。雖然各個時代的治法不同，但其本質亦歸結於仁。如果能持人道之正，則能接受新的價值。《公羊》家們"對西方的尊重，一方面是基於《公羊》學以文化而不以血統判分夷夏的内外觀，另一方面尤其是根源於'三世'義中'遠近大小若一'的太平大一統理想。孔子改制，爲萬世立法，可以包容現屬'諸夏'的各國。那麼他們的長處有什麼不能取法的？而且《公羊》家們更爲各西學西政找到了典籍中的根據，那就更没有問題了"③。

三世説受到進化思想的影響是顯然的，在戊戌變法前後，康有爲也

---

①② 孫春在：《清末的公羊思想》，250 頁。

③ 同上書，132 頁。

是將西方的制度和文明作爲進化的目標。① "每變一世，則愈進於仁；仁必去其抑壓之力，令人人自立而平等，故曰升平。至太平，則人人平等，人人自立，遠近大小若一，仁之至也。此如土耳其、波斯、印度，則日教以西歐之法度，漸去其生民之壓力，而升之於平。而美國之文明，已至升平者，亦當日求進化，乃能至太平也。"②

在康有爲眼裏，孔子作《春秋》也是本著進化的態度，他相信世界必然由據亂、升平向太平進化，所以他提前製作了以大同思想爲基礎的萬世法、人類法。這樣的法則超越了民族國家的局限，而是著眼於全人類的利益。這也是孔子作爲萬世教主的偉大之處。"孔子者，聖之時者也，知氣運之變，而與時推遷，以周世用，則通三統焉。孔子又爲進化之道，而與時升進，以應時宜，故又備升平、太平之憲法，以待將來大同之世、修正憲法之時，有所推行焉。故《春秋》廣張三世之義，深密博大，而據亂之中有升平、太平，升平之中有據亂、太平，而太平之中有升平、據亂，蓋一世之中，又有三世，三重而爲八十一世，皆有義可推，以爲無量世修正憲法之備，甚矣其博大悠久也。所異者，今各國之憲法，衆人修之，《春秋》之憲法，一聖修之。今各國之爲憲法，限於其一國，及其一時；《春秋》之爲憲法，則及於天下與後世。今各國之言憲法，以爲國計，故僅及土地人民政事；《春秋》之爲憲法爲教計，則偏（徧）於人倫道德鬼神動植，此教主所以爲大也。"③ 在《論語注》中，則把三世演化和社會進步、人權的演進視爲進化之後果。"人道進化皆有定位，自族制而爲部落，而成國家，由國家而成大統。由獨人而漸立酋長，由酋長而漸正君臣，由君主而漸爲立憲，由立憲而漸爲共和。由獨人而漸爲夫婦，由夫婦而漸定父子，由父子而兼錫爾類，由錫類而漸爲大同，於是復爲獨人。"④ 通過進化的原理可以推知人類的發

---

① 湯志鈞說，康有爲在馬來西亞的時候，與人一起誦讀《天演論》，由此引發 "大同三世" 説的演變。（參見湯志鈞：《康有爲的大同思想與〈大同書〉》，上海：上海人民出版社，2016 年，43 頁）

② 康有爲：《春秋筆削大義微言考》，見《康有爲全集》第六集，17 頁。

③ 《刊布春秋筆削大義微言考題詞》，見湯志鈞編：《康有爲政論集》下，807 頁。

④ 康有爲：《論語注》，見《康有爲全集》第六集，393 頁。

展軌迹，他歎息後世的儒生不能體察《論語》與《春秋》、《禮運》在大同"微旨"上的一致性，幷説，百世俟聖人而不惑，現在離孔子的所推想的時間大約三千年，正是闡發《論語》微言的時候了。

康有爲深受進化論的影響，但幷不是進化論的信徒，基於對大同價值的肯定，他對於進化論中所帶有弱肉强食的叢林法則和經濟社會不平等後果抱有深刻的批判態度。

康認爲社會的競爭主要來源於自私的人性，但是人能够看破、克服這樣的趨勢，將自然的特性强加於人類社會，這就是達爾文之"妄謬"之處："其妄謬而有一知半解如達爾文者，則創天演之説，以爲天之使然，導人以競爭爲大義。於是競爭爲古今世界公共之至惡物者，遂揭日月而行，賢者皆奉之而不耻。於是全地莽莽，皆爲鐵血，此其大罪過於洪水甚矣！"[①]

在康看來，人類社會應該用博愛的精神來克服基於自私而産生的競爭，而以合群共利的態度來使人類擺脱禽獸般的相互殘殺。"夫天演者，無知之物也；人義者，有性識之物也。人道所以合群，所以能太平者，以其本有愛質而擴充之，因以裁成天道，輔相天宜，而止於至善，極於大同，乃能大衆得其樂利。若循天演之例，則普大地人類，强者凌弱，互相吞噬，日事兵戎，如鬥鵪鶉然，其卒也僅餘强者之一人，則卒爲大鳥獸所食而已。"[②] 在據亂世的時代，人各自私，宣傳競爭還情有可原，但是在升平之世，人各獨立，互不侵犯。到大同世，天下萬物皆同體同胞，最痛恨競爭，也不再有競爭。如果有競爭，那就是每一個人都爭著爲這個社會貢獻仁愛和智慧，因此像天演論"於同體同胞爲有大害，豈可復播此惡種以散於世界哉"[③]。

缺乏競爭的社會必然會導致退化，"夫物以競爭而進上，不爭則將苟且而退化，如中國一統之世。夫退化則爲世界莫大之害，人將復愚。人既愚矣，則製作皆敗，而大禍隨之，大同不久而復歸於亂，此不可不預防範。若導人以爭，又慮種於根性而爭禍將出，二者交病"[④]。康有爲意識到這個矛盾，幷試圖解决。比如讓各地方獎勵公共設施和其他方

———————————————

①②③④　康有爲：《大同書》，見《康有爲全集》第七集，174 頁。

面的改進，同時，人自身也要通過學習和創新來提升。"或謂人道必以競爭乃能長進，中國之退化危弱，由於一統致然；西歐之政藝日新，由於競爭所致。是則誠然。然歐人經千年黑暗戰爭之世，苦亦甚矣。今讀五代史五十餘年之亂殺，尚爲不忍，而忍受千年之黑暗亂爭乎？今中國遲於歐洲之治强，亦不過讓之先數十年耳。吾國方今大變，即可立取歐人之政藝而自有之。豈可以數十年之弱，而甘受千年之黑暗乎？且使《公羊》不滅於劉歆，則升平世、太平世之說，至六朝已可大昌，而大地亦爲我主，又安有必故爲分裂，以待競爭而求長進乎？"①

在康有爲看來，歐洲的進步也是因爲近百年來平穩的政治格局，他更借俾斯麥凝聚德國的例子認爲，如果是獎掖工藝，自當促進社會進步，但是經由戰爭的國家間的競爭并不必然導致社會的進步，因此，要促進中國的發展，所需要的是智力上的競爭而非要通過將中國分裂而造成人爲的競爭。

針對競爭與和睦之間的複雜性，康有爲用太極生兩儀的思路體悟出對立與統一的道理。他在《論語注》中解釋"君子無所爭……其爭也君子"這句話的時候說，君子之爭不同於小人之爭，"修睦爲人利，爭奪爲人患，蓋爭之極，則殺戮從之，若聽其爭，大地人類可絶也。然進化之道，全賴人心之競，乃臻文明。禦侮之道，尤賴人心之競，乃能圖自存。不然，則人道退化，反於野蠻，或不能自存而并於强者。聖人立教雖仁，亦必先存己而後存人，且尤欲鼓舞大衆之共進。故爭之害，聖人預防之，而爭之禮，聖人特設之"②。

這裏康有爲的思想有一個有趣的轉折，他認爲在紛亂的時代，反而不能提倡競爭，因爲物質不足，人心險惡，爭心太重，應該有所遏制。而太平大同之世，人們心態平和，反而應該提倡"君子之爭"。"蓋太極兩儀之理，物不可不定於一，有統一而後能成；物不可不對爲一，有對爭而後能進。且當據亂世，人之爭心太劇，故以尚讓革之。若當平世，人之亂殺漸少，則以激爭進之。故亂世不可尚爭，惟平世而後尚爭；小

---

① 康有爲：《義大利游記》，見《康有爲全集》第七集，367 頁。
② 康有爲：《論語注》，見《康有爲全集》第六集，396 頁。

人不可教争，惟君子然後可争。此則萬理無定，而在與時消息。"① 平世既然是人類社會發展的理想，實現了平世之後，人類該如何設計自己的生活方式呢？ 競争固然是個問題，但更爲關鍵的問題是太平世是不是人類發展的最後階段，歷史是否就"終結"了呢？

二、"大同"世界，康有爲的 "歷史終結"

康有爲通過對《禮運》《孟子》等經典的注釋，以"大同"世界來描述他的三世説中太平世的社會圖景。他通過不同"世"的"歷史階段論"來容納新的政治因素，并重構了儒家的普遍主義基礎，以此來進行对资本主義和现代民族國家體系的批判。他十分看重他對於人類未來的具體描述，甚至以此來自許爲新聖。他説，孔子作爲聖之時者，主要傳達的是據亂小康之道，而現今他的使命則是要傳達大同之旨。這種以作法者自居的態度，在儒家内部的人看來是非聖的行爲，在一般的人眼裏，則是癲狂。

在康有爲的思想體系中，《大同書》是一部特別作品。此書寫作時間很長，按照康有爲的自傳性作品《我史》的説法，他在光緒十年（1884）因爲研讀佛經和接觸顯微鏡，體會到事物之間差別的相對性，從而開始以三世推將來。光緒十一年（1885）二月，他頭痛發作，醫生束手，他數月不出門，從容待死，"乃手定大同之制，名曰《人類公理》，以爲吾既聞道，既定大同，可以死矣"②。如此這般朝聞道夕死可矣的自得之意，可以看出大同思想對於康有爲的極其特別的意義。

《人類公理》或是《大同書》的雛形。不過我們現在能看到的與《大同書》有關的文本是《實理公法全書》。③

所謂實理，概有二端，一謂科學可證實之理，二謂根據實際效果來

---

① 康有爲：《論語注》，見《康有爲全集》第六集，396 頁。

② 康有爲：《我史》，17 頁。梁啓超將這部書的影響稱之爲："火山大噴火也，其地震也。"（梁啓超：《清代學術概論》，北京：中國人民大學出版社，2004 年，200 頁）

③ 朱維錚先生説《實理公法全書》"没有隻字提到孔子，也没有隻字引用《禮記》或其他儒家經傳"，因此"堪稱'非聖無法'"（朱維錚：《從〈實理公法全書〉到〈大同書〉》，見朱維錚：《求索真文明》，上海：上海古籍出版社，1996 年，236～237 頁）。

判定之理。而公法亦有二端：一謂幾何公理，亦即科學之公理；二謂當
幾何公理無所出之法，人類所立符合最大多數人利益的公理。《實理公
法全書》分爲"總論人類門""夫婦門""父母子女門""師弟門""君臣
門""長幼門""朋友門""禮儀門""刑罰門""教事門""治事門"等，
主要爲人類生活的一些基本內容，即個人、家庭、國家等。殊可關注者
爲"人類門"，在這裏，康有爲將人定義爲"各分天地原質以爲人"，即
是從人的自然屬性方面來強調人的規定性。由此推出人的基本權利：自
主權、平等、互相制約和負有責任（互相逆制）、興愛去惡、重賞信罰
等。而把没有自主權、差等、不具備對等責任等視爲不合理的制度。由
此可見，康有爲在《實理公法全書》中，把從啓蒙以來所確立的人類價
值判定爲公法，而可能與傳統儒家價值比較接近的，則屬於未達到公理
高度的"比例"。由此，康有爲進一步推論：夫妻是平等的，一夫一妻
是比較合理的制度；父母生育孩子是一種自然的過程，孝慈不必然是一
種道德義務；君主不應該具有至高無上的權威；等等。很顯然，這些原
則與《大同書》構成了康有爲思想的連續性鏈條。

按梁啓超在《清代學術概論》裏的論述，康有爲寫完《大同書》後
秘不示人，亦不在教學過程中講述大同原理，僅有梁啓超、陳千秋等學
生看過這部書，并始在康門弟子中宣傳，於是萬木草堂的弟子才開始談
論大同。但是，在萬木草堂期間，康門弟子所閱讀的是不是《大同書》，
其實大可懷疑，這是因爲，於 1913 年之後連載的《大同書》中可見大
量的流亡期間的見聞記錄，而康有爲卻曾標記説《大同書》撰寫於
1884 年。於是，目前更多的人願意相信《大同書》是一部逐步寫成的
著作，其基本定型大約是在 1901—1902 年之間避居印度時。[①]

康有爲之所以不願意將《大同書》示人，或許原因在於：在《公
羊》三世和進化論基礎上建構起堅固歷史觀的康有爲堅信，歷史的發展
自有其規律，在不同的階段其政治法律制度和價值觀念各不相同，而大
同作爲未來社會的形態的描述，如果過早公布則會造成天下大亂。康有

①　湯志鈞先生所著《康有爲的大同思想與〈大同書〉》有專門一節（55～62 頁）論證
《大同書》著於 1901—1902 年期間，并在隨後不斷完善。現在我們見到的依然是未完成版。

爲爲何還是要將其著成文字呢？大概其作爲改制者自許，需要將關於現在和未來的聖人之製作傳達出來，以作爲人類發展的指向。

《大同書》的内容分爲十部：甲、入世界，觀眾苦。乙、去國界，合大地。丙、去級界，平民族。丁、去種界，同人類。戊、去形界，保獨立。己、去家界，爲天民。庚、去產界，公生業。辛、去亂界，治太平。壬、去類界，愛眾生。癸、去苦界，至極樂。

康有爲認爲天地萬物和人類，都由宇宙間的元氣所創生，都具有仁智吸攝之力，由此產生不忍之心。這種不忍之心匯出“不逃人”的責任感，即對於家、國、天下之責任。“其進化耶則相與共進，退化耶則相與共退，其樂耶相與共其樂，其苦耶相與共其苦。”① 是一種同甘共苦的共同體意識。

《大同書》對人道的厘定或與傳統儒家的觀點有所不同，康有爲説：“夫人道祇有宜不宜，不宜者苦也，宜之又宜者樂也。”由此，他所要爲人類謀求的是“去苦以求樂”②。“立法創教，能令人有樂而無苦，善之善者也；能令人樂多苦少，善而未盡善者也；令人苦多樂少，不善者也。”③ 以苦樂之多少來斷定制度的良劣，這明顯受到佛教的影響。他進一步説，目前世界所通行的制度，乃是强者所創，這樣便導致强者對於弱者的欺凌，雖則不夠完美，卻是制度發展過程中所必須經歷的。聖人創立制度不免因應習俗，不能超越其時代的限制。康有爲舉例説君爲臣綱、夫爲妻綱就會造成臣民和妻婦因被壓制而受苦，但在某一階段這樣的制度有其歷史的合理性。

康有爲認爲人類痛苦歸根到底在於人與人之間的不平等，祇有建立起一個充分平等的制度，那麼人類的苦難才可能得到紓解。

康有爲列舉了人類種種苦難，認爲在亂世，無論貴賤都會遭遇各種困境和磨難，如此多的困境均起因於不平等。在眾多的不平等中，階級之間的不平等危害最烈。“天下之言治教者，不過欲求人道之極樂，而

---

① 康有爲：《大同書》，見《康有爲全集》第七集，5頁。
② 同上書，6頁。
③ 同上書，7頁。

全人類之極樂，專在人類之太平，今既有階級，又分無數之階級焉，不平謂何？有一不平即有一不樂者，故階級之制，最與平世之義相反者也，至相礙者也。萬義之戾，無有階級爲害之甚者，階級之制不盡滌蕩而汎除之，是下級人之苦惱無窮，而人道終無由至極樂也。"① 梁啓超等人都認爲康有爲的理想帶有社會主義性質，以消滅階級來建立平等的社會，正是馬克思的社會主義的重要內容。

康有爲認爲，人類不平等者有三：一是賤族，也就是種族差異中的低等種性或低等人種。二是奴隸，失去基本人權的群體。三是婦女。對於人種的不平等問題，康有爲顯然已經接受了 19 世紀中期西方人類學家的結論，認爲白種人是高等種族，黃種人其次，黑色和其他色系的人種最爲低端。而康有爲消除人種的不平等的方式比較極端：除了遷地、雜婚之外，還有沙汰之法，即對於有疾病和狀貌奇惡者通過藥物使之"絕嗣"。很顯然，在這裏康有爲的人種大同，不是通過承認不同人的平等權利，而是通過人與人之間提升到同等程度的方式來實現。而接受了種族優劣論的大同之世，可能是一個極其可怕的世界。

康有爲最有見地的平等觀表現在對婦女地位的提升和男女平等的提倡上。康有爲指出，婦女在社會中的地位低下，失去了基本的選舉和自由行動的權利。在《大同書》中，康有爲對儒家的人倫多有批評，將之歸入據亂之制。處於升平之際，必須改變男女不平等的狀況，并提倡自由的價值觀。"近者自由之義，實爲太平之基。然施之中國今日，未爲盡宜。然以救女子乎，實爲今日第一要藥。"② 相比於人種提升和廢除奴隸制，康有爲覺得給婦女提供教育和公共活動的機會，讓她們自由婚姻，更具備可行性。他甚至主張廢除束縛人的婚姻制度，讓男女之間以合約的方式結合。爲了防止永久婚姻限制人們選擇的自由，他提倡短婚，"久者不許過一年，短者必滿半個月"③ 當然女性如果沒有獲得充分教育，或者需要依賴丈夫生活的，不必拘泥於這個原則。

① 康有爲：《大同書》，見《康有爲全集》第七集，38 頁。
② 同上書，74 頁。
③ 同上書，77 頁。

對儒家倫常衝擊最爲直接的是《大同書》對於家庭倫理情誼的解構。康有爲認爲父母與孩子的情感是仁之本，是根於天性的，也是人與動物的區別。既然這些家庭人倫關係是出於天合之自然，非人爲設計，由愛親人而擴展至家國天下，是人類群體生活的重要原則。在孝道和慈愛等方面，中國人"至文至備"，相比於號稱文明之地的歐美，更爲完備。然家庭也是私有觀念的根源，因而也是人們邁向太平世的最大障礙。康有爲在《大同書》中，羅列了"家"的害處達十四項，例如："必私其妻子而不能天下爲公。""故家者，據亂世人道相扶必需之具，而太平世最阻礙相隔之大害也。然則欲人性皆善，人格皆齊，人體得養，人格皆具，人體皆健，人質皆和平廣大，風俗道化皆美，所謂太平也。然欲致其道，捨去家無由。故家者，據亂世、升平世必須之要，而太平世最妨礙之物也。以有家而欲至於太平，是泛絕流斷港而欲至於通津也。……故欲至太平獨立性善之美，惟有去國而已，去家而已。"[①] 這等於是說要達到大同世界，先要將儒家基本倫理原則盡數弃去。康有爲遲遲不願意公布《大同書》，社會聞之如感地震，原因也主要在於此。

康有爲提出要捨弃家庭觀念，首要的手段是將家庭的養育功能和經濟功能社會化。將人的生老病死、婚喪嫁娶均由相關公用結構來負責，這樣家庭觀念以及由此所衍生的私有觀念便會徹底消除，人類實現大同的最大障礙由此被掃清。

大同之世的國家之間的關係我們將再做專門的討論，這裏側重討論康有爲在經濟活動和分配制度等方面的構想。

康有爲對於正在引入中國的資本主義生產方式進行了激烈的批評。他認爲機器化的大生產必將帶來更爲激烈的貧富分化，最終的結果是：

---

① 康有爲：《大同書》，《康有爲全集》第七集，91 頁。康有爲對男女平等和家庭制度的理解與恩格斯對家庭的認識有接近之處。當被問到共產主義制度對家庭的影響時，恩格斯説："共產主義社會制度將使兩性關係成爲僅僅和當事人有關而社會無須干預的純粹私人關係。共產主義社會制度之所以能實現這一點，是由於這種社會制度將廢除私有制並將由社會教育兒童，從而將消滅迄今爲止的婚姻的兩種基礎，即私有制所產生的妻子依賴丈夫、孩子依賴父母。"（恩格斯：《共產主義原理》，見《馬克思恩格斯選集》，第 3 版，第 1 卷，北京：人民出版社，2012 年，309 頁）對此，康有爲認爲，如果男女平等，而兒童養育社會化，那麽私有制度就會被消除。

"富主如國君，其百執事如士大夫，其作工如小民，不知貧富之不均遠若天淵，更慮昔者爭土地，論貴賤之號爲國者，改而爭作廠、商場以論貧富爲國焉，則舊國土之爭方息，而新國土之爭又出也。"① 他幾乎天才地預見到資本競爭將取代土地競爭，而人類將開始以金錢的多寡來決定其社會地位，而這些發展均是以犧牲普通人群的利益而達成的。在存在著稟賦性差異的人類社會，提倡自由競爭，則祇宜於據亂世，并非一種理想的社會秩序安排。所以，他認爲要消除經濟上的不平等，就必須去人之私産，以公有制來解決財富的聚集，由政府根據不同地方的生産資料狀況來合理支配生産和消費。那麼如何來避免人的自私心對於政府公心的干擾呢？在康有爲看來，既然太平世不再有家庭、國家，又輔之以教化，自然會以公共利益爲生活目標。

康有爲對於中國古代的井田制和傅立葉的"空想社會主義"都提出了批評，認爲那些設想不具有可行性。所以他要設計出一套涵蓋農業、工業和商業的新體系。康有爲的經濟制度的核心是"公有制"和"計劃經濟"。

對於大同之世的農業，康有爲認爲首先要做的就是消滅私有財産："舉天下之田地皆爲公有，人無得私有而私買賣之。"② 公政府設立農業部來負責制定計劃，來安排種植、畜牧、漁業生産若干。這些工作人員雖然生活有保障，但却需要服從統一管理。"其耕耘、收穫、牧養、漁取，皆有部勒程度。其每日工作皆有時限。世愈平樂，機器愈精，則作工之時刻愈少，然作工之時，坐作進退幾如軍令矣。"③ 這些工作人員按照他們的勞動技能的不同，領取工錢。不過，也有對懶惰者的處罰，最重的就是被農場除名。但康有爲并沒有説明這些被除名者的去處。

工業也一樣，所有的製造廠、鐵路、輪船港口等都歸公，不許有獨人之私業。政府每年制定計劃決定每一種物品的生産和銷售。這樣就不會産品過剩，産生"餘貨"，不會對環境和自然界的産出物造成破壞。隨着機械化程度的提高，工人所需付出的勞動時間則不斷減

---

① 康有爲：《大同書》，見《康有爲全集》第七集，154 頁。
② 同上書，156～157 頁。
③ 同上書，159 頁。

少。相比於農牧漁業工作人員，工人的待遇似乎要更高一些。"夫爲工人獨身計之，既無內顧、仰事、俯畜之憂，又無婚姻、祭祀、廬墓之計，人皆出自學校，不患無生事之才能，少時之工，不待惰逐而不憂無工之苦。爲工而不待沾手塗足，少時工訖，即皆爲游樂讀書之日，工廠既可男女同居，又有園林書器足樂，游樂以養魄，讀書以養魂。故太平世之工人，皆極樂天中之仙人也。"①

大同之世的商業活動并不是通過交換而産生利潤的經營活動，而是商部"核全地人口之數，貧富之差，歲月用物品幾何，既令所宜之地農場、工廠如額爲之，乃分配於天下"②。在沒有私有財産的時代，即使是負有管理責任的人也不再會盜竊侵吞。綜上，康有爲認爲，要達到大同，當然最難在消滅國家，而去民私業，此事不算難，關鍵在"去家"。先去家，再去國，"若其農田、工廠、商貨皆歸之公，即可至大同之世矣。全世界之人既無家，則去國而至於大同易易矣"③。

至此，康有爲的邏輯鏈條就完整了，他認爲私有制起源於家庭，强固於國家，而家庭的形成則因爲男女之間不平等，或者說，圍繞家庭而形成的價值强化了男女之間的不平等，因此，人類要完全實現自己的權利，首先就要達成男女平等，并在男女平等的基礎上改變迄今爲止的社會秩序和價值原則，最終達到大同極樂世界。"故全世界人欲去家界之累乎，在明男女平等、各有獨立之權始矣，此天予人之權也。全世界人欲去私産之害乎，在明男女平等、各自獨立始矣，此天予人之權也。全世界人欲去國界之爭乎，在明男女平等、各自獨立始矣，此天予人之權也。全世界人欲去種界之爭乎，在明男女平等、各自獨立始矣，此天予人之權也。全世界人欲致大同之世、太平之境乎，在明男女平等、各自獨立始矣，此天予人之權也。全世界人欲致極樂之世、長生之道乎，在明男女平等、各自獨立始矣，此天予人之權也。全世界人欲煉魂養神、不生不滅、不增不減乎，在明男女平等、各自獨立始矣，此天予人之權也。

---

① 　康有爲：《大同書》，見《康有爲全集》第七集，161 頁。

② 　同上書，162 頁。

③ 　同上書，163 頁。

欲神氣遨游、行出諸天、不窮不盡、無量無極乎，在明男女平等、各自獨立始矣，此天予人之權也。"①

家國之界已去，地球上就以"度"作爲分界，每個人屬於不同的度。度并不是按地形來劃分的，而是根據經緯度，不同度的人可以遷徙。對這些具有高度道德的生活在不同度的人的管理不再需要強制性的權力機構，在行政體系上應該推動"地方自治"的發展。

在一個所有的財富公有化并需要高度計劃性的大同之世裏，康有爲的治理體系的設計過於"簡略化"。經濟的高度計劃和財富的共用機制，往往需要集權和專政才可能。與當時的無政府主義者一樣，康有爲也反對人爲的干預。所不同的是，康有爲更爲注重大同之世在人與人完全平等的環境下，如何保持人的進化而防止退化。一旦因失去競爭性而導致人的退化，那麼大同世界就不可能持續，不久就會復歸於亂世。由此，他認爲大同社會要注重教育，鼓勵已經成爲"獨人"的大同之民在"閑暇時間"進行各種創造發明。而對此，公政府所要鼓勵的并非造成人們之間不平等的爵位和職務，而是授予"仁人"和"智人"。在知識和技能上多有創獲者獲得"智人"，并發展爲多智人和大智人、上智人，"其尤卓絶者則爲哲人，其卓絶而不可思議者則爲聖人"②。而"仁人"則主要授予那些從事社會服務的人士。

康有爲説，在大同之世不再有邦國，無須軍隊；無君主，無人再圖謀權力；無夫婦，則無奸淫、禁制等，如此等等。在社會高度發展的環境下，不再需要法律和刑罰，祇需要"約法四章"，即禁懶惰、禁獨尊、禁競争、禁墮胎。

康有爲的大同理想是建立在去苦求樂的人性假定基礎上的，如此，大同之世也就會被描述成一個極樂世界，物質極大豐富，自然環境和起居生活極爲方便，連兩性如何交歡、病人如何離世都做了"極樂的設計"。大同之世最爲發達的是醫學，人的健康日進，可以輕鬆活到一兩百歲乃至千歲。於此之時，人們最爲熱衷的是養生煉形之學。中國傳統知識中，《易》學和

---

① 康有爲：《大同書》，見《康有爲全集》第七集，163~164頁。
② 同上書，176頁。

神仙之學將大興，"言君臣、夫婦之綱統，一入大同即滅"。"大同太平，則孔子之志也，至於是時，孔子三世之説已盡行，惟《易》言陰陽消息，可傳而不顯矣。蓋病已除矣，無所用藥，岸已登矣，筏亦當捨。故大同之世，惟神仙與佛學二者大行。"① 康有爲説，仙學追求長生不死，是世間學的極致。而佛學不離乎世而出乎世，已經逐漸出乎大同之外了。大同之世，人類的歷史已經終結，遁入仙佛之學，并向天游之學轉進。

西方近代的空想社會主義是西方資本主義體系自我批判思潮的一種，并最終發展爲具有實踐性的馬克思主義。而中國近代的大同理想與無政府主義思想的興盛，亦是對西方現代化思潮和現代民族國家體系進行批判性反思後的結果。康有爲的三世歷史哲學，其核心的訴求是提供中國的維新變法的合法性依據，從而吸納民主、人權等現代價值。而三世説所帶有的未來導向和中國在近代民族國家體系中的處境，催生出康有爲有强烈的現實批判精神。由此導致了康有爲思想的矛盾性。對儒學發展的推進和經學變革的結合，本身已經導致儒家經典體系的自我危機，而以未來爲導向的現實批評，對傳統的制度和價值否定過激，使康有爲到底是新儒學的推動者還是儒學的埋葬者，成爲晚清民國學術界聚訟難定的議題。蕭公權先生認爲，康有爲的思想具有二重結構。他指出的是康有爲民族主義和世界主義之間的二重結構，即康有爲既有報國之志，又有超越國家的世界主義理想。由此來肯定康有爲思想的新儒學屬性。

的確，康有爲的二重性正是儒家現代困境的一種體現。② 梁啓超認

---

① 康有爲：《大同書》，見《康有爲全集》第七集，188 頁。
② 蕭公權：《近代中國與新世界：康有爲變法與大同思想研究》，南京：江蘇人民出版社，1997 年，363 頁。對此，汪暉的分析更爲充分。他説："'大同'邏輯對國家的批判建立在一種歷史演化的概念之上，即從傳統社會向國家的轉變，再從國家向大同的轉變，從而對國家的克服又必須以國家爲前提。在這個意義上，'大同'邏輯不但提供了强國邏輯的世界觀前提，而且又包含了個人主義、理性主義和民族主義的知識體系。因此，'大同'在這裡是一種緊張和矛盾體的綜合：現實世界的對抗關係與知識上的對抗關係構成了一種内在的張力，我們可以將之初步地概括爲'超越現代性'的邏輯（它表現爲大同的理想和世界管理的構想）與'現代性的邏輯'（以强國運動爲目標的變法改制論）之間的衝突。既不是大同邏輯，也不是富强邏輯，而是超越民族—國家的大同邏輯與尋求富强的强國邏輯之間的持久糾纏、矛盾和分離，構成了康有爲思想的内在基調。"（汪暉：《現代中國思想的興起》上卷第二部，《帝國與國家》，747 頁）

爲康有爲是做了試圖將儒家價值和現代社會之間的勾連。"有爲以《春秋》'三世'之義說《禮運》，謂'升平世'爲'小康'，'太平世'爲'大同'。《禮運》之言曰：'大道之行也，天下爲公，選賢與能，講信修睦，故人不獨親其親，不獨子其子，使老有所歸，壯有所用，幼有所長，鰥寡孤獨廢疾者皆有所養，男有分，女有歸。貨惡其棄於地也，不必藏於己；力惡其不出於身也，不必爲己。……是謂大同。'此一段者，以今語釋之，則民治主義存焉，（天下……與能）國際聯合主義存焉，（講信修睦）兒童公育主義存焉，（故人不……其子）老病保險主義存焉，（使老有……有所養）共產主義存焉，（貨惡……藏諸己）勞作神聖主義存焉。（力惡……爲己）有爲謂此爲孔子之理想社會制度，謂《春秋》所謂'太平世'者即此。"① 不過，問題恰好也在這裏，三世說預示了儒學的自我消解的結局，當我們生活在一個國際聯合主義、兒童公育主義、共產主義的社會裏的時候，當家庭、國家都不再成爲社會結構的核心的時候，儒家的價值體系和綱常秩序便不再有存在的空間，反而成爲實現理想的最大障礙。這也就是後來中國的社會主義者肯定大同理想而一直批判儒家的根本原因。

三、《大同書》與中國的社會主義思潮

康有爲的《大同書》承繼中國傳統的大同觀念，這種觀念以"天下爲公"的訴求，成爲近代中國人接受社會主義思想的重要基礎。有人甚至認爲康有爲的後半生幾乎完全在致力於建設中國式社會主義的理想國。② 對

---

① 梁啓超：《清代學術概論》，201～202 頁。
② 孫春在說：相比於獨立、自由、民權等現代政治的要素，康有爲更注重"平等"。"這一方面是由於十九、二十世紀之交的西方世界是以社會主義爲主要思潮。《公羊》思想家本來是銳於接受新觀念的，當他們出國目睹了西方資本主義的黯淡面之後，很快地就對社會主義這一當時尚在鼓吹的階段的學說加以附和。另一方面，由傳統方向來檢討，則不論是《論語》中的'均無貧、和無寡、安無傾'，《孟子》中的'井田'制，乃至於《禮記》'禮運'勾劃'大同'的一段，在在提供了誘因，促使思想家把傳統與現代的平等觀念相結合。由於内外的因素，使康有爲的後半生幾乎完全致力於建構中國式社會主義的理想國。"（孫春在：《清末的公羊思想》，214 頁）

此，溝口雄三可謂慧眼。他將中國近代視爲"大同式近代"，并認爲這是一種與西方不同的近代化的模式，體現了中國的獨特性。"比起個人自由更志向於總體的自由，而這種排除個人自由即私人自利的、反專制性質的總體自由，由於其排除個人私利的獨特的共和原理，從而使民權主義不衹是停留在政治層面上，同時和經濟上的總體的自由，即追求四億人民總體的豐衣足食的民生主義聯係在了一起，這是中國近代的一個重要特徵。"①

溝口雄三并認爲，毛澤東領導的革命起源於傳統的大同思想，"毛澤東革命以農村無産階級爲基礎，實行農村包圍城市的革命戰略，并因此而更有資格成爲大同式近代正統的繼承人"②。

溝口雄三的説法并非無所依憑。許多材料證明，毛澤東在思想的形成期深受康有爲、梁啓超的影響，特別是對康有爲的《大同書》情有獨鍾。在斯諾的《毛澤東自傳》中，毛澤東回顧他在湘鄉的東山高等小學堂學習時，表兄"給我的關於康有爲改革運動的兩本書。一本是梁啓超編的《新民叢報》。這兩本書我讀而又讀，一直等到我能背誦。我崇拜康有爲和梁啓超，我很感激我的老表"③。雖然我們無從知道他看的另外一本書是什麽内容，但可見毛澤東這個時期對於康有爲是十分推崇的。尤其是康有爲對於西學的瞭解，讓他十分欽佩。1915 年 6 月，他在給一個朋友的信中説要效法康有爲，四十歲之前學遍中國學問，四十歲之後，又吸收西國學問之精華。同年 9 月他在給朋友的信中，還説要離開長沙的湖南第一師範，隱居山林讀書，實際也是想模仿康有爲離開朱九江而在西樵山讀書的經歷。④ 相比於康有爲，毛澤東顯得更爲謙虛一些，康有爲自稱他三十歲的時候，思想已經成形，也就不再變化了。

毛澤東在長沙讀書的時候，讀到更多的政治讀物，特別是以孫中山爲代表的民族主義的刊物。不過這個時期的毛澤東并不能分別康梁和孫

① 溝口雄三：《作爲方法的中國》，北京：生活·讀書·新知三聯書店，2011 年，17 頁。
② 同上書，19 頁。
③ 斯諾等著，劉統編注：《早年毛澤東：傳記史料與回憶》，北京：生活·讀書·新知三聯書店，2011 年，10 頁。
④ 陳晉：《毛澤東閲讀史》，北京：生活·讀書·新知三聯書店，2014 年，26 頁。

中山在革命立場上的差別。所以，他當時還主張："應將孫中山由日本召回就任新政府的總統，并以康有爲任總理，梁啓超任外交部長！"①

1914 年，毛澤東入湖南第一師範讀書，認識了楊昌濟，并從楊昌濟那裏讀到更多的書籍和報刊，尤其喜歡"西洋倫理學史"課程。他經常就社會和政治問題與楊昌濟交流看法，堅定了改造社會的志向。

至少到 1917 年，毛澤東還是依然接受康有爲的"大同"理想，1917 年 8 月 23 日，他寫信給黎錦熙說，他認爲要從哲學和倫理學的改造入手，轉變國人的觀念。這個時候，毛澤東雖然已經讀到《新青年》等新文化運動的雜誌，但他的思想中還有儒家《公羊》三世的許多痕迹。"如世但有君子，則政治、法律、禮儀制度，及多餘之農、工、商業，皆可廢而不用。……彼時天下皆爲聖賢，而無凡愚，可盡毀一切世間法，呼太和之氣而吸清海之波。孔子知此義，故立太平世爲鵠，而不廢據亂、升平二世。大同者，吾人之鵠也。立德、立功、立言以盡力於斯世者，吾人存慈悲之心以救小人也。"② 儘管當時康有爲的《大同書》祇發表甲、乙兩部，并非全本，但從封信中可以想見毛澤東已然讀過《大同書》的部分內容。他也是將《春秋公羊傳》的"三世"之說結合《禮運》"大同"說來談，其改造社會的邏輯也十分一致。

是年秋天之後，楊昌濟開設修身課，教材是《倫理學原理》，毛澤東在此書上做了大量的批注，在批注中，也可以看到康有爲對於大同世競爭問題的看法對他的影響。"吾知一入大同之境，亦必生出許多競爭抵抗之波瀾來，而不能安處於大同之境矣。""吾嘗夢想人智平等，人類皆爲聖人，則一切法治均可弃去，今亦知其決無此境矣。"③

李銳在《毛澤東早年讀書生活》一書中，對此也有所描述："《大同書》中對理想社會的政治、社會生活、工農業生產乃至家庭與婚姻等等，都有十分具體的描寫。毛澤東對這些極感興趣。從 1919 年 12 月《湖南教育月刊》上發表的他所做的《學生之工作》一文中，可以明顯

---

① 斯諾等著，劉統編注：《早年毛澤東：傳記史料與回憶》，11 頁。
② 《毛澤東早期文稿》，長沙：湖南出版社，1990 年，89 頁。
③ 中共中央文獻研究室編：《毛澤東年譜（1893—1949）》（修訂本）上卷，北京：中央文獻出版社，2013 年，29 頁。

看出所受於《大同書》的影響。文中説：'我數年來夢想新社會生活，而没有辦法。七年（1918）春季，想邀數朋友在省城（長沙）對岸岳麓山設工讀同志會，從事半耕半讀……今春回湘，再發生這種想象，乃有在岳麓山建設新村的計議，而先從辦一實行社會説本位教育説的學校入手。此新村以新家庭新學校及旁的新社會連成一塊爲根本理想。'"①

當然，從後來社會主義在中國被接受的狀况看，儒家的大同思想祇是讓人們在接受社會主義思潮時，更具有親和力。而中國的社會主義運動的真正開展，則來自於十月革命之後蘇聯的社會主義成功的刺激。1918年11月，李大釗在《新青年》雜誌發表了《庶民的勝利》和《Bolshevism的勝利》，指出社會主義革命是世界歷史的潮流，而該年10月開始，毛澤東在北京大學圖書館擔任助理員，但毛澤東并没有與這些早期的馬克思主義的傳播者有深入的交流。他的一個比較密切的交談者是當時還在北京大學求學的朱謙之。相比之下，朱謙之更傾向於無政府主義。②

1919年之後，毛澤東在長沙、北京、上海等地奔走，逐步確立無產階級信仰，在1921年的新民學會新年大會上，認爲"急烈方法的共產主義，即所謂勞農主義，用階級專政的方法，是可以預計效果的"③。并與何叔衡一起，作爲湖南的代表，參加了中國共產黨的成立大會。

---

① 李鋭：《毛澤東早年讀書生活》，沈阳：遼寧人民出版社，1992年，65～66頁。

② 朱謙之對無政府主義有比較深入的闡發，他的許多想法與毛澤東後來對中國革命的主張也有一些接近的地方。比如在《革命哲學》一書中，朱謙之將他的革命对象設定爲六個方面。一是政治的革命。朱謙之認爲政治是真情的障礙物，因爲政治的實質是"命令"、"强制"和"威嚇"。而作爲政治的具體體現：（1）國家，無論是法制國家、立憲國家還是文化國家，都會限制個人的意志自由；（2）政府，是權力的代名詞，各種横暴不仁、滅人個性、壓制人的創造力，都説明政府是萬惡之源；（3）法律，祇是保護統治人的權力，而對於弱者，并不能真正給予保護。所以，革命就是要把政治組織完全消滅。二是經濟方面的革命。朱謙之認爲私有財產制度和雇傭制度是保持社會貧富不均之怪現狀的。三是宗教方面。宗教是以錯誤虚僞爲基本，核心是讓人接受現有的秩序，因此也需要根本推翻。四是道德方面。道德也是虚僞的假面具，是權威示我們當爲的事。五是家庭方面。朱謙之認爲家庭非廢除不可，因爲家庭是婦女解放的障礙物。對於自由的愛情而言，婚姻制度是最大的束縛，所以要打破。六是風俗、習慣方面。風俗和習慣，讓人有保守性和不進步性。因爲風俗和習慣依賴一種歷史的惰性。這樣的環境下，革命的思想不能發生，所以要革命，就是要打破麻木不仁的舊風俗、舊習慣。而這六條總而言之，是政治制度和經濟制度的根本破壞。（參見《朱謙之文集》第一卷，福州：福建教育出版社，2002年，301～305頁）1927年，朱謙之還出版過《大同共產主義》，認爲孫中山的民生主義事實上就是"大同共產主義"。

③ 中共中央文獻研究室編：《毛澤東年譜（1893—1949）》（修訂本）上卷，76頁。

在經歷了種種複雜的鬥争經歷之後，1935 年之後，毛澤東開始有比較系統的理論創造，并最終形成了將馬克思主義與中國實際相結合的毛澤東思想。

具體到對歷史發展的認知，毛澤東在延安時期建立起比較複雜的歷史哲學，由兩種并不完全重合的分期説構成，一是正統的馬克思主義的社會發展五階段理論。儘管這種五階段論對於中國社會而言存在許多複雜的問題，比如馬克思的作品中所明確提出的亞細亞生產方式的問題，比如如何理解中國的資本主義問題。二是以和平作爲標準劃分歷史時代，認爲歷史可以分爲和平時代、和平破壞時代、永久和平時代。"兩種分期形式的標準存在很大差異，同時使用這兩種形勢，必然產生調和歷史分期的難度，隨後這種難度會變得更爲明顯。毛澤東自己并不認爲這兩種時間體系存在矛盾，而是僅把公認的'五階段'的馬克思主義分期添加到内含'三時代'的中國方案中罷了。"① 而奈特認爲三時代的方案背後則是《公羊》三世説的儒家的歷史發展觀念。

其實，無論是五階段還是三時代，用不同的分期法來解釋中國自身的歷史，都不能令人滿意，但是作爲五階段的歷史目的地"共產主義社會"和三時代的"永久和平時代"，在歷史發展的方向上却有著一致性。

在對歷史發展目標的描繪上，延安時期也確定了由新民主主義向社會主義過渡的路綫。在共產主義的理想之下，毛澤東特別強調歷史發展的階段性。比如他在《新民主主義論》中，就反復強調，中國祇有進入到社會主義時代才是真正幸福的時代，但在反帝反封建的任務沒有完成之前，社會主義是談不到的。中國革命必須經過新民主主義革命階段，才能走向社會主義。② 1942 年在談到"人類之愛"的時候，毛澤東也認爲："真正的人類之愛是會有的，那是在全世界消滅了階級之後。階級使社會分化爲許多對立體，階級消滅後，那時就有了整個的人類之愛。"③

---

① ［澳］尼克·奈特：《再思毛澤東：毛澤東思想的探索》，北京：中國人民大學出版社，2014 年，110 頁。

② 《毛澤東選集》，二版，第二卷，北京：人民出版社，1991 年，683 頁。

③ 毛澤東：《在延安文藝座談會上的講話》，見《毛澤東選集》，二版，第三卷，871 頁。

雖然我們在毛澤東的言辭裏看不到大同之世的表述，但他通過對於不同歷史階段的劃分，將階級社會和消滅了階級之後的理想社會之間在價值和秩序上的差異做了清晰的區分。類似的問題也體現在戰爭與和平的關係的討論中。比如，1936 年 12 月，他在《中國革命戰爭的戰略問題》一文中，提到了人類社會將會到達一個"永久和平的時代"。"人類社會進步到消滅了階級，消滅了國家，到了那時，什麼戰爭也沒有了，反革命戰爭沒有了，革命戰爭也沒有了，非正義戰爭沒有了，正義戰爭也沒有了，這就是人類的永久和平的時代。"①

1938 年，毛澤東在《論持久戰》中，進一步强調中國人民的抗日戰爭是世界戰爭的一部分，這次戰爭與第一次世界大戰一樣，是資本主義社會矛盾發展到一定階段的結果，所以其結果必然是資本主義世界的崩潰，從而達到"永久和平的時代"。②

1949 年 6 月，中國革命勝利在望，毛澤東回顧中國共產黨成立二十八年的歷史，認爲中國革命的實踐證明資產階級的文明、資產階級的民主主義、資產階級共和國的方案，都不能解決中國的問題，而通過人民共和國來達到社會主義和共產主義，達到階級的消滅和世界的大同，成爲現實的可能性。"康有爲寫了《大同書》，他沒有也不可能找到一條到達大同的路。"③ 我們并不能說馬克思所設想的共產主義社會與康有爲所描繪的太平世的大同社會是一樣的，但毛澤東却願意使用"大同"來作爲共產主義社會的代名詞，而他的政治理想也的確是實現了社會平等，消滅了國家、階級，充滿了人類之愛的新世界。

1949 年新中國成立之後，許多人傾向於認爲傳統儒家以家庭爲核心的價值系統與旨在實現平等的公有制社會之間存在著不可調和的矛盾，因此，儒家思想和資產階級思想一樣是屬於"思想改造"的主要内容。但是，"大同"理想對毛澤東的影響并沒有隨著時間的推移而减弱。1958 年，他在成都的一次會議的講話中說："家庭是原始共產

---

① 毛澤東：《中國革命戰爭的戰略問題》，見《毛澤東選集》，二版，第一卷，174 頁。
② 毛澤東：《論持久戰》，見《毛澤東選集》，二版，第二卷，475 頁。
③ 毛澤東：《論人民民主專政》，見《毛澤東選集》，二版，第四卷，1471 頁。

主義後期産生的，將來要消滅，有始有終。康有爲的《大同書》即看到此點。"① 也有人説，毛澤東的農村社會主義改造的主張中很多都能看到《大同書》的影響，甚至到徐水參觀的人手裏還會帶一本《大同書》。②

在馬克思主義經典著作中，毛澤東對列寧的《國家與革命》閲讀比較持續和仔細。目前所能看到的確切的記録是毛澤東 1946 年在延安時期就開始閲讀此書，尤其對其中暴力革命内容部分，畫了許多杠杠。1958 年，新版的《國家與革命》出版，毛澤東又仔細閲讀，并對國家消亡、社會主義與共産主義差别，做了許多記録。1964 年和 1970 年又讀過幾遍。③《國家與革命》雖是列寧摘抄馬克思、恩格斯關於國家問題的許多論斷，但這本書對於社會主義向共産主義過渡、國家最後消亡的未來前景的討論，或許會讓毛澤東想起天下爲公的大同社會。

四、餘論：《大同書》與現代新儒學

追求平等和正義是儒家始終如一的態度，因而現代的儒學運動在肯定民主和科學的價值的基礎上，對西方啓蒙以來的個人本位的權利思想却始終有批評的態度，在此意義上，與所有進行現代性批判的思想有其一致性。儒家思想并與社會主義之間存在著親緣關係。梁漱溟和熊十力均對中國的社會主義體制進行了正面肯定，而他們亦是從"天下爲公"來闡述儒家大同社會與社會主義的關係。

在如何論述儒家大同思想與社會主義之間的關係上，梁漱溟和熊十力之間存在差異。按梁漱溟自己的説法，他與熊十力之間的差異主要在於熊十力"總是自己站在儒家立場講話，而我則寧願先從旁面來觀察它"④。這種方法論上的差異，導致了他們立言態度的差異。梁漱溟批評

① [英] 迪克·威爾遜：《毛澤東》，北京：中國人民大學出版社，2008 年，256 頁。
② [美] 魏斐德：《歷史與意志：毛澤東思想的哲學透視》，北京：中國人民大學出版社，2005 年，95 頁。
③ 陳晉：《毛澤東閲讀史》，147 頁。
④ 梁漱溟：《勉仁齋讀書録》，見《梁漱溟全集》第七卷，濟南：山東人民出版社，1989 年，755 頁。

熊十力簡單地將現代所出現的"民主""階級""共產主義"與古代典籍的話進行比附，所以成了"空想"。所以，跟康有爲著的《大同書》"正同此一例"，"熊先生盛稱《周官》《周禮》：遠矚前世以造端，其大無遺，其細悉備，綱舉目張，宏通可久。而其實在學術思想上并無多大價值"①。

不過，雖然在思想方法上有很大的差異，但梁漱溟和熊十力在中國文化尤其是儒家的精神將在未來世界大行這一點上的認識則是共同的。其實在《鄉村建設理論》時期梁漱溟就試圖在尋找一條不同於西方的社會發展道路，因此，他隨後的《中國文化要義》和《人心與人生》等書，就是要在理論上證明中國文化的獨特性以及所具備價值的特殊性和優越性。這種信心在《中國——理性之國》一書中得到集中的體現。他說："我預見到中國人不存狹隘國家主義，夙有'天下爲公'的襟懷，在不遠的未來世界上，必將得到顯揚。"② 在梁漱溟的邏輯中，國家至上的觀念在萬國競爭的階段比較有利，但這并不是人類所期待的理想社會。國家是有局限的，而"天下"則不是，所以，中國人的天下一體觀念、以對方爲重的倫理情誼，"在進入共產社會問題上，今後中國人所可能較易者，他方社會殆未必然也"③。

與梁漱溟相比，熊十力與《公羊》三世的關係就十分密切了。雖然熊十力對康有爲多有微詞，說康有爲特重《禮運》與《公羊》三世的做法來自宋儒胡文定，并貶斥康有爲祇是"揣摩風會，未堪言學術也"，但他的言談却是與康有爲如出一轍。他在解釋《論語》中"老者安之，少者懷之"時說："明是社會主義，以養老、育幼由公共團體負責，與《禮運》不獨親親子子適合。堯、舜、禹、湯本爲小康世之聖王，《禮運》稱美之詞恰如其分。……叛大夫、謀革命，而孔子皆欲往，可見孔子已有實行民主、廢棄統治階層之志。"他說漢宋群儒均未發現孔子之"聖意"，"若識孔子志在進世太平，期全人類抵於群龍無首之盛，則堯、舜、禹、湯祇是小康時代之聖王，夫復何疑?"④ 在《原儒》解釋此段

---

① 梁漱溟：《勉仁齋讀書錄》，見《梁漱溟全集》第七卷，755 頁。
②③ 梁漱溟：《中國——理性之國》，見《梁漱溟全集》第四卷，442 頁。
④ 熊十力：《論六經·中國歷史講話》，北京：中國人民大學出版社，2006 年，25 頁。

話的時候，更爲直接地將後世三綱判定爲對孔子思想的"背叛"。①

熊十力看重《周官》，解釋"惟王建國"，即是以王道仁政觀念治理國家，并由此反對一切的剝削和不平等，以及帝國主義欺負弱小的霸權行爲。這與《大同書》精神的一脉傳承。在革命和平等的問題上，比較值得關注的是《原儒》一書，在這本被徐復觀等弟子激烈批評的著作中，熊十力對儒家經典所做出的判别其激烈程度要超過康有爲的《新學僞經考》。康有爲的《新學僞經考》基本上還是站在今文經的立場上，強調了《公羊》口説的重要性，從而爲他的三世説的歷史觀奠定基礎。而熊十力則於今古文、漢宋之争概不著意，而以是否主張平等、實現大同爲真僞之準繩。"儒學既不行於晚周，而六藝經傳以千萬數又亡失於漢初……今存之五經，雖自西漢傳來，其實皆遭漢人改竄者，六經之外王學，實不容許有少數人宰割天下最大多數人之統治階級存在。"② 所以，在熊十力重新厘定的經典系統中，祇有《周易》、《春秋》和《周官》才是孔子"真傳"。而墨子、惠施、農家，"或爲科學之先導，或爲社會主義之開山，皆儒家之羽翼，不可不延續其精神也"③。

熊十力的《原儒》一書，真正的對話者是康有爲，首先他對康有爲的三世説提出了嚴厲的批評。在他看來孔子作《春秋》，目的在於消滅階級，不允許有貴族君主來統治天下百姓，董仲舒雖然瞭解孔子的本意，但他在《春秋繁露》中所提出的三世説，將孔子貶低爲"爲漢制法"，對君臣上下等級反而有所肯定，這就將孔子的大同之義掩蓋了。熊十力譏諷康有爲有抄襲的弊病，雖然推崇董仲舒，其實并不瞭解《春秋繁露》。"康有爲《孔子改制考》本由雜抄而成册，取昔人之偶發一議，有異乎恒規陋習者，皆視爲與《春秋》改制不異。其所抄集浮亂至極，而《春秋》廢除君主制度，即推翻最少數人統治天下最大多數人之亂制，其義蘊廣大宏深却被康氏胡亂説去。"④ 熊十力説康有爲因爲不能分辨《公羊傳》和《春秋繁露》，已經與孔子的思想不同，所以他雖

---

① 熊十力：《原儒》，53頁。
② 同上書，51頁。
③ 同上書，94頁。
④ 同上書，85頁。

然推崇《春秋》《禮運》，但却又能做出復辟帝制這樣自相矛盾的事情。

熊十力認爲《公羊傳》根本不可信，康有爲根據"大義"和"微言"來區分據亂和太平之别是"妄説《春秋》"。"據亂世之大義，正與天下一家之公道極端背反。"① 祇有何休的解釋才留下了孔子三世説的一些素材。因爲在何休這裏，孔子的三世并非不同的歷史發展階段，而是孔子假托歷史以明其理想的三個步驟。即在據亂之世要撥亂反正，即以革命的手段推翻不平等的秩序。但要爲全人類開闢太平，還必須經歷升平世。② 由此，在康有爲的三世説中十分糾結的三世與大同、小康或三世與平世、亂世的搭配，在熊十力這裏焕然冰釋，因爲他認爲《禮運》就是表達"大同"理想的，孔子并没有屬意"小康"。所以，康有爲并没有真正讀懂《禮運》。他説："康有爲盛弘此篇，而剽竊其篇首大同義數條，實未通曉全篇文義，不悟后倉、小戴已變亂聖言，乃臆想孔子元有大同、小康二種之説，見道不真，立義不定，將令後學思想渾亂，行動無力，聖學何至如此？"③ 熊十力在書中批評康有爲之處比比皆是，更爲激烈的是他甚至認爲孟子都没有領會孔子的《春秋》大旨。不過，與康有爲所處的時代不同的是，康有爲的《新學僞經考》和《大同書》被梁啓超看作火山地震，而熊十力的打通後壁的做法并没有引發社會反響，而是使他遷移到港臺的弟子十分不解。

作爲熊十力的學生和精神的傳承者，牟宗三對於自康有爲以來的大同設計中對於國家和家庭的否定十分警惕，認爲文化的理想必須在現實中加以展開，這一"現實"就包括國家、家庭和個人。文化根植於人性之中，任何具有人性尊嚴的人，必然會尊重國家和家庭，因此那種超越了具體國家和民族的"真理"是虚妄的。"我尊重我自己，我亦必尊重他人。我尊重我自己民族的聖哲及其所鑄造之文化，我亦必尊重他民族的聖哲及其文化。真理之爲普遍的，豈必即因而抹殺國家乎？橫逆之來而無動於衷，這種人根本無悱惻之感的良知之覺，根

---

① 熊十力：《原儒》，102 頁。
② 同上書，127 頁。
③ 同上書，97 頁。

本是陷溺於個人的自私而無客觀精神。無悱惻之感，無客觀精神的人，根本説不上追求真理。"① 在牟宗三的《歷史哲學》等著作中，他利用"良知坎陷"和"内聖開出新外王"等一系列專門的範疇，用來説明儒家思想緣何没有發展出科學和民主的思想。因此，在牟宗三的思想裏，儒家的理想社會被置换成以儒家的道德自覺來"提升"和"矯正"的民主政治。② 所以，他并不看重超越國家的"天下一家"，而是認爲唯有在肯定家庭和國家的前提下，天下才有意義。這種觀念也可以看作對傳統儒家道德價值的回歸。在此，牟宗三認爲，祇有儒家的理想社會是具體的和現實的，而非如佛教和基督教是外在於現實世界的，"天下一觀念之有意義，完全在其對家庭、國家之肯定而期有以融合之上而有意義。若謂天下離開家庭、國家而可以自成一階段，則它那個階段便是空乏的，荒蕪的"③。

牟宗三所設想的天下大同的制度是一個大一統的整體系統，與家、國、個人這樣的縱貫系統不同的是，天下所要處理的是國與國之間的關係，因此其内在的精神要求不能是力量型的，而必須是理性、精神的諧和。

天下"是國家間的一個綜合，它是容許各自發展的異中之同，它是承認它們而又處於它們之上的一個諧和，它不是由一個國家强制其他，因此，他不能不王道，不能不代表理性"④，否則就是一種侵略性和强制性的"同"。因爲天下至大無外，所以它與一般民衆的生活是間接的，而祇是政治家之間的活動體現民衆與這一體系之間的關係。牟宗三認爲康有爲式的大同是一個"夢想"，這個夢想以"外部的時間階段之觀點，以爲家庭、國家的階段已過去，以爲要實現大同，必須否定已經過時的家庭、國家之封界，以爲大同是爲時間上一個可以獨立的階段，一個可以不要家庭、國家爲其充實之内容的階段，把大同完全看成是一個外部

---

① 牟宗三：《道德的理想主義》，長春：吉林出版集團有限公司，2010 年，58 頁。
② 牟宗三説，中國文化開創了道德的自由和藝術的自由，西方文化發展了政治自由和理智的自由，我們要瞭解中國之短，然後找到中西文化契合之處。這就是説政治和科學是中國所要著力發展的。(參見牟宗三：《歷史哲學》，桂林：廣西師範大學出版社，2007 年，74 頁)
③ 牟宗三：《道德的理想主義》，65 頁。
④ 同上書，63 頁。

的虛懸階段"①。這樣衹可能否定個體，泛濫無歸。

如果説，《大同書》的普遍主義傾向弱化了儒家的面向的話②，那麼牟宗三的論述則既顧及了儒家觀念的連續性，也考慮到多元一體的文化普遍主義的圖景，從而避免了康有爲《大同書》中消除一切差異，甚至消除種族差異這樣的極端主義傾向。所以消除一切差異的"進步"其下一步必然是暴力專權和埋没個體，最終衹可能是災難。

不過，現代儒家群體中，亦有持歷史傾向的錢穆等對《大同書》評價不高。

> 分析《大同書》含義，雖若相容并包，主要不過兩端：一曰平等博愛，此西説也，而揚高鑿深之，乃不僅附會之於墨翟，並牽率之於釋迦。一曰去苦求樂，此則陳義甚淺，僅著眼社會外層之事態，未能深入人性、物理之精微。試問如長素説，無國界、種界，乃至無形界，男女同棲，一年一換，乃至無類界，人與鳥、獸、蟲、魚一視平等，果遂爲至樂矣乎？孔、釋、耶立教，皆有"無我"一義，《大同書》首曰"入世界觀衆苦"，此等描寫，乃佛書濫套耳。苟會得孔、釋、耶之無我，則此所謂衆苦者，或皆非苦矣。長素獨不慮此，雖打破國界、種界、形界、類界，苟使有我見尚存，恐終難覓極樂之趣。要之長素此書，其成之於聞見雜博者，乃長素之時代；其成之于揚高鑿深者，乃長素之性度。三百年來學風，久務瑣碎考據，一旦轉途，篳路藍縷，自無佳境，又兼之時代之劇變，種種炫耀惶惑於其外，而長素又以高矜之心理遇之，遂以成此侈張不實之論也。③

---

① 牟宗三：《道德的理想主義》，61 頁。

② 蕭公權就認爲康有爲在將孔子世界化的時候，其中國性和儒家性被削弱。他説："康氏在《大同書》以及其他著作中，顯然將孔子世界化了，孔子不再是中國的至聖先師，而是全人類大同理想的先知。因此康氏神話孔子，似也同時降低了孔子的中國性格。作爲《大同書》的作者，康氏當然并不特別關懷如何榮耀孔聖，而是要如何使人間制度完美，以指出通往全人類快樂之路。《大同書》的結論也能看出康氏不以某派儒者自居，他於結論中預見儒教與其他由個别文明所產生的諸教，都將消蝕。"（蕭公權：《近代中國與新世界：康有爲變法與大同思想研究》，391～392 頁）

③ 錢穆：《中國近三百年學術史》（二），北京：九州出版社，2011 年，742 頁。

在錢穆看來，康有爲的大同思想中的平等、博愛來自西方和墨家、佛教，有一定的理據。但儒家之博愛説，亦由來已久。康有爲之《大同書》固然有許多值得推敲的地方，但僅僅以"侉張不實"來評價，恐怕不能理解烏托邦式的理想對於社會改造的正面作用。尤其是身處帝國主義侵略的民族危機階段，追求美好的未來更是鼓勵民族團結和奮發的力量。科學主義固然造就了理性和實證的態度，因此難以對理想性的維度引發共鳴，但據此來進行誅心式的推斷，恐亦不是理解康有爲的合適路徑。

心喪傳統的演變：從爲師之喪到權變之禮

常　達*

在喪服制度中，心喪的特殊性在於它并未作爲正規服制書於《喪服》經傳文本，却又在歷史上以各種面貌應用於現實喪禮，涉及師友、親屬、官員等種種方面。然而，心喪的対象并非一開始便如此廣泛。據經典記載，首次可明確考證的心喪禮即是孔門弟子爲師服心喪三年，而與此相對應的服制祇有《禮記・檀弓》中的一句"事師無犯無隱，左右就養無方，服勤至死，心喪三年"，將心喪作爲事師之服一筆帶過。在很長一段時期内，心喪都被看作弟子爲師的特有服制，即使在其他方面偶有涉及，也僅於史書中存有寥寥數筆，并無規律可循。[①] 直到魏晉以後，心喪的適用対象慢慢豐富起來，除弟子爲師外，更有天子爲父母，父在爲母，爲朋友，大夫之庶子爲母、妻、昆弟，故吏爲舊君，等等，遍及五倫内外。縱觀《喪服》全篇，雖然處於五服之外的服叙制度不少，但却均無法與心喪的調適性相比。心喪範圍的擴大，固然受到不可避免的歷史因素影響，而從其自身性質出發，却包含著多種經學傳統的

---

*　常達，北京大學哲學系博士生。

① 自孔門弟子爲孔子服喪後，心喪雖在儒家經典中被默認爲事師之服，但在同時代其餘典籍中，却鮮少有他人實行心喪的記載。漢代的弟子服師之禮相對隨意，據《漢書・夏侯勝傳》："太后賜錢二百萬，爲勝素服五日，以報師傅之恩，儒者以爲榮。"《漢書・揚雄傳》："雄天鳳五年卒，侯芭爲起墳，喪之三年。"《後漢書・方術列傳》："（李郃卒）門人上党馮胄獨制服，心喪三年，時人異之。"《水經注》："郭林宗，門人著錫衰者千數。"《金石録・漢王元賞碑陰》："門生姓名有雲右，奔喪，右斬杖三年。"據此可知，當時的喪師之服有素服、錫衰、斬衰等多種，喪期也有五日、三年不等，而曾被先賢所行的心喪却鮮見於世。如上文之例，馮胄心喪三年，却被認作異數。某種程度上，心喪在漢代甚至未貫徹於基本的師弟子之服中，在其餘方面更是行之極少。

交織與經師們在不同的政治環境中完善古禮的嘗試。

一、師道與吊服：鄭玄筆下的心喪禮

關於"心喪"一詞，賈公彥在《儀禮·喪服》疏中溯其源流云："第一，明黃帝之時朴略尚質，行心喪之禮終身不變。第二，明唐虞之日，淳樸漸虧，雖行心喪，更以三年爲限。第三，明三王以降，澆僞漸起，故制《喪服》以表哀情。"[1] 據賈疏，心喪實起於喪服制度之前，是五帝時期禮樂未繁、人心樸素時最原始的喪禮。現今能讀到的原典經文中，首次提到心喪的《禮記·檀弓》將其與事親、事君相并列，雖早已不具有原始喪禮的特徵，却并未明確解釋它究竟是如何施行的。也正因此，它爲後世經師留下了豐富的解釋空間。其中，又以鄭玄注最爲廣泛接受，并成爲理解心喪的一條重要綫索。

鄭注《檀弓》"心喪三年"云："心喪，戚容如父而無服。"[2] 此後，又在經文記載孔子門人爲師服之事時，釋"無服"云："無服，不爲衰，吊服而加麻，心喪三年。"[3] 鄭注雖然對心喪時期的居喪生活未置一筆，但"吊服加麻"作爲服制，也在一定程度上爲其規定了外在儀節。鄭玄以無服爲"吊服加麻"，所謂吊服，顧名思義就是參與吊事時所著之服。它不在五服之内，并沒有固定的服制，而是根據不同的社會地位有所變更。鄭玄引《周禮·司服職》中記載吊事之服云：

> 《周禮》曰凡吊當事，則"弁絰服"，弁絰者，如爵弁而素，加環絰也。其服有三，錫衰也，緦衰也，疑衰也。王爲三公六卿錫衰，爲諸侯緦衰，爲大夫、士疑衰。諸侯及卿大夫亦以錫衰爲吊服，當事乃弁絰……士以緦衰爲喪服，則吊服則疑衰也。[4]

所謂吊服加麻，即是在平常吊唁之服的基礎上加緦之絰帶，而絰帶

---

[1] 《十三經注疏·儀禮注疏》，臺北：藝文印書館，2011年，337頁。
[2] 同上書，110頁。
[3] 同上書，131頁。
[4] 同上書，397頁。

與作爲吊服的錫衰、緦衰、疑衰又均有嚴格規定的粗細、升數與適用場合。這樣一來，心喪這一本無具體細節的喪禮即擁有了自己的服制標準。與其說是鄭玄將心喪規定爲"吊服加麻"，不如說他是利用《周禮》中的吊服制度，爲心喪構建了一套具有經典依據的實施方法。雖然"心喪"二字記之甚少，但若依鄭注，由"無服"而推衍出的"吊服加麻"却各有情境。如《禮記·奔喪》："無服而爲位者，唯嫂叔，及婦人降而無服者麻。"鄭注："雖無服，猶吊服加麻。"① 又《儀禮·士虞禮》鄭注："然則士之屬官，爲其長吊服加麻矣。"② 然而，鄭玄之所以認爲爲師心喪亦應服吊服加麻，却與《喪服》中記載的"朋友麻"一條有關。據《檀弓》篇孔穎達疏云：

> 知爲師吊服加麻者，案《喪服》"朋友麻"，其師與朋友同，故知亦加麻也。必知喪師與朋友同者，案下云："孔子之喪，二三子皆経而出。群居則経，出則否。"是弟子相爲與爲夫子同，但経出與不出有異，明其服同也。③

依照《檀弓》下文，孔子弟子服師喪皆"経而出"，而群居則否。鄭注"群居"爲"七十二弟子"，即爲朋友服。因而孔疏認爲，服師與服朋友的區別僅在於出門是否變服，其餘則同。且不論僅由此句能看出完整的爲師、弟子之服，若依孔疏之見，則鄭玄以服心喪爲"吊服加麻"是由"朋友麻"的服制推斷而來。除以經文文本推測之外，朋友之喪的義理背景也在一定程度上成爲爲師心喪的依據。雖然在《檀弓》中，鄭注、孔疏均未提到師友間的共通之處，但在《喪服》緦麻章"朋友麻"中，孔疏引《禮記·禮運》"人其父生而師教之，朋友成之"一句，并言君臣間亦有師友之恩，似有將師道、友道并列之意。後世有學者認爲，這是由於師弟之道被納於朋友之道中：

> 欒貞子曰：民生於三事之如一，蓋亞於君親矣，乃並不列於五

---

① 《十三經注疏·禮記注疏》，臺北：藝文印書館，2011 年，945～946 頁。
② 同上書，494 頁。
③ 同上書，131 頁。

倫何歟？説者以爲蓋統於朋友之中矣。然則師弟與朋友若是班乎？
曰：非也。友之名與義，皆非可輕也。……師以傳道，尤必待友之
相成，友顧不重歟！且夫朋友可以該師弟，師弟不可以該朋友，猶
夫長幼可以該尊卑，尊卑不可以該長幼也。此立文之體也。①

此説亦有不儘然處。由於鄭玄注"朋友麻"云"朋友雖無親而有同
道之恩"，後世多認爲在"同道之恩"上，師友可共通。所謂同門曰朋，
同志曰友，朋友在很大程度上由輔己成學而來，與師之育人有異曲同工
之妙。然而，師友之間最不可調和的一點在於尊卑之序。師之地位堪比
君、親，與弟子有絕對的秩序分別，與朋友間的對等關係大相徑庭。既
然朋友間的長幼不可包含父子間的尊卑，也就不可包含師弟間的尊卑。
正是這一張力，導致無法通過以朋友之道賅攝師弟之道的方式去判斷師
喪的服制。在鄭玄看來，雖然爲師心喪的儀節取自《周禮》，推自朋友，
但追根溯源，師道本身即擁有極其特殊的背景。

師道的特殊性主要有二。其一，它雖在地位上與天、地、君、親并
列，卻并不在五倫之中，没有現成的義理依據製作喪服。實際上，在孔
子之前，"師"這一身份與後世的普遍理解并不相同。無論是《周禮》
中的"保氏教國子"，還是《禮記·王制》中的"樂正崇四術，立四教，
順先王詩書禮樂以造士"，都立足於官學制度的大背景下。對於這一時
期的"師"之特點，《讀禮通考》引馬晞孟云：

> 學校有師，皆出於先王命教之所，使而學之者，亦無常師。教
> 出於上，則不可歸德於師，師無常，則不能皆爲三年之喪。然則孔
> 子之喪，門人若喪父而無服者，蓋上世以來未常有也，則亦以心致
> 其哀而已矣。②

一方面，此時的"師"作爲一種官職，是由不同的人流動擔任的；
另一方面，六藝作爲王官學，是先王法典，非一己之學，不可歸教於
師。而孔子首次以個人身份開設私學，廣延弟子，是真正意義上第一位
私人教師。自孔子以後，"師"這一身份的性質才發生了轉變，蘊含了

①②　徐乾學：《讀禮通考》卷二十五，《文淵閣四庫全書》本。

更重要的倫理意義，也成爲孔門弟子爲師服喪三年的理由。與此同時，心喪自施行之始，就具有了豐富的義理。

在《檀弓》篇中，鄭玄注"事師無犯無隱"一條云："心喪戚容如父而無服也，凡此以恩義之間爲制。"① 鄭玄以"如父而無服"爲解，極有可能源於經文下文所引子貢"請喪夫子若喪父而無服"一句，而何爲"恩義之間"却没有明確解釋。對此，孔疏根據《檀弓》上下文做出了恰當的補充。疏云："事師無犯，是同親之恩；無隱，是同君之義。"② 孔疏來自鄭玄對"事親"與"事君"二條的注釋。經文"事親有隱而無犯……致喪三年"，鄭注："凡此以恩爲制。"又"事君有犯而無隱……方喪三年"，鄭注："方喪，資於事父。凡此以義爲制。"③ 也就是説，喪君之服比方喪父而來，而喪師之服則介於君、親④之間。而將恩歸親、義歸君的做法，在《喪服四制》"爲父斬衰三年，以恩制；爲君斬衰三年，以義制"⑤ 一句中也可得到印證。漢代盧植注"師，吾哭諸寢"時亦言："有父道，故於所寢哭之。"⑥ 也就是説，師與己雖無血緣關係，但有父子之恩；雖無上下級關係，但有君臣之義。從"恩"上講，父母有冥造之功，又有生育之德，在生養子女的層面而言，是師所不具備的。師之恩，體現在與生、養同等重要的"教"上。《國語》云："父生之，師教之，君食之。非父不生，非食不長，非教不知。"⑦ 師教人以安身立命之學，雖不及父之親，但受其教導恩惠，助己成人，敬愛之情應比於父，故取父子之恩爲三年制。從"義"上講，君臣以義合，有社稷國家之事爲紐帶；師生間雖無國家大義，却須有志同道合之士才可論道講學，故亦以道義相邀。《檀弓》言事師可同事君一樣犯言直諫，不可隱瞞，即因二者皆是"利在功義"的結果。以"恩義之間"構成爲師之服最基本的義理，即是師道的第二層特殊性。師雖有父道而

---

① ② 《十三經注疏·禮記注疏》，110 頁。

③ 同上書，109～110 頁。

④ 結合經文與鄭注的理解，此處的"親"可直接對應於"父"。

⑤ 《十三經注疏·禮記注疏》，1032 頁。

⑥ 徐乾學：《讀禮通考》卷二十五。

⑦ 徐元誥撰，王樹民、沈長雲點校：《國語集解》，北京：中華書局，2002 年，248 頁。

非父，雖有君道而非君，正是這種身兼數倫却不囿於其中的微妙性質，使"心喪"在施行之始便具有了多元化義理，爲其應用變通於更廣泛的領域提供可能。

通過以上分析可知，鄭玄理解下的心喪具有幾個較爲鮮明的特徵。在制度方面，他將心喪等同於"吊服加麻"，并利用《周禮》的吊服制度爲之修飾，使這一本無細節的喪禮擁有了約束性與儀式感。同時，他既承認心喪出自師弟子之道，又突出了師兼恩義的義理特點，解決了"心喪"究竟從何而來的問題。

二、高宗諒陰與既葬除服：心喪傳統的重塑

前文中提到，雖然《禮記》中就有爲孔子服三年心喪的記載，但在很長一段時間内却鮮有人依此執行。魏晉以後，隨著心喪的擴大化，師弟子之服亦有重回心喪的趨勢。據《通典》記載，魏王肅曰："禮，師弟子無服，以吊服加麻臨之，哭之於寢。"晉賀循謂："如朋友之禮。異者，雖出行，猶絰，所以尊師也。按《禮記》：'夫子之喪，門人疑所服。子貢曰："昔夫子喪顏回，若喪子而無服，請喪夫子若喪父而無服，"於是門人廬於墓所，心喪三年。'"① 可以看出，王肅、賀循等人仍然沿著鄭注的思路理解心喪。然而，魏晉經師在沿襲鄭玄的同時，却也產生了新的思路。

在《晉書·禮志》中，有一則記載頗可玩味：

> 喪服無弟子爲師服之制，新禮，弟子爲師齊衰三月。摯虞以爲："自古無師服之制，故仲尼之喪，門人疑於所服。子貢曰：'昔夫子之喪顏回，若喪子而無服，請喪夫子若喪父而無服。'遂心喪三年。此則懷三年之哀，而無齊衰之制也。群居則絰，出則否，所謂吊服加麻也。先聖爲禮，必易從而可傳。師徒義誠重，而服制不著，歷代相襲，不以爲缺。且尋師者以彌高爲得，故屢遷而不嫌；

---

① 杜佑：《通典》，北京：中華書局，1988年，2670～2671頁。

修業者以日新爲益，故舍舊而不疑。仲尼稱'三人行，必有我師焉'。子貢云'夫何常師之有'。淺學之師，暫學之師，不可皆爲之服。義有輕重，服有廢興，則臧否由之而起，是非因之而爭，愛惡相攻，悔吝生焉。宜定新禮無服如舊。"詔從之。①

當時有弟子爲師服制加重、服齊衰三月的情况，却遭到摯虞的反駁，認爲當從古禮服心喪。摯虞此言看似與前人不異，而細讀則不然。他主要列舉了三個理由：其一，自古師服心喪，不可更易。這種説法仍然承接《檀弓》、鄭注而來，較爲傳統。然而，後兩個理由則可看出摯虞自己的考慮。其言師有"淺學之師，暫學之師"，故"不可皆爲之服"，是考慮到經典并未對"師"有明確定義，祇要學問品行對己有所助益者，即可推許爲師。若皆爲之服，則實無必要。此言看似有理，但在現實中，人們對於服師喪的對象通常會有清晰的判斷，幾乎不會出現爲所謂"淺學之師"服喪而産生的麻煩。其實，摯虞的重點在第三個理由上，即"義有輕重，服有廢興，則臧否由之而起，是非因之而爭，愛惡相攻，悔吝生焉"。他敏鋭地捕捉到了禮制施行過程中可能帶來的麻煩：任何文明教化都需要在理論與實踐中不斷塑造、完善，而理論規定越細緻，現實狀况越複雜，則會産生越多的爭議與衝突。其中，喪服制度又恰恰是極爲繁瑣細碎的典型，導致自古以來就臧否不斷。既然如此，則不如有意做出調整，化繁爲簡。在摯虞看來，祇要服喪，則必定有輕重、粗細之分，而心喪的一大優勢就在於其"無服"的特徵，能夠有效避免因"齊衰三月"這種具體服制産生的爭議。不可否認，摯虞雖然并未完全擺脱鄭玄思路，但以心喪無服爲由來減少"愛惡相攻"的做法，却是前人未曾提過的，其關注面甚至是完全相反的。鄭玄通過"吊服加麻"爲"無服"規定了一套具體制度，而在摯虞眼中，"無服"的魅力之處正是其不同於常規喪服的簡潔與便利。心喪禮對於細節的"缺失"不僅於性質無損，少了制度條框的約束，反而爲其應用於更多情境打開了空間。

---

① 房玄齡等：《晉書》，北京：中華書局，1974 年，631～632 頁。

反觀摯虞之見，他所看重的其實并不再是師道背後的恩義情感，而是心喪如何才能更好地應用於現實。如果說他仍然葆有一些繼《檀弓》、鄭注而來的特點，那麼以杜預爲首、對於晉武帝"既葬除服"一事的討論，則徹底摒弃了前人之見。它不僅充分發揚摯虞的思路，注重"無服"這一特點與現實政治環境的因素，更以諒闇制度爲基礎，重新開闢了一套心喪傳統。

隨著魏晉之後五服的正式入律與定制，喪禮慢慢朝規範化發展。而《喪服》學又是少數能夠直接指導現實的經典內容之一，在群官朝堂論禮的過程中，對於文本內容的具體理解在很大程度上與其政治立場相互影響。在這種大環境下，爲了使心喪禮擁有更強的執行度，僅僅依靠《禮記》等文本中提到的數條師弟子之服是不夠的，必須找到更具說服力的依據，來爲現實施行做出表率。晉武帝爲其父既葬除服這一歷史事件，可看作是魏晉時期心喪禮開始擴大化的標志之一，在《通典》中更集中描述了圍繞此事的種種討論。

歷史上，這一討論主要針對晉武帝司馬炎的既葬除服之舉是否得當展開。據《通典》記載，當時武帝如此服喪："帝遵漢魏，改葬除服，猶深衣素冠，降席徹膳。"[①] 也就是說，武帝雖然除下斬衰，但仍服凶禮之服，并保持著居喪日常。其間，雖有太宰司馬孚等人以國政需要勸武帝易服改膳，但武帝最終仍將此禮延續了三年，并有"三年之喪，自古達禮，不宜反覆"[②] 的聖訓。雖然"深衣素冠，降席徹膳"的做法得到了普遍認同，但武帝爲父既葬除服的做法却遭到了朝臣的非議。時臣主要分爲兩派：一方以羊祜、袁準、范宣等人爲主，認爲武帝既葬除喪、心喪三年不合禮意，天子應當與庶人同一，爲父母服滿三年斬衰。這一思路的優勢，在於能夠找到不少理論依據，如袁準所云：

> 《周禮》"太祝衬練祥，掌國事"。若無繚服，焉得祥？孔子曰："三年之喪，天下之通喪也。"《禮記》曰："父母之喪，無貴賤一也。"又云："公之喪，大夫俟練，士卒哭而歸。"此終喪繚麻之言

①② 杜佑：《通典》，2159 頁。

也。《春秋傳》曰："三年之喪，雖貴遂服，禮也。"言雖貴，不得
與賤者有異也。言服而不言喪，繐麻可知也。①

無可否認，除孔子以三年之喪爲天下達喪外，《禮記》《春秋》等經典也
以各種方式承認了這一喪制的通用性。然而致命的是，經典與現實的張
力在"三年之喪"上體現得尤爲明顯。即使是在孔子生活的時代，也未
能出現自天子至庶人均服喪三年的情況，更遑論自漢文帝下旨短喪，以
日易月，將三年喪改制爲三十六日後，漢魏天子喪便常常隨時而變，并
無定準。故羊祜等人之所以力主服喪三年，就是意圖重回經典，恢復古
禮。其謂傅玄云："三年之喪，雖貴遂服，自天子達，而漢文毀禮傷義。
今上至孝，有曾、閔之性，實行喪禮，除服何爲。若因此興先王之法，
不亦善乎？"傅玄却深知復禮之難："已數百年，一朝復古，恐難行
也。"② 傅玄之言，也道出了反對晉武帝既葬而除的學者所面臨的最大
難關。隨著去古愈遠，社會與人情更加難測，在解決現實問題時，聖人
之言固然重要，却不再是唯一的金科玉律。袁準所搬出的道理固然無可
辯駁，但却没有歷史上的實例作爲參考，"雖有其説，無聞服制"。反
之，若能夠在理論完備的同時，輔以事例，無疑會使説服力大大增強。
以杜預、盧欽、段暢爲主的另一方，堅持認爲天子既葬除服乃是上古舊
制，無可非議。在他們的論辯中，具備了羊祜等人難以勝出的諸多
特點。

他們巧妙地避開了袁準引以證明的經文，將矛頭指向另一個問題，
認爲《尚書》中的"高宗諒陰"這一典故即指心喪。對《尚書》相關記
載的理解，直接影響了他們對於晉武帝此舉的看法。

"高宗諒陰，三年不言"一句曾被《孟子》《禮記》《漢書》等眾多
經典引用，但關於"諒陰"的解釋却有分別，其説有二：《尚書》孔傳
解爲"乃有信默三年不言"③，《晉書·禮志》引杜預等議喪服亦云：
"至周公旦，乃稱殷之高宗諒陰，三年不言。其傳曰：諒，信也。陰，

---

① 杜佑：《通典》，2161 頁。
② 同上書，2159～2160 頁。
③ 《十三經注疏·尚書注疏》，臺北：藝文印書館，2011 年，240 頁。

默也。"① 而伏生《尚書大傳》作"梁陰"，解爲"高宗居倚廬"。鄭玄亦從《尚書大傳》說，以"諒陰"爲凶廬。很顯然，盧、段等人更偏向於前者說法。據盧欽、魏舒奏摺云：

> 謹按：天子之與群臣，雖哀樂之情若一，其所居之宜實異，故禮不得同。虞書曰"三載遏密八音"，至周公，乃稱"殷之高宗諒陰，三年不言"。周景王有後、嗣子之喪，既葬除喪而樂。叔向譏之曰："三年之喪，雖貴遂服，禮也。王雖不遂，燕樂已早，亦非禮也。"稱高宗不云服喪三年，此釋服心喪之文也。譏景王不議其喪，而議其燕樂已早，明既葬應除，而違諒陰之節也。堯崩，舜諒陰三年，故稱遏密八音。由此言之，天子居喪，齊斬之制，既葬而除，諒陰以終，三年無改父道，聽於冢宰。喪服已除，故更稱不言之美，明不復寢苫枕塊以荒大政也。②

盧欽等人的奏摺中主要舉了三個例子，來證明"心喪"由古以來便行於世。一是舜爲堯諒陰三年；二是高宗諒陰，三年不言；三是《左傳》中叔向譏景王燕樂已早。在盧、魏看來，此皆是釋心喪之文。而若我們回查這三例，却可發現原文語境與盧欽等人的解釋有所出入。對於前兩例，《虞書》與《周書》中的記載，都僅止於"遏密八音""三年不言"，并未提到是否有除服之事。然而盧欽、魏舒却將其與周景王"既葬除喪而樂"并列，似乎默認這三者具有相似性質。博士段暢更是直接將"除服"這一細節加入高宗諒陰過程中："明高宗既卒哭，即位之後，除縗麻，躬行信默，聽於冢宰，以終三年也。言即位，以明免喪之後，素服心喪，謂之諒陰。"③ 而對於叔向所言"王雖不遂，燕樂已早，亦非禮也"的理解，他們亦認爲既葬除喪乃是當時通禮，叔向所譏的并非景王除服，僅是設燕樂而已。除此之外，杜預也在《左傳》"吊生不及哀"中注云："既卒哭，除服諒陰，此爲免喪。"④ 在杜預眼中，既葬除

① 房玄齡等：《晉書》，620 頁。
② 杜佑：《通典》，2160 頁。
③ 同上書，2161 頁。
④ 《十三經注疏‧左傳注疏》，臺北：藝文印書館，2011 年，39 頁。

服之後的諒陰三年即等於心喪，是上古所傳的天子、諸侯之禮。段暢又列舉《春秋》經傳之事以申杜説，認爲僖公九年（前 651）、文公元年（前 626）、隱公元年（前 722）、襄公十五年（前 557）、哀公五年（前 490）等關於卒葬的記載，其實皆是諸侯除服諒陰之證。在此之前，諒陰制度本指天子喪期由冢宰代爲發政的特殊情況；而杜預、段暢等人通過將上古帝王的"諒陰"與既葬除服挂鈎，又將除服後的喪制與心喪聯係起來，爲心喪製造了一個新的執行體系。用杜預的話概括，即是"古者天子、諸侯三年之喪，始同齊斬，既葬除服，諒陰以居，心喪終制"①。這樣一來，晉武帝的既葬除服之舉不僅合乎禮制，更代表了傳承上古聖王之心喪的行爲。

針對這種解釋方式，范宣也進行了一一反駁，在此并不贅述。其中心思想在於，杜預、段暢等人所舉既葬除服之事，僅是世衰道微時的變例，不足爲據。他總結道："夫祭祀之禮，有正有變。所以然者，或時有所施，不必一也。"② 真正的通禮并不在《春秋》記載的各國喪禮中，而在於《禮經》所言的孔子法度。後世亦有對此事作出評價者，如黄以周在《禮書通故》中，便以范宣之説爲是：

> 觀孟子載滕文事，知當時諸侯不能行三年喪。魯號秉禮，亦已然矣。段暢與范宣難，甚詳。其所據皆爲周之末失，而誤定爲經之通禮。……又魯莊公築王姬之館于外，時距桓公之薨已十四月，猶著衰麻。……據斯以言，則春秋時諸侯亦不盡既葬除服矣。范宣云："能究變正之義，始可與談《春秋》。"諒哉！③

然而，儘管范宣等人據理力爭，這次辯論最終仍以武帝的支持者占據上風。《通典》記載，在晉武帝爲父行心喪之後，居太后之喪亦依此制；南朝宋文帝元嘉十七年（440）七月，元皇后崩，太子心喪三年；後魏自道武及諸帝，悉依漢魏，既葬公除。這一切都説明，經過理論改造後的心喪，具有了越來越强的執行力。毋庸置疑，杜預等人開創的新

---

① 杜佑：《通典》，2160 頁。
② 同上書，2162 頁。
③ 黄以周：《禮書通故》，北京：中華書局，2007 年，318 頁。

傳統，推動了心喪在現實中的廣泛施行。

三、心喪对象的擴大與“權變之禮”的產生

與鄭玄相比，杜預等人的思路之“新”主要體現在兩個方面。首先，心喪應用於師弟子之間時，面向的是天下所有敬師之人；而鼓吹天子心喪的群臣，不僅在理論上尋找的是諒陰這種專門的“天子、諸侯禮”，在提出現實考慮時，也明顯針對著在位者這一特殊身份。如太宰司馬孚奏云：“方今荆蠻未殄，萬機事殷，臣等以爲宜割哀情以康時俗。”[1] 杜預云：“嗣君苟若此，則天下群臣皆不得除。雖志在居篤，更逼而不行。”[2]《通典》議云：“當以萬機至繁，百度須理，如同臣庶喪制，唯祀與戎多闕。”[3] 種種言論可看出，不論是否存在諒陰傳統，天子心喪的最直接理由其實都是縮短喪期，以免荒廢國政。在這一無比迫切的國家利益面前，是否遵循孔子所言、有助於恢復古禮都變得不再重要。這也是他們與反對者選取論據時的最大區別：他們關心的是這一喪制曾經如何施行，對現世有何參考價值，而非依據經典條例應當如何去做。而相比於鄭玄緊貼文本解釋義理的做法，這又反映出他們在面對相同的經典進行思考時，對“解決實際問題”這一目的格外關注。如果説鄭玄眼中的心喪取自君父之恩義，成於《周禮》之吊服，是一套自成體系的喪服傳統，那麼從“高宗諒陰”而來的心喪則與師道情感無關，從一開始就是基於現實需求的權變。

其次，同樣是爲心喪尋找理論依據，鄭玄給予了儘可能詳細的制度設計，而杜預等人以諒陰説心喪，其實僅有實行環境而并無實行細節。對於既葬而除後的心喪是什麼樣子，有何禮儀規範，也沒有進行具體説明。固然，這與心喪本身的“無服”特徵有關，在前文分析摯虞的觀點時，也曾提及對這一特點的有意利用。除此之外，他們的關注點也不在

---

[1] 杜佑：《通典》，2159 頁。
[2] 同上書，2161 頁。
[3] 同上書，2165 頁。

於此：重要的并不是這項服制本身如何，而是它能夠在與經義相契合的基礎上提供有效的解決方式。然而，這兩種新思路雖然具有較強的現實感，但由於其推自"上古故事"，始終缺少經義上的足夠支撐。所以從另一方面講，從《禮記》與鄭注傳承而來的師道義理亦是極其重要的。一方面，師道背後非君、非父亦非友的曖昧性，使心喪可能的實施情境大大增加；另一方面，心喪與諒陰制度的結合，又爲其作爲權變之禮開創了先河。而這一禮制本身的簡潔，也無疑助長了它的可操作性。這些影響反映在現實中，則使得心喪被導向了另一種可能，也就是被後世所廣泛使用的，作爲調適性喪禮的一種而存在。

概而言之，後世的心喪對象主要可分爲三大類：親屬、師友、官員。除爲師心喪延續著禮制傳統外，"爲親屬"一項表現得尤爲突出。在《通典》所引正史禮志的記載中，至少有五種爲親屬服心喪的條例，且多數以"父在爲母"爲基礎申發出來：

> 宋文帝元嘉十七年，元皇后崩，皇太子心喪三年。禮，心喪有禫無禫無成文，代或兩行。皇太子心喪畢，詔使博議。有司奏："喪禮有禫，以祥變爲漸，不宜頓除即吉，故其間服以緦縞也。心喪已經十三月，大祥十五月，禫變除，禮畢餘情一周，不應復有再禫。宣下以爲永制。"詔可。①

《儀禮·喪服》中明確有言："父在爲母。傳曰：何以期也？屈也。至尊在，不敢伸其私尊也。父必三年然後娶，達子之志也。"② 此處傳文僅言應服期年喪，并未提到有關心喪的内容。然而賈公彦疏却云："子於母屈而期，心喪猶三年，故父雖爲妻期，而除三年乃娶者，通達子之心喪之志故也。"③ 明確將"父必三年然後娶"與"子心喪三年"相聯繫，對傳意有所增補。賈疏承續六朝義疏而來，結合《通典》此條皇太子爲元皇后服心喪，并"宣下以爲永制"，亦可知此時有父在爲母心喪三年的通例。并且通過此例，還引申出一系列爲母服心喪的具體情

---

① 杜佑：《通典》，2167 頁。
②③ 《十三經注疏·儀禮注疏》，354 頁。

境，如：

> 殷仲堪答宗氏庶子服出母："按王賀以父在服齊縗周，父没不服。故以爲父喪之服。父在齊縗周，本自心喪，終二十五月。今雖無服，當不應減三年之節也。"①

> 宋庾蔚之云："母子至親，本無絶道，禮所謂親者屬也。出母得罪于父，猶追服周，若父卒母嫁，而反不服，則是子自絶其母，豈天理耶？宜與出母同制，寧假二十五月，是終其心喪耳。"②

> 謝奉問范汪云："吾兒服所生，至今四月應大祥。禮云'庶子爲其母無禫'，如此當以四月下旬祥，逾月便除，居心喪邪？"汪答："禮自天子達於庶人也。"③

以上文爲母心喪三年爲例，據《喪服》經傳，父在爲母本應服期，而注疏中之所以要爲母心喪三年，是因爲"達子之志"，也就是考慮到子對母的敬愛之情不亞於父，故有此變禮。吴廷華云："屈之至期，所以安其父，而子心則仍不自已也。"④ 與此類似的，還有《喪服》經傳中僅言出妻之子爲母服期，爲父後者爲出母無服；而據上文《通典》之例，在實際施行過程中均終心喪三年。按照父爲子綱的倫理原則，子本應從父屈降，而之所以能夠心喪終制，後世學者曹元弼釋云："夫婦有離合之義……母子無中斬之情，故母雖出，而子仍爲之服，母亦仍爲子服。……服既專屬乎子，則知有服其母而已，無容異也。"⑤ 可以看出，當心喪應用於親人時，明顯帶有站在服喪之人的立場上，以他們對逝去之人的感情作爲重要標準的色彩。

而在上下官員之間，則主要有門生爲舉主、故吏爲舊君等：

> 魏景元元年，傅玄舉將僕射陳公薨，以詻時賢。光禄鄭小同云："宜準禮而以情義斷之，服吊服加麻可也，三月除之。"⑥

---

① 杜佑：《通典》，2546 頁。
② 同上書，2205 頁。
③ 同上書，2545 頁。
④ 張錫恭：《喪服鄭氏學》卷五，《續修四庫全書》本。
⑤ 曹元弼：《禮經學》，北京：北京大學出版社，2012 年，345 頁。
⑥ 杜佑：《通典》，2645 頁。

　　宋庾蔚之謂："白衣舉秀孝，既未爲吏，故不宜有舊君之朝。尊卑不同，則無正服，吊服加麻可也。"①

　　按宛令遷爲元城，已來在道，元城左右奉圖籙，主簿眾吏在後，未到令死，二縣吏疑所服。馬博士以爲宛君臣未絕，舊吏不得不服，元城宜吊服加麻。②

　按照《喪服》記載，爲舊君本應齊衰三月，而上述記載中雖并無"心喪"明文，但據其服制均爲"吊服加麻"，基本可斷定屬於心喪一類。唯喪期緣恩情遠近，與爲母、爲師應有差別，故不從三年，而爲三月。爲師心喪，是比附於君父恩義；爲母心喪，是在父子之倫上加隆母子之情；此處爲舊君心喪，却是顧念君臣尊卑。若將此推到極處，即是"厭於所尊而不得遂者，皆可與於心喪之數也"③。也就是説，心喪成爲在嚴格依照五服原則行禮之外的變通之舉，而不再拘泥於某種具體情境。并且，這種變通性主要體現在對於經典中已有喪制的改變。而這一改變背後究竟是基於親親尊尊的準則，還是出於純粹的人情因素或者社會需要，都已不再重要了。

四、餘論

　　與郊祀等天子之儀不同，喪禮是每一位具有正常情感的人都能够執行的常禮；與《春秋》講述的微言大義不同，《喪服》經傳所記載的内容祇有落脚於實踐中才具有意義。這意味著，當其應用於現實時，經典所規定的禮制細節必然會與個體經驗産生衝突。不論過去還是未來，都永遠不會有完全遵循教條的時代。然而，禮爲萬世通行，非爲一人而制。從這一角度講，它并非作爲每一個個體的行爲標準而存在，而更像是面對千差萬別的社會群體所提出的應然的生活方式。這一應然或許不必對具體設計過於嚴苛，却必須保證根本性義理的不可動摇。

---

① 杜佑：《通典》，2646 頁。
② 同上書，2641 頁。
③ 徐乾學：《讀禮通考》卷二十五。

心喪作爲一種喪制首次出現，是孔門弟子視師如父，故如喪父而無服的事件。已有喪制中并無此等規定，也就是説它完全是由弟子對師的敬重之情申發出來的。而當其成爲一種權變之禮後，它背後的義理也隨之改變了。清人徐乾學概括爲：“心喪者，生乎心者也。苟其心有不得已焉，則喪之可也。”① 因“心有不得已”而行的心喪，其本身的執行力與持久性就值得懷疑。雖然在原則上，心喪仍應保持不飲酒、不食肉、不處内等種種儀節，但自晉代以後，關於心喪僅是“沈哀在心”“外無節文，服祭並闕”② 的理解就一直存在，後世也有類似“志之爲言，即心喪之謂”③ 的説法。經由鄭、杜等人完全不同路徑的解釋後，心喪變得更具包容性與個人化，這一變革看似是對禮制的補充，但由此產生的影響却最終改變了禮的實質。最典型的是爲母心喪三年的規定，雖然本意是加隆母子之情，但著服期間，至少仍與父有著期年與三年的差別，維持了父的至尊地位。而唐武后時期，首次以“子之於母，慈愛特深”的理由提出父在爲母終服三年，并獲得許可，則使母子之情幾近等同於父。《朱子語類》記載：“今法爲所生父母心喪三年，此意甚善。”④ 自此以後，“至明洪武時，始易以斬，而父母之服凡衰、裳、帶、絰之制，悉混同而無别。先王制禮之意，蕩然無復存矣”⑤。統一爲父母心喪三年，雖然與統一服斬衰三年大相徑庭，但背後對父母地位的混同，都已在根本上改變了最初制禮時遵循的原則。心喪在不斷擴大適用範圍的同時，也爲日後的異化埋下了伏筆。

---

① 徐乾學：《讀禮通考》卷二十五。
② 杜佑：《通典》，2672 頁。
③ 張錫恭：《喪服鄭氏學》卷五。
④ 黎靖德編，王星賢點校：《朱子語類》，北京：中華書局，1985 年，2283 頁。
⑤ 張錫恭：《喪服鄭氏學》卷五。

《論語》"各言爾志"章新解

徐　峰*

一、問題的引發

《論語·公冶長》"各言爾志"是非常有名的一章，對於研究孔門師生間的關係和其個人學志都很重要。關於這一章中"願車馬衣輕裘與朋友共敝之而無憾"一句的解注歷來分歧都很大。楊伯峻先生講"這一句有兩種讀法"①，而我們看幾個主要的《論語》注解本，却有九種不同的斷句。

　　1. 願車馬衣輕裘與朋友共敝之而無憾。（楊伯峻②、孫欽善③）

　　2. 願車馬，衣輕裘，與朋友共，敝之而無憾。（楊樹達④、錢遜⑤、開明版《斷句十三經經文》⑥）

　　3. 願車馬，衣輕裘，與朋友共敝之而無憾。（錢穆⑦）

　　4. 願車馬、衣輕裘，與朋友共。敝之而無憾。（中華書局版《四書章句集注》⑧）

　　* 徐峰，同濟大學人文學院哲學系博士研究生，研究方向爲經學史、經典文本與歷史語言學。
　　① 楊伯峻：《論語譯注》，北京：中華書局，1980年，52～53頁。
　　② 同上書，52頁。
　　③ 孫欽善：《論語本解》，北京：生活·讀書·新知三聯書店，2009年，58頁。
　　④ 楊樹達：《論語疏證》，上海：上海古籍出版社，1986年，131頁。
　　⑤ 錢遜：《論語淺解》，北京：北京古籍出版社，1988年，93頁。
　　⑥ 《斷句十三經經文·論語》，臺北：臺灣開明書店，1991年，5頁。
　　⑦ 錢穆：《論語新解》，北京：生活·讀書·新知三聯書店，2002年，134～135頁。
　　⑧ 朱熹：《四書章句集注》，北京：中華書局，1983年，82頁。

5. 願車馬、衣輕裘，與朋友共，敝之而無憾。（岳麓書社版《四書訓義》①）

6. 願車馬衣輕裘，與朋友共，敝之而無憾。（中華書局版《論語正義》②、王力③、李零④、鮑鵬山⑤）

7. 願車、馬、衣、裘，與朋友共，敝之而無憾！（毛子水⑥）

8. 願車馬衣（輕）裘，與朋友共敝之而無憾。（傅佩榮⑦）

9. 願車馬衣輕裘與朋友共，敝之而無憾。（康有爲⑧、劉俊田⑨、中華書局版《白虎通疏證》⑩）

以上除楊伯峻和孫欽善兩位先生索性都不斷外，從"馬"字斷句有七個注本，"車馬衣輕裘"不斷或并列的有十二個注本；從"共"字斷句的有十三個注本，"共敝"不斷的有兩個注本。僅此一句區區十五字所造成的分歧可謂紛紜，而此句自古以來也是歷代學者商榷至廣的一句。造成這句解訓分歧的主要是二點：一是"輕"字是不是衍文，并由此引出"衣"字詞性的問題；二是"共敝"如何斷句，并由此引出"共""敝"二字當作何解的問題。

二、對舊解的分析

1. "輕"字

錢大昕《金石文跋》卷九："（唐國子學）石經'輕'字，宋人誤

① 王夫之：《船山全書》第七冊，長沙：岳麓書社，1996年，431頁。
② 劉寶楠：《論語正義》，北京：中華書局，1990年，204頁。
③ 王力編：《古代漢語》第一冊，北京：中華書局，1999年，183頁。
④ 李零：《喪家狗：我讀論語》，太原：山西人民出版社，2007年，125頁。
⑤ 鮑鵬山：《論語新讀》，上海：東方出版中心，2006年，81頁。
⑥ 毛子水：《論語今注今譯》，臺北：臺灣商務印書館股份有限公司，1979年，74頁。
⑦ 傅佩榮：《傅佩榮解讀論語》，北京：綫裝書局，2006年，81頁。
⑧ 康有爲：《論語注》，北京：中華書局，1984年，68頁。
⑨ 劉俊田等：《四書全譯》，貴陽：貴州人民出版社，1988年，141頁。
⑩ 陳立撰，吳則虞點校：《白虎通疏證》，北京：中華書局，1994年，377頁。

加。"① 阮元《校勘記》："唐石經初刻本無'輕'字。……今注疏與皇本正文有'輕'字，則後人依通行本增入，非其舊矣。"② 阮元提出四證：其一，《北齊書·唐邕傳》："車馬衣裘與卿共敝。"蓋用子路故事，是古本無"輕"字；其二，《釋文》於"赤之適齊"節音"衣"爲"於既反"，而此"衣"字無音；其三，邢《疏》："願以己之車馬衣裘與朋友共乘服。"是邢本亦無"輕"字；其四，皇《疏》："車馬衣裘共乘服而無所憾恨也。"是皇本亦無"輕"字。在這四條證據中，最關鍵的是《釋文》注音這條。如果兩處都是"衣輕裘"，那麼一處注音了，另外一處不會不注音。比如"遲鈍"一詞，在《里仁》篇和《子路》篇中都同時有注。而此處"衣"字無音，足證唐本無"輕"字。另外《翟氏考異》引張橫渠《論語説》："故車馬衣裘與賢者共敝。"③ 則張載所本也是無"輕"字的。而《朱子集注》："衣，服之也。"④ 是以"衣"爲動詞，則恐其所本已有衍字。所以結合邢《疏》和張《説》，"輕"字的誤加很可能是發生在北宋或兩宋之間，其由也或如孫欽善先生所言乃"後人據'乘肥馬，衣輕裘'而妄增"⑤。陳祥道《論語全解》："子路願乘肥馬，衣輕裘。"⑥ 就是以"赤之適齊"章解此句。而陳祥道對王安石頗有影響，則此文贅加有可能發生在王安石推新學之時或之後隨新學本通行。

另外通志堂本《釋文·論語音義》共載"衣"字九條，其中"衣"字注音的共七條，皆是"於既反"。"衣"爲動詞乃"服之"之意，而此句"衣"字無音，是陸德明認爲此"衣"是名詞。相同的例證有《周禮·宮伯》中"以時頒其衣裘"處，《釋文》"衣"字亦無注音，是以"衣裘"爲物。但同樣"衣裘"二字，在《釋文》中也有解作動詞的：如《左傳·襄公二十一年》："重繭衣裘。"《禮記·內則》："可以衣裘

---

① 錢大昕：《潛研堂金石文跋尾》卷九，光緒十年長沙龍氏家塾刻本。
② 何晏注，邢昺疏：《論語注疏》，北京：北京大學出版社，2000年，75頁。
③ 黃懷信：《論語彙校集釋》，上海：上海古籍出版社，2008年，456頁。
④ 朱熹：《四書章句集注》，82頁。
⑤ 孫欽善：《論語本解》，58頁。
⑥ 陳祥道：《論語全解》，見《文淵閣四庫全書》第196冊，臺北：臺灣商務印書館股份有限公司，1986年，103頁。

帛。"《禮記·曲禮上》:"童子不衣裘裳。"三處"衣"皆注音"於既反",以"衣"爲動詞。綜上,此句中"車馬衣裘"之斷也確有可商之處。而前述諸本中有七個注本從"馬"字斷句。如果視"衣裘"爲物,則與"車馬"相列,不當點斷;如視"衣"爲動詞,則當斷。"衣"與"願"相對,則宋人衍"輕"字合理也。奇怪的是諸本雖於引文中點開,但其譯解却多從邢《疏》,今人之譯無一例從陳祥道之解。

另外,各本的譯文也有略微不同。錢穆①、毛子水②、孫欽善③不譯"車馬衣裘",楊伯峻④、錢遜⑤譯作"車馬衣服",劉俊田⑥譯作"車馬、皮袍",鮑鵬山⑦譯作"車馬皮衣",傅佩榮⑧譯作"車子、馬匹、衣服、棉袍"。王力先生講:"戰國以前,車馬是相連的。……没有無馬的車,也没有無車的馬。"⑨ 所以車馬既是兩樣東西,又是一樣東西。而"衣裘"也是一樣,如《史記·夏本紀》引《墨子》:"衣裘三領,桐棺三寸。"⑩《史記·匈奴列傳》:"有棺椁、金銀、衣裘。"⑪《漢書·嚴安傳》:"車馬、衣裘、宮室,皆競修飾。"⑫ 這幾處例子可以證明"衣裘"和"車馬"都是表示一類東西。而將"車馬衣裘"爲句也不獨《論語》此句,如《墨子·七患》:"以備車馬衣裘。"⑬《漢書·王莽傳》:"散輿馬衣裘,振施賓客。"⑭ 故劉寶楠《正義》講:"衣裘猶衣裳。"⑮ 正是今人譯注從阮元之解不以"輕裘"説,并從陸德明之見以"衣"爲名詞也。然此是否即爲定解,猶未確也。

① 錢穆:《論語新解》,134～135頁。
② 毛子水:《論語今注今譯》,74頁。
③ 孫欽善:《論語本解》,58頁。
④ 楊伯峻:《論語譯注》,52頁。
⑤ 錢遜:《論語淺解》,93頁。
⑥ 劉俊田等:《四書全譯》,141頁。
⑦ 鮑鵬山:《論語新讀》,81頁。
⑧ 傅佩榮:《傅佩榮解讀論語》,81頁。
⑨ 王力編:《古代漢語》第三册,996頁。
⑩ 司馬遷:《史記》,北京:中華書局,1959年,89頁。
⑪ 同上書,2892頁。
⑫ 班固:《漢書》,北京:中華書局,1962年,2809頁。
⑬ 吳毓江:《墨子校注》,北京:中華書局,1993年,37頁。
⑭ 班固:《漢書》,4040頁。
⑮ 劉寶楠:《論語正義》,204頁。

2. "共敝"之斷

前面阮元《校勘記》所舉四證中，第一證是引《北齊書・唐邕傳》："車馬衣裘與卿共弊。"① 然而《北齊書》在唐中葉已有殘缺，至宋初就祇有十七卷是李百藥原文。錢大昕《廿二史考異》認爲《唐邕傳》"此卷已亡"，則今本或爲宋人據《北史》補修而成。而《北史・唐邕傳》同處云："又嘗解所服青鼠皮裘賜邕云：'朕意在與卿共弊。'"② 可以發現經宋人之改，前者多了"車馬"之文。而其由，其實也在《論語》此章之"車馬衣裘與朋友共敝"。"裘"和"袍"一樣是外衣，是可以共敝、同袍的。如唐人張籍《贈殷山人》詩有"同袍還共敝"句。而車馬也可以有軒、輿，同樣可以敝人，即所謂"共乘服"。南朝皇侃《義疏》："車馬衣裘共乘服而無所憾恨也。"③ 并引《一家通》云："而無憾者，言願我既乘服朋友衣馬而不漸憾也。"則《北齊書》中"車馬衣裘"并作"共弊"，其"弊"當是"以衣敝體"之"敝"，即皇侃"共乘服"之意。然而到了北宋，邢昺作《疏》："言願以己之車馬衣裘與朋友共乘服而被敝之而無恨也。"④ 在"共乘服"後加了"而被敝之"，方衍出"敝"之"重義輕財"之義。至南宋，朱熹《集注》更直言："敝，壞也。"以後諸家皆從之，而無疑者至今。

清人武億《經讀考異》："案近讀從'共'字爲句，'敝之'屬下讀。據《白虎通》引《論語》'與朋友共敝之'，則以'敝之'斷句，'而無憾'另讀。《一切經音義》引此作'共敝之而無憾'，是又以'共'字連'敝之而無憾'爲句。"⑤ 劉寶楠《正義》講："今讀'與朋友共'爲一句，'敝之而無憾'爲一句，似'敝之'專指朋友，於語意未晰。"⑥ 楊伯峻先生講："這一句有兩種讀法。一種從'共'字斷句，把'共'字

---

① 李百藥：《北齊書》，北京：中華書局，1972 年，531 頁。
② 李延壽：《北史》，北京：中華書局，1974 年，2001 頁。
③ 黃懷信：《論語彙校集釋》，第 455 頁。
④ 同上書，456 頁。
⑤ 同上書，457 頁。
⑥ 劉寶楠：《論語正義》，204 頁。

作謂詞。一種作一句讀，‘共’字看作副詞，修飾‘敝’字。”① 并且他認爲：“這兩種讀法所表現的意義並無顯明的區別。”② 錢穆先生也認爲：“或於‘共’字斷句，下‘敝之而無憾’五字爲句。然曰‘願與朋友共’，又曰‘敝之而無憾’，敝之似專指朋友，雖曰‘無憾’，其意若有憾矣。不如作‘共敝之’爲句，語意較顯。”③ 這些疑惑未晰，其實皆是受“敝壞”説之影響。而“敝壞”説，實則又源自《白虎通·三綱六紀》：“朋友之交，貨則通而不計，共憂患而相救。……故《論語》曰：‘子路云：‘願車馬衣輕裘與朋友共，敝之。’”④ 於是乎，皇侃講是“用人之財”，邢昺講是“重義輕財”，朱熹講是“與物共”，劉寶楠講是“與朋友共用至敝也”，戴望講是“共敝爲德”⑤，到了錢穆則言子路“徒有與人共（物）之意”。層層演化，却離本義愈來愈遠。造成的結果就是今諸譯本中孔門師生問答無關。

另外如果説這句話是要表現子路“重義輕財”，則此處“敝”也可訓解爲“棄”。《儀禮》和《禮記》都載孔子曰：“冠而敝之可也。”注：“敝本亦作弊，棄也。”“共”則爲《毛詩·小雅·南有嘉魚》中“樂與賢者共之也”之“共”，訓解爲“在一起”。此句可斷爲“願車馬衣裘，與朋友共，敝之而無憾。”譯作：“（我）願意要車馬和衣裘，但是祇要和朋友在一起，放棄這些（我）也沒有什麼可以遺憾的。”此處如依今本“願車馬，衣輕裘”解其意無差，爲：“（我）想要車馬，穿輕薄貴重的裘皮衣服，但是祇要和朋友在一起，放棄這些（我）也沒有什麼可以遺憾的。”并且結合《子罕》篇中孔子講：“衣敝縕袍，與衣狐貉者立，而不恥者，其由也與。”其中“衣敝縕袍”就是穿著破舊的、用亂麻舊絮製作的袍子，即是講子路衣“惡衣”而不恥。而《里仁》篇：“子曰：‘士志於道，而恥惡衣惡食者，未足與議也。’”另《説苑·修文》載孔子曰：“今由也匹夫之徒，布衣之醜也。”⑥ 皆是其意。而“裘衣是當時

① ② 楊伯峻：《論語譯注》，53 頁。
③ 錢穆：《論語新解》，135～136 頁。
④ 陳立撰，吳則虞點校：《白虎通疏證》，377 頁。
⑤ 黃懷信：《論語彙校集釋》，457 頁。
⑥ 劉向撰，向宗魯校證：《説苑校證》，北京：中華書局，1987 年，509 頁。

貴族所穿著的高級服裝，非一般人所能問津"①。《禮記·玉藻》："錦衣狐裘，諸侯之服也。"所以晁福林先生講："可見狐裘飾以錦衣非一般人所能服用。"② 并且在《周禮》有"司裘"一職，又《淮南子·氾論訓》："葬死人者，裘不可以藏。"③ 亦足見"裘"之貴也。而《論語·鄉黨》："朋友之饋，雖車馬，非祭肉，不拜。"可見"車馬"也是很貴重的。據此結合這個解釋，正好説明子路講自己不是不想要貴重的車馬和好衣服，而是志於朋友之道，棄之無憾的高尚情操。孤立來看這樣解也是説得通的，但是和上下文相聯係則覺不妥，故亦是不可取的。

三、"願車馬衣裘與朋友共敝之而無憾"句辨正

此句既然是子路之言，就必須瞭解子路的性格特點。《論語》中，孔子評價子路講"由也喭"（《論語·先進》）、"好勇過我"（《論語·公冶長》），是評價子路的性格好勇剛直。《史記·仲尼弟子列傳》亦云："子路性鄙，好勇力，性伉直。"④ 《孔子家語·弟子行》："不畏強禦，不侮矜寡，其言循性，材任治戎，是仲由之行也。"⑤ 皆是其例證。《説苑》記録了兩個很能表現子路志好的故事，一個是《説苑·建本》："孔子謂子路曰：'汝何好？'子路曰：'好長劍。'"另一個是《説苑·修文》："子路鼓瑟有北鄙之聲。……北者殺伐之域。"⑥ 子路"好長劍"，而瑟有"殺伐"之聲。所以易中天講子路是"戰士型"的，是很貼切的。子路就是這樣一個"行行如也"（《論語·先進》）的"布衣匹夫"（《説苑·修文》），好勇敢戰，性格質樸率真，言答循性。蔡仁厚先生評價其"忠信勇決，英雄嫵媚"⑦，則此章中子路言志，必當合其性格志好。

通觀以往諸公之解，都是據"朋友通財""重義輕財"來説的。那

① ② 晁福林：《夏商西周的社會變遷》，北京：北京師範大學出版社，1996 年，209 頁。

③ 何寧：《淮南子集釋》，北京：中華書局，1998 年，982 頁。

④ 司馬遷：《史記》，2191 頁。

⑤ 王國軒、王秀梅譯注：《孔子家語》，北京：中華書局，2011 年，141 頁。

⑥ 劉向撰，向宗魯校證：《説苑校證》，508 頁。

⑦ 蔡仁厚：《孔門弟子志行考述》，臺北：臺灣商務印書館股份有限公司，1969 年，55～56頁。

麼這點是不是符合子路的情況呢？《論語·子罕》："子曰：'衣敝縕袍，與衣狐貉者立，而不恥者，其由也與？不忮不求，何用不臧。'子路終身誦之。"這裏反映了兩點：一、子路恐怕是比較窮的；二、子路雖然窮，但是他"不嫉妒，不貪求"[①] 財貨衣物。這可以説明子路的志向不是"車馬衣裘"這類財貨，而且"共敝"説實在是經不起細細推敲。孔子講子路"野哉由也"（《論語·子路》），司馬遷也講他"性鄙"。這樣一個"野鄙"而又性格剛直的人，恐怕是不會追求什麼和朋友一起把好東西用舊的。而且子路明明自己是很窮，連一般的好袍子也穿不起，就更別説"輕裘"了，估計也沒有自己的好車馬。那麼這個"重義通財"放在子路身上豈不是成了空頭許諾了嗎？而子路又是一個"無宿諾"（《論語·顔淵》）之人。基於這幾點，無論是諸公"和朋友一起用壞"之解，還是我上面提出的"和朋友在一起而放棄"之解，都是不合理的。舊解更使得全章師生對話，缺乏關聯，自説自話。

這一章其實是非常生動的一章，并不是孔子、子路、顔回三人在隔空言志，他們之間的對話其實是有聯係的。而要讀通全章，關鍵就是在理解"願車馬衣（輕）裘與朋友共敝之而無憾"一句。而要解這一句，關鍵在理解"共""敝"二字的意思。

先來説這個"敝"字。《禮記·檀弓》："射之，斃一人。"《左傳·成公二年》："越於車下，射其右，斃於車中。"《釋文》："斃，亦作弊。"段《注》："蓋許時經書斃多作獘。"《廣韻》："獘，與斃同。"《玉篇》："敝，或作獘，俗作弊。"故"敝""斃"可通也。則此句"敝之無憾"是"斃（死）而無憾"的意思，這也才對得上"無憾"。并且從經典的記載來看，這個"斃"一般都是射傷而"斃"。而春秋時期還沒有像戰國那樣大規模用步兵弩機射殺的戰法，一般都是車左射之，這樣也對得上"車馬"二字。

再來看"共"字。《左傳·文公二年》載狼瞫曰："死而不義，非勇也。共用之謂勇。吾以勇求右。"是講戰爭中"共用"之勇，這點也符合子路戰士的性格。春秋時期兵車作戰，一輛兵車上有三人。"御者居

---

① 楊伯峻：《論語譯注》，95 頁。

中，左邊甲士一人持弓，右邊甲士一人持矛。"① 而狼瞫正是車右，則此處講同車的人要互相信任，所以"車馬衣裘"共用之，也可以有同患難的意思。由此理解成"和朋友一起出戰，車馬衣裘和朋友共用，死了也没有遺憾"似乎也通，但這裏僅僅理解爲今義分享的"共用"也是錯誤的。《左傳》中的"共用之謂勇"是"共之""享之"的意思。《左傳·閔公二年》記載"衛懿公好鶴"的故事，"鶴有乘軒者"而引發衛國國内士人的不滿。因爲對戰士、對士人來説，兵車是不能隨便"共"的。而作爲一個戰士的子路，必然也有同樣的認識。《左傳·昭公元年》載魏舒曰："以什共車。"楊伯峻《注》："以十人當一車。"② 《管子·大匡篇》："小侯車百乘，卒千人。"則這個"共"正確的理解是士卒共車之"共"。春秋時代，車御、車左、車右三人一般是由士擔任的，再以車爲單位配卒以"共"。另外，在定州漢簡第一〇五簡上載"偹友信之"③，則此句中亦當是"偹友"二字。《康熙字典》載《管子注》："偹猶曹也。"則"偹"很可能是指車下之卒，而"友"則是指同車之士。所以此句中"與朋友共"應當解作"和士卒朋友一起出戰"。

最後來看"車馬衣裘"。《周禮·司裘》："大喪，廞裘飾皮車。"賈《疏》："謂明器之車，以皮飾之。"④ 又《周禮·車僕》："大喪，廞革車。"《周禮·圉人》："廞馬，亦如之。"賈《疏》："即是所廞車馬。"⑤《周禮·宰夫》："大喪小喪，掌小官之戒令，帥執事而治之。"鄭注："大喪，王、后、世子之喪也。"⑥ 則依據《周禮》遇到"王、后、世子"的大喪，要用皮裘這樣貴重的物品來裝飾車馬。所以"車馬衣裘"其實是一種喪禮的裝飾。而《左傳·宣公十二年》記載了楚莊王攻打鄭國，鄭襄公舉國皆哭以喪禮相迎的故事。可見在春秋時代，臨大敵用喪禮以表示死戰的精神，是一種通識。所以此處"衣"當作動詞解，子路言"車馬衣裘"是戰車用大喪的裝飾，是勇者以死戰之之意。

---

① 王力編：《古代漢語》第三册，999 頁。
② 楊伯峻：《春秋左傳注》，北京：中華書局，1981 年，1216 頁。
③ 定州漢墓竹簡整理小組：《定州漢墓竹簡論語》，北京：文物出版社，1997 年，24 頁。
④⑤ 鄭玄注，賈公彥疏：《周禮注疏》，北京：中華書局，2000 年，209 頁。
⑥ 同上書，84 頁。

綜合起來，此句當斷爲："願車馬衣裘，與朋友共，敝之而無憾。"譯爲："（我）願意乘著用裘皮裝飾的戰車，（以死戰的精神）和士卒朋友一起上戰場，（這樣即使）被射中了（死了）也沒有什麼遺憾。"如此，既表現子路的勇敢，又表現子路的好戰。里克講："不共是懼。"（《左傳·閔公二年》）狼瞫講："共用之謂勇。"子路願與"朋友"共，是錚錚鐵骨的勇士表現。但是子路願戰，不惜乘喪車，被射而亡，却也表現出他剛直、野性的另一面。

所以這一章下面孔子講："老者安之，朋友信之。"其實就是針對子路講的。閻若璩《四書釋地又續》："季路長顏淵二十一歲。"[①] 所以"老者"既可理解爲泛指，但其又有所指。何謂"安之"？《國語·魯語下》："無憾而後即安。"這裏子路講"與朋友共"則無憾，這種"無憾"應當也是一種"安"。但是孔子這裏更多的是希望子路能夠把這種求戰、求死的志向安定下來。《謚法》："好和不爭曰安。"所以顏回要講"願無伐善"，就是希望這個好戰的子路不要帶兵去攻打一些無罪的國家，或者說不要以"伐"爲"善"。而《尚書·皋陶謨》："在安民。"《益稷》："安汝止。"注："謂止於至善也。"所以"安"是要止於至善，不是要止於一戰啊。但是我們看史書記載的子路結局，六十多歲戰死沙場，却是"不得其死"（《論語·先進》）。蔡仁厚先生講子路死的時候，身邊"既無部卒，又無器械"[②]。可見孔子這裏講願"俌友信之"，信之方能不棄而休戚與共，是有先見之明的。這點又與《先進》中言子路"不得其死"一樣，成了子路的讖言。

四、由漢簡隻字引發的猜想與通章之解正

定州漢墓第一〇四簡上"顏淵曰"之前存"而毋欤"[③] 三字。其中

---

① 閻若璩：《四書釋地又續》，見《文淵閣四庫全書》第 21 冊，臺北：臺灣商務印書館股份有限公司，1986 年，392 頁。

② 蔡仁厚：《孔門弟子志行考述》，64 頁。

③ 定州漢墓竹簡整理小組：《定州漢墓竹簡論語》，24 頁。

這個"欽"字没有被學者重視，其注祇言"今本作'無憾'①。這個字應當不是"憾"字，依其字形很可能是"欸"字。《康熙字典》："欸，音枉，佞也。"如果是"佞"的一個同義字，則此簡"顏淵曰：'願毋伐□……'"之前的話，很可能不是今本《論語》所記的子路之話，而可能是與《説苑》記載大致相同的子貢之話。這點從今本《論語》顏回所言"願無伐善，無施勞"二句應該是對不同的人所言的，可以窺知。

《説苑》是劉向整理經籍時綜合所見各家之説，以諸子故事爲主的一部書。對其價值，恐怕研究《論語》的學者重視程度還不夠。《説苑·指武》篇"孔子北游"章也記載了一個"各言爾志"的孔門師生間的對話，其内容與《論語》此章很相似。孔子也是問志於"二三子"，祇是在《説苑》中弟子有三人，子路、子貢、顏回。其文爲：

> 孔子北游，東上農山，子路、子貢、顏淵從焉。孔子喟然歎曰："登高望下，使人心悲，二三子者，各言爾志，丘將聽之。"子路曰："願得白羽若月，赤羽若日，鐘鼓之音上聞乎天，旌旗翩翻，下蟠於地。由且舉兵而擊之，必也攘地千里，獨由能耳。使夫二子者爲從焉！"孔子曰："勇哉士乎！憤憤者乎！"子貢曰："賜也，願齊楚合戰於莽洋之野，兩壘相當，旌旗相望，塵埃相接，接戰構兵，賜願著縞衣白冠，陳説白刃之間，解兩國之患，獨賜能耳。使夫二子者爲我從焉！"孔子曰："辯哉士乎！僊僊者乎！"顏淵獨不言。孔子曰："回！來！若獨何不願乎？"顏淵曰："文、武之事，二子已言之，回何敢與焉！"孔子曰："若鄙，心不與焉，第言之！"顏淵曰："回聞鮑魚、蘭芷不同篋而藏，堯、舜、桀、紂不同國而治，二子之言與回言異。回願得明王聖主而相之，使城郭不修，溝池不越，鍛劍戟以爲農器，使天下千歲無戰鬥之患，如此則由何憤憤而擊，賜又何僊僊而使乎？"孔子曰："美哉，德乎！姚姚者乎！"子路舉手問曰："願聞夫子之意。"孔子曰："吾所願者，顏氏之計，吾願負衣冠而從顏氏子也。"

我們發現除了没有子貢之答，其餘大致的意思和《論語》此章非常

---

① 定州漢墓竹簡整理小組：《定州漢墓竹簡論語》，26 頁。

接近。子路言志也是剛勇好戰，"舉兵而擊之，必也攘地千里"。顔回所答也基本是類似"願無伐善，無施勞"之意。而今本《論語》中没有的子貢之答，於此文則有"賜願著縞衣白冠，陳説白刃之間，解兩國之患，獨賜能耳"。《孟子·公孫丑上》言子貢是"善爲説辭"，就這點來説這句話也符合子貢的性格志向。并且孔子在後面評價子貢是"僊僊者乎"。段《注》："按僊僊，舞袖飛揚之意。"正可形容子貢勞於兩國之間，恰又能和"無施勞"一句相準。再結合定州漢簡這個"欤"字。我們大膽猜測，今本《論語》可能脱漏子貢這句，而漢簡中留有殘字。并且據《説苑》的記載，大致推斷所脱子貢之言可能是："願縞衣白冠，蹈與白刃，説而無欤（佞）。"意思是：（我）願意穿著縞衣，頭戴白冠，在戰場鏖戰之際，於兩國間游説，成功調和紛争而不是靠口才好。"或者"而無欤（佞）"也有可能是説調和兩國紛争，使兩國没有佞人爲亂而無患之意。其義與《孟子·盡心下》"惡佞，恐其亂義也"類同。另外這裏還有一處意外的相同，子貢講"願著縞衣白冠"，"縞衣"和"白冠"都是喪服，這點又和《論語》中子路願意坐著喪車出戰，似有相承之處。

綜上，我們再回到《論語》這章則不再是隔空喊志，而是一副極爲生動的師生間暢談志趣又相互有承的畫面。孔子問志於弟子三人，子路作爲一個戰士先答自己願意乘著用裘皮裝飾的戰車，以死戰的精神和士卒朋友一起上戰場，即使被射死了也没有什麼可遺憾的。孔子贊揚他是一位"憤憤"的勇士。子貢接著答，説自己也願意穿著縞衣白冠的喪服，在戰場鏖戰之際，調解兩國的紛争，使得佞人無處爲亂。孔子贊其有"僊僊"辯士之風。而坐在一旁的顔回則一語不發，孔子就問了："顔回啊！你怎麼不説你自己的志願呢？"顔回答説："文、武之事，兩位師兄都已説盡了。但是顔回聽説臭的鮑魚和香的蘭草、白芷是不能不放在一個盒子裏收藏的，而堯、舜和桀、紂也不能同國而治。所以我希望天下能有聖明的君王出現，而我也能相佐於他。不用去修築高大的城牆和溝池，把劍戟兵器都拿去改鑄爲農器，這樣天下能夠很長久没有戰争的憂患。而子路也不用去憤憤而戰，子貢也不用奔波於兩國間爲使了。"孔子聽後大贊其德。如上則子路、子貢、顔回三人之言與其志向相循，孔門之聖賢何其大哉！

舊籍新刊

穀梁范注家法考

吉 城 著 邰 喆 點校[*]

叙

范曄《後漢书·鄭玄傳》論曰："王父豫章君每考先儒經訓，而長于玄，常以爲仲尼之門不能過也。及傳授生徒，並專以鄭氏家法①。"按，豫章君謂范寧也。寧爲《穀梁集解》，中多牖引《釋廢疾》及《駁五經異義》說（云"鄭君釋之"者，皆《釋廢疾》說；云"鄭君曰"者，皆《駁五經異義》說）。據其《自序》有云："釋《穀梁②》者雖近十家，皆膚淺末學，不經師匠。"則其刊落眾氏，歸鄉高密，蔚宗所言，洵不誣矣。夫《起廢》之作，弟解何難；《駁義》諸論，惟因許文。然

＊ 吉城，江蘇東臺人，字鳳池，別字經郏，號曾甫。生於清同治六年（1867），幼時天賦頗高，十三歲即中秀才。光緒二十三年（1897），受聘於時任南菁書院山長丁立鈞，領閱卷之職。光緒三十一年（1905），主創東臺能群學堂，采用新式教學科目。光緒三十三年（1907），與蒯光典、繆荃孫、張錫恭等共創南京"國文研究會"，一時博雅君子雲集。宣統二年（1910），受聘於東臺知縣，任教於東臺縣中學堂暨師範學堂。民國十七年（1928）病逝，享年六十一歲。吉城一生研經宗齊魯之學，讀史通班馬之書，旁及辭賦及金石之學，著述頗豐，凡三十二種。《穀梁范注家法考》成於光緒二十五年（1899）。據《魯學居日記》，吉城讀《後漢書·鄭玄傳》論，因范曄述祖父范寧有"每考先儒經訓，而長於玄，常以爲仲尼之門不能過也。及傳授生徒，並專以鄭氏家法"之語，以武子《春秋穀梁傳集解》多引據鄭玄《釋廢疾》及《駁五經異義》之文，用鄭玄家法，遂著此書以明其旨，十三日即草成。此文據吉城手稿整理，原稿字迹多有模糊不清之處，點校難免有誤。如有舛誤，敬請博雅指正。

邰喆，北京大學哲學系2017級博士生。

① 中華書局本《後漢書·鄭玄傳》下有"云"字。

② 中華書局影印本（嘉慶）《春秋穀梁傳注疏》（以下簡稱《穀梁注疏》）下有"傳"字。

而即本見末，以一持萬，東京魯學，斯推大師。武子之生，去鄭未遠，其時江左波靡，清談競爲，爾乃討王何之首惡，崇游夏之北面，哀輯緒業，尊而不名。其視平叔雜收僞孔，元凱攘竊賈服，心術懸絕，豈可道里計哉？至或著以未詳，申以寧按，此又《毛傳》之須《箋》，而非《聖證》之設論也。今謹依注條舉，分列二卷，自餘羣經鄭說有爲范所用者，亦無不舂錄以附，名之曰《穀梁范注家法考》云。

光緒二十有五年，太歲在己亥，十月乙亥朔，吉城自序。

穀梁范注家法考上

隱公

元年：天王使宰咺來歸惠公、仲子之賵。○《集解》：平王新有幽王之亂，遷于成周，欲崇禮諸侯。仲子早卒，無由追賵，故因惠公之喪而來賵之。① ○城按，《禮記·雜記》疏引鄭《釋廢疾》云："平王新有幽王之亂，遷于成周，欲崇禮于諸侯，原情免之。若無事而晚者，去來以譏之，榮叔是也。"范此注平王云云，正本鄭《釋》。

母以子氏，仲子者何？惠公之母，孝公之妾也。○《集解》：妾不得體君，故以子爲氏。○城按，本疏引鄭《釋廢疾》云："若仲子是桓之母，桓未爲君，則是惠公之妾，天王何以賵之？則惠公之母，亦爲仲子②。"范此注正本鄭《釋》。

公子益師卒。大夫日卒，正也。不日卒，惡也。○《集解》：惡③故略之。○城按，本疏引《廢疾》："《公羊》以爲，日與不日爲遠近異辭，若《穀梁》云'益師惡而不日'，則公子牙及季孫意如何以書日乎？"鄭釋云："公子牙，莊公弟，不書弟則惡明也，故不假去日。季孫意如則定公所不惡，故亦書日。"范此注正本鄭《釋》。

---

① 據《穀梁注疏》，此段《集解》在傳"母以子氏"下。
② 《穀梁注疏》下有"也"，此段疏文在《春秋》經"秋，七月，天王使宰咺來歸惠公、仲子之賵"下。
③ "惡"，《穀梁注疏》作"罪"。阮元《校勘記》："閩本同，監、毛本'罪'作'惡'。"

五年：苞人民、毆牛馬曰侵。斬樹木、壞宮室曰伐。○《集解》：制其人民，毆其牛馬，賊去之後，則可還反。樹木斬不復生，宮室壞不自成，故其爲害重也。○城按，本疏引《廢疾》："廐焚，孔子曰：'傷人乎？'不問馬。今《穀梁》以苞人民爲輕，斬樹木、壞宮室爲重，是理道之不通也。"鄭釋云："苞人民、毆牛馬，兵去則可以歸還。其爲[①]壞宮室、斬樹木，則樹木斷不復生，宮室壞不自成，爲毒害更重也。"范此注正用鄭《釋》。

桓公

四年：四時之田，皆爲宗廟之事也。春曰田，夏曰苗，秋曰蒐，冬曰狩。○《集解》：因爲苗除害，故曰苗。○城按，《禮記·王制》疏引《廢疾》："《運斗樞》曰：'夏不田。'《穀梁》有夏田，於義爲短。"鄭釋云："歲三田謂以三事。[②] 四時皆田，夏殷之禮。《詩》云：'之子于苗，選徒囂囂。'夏田明矣。孔子雖有圣德，不敢顯然改先王之法，以教授于[③]世。若其所欲改，具[④]陰書于緯，藏之以傳後王。《穀梁》四時田者，近孔子故也。《公羊》正當六國之亡，讖緯見讀，而《傳》爲三時田。作《傳》有先後，雖異，不足以斷《穀梁》也。"范此注正申鄭《釋》。

十三年：其不地，於紀也。○《集解》：《春秋》戰無不地，即於紀戰，無爲不地也。鄭君曰："'紀'當爲'己'，謂在魯也，字之誤耳。得在龍門，城下之戰，迫近，故不地。"○城按，本疏引何休難云："在紀無爲不地。"[⑤] 與注文同。則"即於"以下二語爲《廢疾》文，"鄭君曰"即鄭《釋》也，此注亦明用鄭《釋》。"得在龍門"，"得"當爲"時"，遵義黎氏刻余仁仲本正作"時"。

---

① 阮元《校勘記》："閩、監、毛本同，何校本下有'害輕'二字，是也。"
② 據中華書局影印本（嘉慶）《禮記正義》，"歲三田謂以三事"非此段《釋廢疾》文字首句。
③ "于"，《禮記正義》作"於"。
④ "具"，《禮記正義》作"其"。
⑤ 據《穀梁注疏》，何休之語在傳"其言及者，由內及之也。其曰戰者，由外言之也"下。

莊公

四年：紀侯賢而齊侯滅之，不言滅而曰大去其國者，不使小人加乎君子。○《集解》：何休曰："《春秋》楚世子商臣弒其君，其後滅江、六，不言大去。又大去者，於齊滅之不明，但知不使小人加乎君子，而不言滅，縱失襄公之惡，反爲大去也。"鄭君釋之曰："商臣弒其父，大惡也，不得但爲小人。江、六之君，又無紀侯得民之賢，不得變滅言大去也。元年冬齊師遷紀，三年紀季以酅入于齊，今紀侯大去其國，是足起齊滅之矣。即以變滅言大去，爲縱失襄公之惡，是乃經也，非傳也。且《春秋》因事見義，舍此以滅人爲罪者自多矣。"○城按，范此注明用鄭《釋》。"襄公之德"，"德"當爲"惡"。

六年：王人子突救衛。王人，卑者也。稱名，貴之也。○《集解》：何休以爲稱子則非名也。鄭君釋之曰："王人賤者，録則名可。今以其銜命救衛，故貴之，貴之則子突爲字可知明矣。此'名'當爲'字'誤爾。"徐乾曰："王人者，卑者之稱也。當直稱王人而已，今以其能奉天子之命救衛而拒諸侯，故加名以貴之。僖八年'公會王人、齊侯'，是卑者之常稱。"○城按，范此注明用鄭《釋》，而補以徐説，不必破名爲字，已足解何休之難。蔚宗謂傳授生徒，並以家法者是也。（徐即生徒之一，見《集解序疏》。）

九年：公伐齊，納糾。當可納而不納，齊變而後伐。故乾時之戰不諱敗，惡内也。○《集解》：何休曰："三年'溺會齊師伐衛'，故貶而名之。四年'公及齊人狩于郜'，故卑之曰人。今親納讎子，反惡其晚，恩義相違，莫此之甚。"鄭君釋之曰："於讎不復則怨不釋，而魯釋怨，屢會仇讎，一貶其臣，一卑其君，亦足以責魯臣子，其餘則同，不復譏也。至於伐齊納糾，譏當可納而不納爾。此自正義，不相反也。"○城按，范此注明用鄭《釋》。

十八年：不言日，不言朔，夜食也。何以知其夜食也？曰：王者朝日。○《集解》：何休曰："《春秋》不言月食日[①]，以其無形，故闕疑。

---

① 《穀梁注疏》下有"者"。

其夜食何緣書乎?"鄭君釋之曰:"一日一夜合爲一日。今朔日,日始出,其食虧傷之處未復,故知此自以夜食。夜食則亦屬前月之晦,故穀梁子不以爲疑。"○城按,范此注明用鄭《釋》。

二十三年:祭叔來聘,其不言①何也? 天子之内臣也。不正其外交,故不與使也。○《集解》:何休曰:"南季、宰渠伯糾、家父、宰周公來聘皆稱使,獨於此奪之何②?"鄭君釋之曰:"諸稱使者,是奉王命,其人無自來之意。今祭叔不一心於王,而欲外交,不得王命來,故去使以見之。"○城按,范此注明用鄭《釋》。

二十七年:衣裳之會十有一,未嘗有歃血之盟也,信厚也。○《集解》:十三年會北杏,十四年會鄄,十五年又會鄄,十六年會幽,二十七年又會幽,僖元年會檉,二年會貫,三年會陽穀,五年會首戴,七年會甯③毌,九年會葵丘。○城按,本疏云:"鄭玄《釋廢疾》云:'自柯之明年,葵丘以前,去貫與陽穀,固已九合矣。'則鄭意不數北杏,自外與范注同也。"④ 今按疏説非也。柯之年,即北杏之年,北杏在春,柯在冬,范舉春,猶鄭舉冬也。范此注正本鄭《釋》。

二十八年條見後。

三十二年:公子牙卒。○《集解》:何休曰:"傳例:'大夫不日卒,惡也。'牙與慶父共淫哀姜,謀弑子般,而日卒何也?"鄭君釋之曰:"牙,莊公母弟,不言弟,其惡已見,不待去日矣。"寧按,傳例:"諸侯之尊,弟兄不得以屬通。"蓋以禮,諸侯絶朞,而臣諸父昆弟,稱昆弟,則是申其私親也。宣十七年"公弟叔肹卒",《傳》曰:"其曰公弟叔肹,賢之也。"然則不稱弟自其常例耳,鄭君之説,某⑤所未詳。○城按,范此注引鄭《釋》,而又云未詳者,闕疑也。其實閔不書即位,已見子般之弑,故慶父當奔而經書如,牙不當日卒而經書日也。鄭君此釋,亦就《公羊》言牙爲莊公母弟而解之耳,意取釋何之難而止,不必

---

① 《穀梁注疏》下有"使"。
② 《穀梁注疏》下有"也"。
③ "甯",《穀梁注疏》作"寧"。
④ 據《穀梁注疏》,此段疏文非此段傳文之疏。
⑤ "某",《穀梁注疏》作"其",阮元《校勘記》:"閩、監、毛本'其'作'某',是也。"

執此駁鄭而因以疑傳也。

僖公

八年條見後。

九年：諸侯盟于葵丘。桓盟不日，此何以日？美之也。爲見天子之禁，故備之也。〇《集解》：何休以爲即日爲美，其不日皆爲惡也。桓公之盟①皆爲惡邪？莊十三②柯之盟，不日爲信，至此日以爲美，義相反也。鄭君釋之曰："柯之盟不日，因始信之。自其後盟以不日爲平文。從陽穀以來至此葵邱③之盟，皆令諸侯以天子之禁。桓德極而將衰，故備日以美之，自此不復盟矣。"〇城按，范此注明用鄭《釋》。

十一年：雩月，正也。雩得雨而④日雩，不得雨曰旱。〇《集解》：禮，龍見而雩，常祀不書，書者皆以旱也，故得雨則喜，以月爲正也；不得雨則書旱，明旱災成。何休曰："《公羊》書雩者，善人君應變求索，不雩則言旱，旱而不害物，言不雨也。就如《穀梁》，設本不雩，何以明之？如以不雨明之，設旱而不害物，何以別乎？"鄭君釋之曰："雩者，夏祈穀實之禮也，旱亦用焉。得雨書雩，明雩有益；不得雨書旱，明旱災成。後得雨，無及也。國君而遭旱，雖有不憂民事者，何乃廢禮？本不雩禱哉，顧不能致精誠也。旱而不害物，故⑤以久不雨別之。文二年、十三年，自十有二月、自正月不雨，至于秋七月是也。《穀梁傳》曰：'歷⑥時而言不雨，文不閔雨也。'以文不憂雨，故不如僖時書不雨。文所以不閔雨者，素無志於民，性退弱而不明，又見時久不雨而無災耳。"〇城按，范此注明用鄭《釋》，其"故得雨則喜"云云，皆申鄭義也。

十三年：公會齊侯、宋公、陳侯、衛侯、鄭伯、許男、曹伯于鹹。

---

① 《穀梁注疏》下有"不日"。
② 《穀梁注疏》下有"年"。
③ "邱"，《穀梁注疏》作"丘"。
④ 《穀梁注疏》無"而"字。
⑤ "故"，《穀梁注疏》作"固"，阮元《校勘記》："閩本同，監、毛本'固'作'故'，是。"
⑥ "歷"，《穀梁注疏》作"歷"。

兵車之會也。○《集解》無注。○城按，本疏云："何休於此有《廢疾》，范不具載鄭釋者，以數九會，異於鄭故也。"按，范數九會，與鄭同。此無注者，注已具莊二十七年。疏説誤。

十四年：諸侯城，有散辭也，桓德衰矣。○《集解》：言諸侯城，則非伯者之爲可知也。齊桓德衰，所以散也。何休曰："案先是盟亦言諸侯，非散也。又《穀梁》美九年諸侯盟于葵丘，即散，何以美之邪？"鄭君釋之曰："九年，公會宰周公、齊侯、宋子、衛侯、鄭伯、許男、曹伯于葵丘。[①] 時諸侯初在會，未有歸者，故可以不序。今此十三年夏公會齊侯、宋公、陳侯、衛侯、鄭伯、許男、曹伯于鹹，而冬公子友如齊，此聘也。書聘，則會固前已歸矣。今云諸侯城緣陵而不序其人，明其散，桓德衰矣。葵丘之事，安得以難此。"○城按，范此注明用鄭《釋》。

十八年：宋師及齊師戰于甗，齊師敗績。戰不言伐，客不言及。言及，惡宋也。○《集解》：何休曰："戰言及者，所以別客主直不直也。故文十三[②]年，晉人、秦人戰于河曲，兩不直故不云及。今宋言及，明直在宋，非所以惡宋也。即言及爲惡，是河曲之戰爲兩善乎？又《穀梁》以河曲不言及，略之也，則自相反矣。"鄭君釋之曰："及者，別異客主耳，不施於直與不直也，直不直自在事而已。義兵則客直，宣十二年夏，'晉荀林父帥師及楚子戰于邲，晉師敗績'是也。兵不義則主人直，莊二十八年春，'衛人及齊人戰，衛人敗績'是也。今齊桓卒未葬，宋襄欲興霸事而伐喪，於禮尤反，故反其文以宋及齊，即實以宋及齊，明直在宋。邲之戰，直在楚，不以楚及晉何邪？秦晉戰于河曲，不言及，疾其亟戰爭舉兵，故略其先後。"○城按，范此注明用鄭《釋》。

伐衛所以救齊也。○《集解》：何休曰："即伐衛救齊，當兩舉，如伐楚救江矣。又傳以[③]江遠楚近，故伐楚救江。今狄亦近衛而遠齊，其事一也，義異何也？"鄭君釋之曰："文三年，冬，晉陽處父帥師伐楚救

---

① 《穀梁注疏》下有"九月戊辰，盟于葵丘"。
② "三"，《穀梁注疏》作"二"。
③ 《穀梁注疏》下有"爲"。

江，兩舉之者，以晉未有救江文，故明言之。今此春宋公、曹伯、衛人、邾人伐齊，夏狄救齊，冬邢人、狄人伐衛，爲其救齊可知，故省文耳。事同義又何異？"○城按，范此注明用鄭《釋》。

二十一年：夏，大旱。○《集解》：傳例曰："得雨曰雩，不得雨曰旱。"○城按，《禮記·月令》疏引《釋廢疾》云："《春秋》凡書二十四旱。"《考異郵》說云："分爲四部，各有義焉。"按，四部蓋即"得雨曰雩，不得雨曰旱，閔雨曰不雨，不閔雨曰久不雨"之說也。范此注即本鄭《釋》。

釋宋公。外釋不志，此其志何也？以公之與之盟目之也。不言楚，不與楚專釋也。○《集解》：何休曰："《春秋》以執之爲罪，不以釋之爲罪。責楚子專釋，非其理也。《公羊》以爲公會諸侯釋之，故不復出楚耳。"鄭君釋之曰："不與楚專釋者，非以責之也。《傳》云：'外釋不志，此其志何也？以公之與之盟目之也。'言公與諸侯盟而釋宋公，公有功焉，與《公羊》義無違錯。○城按，范此注明用鄭《釋》。

二十二年：則衆敗身傷焉，七月而死。○《集解》：何休曰："即宋公身傷，當言公，不當言師。成十六年，'楚子敗績'是也。又成十六年《傳》曰：'不言師，君重于師也。'即成十六年是，二十二年虛言也。即二十二年是，十六年非也。"鄭君釋之曰："《傳》說楚子敗績曰：'四體偏斷，此則目也。'此言君之目與手足有破斷者，乃爲敗矣。今宋襄公身傷耳，當持鼓，軍事無所害，而師猶敗，故不言宋公敗績也。《傳》所以言'敗衆敗身傷焉'者，疾其信而不道，以取大辱。"○城按，范此注明用鄭《釋》。"傳所以言敗"，"敗"當爲"則"。

二十三年：玆父之不葬，何也？失民也。其失民何也？以其不教民戰，則是棄其師也。爲人君而棄其師，其民孰以爲君哉？○《集解》：何休曰："所謂教民戰者，習之也。《春秋》貴偏戰而惡詐戰，宋襄公所以敗于泓者，守禮偏戰也，非不教其民也。孔子曰：'君子去仁，惡乎成名？造次必於是，顛沛必於是。'未有守正以敗而惡之也。《公羊》以爲不書葬爲襄公諱背殯出會，所以美其有承齊桓、尊周室之美志。"鄭君釋之曰："教民習戰而不用，是亦不教也。詐戰謂不期也，既期矣，當觀敵爲策，倍則攻，敵則戰，少則守。今宋襄公于泓之戰違之，又不用其臣之謀而敗，故徒善不用賢良，不足以興霸主之功，徒言不知權譎之謀，不足以交鄰國、會遠疆，故《易》譏鼎折足，《詩》刺不良。"此說善也。〇城按，范此注明用鄭《釋》，《詩·大明》疏引鄭《箋膏肓》云："徒信不知權譎之謀，不足以交鄰國，定遠疆。"此文"言"字疑亦當作"信"。

二十五年：宋弒其大夫。其不稱名姓，以其在祖之位，尊之也。〇《集解》：何休曰："曹弒其大夫，亦不稱名姓，豈可復以爲祖乎？"鄭君釋之曰："宋之大夫盡名姓，禮，公族有罪，刑于甸師氏，不與國人慮兄弟也，所以尊異之。孔子之祖孔父，累於宋殤公而死，今骨肉在其位，而見弒，故尊之，隱而不忍稱名氏。若罪大者名之而已，使若異姓然，此乃祖之疏也。曹弒其大夫，自以無大夫，不稱名氏耳。《春秋》辭同事異者甚多，隱去即位以見讓，莊去即位爲繼弒，是復可以比例非之乎？"〇城按，范此注明用鄭《釋》。"宋之大夫盡名姓"，遵義黎氏刻余仁仲本作"同姓"，是也。鄭意蓋謂宋大夫盡同姓，孔亦宋同姓，以同姓而又在孔父司馬之位，故尊之，隱而不忍稱其名氏也。近嘉善鍾文烝作《補注》，但知在祖位爲在司馬之位，不明在司馬之位者實爲同姓，轉疑鄭説爲誤，非也。《漢書·梅福傳》顏師古注："《穀梁》所云'在祖位'者，謂孔子本宋孔父之後，防叔奔魯，遂爲魯人，今宋所弒者亦孔父之後留在宋者，於孔子爲祖列，故尊而不名也。"顏知所弒者爲同姓，而解祖位爲祖列，不明其爲司馬之位，亦非。

楚人圍陳，納頓子于頓。納者，内弗受也。圍，一事也。納，一事也。而遂言之，蓋納頓子者陳也。〇《集解》：圍陳使納頓子。〇城按，本疏引《廢疾》："即陳納之[①]，當舉陳，何以不言陳？"鄭[②]釋云："納頓子固宜爲楚也。穀梁子見經云'楚人圍陳，納頓子于頓'，有似晉陽處父伐楚救江之文，故云蓋陳也。"范此注云"圍陳使納頓子"，正本鄭《釋》。

二十七年：楚人、陳侯、蔡侯、鄭伯、許男圍宋。楚人者，楚子

---

① 《穀梁注疏》此句上有"休以爲"。
② 《穀梁注疏》下有"君"。

也。其曰人何也？人楚子，所以人諸侯也。其人諸侯何也？不正其信夷狄而伐中國也。○《集解》：何休曰："哀元年'楚子、陳侯、隨侯、許男圍蔡'，不稱人，明不以此故也。"鄭君釋之曰："時晉文爲賢伯，故譏諸侯不從而信夷狄也。哀元年時無賢伯，又何據而當貶之耶①？"寧謂定哀之世楚彊盛，故諸侯不得不從耳。○城按，范此注明用鄭《釋》。寧謂云云，正補足鄭義也。

三十年：公子遂如京師，遂如晉。以尊遂乎卑，此言不敢叛京師也。○《集解》：何休曰："大夫無遂事。案襄②十二年季孫宿救台，遂入鄆，惡季孫不受命而入也。如公子遂受命如晉，不當言遂。"鄭君釋之曰："遂固受命如京師如晉，不專受命如周，經近上言'天王使宰周公來聘'，故公子遂報焉，因聘于晉，尊周不敢使並命，使若公子遂自往然③。即云公子遂如京師如晉，是同周于諸侯，叛而不尊天子也。《公羊傳》有'美惡不嫌同辭'，何獨不廣之於此乎？"寧謂經同而傳異者甚眾，此吾徒所以不及古人也。○城按，范此注明用鄭《釋》。云"不及古人"，尤正驗其篤信鄭學。

文公

元年：公即位。繼正即位，正也。○《集解》：繼正謂繼正卒也。隱去即位以見讓，桓書即位示安忍，莊、閔、僖不言即位皆繼弒。○城按，僖二十五年注引鄭《釋廢疾》云："隱去即位以見讓，莊去即位爲繼弒。"則此注正本鄭《釋》。

日髡之卒，所以謹商臣之弒也。夷狄不言正不正。○《集解》：徐乾曰："中國君卒正者例日，篡立不正者不日。夷狄君卒皆略而不日。所以殊夷夏也。今書日，謹識商臣之大逆爾，不以明髡正與不正。"○城案，莊四年注引鄭《釋廢疾》云："商臣弒其父，大惡也。"徐云大逆，即本鄭《釋》。

---

① "耶"，《穀梁注疏》作"邪"。
② "襄"，《穀梁注疏》作"宣"。
③ "然"，《穀梁注疏》作"焉"。

二年：不憂雨者，無志乎民也。○《集解》：無恤民志。○城按，僖十一年注引鄭《釋廢疾》云："文所以不閔雨者，素無志於民。"范此注即本鄭《釋》。

三年：雨螽于宋。外災不志，此何以志也？曰：災甚也。其甚奈何？茅茨盡矣。著於上見于下謂之雨。○《集解》：茅茨猶盡，則嘉穀可知。○城按，本疏引《廢疾》："螽猶眾也，死而墜者，象宋羣臣相賊害也云云①，上下異之云爾。今《穀梁》直云'茅茨盡矣，著於上見於下謂之雨'，與讖違，是爲短。"鄭釋云："《穀梁》意亦以宋德薄，後將有禍，故螽飛在上，墜地而死。言茅茨盡者，著甚之驗，於讖何錯之有乎？"范云"嘉穀可知"，即鄭云"著甚之驗"之意。此注亦本鄭《釋》。

五年：其不言來，不周事之用也。○《集解》：何休曰："四年'夫人風氏薨'，九年'秦人來歸僖公、成風之襚'，最晚矣，何以言來？"鄭君釋之曰："秦自敗于殽之後，與晉爲仇，兵無休時，乃加免繆公之喪而來，君子原情不責晚。"○城按，范此注明用鄭《釋》，本疏引《釋廢疾》云："天子於二王後之喪，含爲先，襚次之，賵次之。於②諸侯，含之賵之，小君亦如之。於諸侯之臣，襚之賵之。其諸侯相於，如天子於二王之後。於卿大夫，如天子於諸侯。於士，如天子於諸侯之臣。京師去魯千里，王室無事，三月乃含，故不言來以譏之。"按，其文亦見《左氏·文五年》疏，彼作《箴膏肓》，蓋鄭兩言之也。

八年：宋人弒其大夫司馬。司馬，官也。其以官稱，無君之辭也。○《集解》：何休曰："近上七年'宋公壬臣卒''宋人弒其大夫'，不言官。今此在三年中言官，義相違。"鄭君釋之曰："七年弒其大夫，此實無君也。今弒其司馬，無人君之德爾。司馬、司城，君之爪牙，守國之臣，乃弒其司馬，奔其司城，無道之甚，故稱官以見輕慢也。傳例：'稱人以弒，弒有罪也。'此上下俱失之。"○城按，范此注明

---

① 《穀梁注疏》此二句作"死而墜者眾，宋羣臣相殘害也"。中華書局 1980 年影印本《春秋穀梁傳注疏》"眾"作"象"，文同吉城所書。

② "於"，《穀梁注疏》作"餘"。

用鄭《釋》。七年疏引鄭玄云："亦爲上下俱失，罪臣以權寵逼君，故稱人以弒。君以非理弒臣，故著言司馬。不稱名者，以其世在祖之位尊，亦與僖二十五年'宋弒其大夫'同。"按，疏所引亦鄭《釋廢疾》文。

十二年：晉人、秦人戰于河曲。不言及，秦晉之戰已亟，故略之也。○《集解》：亟，數也。夫戰必有曲直，以一人主之，二國戰鬭數，曲直不可得詳，故略之，不言晉人及秦人戰。○城按，僖十八年注引鄭《釋廢疾》云："秦晉戰于河曲，不言及，疾其亟戰爭舉兵，故略其先後。"范此注亦本鄭《釋》。

宣公

二年：以三軍敵華元，華元雖獲，不病矣。○《集解》：何休曰："書獲皆生獲也，如欲不病華元，當有變文。"鄭君釋之曰："將帥見獲，師敗可知，不當復書師敗績，此兩書之者，明宋師懼華元見獲，皆竭力以救之，無奈不勝敵耳。華元有賢行，得眾如是，雖師敗身獲，適明其美，不傷賢行。今兩書敗獲，非變文如何？"○城按，范此注明用鄭《釋》。

八年：有事于太廟，仲遂卒于垂。○《集解》：祭于太廟之日而知仲遂卒。○城按，《禮記·雜記》疏引鄭《釋廢疾》云："宣八年六月，有事于太廟，禘而云有事者，雖爲卿①卒張本，而書有事，其實當時有用七月而禘，因宣公六月而禘得禮，故變文言有事。《春秋》因事變文，見其得正也。"范此注蓋本鄭《釋》前一義。

葬既有日，不爲雨止，禮也。雨不克葬，喪不以制也。○《集解》：徐邈曰："案，經文是己丑之日葬，喪既出而遇雨，若未及己丑而却期，無爲逆書此日葬。禮，喪事有進無退。又《士喪禮》有輶車載蓑笠，則人君之張設固兼備矣。禮，先遷柩於廟，其明昧爽而引。既及葬日之晨，則祖行遣奠之禮設矣，故雖雨猶終事，不敢停柩久次。"○城按，《禮記·王制》疏引《五經異義》："《公羊》說：雨不克葬，謂天子、諸

---

① 《禮記正義》下有"佐"。

侯也。卿大夫臣賤，不能以雨止。《穀梁》説：葬既有日，不爲雨止。
《左氏》説：卜葬先遠日，辟不懷，吾①不汲汲葬其親，雨②不可行事，
廢禮不行，庶人不爲雨止。許慎謹按，《論語》云：'死，葬之以禮'，
以雨而葬，是不行禮，《穀梁》説非也，從《公羊》《左氏》之説。鄭
氏無駁，與許同。"又引《釋廢疾》云："雖庶人葬爲雨止。"按，疏
云"鄭氏無駁"，是鄭彼文從《公》《左》而不從《穀》也。又《釋廢
疾》云云者，是鄭欲申《穀》也。申《穀》而云"雖庶人葬爲雨止"
者，鄭意蓋謂《公羊》説主《王制》，以爲庶人賤不能爲雨止，人君
貴則爲雨止矣。不知爲雨止、不爲雨止，其故不繫於貴賤，而視乎有
日與未有日：未有日，則雖庶人亦明爲雨止，既有日，則雖人君亦不
爲雨止，鄭君意當如此。彼疏不明鄭意，乃謂人君在廟及在路及葬皆
爲雨止，謬也。徐邈此注正申鄭《釋》。（徐亦生徒之一，見《集解序
疏》。）

十年：齊崔氏出奔衛。氏者，舉族而出之之辭也。○《集解》：何
休曰："氏者，譏世卿也，即稱氏爲舉族而出。尹氏卒，寜可復以爲舉
族死乎？"鄭君釋之曰："云舉族死，是何妖問甚乎？舉族而出之之辭
者，固譏世卿也。崔杼以世卿專權，齊人惡其族，今出奔，既不欲其身
反，又不欲國立其宗後，故孔子順而書之曰'崔氏出奔衛'，若其舉族
盡去之爾。"○城按，范此注明用鄭《釋》。

成公

七年：冬，大雩。雩，不月而時，非之也。冬無爲雩也。○《集
解》無注。○城按，本疏云："故鄭《釋廢疾》去冬及春夏。案，《春秋
説·考異郵》，三時惟有禱禮，無雩祭之事，惟四月龍星見，始有常雩
耳，故因載其禱請山川辭云：'方今天旱，野無生稼，寡人當死，百姓
何依？不敢煩民請命，願撫萬民，以身塞無狀。'"范於僖十一年注引

---

① 阮元《校勘記》："閩、監、毛本'吾'作'言'，是也。"
② 《禮記正義》無"雨"。阮元《校勘記》："閩、監、毛本同。惠棟校宋本，'不'上有
'雨'字。"

"禮龍見而雩"，則此無注，意亦與鄭同也。又定公元年注"何依"作"何謗"，"願撫"作"願撫"①，是也。

襄公

十九年：然則爲士匄者宜奈何？宜墠帷而歸命乎介。○《集解》：除地爲墠，於墠張帷，反命于介，介歸告君，君命乃還，不敢專也。○城按，本疏引《廢疾》："君子不求備于②一人，士匄不伐喪，純善矣，何以復責其專大功也。"鄭釋云："士匄不伐喪則善矣，然於③善則稱君，禮仍未備，故言乃還，不言乃復，作未畢之辭，還者致辭，復者反命。"范此注"反命于介"云云，正本鄭《釋》。

二十年：陳侯之弟光出奔楚。諸侯之尊，弟兄不得以屬通。其弟云者，親之也。親而奔之，惡也。○《集解》：親而奔逐之，所以惡陳侯。○城按：本疏引鄭《釋廢疾》云："惡陳侯也。"范此注正本鄭《釋》。

二十七年：專之去，合乎《春秋》。○《集解》：何休曰："寧喜本弑君之家，獻公過而弑之，小負也。專以君之小負自絕，非大義也。何以合乎《春秋》？"鄭君釋之曰："寧喜雖弑君之家，本專與約納獻公爾，公由喜得入，已與喜以君臣從事矣。《春秋》撥亂重盟約，今獻公背之而弑忠于己者，是獻公惡而難親也。獻公既惡而難親，專又與喜爲黨，懼禍將及，君子見幾而作，不俟終日。微子去紂，孔子以爲三④仁。專之去衛，其心若此，合于《春秋》，不亦宜乎？"○城按，范此注明用鄭《釋》。

三十年：蔡世子般弑其君固。其不日，子奪父政，是謂夷之。○《集解》：比之夷狄⑤，故不日也。○城按，本疏引《廢疾》："蔡世子般⑥弑其君固，不日，謂之夷。楚世子商臣弑其君，何以反書日邪？"鄭釋云："商臣弑父，日之，嫌夷狄無禮，罪輕也。今蔡中國，而又弑

---

① 按，兩處禱辭有兩處不同，除"何依"與"何謗"外，成公七年疏作"方今天旱"，定公元年注作"方今大旱"。"願撫"則同，不知吉城書此何意。

② "于"，《穀梁注疏》作"於"。

③ "於"，《穀梁注疏》作"于"。

④ "三"，《穀梁注疏》作"上"。阮元《校勘記》："閩、監、毛本'上'作'三'，是也。"

⑤ "狄"，《穀梁注疏》作"弑"。中華書局1980年影印本作"狄"，同吉城所書。

⑥ "般"，《穀梁注疏》作"班"。

父，故不日之。若夷狄不足責，然《公羊》有若不疾乃疾之，推以況此，則無怪然。"范此注正本鄭《釋》。

昭公

十一年：楚師滅蔡，執蔡世子友以歸，用之。此子也，其曰世子何也？不與楚弑也。一事注乎志，所以惡楚子也。○《集解》：一事輒注而志之也。何休曰："即不與楚弑，當貶楚爾，何故反貶蔡稱世子邪？"鄭君釋之曰："滅蔡者，楚子也，而稱師，固已貶矣。楚子思啓封疆而貪蔡，誘弑蔡侯般，冬而滅蔡、弑友，惡其淫放，其志弑蔡①國二君以取其國，故變子言世子，使若不得其君終。"○城按，范此注明用鄭《釋》。"一事注乎志"，注讀曰丨，《説文》："有所絶止，丨而識之也。"②《傳》意蓋謂楚子滅一國弑二君，淫放極矣，經故於此執友一事有所絶止，丨而志之，不與君文，所以惡楚子也。范云"一事輒注而志之"，即鄭君"使若不得其君終"之説，最得《傳》意。高郵王氏乃欲破"注"爲"詳"，其説不可從。又按，"終"即"然"也，《列女傳·魯宣繆姜傳》："終故不可誣也。"《左傳》作"然故"，即其證。劉氏逢禄《穀梁廢疾申何》，以鄭此語爲不辭，非也。③

十二年：晉伐鮮虞。其曰晉，狄之也。其狄之何也？不正其與夷狄交伐中國，故狄稱之也。○《集解》：何休曰："《春秋》多與夷狄並伐，何以不狄也？"鄭君釋之曰："晉不見因會以綏諸夏而伐同姓，貶之可也。狄之大重，晉爲厥愁之會，實謀救蔡，以八國之師而不能④救，楚終滅蔡。今又伐徐，晉不糾合諸侯以遂前志，舍而伐鮮虞，是楚而不如也，故狄稱之焉。"厥愁之會，《穀梁》無傳，鄭君之説似依《左氏》，寧所未詳，是《穀梁》意非。○城按，范此注引鄭釋，而云"未詳"者，闕疑也。其實鄭説固無可疑。據經，夏書楚子虔誘蔡侯般弑之于

———————

① "蔡"，《穀梁注疏》作"○"。阮元《校勘記》："閩、監、毛本'○'作'蔡'，何校本作'一'。"

② 原件"《説文》"後文字被遮擋，據《説文解字》相關内容補充。

③ 按，劉逢禄的評論見於《穀梁申廢疾·昭公篇》，此處應爲吉城誤記。

④ 《穀梁注疏》無"能"。

申，楚公子棄疾帥師圍蔡；秋書厥憖之會；冬書楚師滅蔡。則厥憖之會
爲救蔡明矣，不必《左傳》也。本疏引范答薄氏云："楚滅陳蔡，而晉
不能救，棄盟背好，交相攻伐。"則范終從鄭説矣。

定公

元年條見後。

五年：季孫意如卒。○《集解》：傳例曰："大夫不日卒，惡也。"意如
逐昭公而日卒者，明定之得立由乎意如，《春秋》因定之不惡，而書日以示
譏，亦猶公子翬非桓之罪人，故於桓不貶。"○城按，隱元年疏引鄭《釋廢
疾》云："季孫意如則定公所不惡，故亦書日。"范此注正本鄭《釋》。

十二年：叔孫州仇帥師墮郈。墮猶取也。○《集解》：陪臣專強，
違背公室，恃城爲固，是以叔孫墮其城。若新得之，故云墮。墮猶取
也，墮非訓取，言今但毀其城，則郈永屬己，若更取邑於他然。○城
按，本疏引《廢疾》："當言取，不言墮。"墮①實壞耳，無取于訓詁。
鄭君如此釋之。據疏説，則范此注即用鄭《釋》也。

哀公

六年：陽生其以國氏，何也？取國于荼也。○《集解》：何休曰：
"即不使陽生以荼爲君，不當去公子見當國也。又《穀梁》以爲國氏者，
取國于荼，齊小白又不取國于子糾，無乃近自相反乎？"鄭君釋之曰：
"陽生篡國，故不言公子。不使君荼，謂書陳乞弑君爾。荼與小白，其
事相似，荼弑乃後立，小白立乃後弑。雖然，俱篡國而受國焉爾。《傳》
曰'齊小白入于齊，惡之也'，'陽生其以國氏何？取國于荼也'。義適
互相足，又何自反乎？子糾宜立而小白篡之，非受國于子糾，則將誰
乎？"○城按，范此注明用鄭《釋》。

（補）莊公

二十八年：其人衛，何也？以其人齊，不可不人衛也。○《集解》：

---

① 《穀梁注疏》不重"墮"。

齊桓始受方伯之任，未能信著鄰國，致有侵伐之事，貶師稱人，以微之也。人不可以敵于師，師不可以與人戰，故亦以衛師爲人，衛非有罪。○城按，僖十八年注引鄭《釋廢疾》云：“兵不義則主人直，‘衛人及齊人戰，衛人敗績’是也。”范此注“衛非有罪”云云，正本鄭《釋》。

（補）僖公

八年：七月，禘于太廟。○《集解》：禘，三年大祭之名。太廟，周公廟。《禮記·明堂位》曰：“季夏六月，以禘禮祀周公于太廟。”《雜記下》曰：“孟獻子曰：‘七月日至，可以有事于祖。七月而禘，獻子爲之。’”案，宣九年仲孫蔑如京師，於是獻子始見經，襄十九年卒，然則失禮非獻子所始明矣。○城按，《禮記·雜記》疏引鄭《釋廢疾》云：“當時有用七月而禘，因宣公六月而禘得禮，故變文言有事。”范此注以七月爲失禮，正本鄭《釋》。

（補）定公

元年：古之神人有應上公者，通乎陰陽，君親帥諸大夫道之而以請焉。○《集解》：其禱辭曰：“方今大旱，野無生稼，寡人當死，百姓何謗？不敢煩民請命，願撫萬民，以身塞無狀。”禱亦請也，此即請辭也。○城按，成七年疏引鄭《釋廢疾》云：“故因載其禱請山川辭云：‘方今天旱，野無生稼，寡人當死，百姓何依？不敢煩民請命，願撫萬民，以身塞無狀。’”范此注正本鄭《釋》。

以上范用《釋廢疾》説五十一條

穀梁范注家法考下

隱公

三年：尹氏卒。○《集解》：不書官名，疑其譏世卿。[1]　○城按，

---

[1]　據《穀梁注疏》，此段注文在下段傳文之下。

《詩·文王》疏引《五經異義》："《公羊》《穀梁》説：卿大夫世，則權并一姓，妨塞賢路，專政犯君，故經譏尹氏、齊崔氏也。《左氏》説：卿大夫得世禄，不得世位。許慎謹按，從《左氏》義。"①《左傳·宣十年》疏引鄭駁云："《尚書》'世選爾勞'，《詩》刺幽王絶功臣之世。"其駁文雖不具，然鄭説駁許，則必從《穀梁》譏世卿之舊説矣，可知范此注蓋本鄭《義》。云疑者，以《傳》無文以從也。

宋公和卒。○《集解》：鄭君曰："《禮·雜記上》曰：'君薨，赴於他國之君，曰：寡君不禄，敢告於執事。'《曲禮下》曰：'壽考曰卒，短折曰不禄。'君薨，赴而云不禄者，臣子之於君父，雖有壽考，猶若短折，痛傷之至也。若赴稱卒，是以壽終，無哀惜之心，非臣子之辭。鄰國來赴，書以卒者，無老無幼，皆以成人之稱，亦所以相尊敬。"○城按，《禮記·雜記》疏引鄭《駁異義》文與此正同，則范稱"鄭君曰"者，皆明用鄭《駁異義》也。

五年條見後。

七年：叔姬歸于紀。○《集解》：許慎曰："姪娣年十五以上能共事君子，可以往，二十而御。《易》曰：'歸妹愆期，遲歸有時。'《詩》云：'韓侯取妻，諸娣從之，祁祁如雲。'娣必少于嫡，知未二十而往也。"○城按，此當爲《異義》文，范不言"鄭君曰"者，鄭蓋無駁，與許同也。《詩·韓奕》箋云："媵者必姪娣從之。"此鄭與許同之證。

八年：邴者，鄭伯所受命於天子而祭泰山之邑也。○《集解》：諸侯有大功盛德於王室者，京師有朝宿之邑，泰山有湯沐②之邑，所以供祭祀也。魯，周公之後；鄭，宣王母弟。若此有賜邑，其餘則否。許慎

---

① 此段文字約合《五經異義》之文而成，其全文如下："《公羊》《穀梁》説：卿大夫世，則權并一姓，妨塞賢路，事政犯君，故經譏周尹氏、齊崔氏也。《左氏》説：卿大夫得世禄，不得世位。父爲大夫，死，子得食其故采，而有賢才則復升父之故位。故《傳》曰：'官有世功，則有官族。'謹案：《易》爻位三爲三公，二爲卿大夫。曰：'食舊德。'食舊德謂父故禄也。《尚書》：'古我先王暨乃祖乃父，胥及逸勤。予不敢動用非罰，世選爾勞，予不絶爾善。'《論語》曰：'興滅國，繼絶世。'國謂諸侯，世謂卿大夫。《詩》云：'凡周之士，不顯亦世。'《孟子》曰：'文王之治岐也，仕者世禄。'知周制世禄也。"

② "湯沐"，《穀梁注疏》作"沐浴"。

曰："若今①諸侯京師之地，皆有朝宿之邑，周有千八百②諸侯，盡京師之地不足以容，不合事理。"○城按，《禮記·王制》疏引《異義》文，與此正同。"諸侯有大功"上省"《左氏》説"三字。疏云"鄭無駮，與許同"。范故但稱許説。

九年：聘，問也。聘諸侯，非正也。○《集解》：《周禮》天子時聘以結諸侯之好，殷覜以除邦國之慝，間問以諭諸侯之志，歸脤以交諸侯之福，賀慶以贊諸侯之喜，致禬以補諸侯之災。許慎曰："禮，臣病，君親問之，天子有下聘之義。"《傳》曰："聘諸侯非正"，寧所未詳。○城按，《禮記·王制》疏引《異義》文，與此正同，惟無"天子時聘"二句及"歸脤"三句。疏云："鄭無駮，與許慎同。"則鄭亦疑此傳之不合《周禮》也，范故亦云"未詳"。其實聘、問之訓雖通，而名不可假。《周禮》時聘謂諸侯聘天子，間問謂天子問諸侯（即詳《大行人》鄭注），實無天子下聘之説，《傳》固無可疑也。

十一年：天子無事，諸侯相朝，正也。○《集解》：事謂巡守、崩葬、兵革之事。○城按，本疏云："許慎、鄭玄皆以爲天子喪葬，諸侯親奔，故范亦以爲天子崩葬爲諸侯之事③。"據此則范注正本鄭《義》。

桓公

九年④：祭公來，遂逆王后于紀。○《集解》：故《春秋左氏》説曰："王者至尊無敵，無親逆之禮。祭公逆王后，未致京師而稱后，知天子不行而禮成也。"鄭君釋之曰："大姒之家，在郃之陽，在渭之涘，文王親迎于渭，即天子親迎之明文矣。天子雖尊，其於⑤后猶夫婦，夫婦叛合，禮同一體，所謂無敵，豈施此哉？《禮記·哀公問》曰：'冕而親迎，不已重乎？'孔子愀然作色而對曰：'合二姓之好以繼先聖之後，

---

① 阮元《校勘記》："閩、監、毛本同，《釋文》出'若令，力呈反'。案'令'是。"
② "百"，《穀梁注疏》作"國"。
③ 《穀梁注疏》下有"也"。
④ 應爲八年。
⑤ "於"，《穀梁注疏》作"于"。

以爲天地宗廟社稷之主，君何謂已重焉？'此言親迎，不已重乎①，繼爲天地宗廟社稷之主，非天子則誰乎？"○城按，《禮記•哀公問》疏引鄭《駁異義》文，與此正同，范此注明用鄭《義》也。此亦云"釋之"，知非《釋廢疾》文者，以《公羊》說亦主天子親迎也（《公羊》說亦見《禮記》疏引）。

莊公

元年條見後。

七年：著于下，不見于上謂之隕。○《集解》：鄭君曰："衆星列宿，諸侯之象。不見者，是諸侯棄天子禮義法度也。"○城按，《開元占經•恆星不見》引《駁異義》文，與此正同，范此注明用鄭《義》。

僖公

四年：公至自伐楚。有二事偶，則以後事致。後事小，則以先事致。其以伐楚致，大伐楚也。○《集解》：鄭君曰："會爲大事，伐爲小事。今齊桓伐楚而後盟于召陵，公當致會，而致伐者，楚強②莫能伐者，故以伐楚爲大事。"○城按，以通書引"鄭君曰"例之，則此當亦鄭《駁異義》文。

八年條見後。

九年：葵丘之盟③，陳牲而不殺。○《集解》：鄭君曰："盟牲，諸侯用牛，大夫用豭。"○城按，《詩•何人斯》疏引鄭《駁異義》云："盟者，人君用牛。伯姬盟孔悝以豭，下人君牲。"范此注明用鄭《義》。

十六年：隕石于宋五。○《集解》：劉向曰："石，陰類也。五，陽數也。象陰而陽行，將致墜④落。"○城按，本疏云："《異義》載《穀梁》說云：'隕石于⑤宋五，象宋公德劣國小，陰類也，而欲行霸道，

---

① 《穀梁注疏》無"不已重乎"。
② "強"，《穀梁注疏》作"彊"。
③ "盟"，《穀梁注疏》作"會"。
④ "墜"，《穀梁注疏》作"隊"。
⑤ "于"，《穀梁注疏》作"於"。

是陰而欲陽行。其隕，將拘執之象也，是宋公欲以諸侯行天子道也。'六鶂退者，鄭玄云：'六鶂俱飛，得諸侯之象也。其退，示其德行不進，以致敗也。得諸侯，是陽行也。被執敗，是陰行也。'是二説與劉向合耳。"據疏説，則鄭《駁異義》即從劉向説，范此注實用鄭《義》也。

六鶂退飛，過宋都。○《集解》：劉向曰："鶂，陽也。六，陰數也。象陽而陰行，必衰退。"○城按，范此注實用鄭《義》，説見上。

卅一年：猶三望。○《集解》：鄭君曰："望者，祭山川之名也，謂海也、岱也、淮也。非其疆界則不祭。"《禹貢》曰："海、岱及淮惟徐州。"徐，魯地。○城按，《詩·閟宮》疏引鄭《駁異義》云："昔者楚昭王曰：'不穀雖不德，河非所獲罪。'言境内所不及則不祭也。魯則徐州地，《禹貢》海、岱及淮惟徐州，以昭王之言，魯之境界亦不及河，則所望者海也、岱也、淮也。是之謂三望。"范此注明用鄭《義》。

文公

元年：天王使叔服來會葬。○《集解》：諸侯喪，天子使大夫會葬，禮也。○城按，《禮記·王制》疏引鄭《駁異義》云："天子於諸侯無服，諸侯爲天子斬衰三年，尊卑有差。案①，魯夫人成風薨，王使榮叔歸含且賵，召伯來會葬，《傳》曰'禮也'。襄王崩，叔孫得臣如周葬襄王，則傳無言焉②。天子於魯，既含且賵又會葬，爲得禮，則是魯於天子，一大夫會，爲不得禮可知。"范云"使大夫會葬，禮也"，蓋本鄭《義》。

二年：作僖公主。○《集解》：主，蓋神之所凴③依，其狀正方，穿中央，達四方。天子長尺二寸，諸侯長一尺。○城按，《通典·吉禮》引《異義》："主之制正方，穿中央，達四方，天子長尺二寸，諸侯長④一尺。皆刻謚於背。"又《魏書·禮志》王延業、盧觀並按許慎、鄭玄

---

① "案"，《穀梁注疏》作"按"。
② 《禮記正義》無"則傳無言焉"。《通典·凶禮二》引鄭玄《駁五經異義》有此五字，吉城據其文補。
③ "凴"，《穀梁注疏》作"馮"。
④ 《通典》無"長"。

之解謂天子、諸侯作主，大夫及士則無。是鄭於《異義》無駁也。范此注蓋本鄭《義》。

六年：猶之爲言可以已也。〇《集解》：郊然後三望，告朔然後朝廟，俱言猶，義相類也。既廢其大而行其細，故譏之。〇城按，《禮記·玉藻》疏引鄭《駮異義》云："閏月不告月，猶朝於廟，辭與'宣三年，春，郊牛之口傷，改卜牛。牛死，乃不郊，猶三望'同。言猶者，告朔然後當朝廟，郊然後當三望。今廢其大，存其細，是以加'猶'譏之。"范此注正本鄭《義》。

十二年：男子二十而冠，冠而列大夫，三十而娶。女子十五而許嫁，二十而嫁。〇《集解》：寧謂禮爲夫之姊妹服長殤，年十九至十六。如此，男不必二①十而娶，女不必二十而嫁明矣。此又士大夫之禮。〇城按，《通典·嘉禮四》云："鄭玄據《周禮》、《穀梁》、《逸禮·本命篇》，男必三十而娶，女必二十而嫁。"杜謂鄭據《穀梁》，即據此傳也。《詩·摽有梅》疏引《異義》："許慎謹按，人君早娶②，所以重繼嗣。鄭玄不駮。"是鄭亦不依傳文也。范此注蓋本鄭《義》。

成公

三年：公會晉侯、宋公、衛侯、曹伯伐鄭。〇《集解》：宋、衛未葬而自同於正君，故書公、侯以譏之。〇城按，《通典·凶禮十五》引《異義》："諸侯未踰年出朝會與不？出朝③會何稱？許慎謹案④，《春秋》不得以家事辭王事，諸侯藩衛之臣，雖未踰年，以王事稱爵是也。"鄭駮曰："昔武王卒父，業既除喪，出至孟津之上，猶稱太子者，是爲孝也。今未除喪而出稱爵，是與武王義反矣。"范此注蓋本鄭《義》。

四年：鄭伯伐許。〇《集解》：喪未踰年，自同於正君，亦譏之。〇城按，未踰年君稱子，鄭説已見上。又《禮記·曲禮》疏引鄭《駮異義》從《公羊》、譏《左氏》之義，以鄭伯伐許爲非禮。則范此注本鄭

---

① "二"，《穀梁注疏》作"三"。
② "娶"，中華書局影印本（嘉慶）《毛詩正義》作"昏"。
③ 《通典》無"朝"。
④ 《通典》無"許慎謹案"，此四字爲吉城據文意增補。

《義》。

五年：梁山崩。○《集解》：許慎曰：“山者陽位，君之象也，象君權壞。”○城按，此當亦《五經異義》文，鄭無駁者也，范故稱許說。

八年：曰天子，何也？曰見一稱。○《集解》：天王、天子，王者之通稱。○城按，《禮記·曲禮》疏引《異義》：“許慎謹按，《春秋左氏》云‘施於夷狄稱天子，施於諸夏稱天王，施於京師稱王’，知天子非爵稱。”鄭駁云：“《士①冠禮》云‘古者生無爵、死無諡’，自周及漢，天子有諡，此有爵甚明。云無爵，失之矣。”范此注云“王者之通稱”，是不用許說矣，蓋亦本鄭《義》。

十六年：公至自會。○《集解》：鄭君曰：“伐而致會，於伐事不成。”○城按，以通書引“鄭君曰”例之，當亦《駁異義》文。

襄公

元年：衛侯使公孫剽來聘。晉侯使荀罃來聘。○《集解》：王崩赴未至，皆未聞喪，故各得行朝聘之禮。○城按，隱十一年疏引“許慎、鄭玄皆以爲天子喪葬，諸侯親奔”。范此注蓋本鄭《義》。

昭公

二十三年條見後。

二十五年：有鸜鵒來巢。一有一亡曰有。來者，來中國也。○《集解》：鸜鵒不渡濟，非中國之禽，故曰來。○城按，《周官·考工記》疏引鄭《駁異義》云：“從魯疆外而至，則言來。鸜鵒本濟西穴處，今乃踰濟而東。”范云“非中國之禽，故曰來”，與鄭“從魯疆外而至則言來”，義正相足，則此注實本鄭《義》。蓋《傳》言中國，有大稱，有小稱：大稱指諸夏言，凡與夷狄並舉者是；小稱指魯言，即此傳是。舊說混而一之，乃以鸜鵒爲夷狄之鳥。舊說亦見本疏中，非也。莊十八年“公追戎于濟西”，《傳》云：“以公之追之，不使戎邇

---

① 《禮記正義》前有“案”。

于①我也。于濟西者，大之也。"然則濟西爲魯疆外明甚。范不言鷁鴿爲夷狄鳥，而惟言非中國鳥，又先著"不渡濟"之文，范固明以此中國謂魯矣。

哀公

二年：晉趙鞅②納衛世子蒯聵于戚。納者，内弗受也。帥師而後納者，有伐也，何用弗受也？以輒不受也。以輒不受父之命，受之王父也。信父而辭王父，則是不尊王父也。其弗受，以尊王父也。○《集解》：鄭君曰："蒯聵欲弑母，靈公廢之是也。若君薨有反國之道，當稱子某，如齊子糾也。今稱世子如君存，是《春秋》不與蒯聵得反立明矣。"寧不達此義。○城按，以通書引"鄭君曰"例之，此當亦《駮異義》文。《禮記·檀弓》疏引《異義》："衛輒拒父，《公羊》以爲孝子不以父命辭王父命，許拒其父。《左氏》以爲子而拒父，悖德逆倫，大惡也。鄭駁曰：'以父子私恩言之則傷仁恩。'"按，疏引鄭駁文不具，當以此文補之。范《集解序》云"以拒父爲尊祖，是爲子可得而叛也"，則范於此傳有疑，故於鄭説下云"不達此義"。其實《傳》云"弗受以尊王父"者，謂知禰而不知祖，是以私恩害公義，故《春秋》又自有此弗受之條。若據此遂謂許輒拒父，豈《傳》意哉？

十四年：西狩獲麟。○《集解》：夫《關雎》之化，王者之風。《麟之趾》，《關雎》之應也。然則斯麟之來歸於王德者矣。《春秋》之文③，廣大悉備，義始於隱公，道終於獲麟。○城按，《禮記·禮運》疏引鄭《駮異義》云："孔子時，周道衰亡，已有聖德，無所施用，作《春秋》以見志，其言少從，以爲天下法，故天應以金獸性仁之瑞。"范此注蓋本鄭《義》。

（補）隱公

五年：初獻六羽。○《集解》：羽，翟羽。○城按，《詩·簡兮》疏

---

① "于"，《穀梁注疏》作"於"。
② 《穀梁注疏》下有"帥師"。
③ "文"，《穀梁注疏》作"于"，中華書局 1980 年影印本作"文"，同吉城所書。

引《異義》：“《公羊》說：樂萬舞以鴻羽，取其勁輕，一舉千里。《毛詩》說①：萬以翟羽。《韓詩》說：以夷狄大鳥羽。許慎謹案，《詩》云‘右手秉翟’，《爾雅》說‘翟，鳥名，雉屬’，知翟，羽舞也。鄭無駁，與許同②。”范此注蓋本鄭《義》。

（補）莊公

元年：王使榮叔來錫桓公命。○《集解》：禮有九錫：一曰輿馬，二曰衣服，三曰樂則，四曰朱戶，五曰納陛，六曰虎賁，七曰弓矢，八曰鈇鉞，九曰秬鬯，皆所以褒德賞功也。○城按，《詩•旱麓》疏引鄭《駁異義》云：“《王制》云：‘三公一命袞，若有功則加賜。’袞，衣之謂與？二③曰衣服是也。”范此注蓋本鄭《義》。

（補）僖公

八年：言夫人而不以氏姓，非夫人也，立妾之辭也，非正也。○《集解》：夫人者，正嫡之稱，謂非崇妾之嘉號。以妾體君，則上下無別，雖尊其母，是卑其父，故曰非正也。○城按，《通典•嘉禮十七》引鄭《駁異義》云：“《禮•喪服》父爲長子三年，以將傳重故也；眾子則爲之朞④，明無二適也。女君卒，貴妾繼室，攝其事耳，不得復立爲夫人。”范此注“正嫡之稱”云云，蓋本鄭《義》。

（補）昭公

二十三年：中國不敗，胡子髡、沈子盈其滅乎？其言敗，釋其滅也。○《集解》：賢胡、沈之君死社稷。○城按，《禮記•曲禮》疏引《異義》：“故《禮運》云‘君死社稷’，無去國之義。許慎謹案，《易》

---

① “《毛詩》說”，《毛詩正義》作“《詩》毛說”。
② 《毛詩正義》無“鄭無駁，與許同”。陳壽祺《五經異義疏證》引孔廣林曰：“《詩毛傳》云：‘翟，翟羽。’《箋》不易《傳》，則鄭亦與許君義同。”吉城或從孔廣林，據之以補此六字。
③ “二”，《禮記正義》作“一”。
④ “朞”，《通典》作“周”。

曰：'係遯，有疾厲，畜臣妾，吉。'知諸侯無去國之義。鄭無駁，與許同①。"范此注蓋本鄭《義》。又哀七年"以邾子益來"，注云："惡其不能死社稷。"意並同。

以上范用鄭《駁五經異義》說三十條

穀梁范注家法考附錄

隱公

八年：誥誓不及五帝。○《集解》：五帝謂黃帝、顓頊、帝嚳、帝堯、帝舜也。○城按，《釋文》云："五帝，孔安國云：'少昊、顓頊、高辛、唐、虞。'鄭玄有黃帝，無少昊，餘同。范依鄭。"按，《釋文》孔、鄭並引，則"有黃帝，無少昊"云云，鄭《尚書注》也，范此注用鄭《尚書注》。

桓公

三年：諸母般申之。○《集解》：般，囊也，所以盛朝夕所須，以備舅姑之用。○城按，《儀禮·士昏禮》注："鞶，鞶囊也。男鞶革，女鞶絲，所以盛帨巾之屬。"范此注用鄭《儀禮注》。

八年：天王使家父來聘。○《集解》：家父，天子大夫。家，氏。父，字。○城按，《儀禮·士冠禮》注："周大夫有家父（《校勘記》云：《儀禮要義》本如此）。"范此注明用鄭《儀禮注》。鄭彼注又云："宋大夫有孔父。"按，桓二年《傳》云："孔，氏。父，字②。"范此注云"家，氏。父，字"者，即準鄭引孔父而知之也。

莊公

二年：齊王姬卒。爲之主者，卒之也。○《集解》：《禮記》曰：

---

① 《禮記正義》此二句作"鄭不駁之，明從許君用《公羊》義也。"
② 《穀梁注疏》此二句作"孔，氏。父，字謚也"。

"齊告王姬之喪。"○城按，《禮記·檀弓》："齊穀王姬之喪。"注："'穀'當爲'告'，聲之誤也。"范此注用《禮記》鄭本。

三年：改葬之禮，緦。○《集解》：江熙曰："天子、諸侯易服而葬，以爲交於神明者，不可以純凶。"○城按，《禮記·檀弓》："弁絰葛而葬，與神交之道也。"注："接神之道，不可以純凶。"江說用鄭《禮記注》。江亦生徒之一（見《集解序疏》），故亦依鄭氏家法也。

二十四年：男子之贄、羔、雁、雉、腒。○《集解》：贄，所以至者也。上大夫用羔，取其從羣，帥而不黨也。下大夫用雁，取其知時，飛翔有行列也。士冬用雉，夏用腒，取其耿介，交有時，別有倫也。腒，腊也。雉必用死，爲其不可生服也。夏用腒，備腐臭也。○城按，《儀禮·士相見禮》注："贄，所執以至者也①。士贄用雉者，取其耿介，交有時，別有倫也。雉必用死者，爲其不可生服也。夏用腒，備腐臭也。"又："雁，取知時，飛翔有行列也。""羔，取其從帥，羣而不黨也。"范此注純用鄭《儀禮注》。"贄所"下脫"執"字，當據補。

僖公

三年條見後。

十四年：林屬於山爲鹿。○《集解》：鹿，山足。○城按，《書·堯典》釋文引鄭注："鹿，山足也。"范此注用鄭《尚書注》。

十五年：大夫三。○《集解》：曰考廟、王考廟、皇考廟。○城按，本疏云："鄭答趙商：'《祭法》大夫三廟，是周之制。而《王制》大夫三廟，言與太祖而三，或當夏、殷法，不合於周禮也。'"范此注引《祭法》不引《王制》，用鄭答趙商問。

二十四年：天子無出，出，失天下也。○《集解》：江熙曰："夫子祖述堯、舜，憲章文、武，斯文是作。"○城按，《禮記·中庸》："仲尼祖述堯、舜，憲章文、武。"注："此孔子兼包堯、舜、文、武之盛德而著之《春秋》，以俟後聖者也。"江說用鄭《禮記注》。

三十一年：四卜郊。○《集解》：祭蒼帝靈威仰，昊天上帝魯不祭。

---

① 中華書局影印本（嘉慶）《儀禮注疏》無"也"。

○城按，本疏云："'祭蒼帝靈威仰，昊天上帝魯不祭'者，是鄭玄之說。"疏亦云："鄭以周與魯夏正郊天者，祭青帝靈威仰之帝，冬至祭昊天於圓丘者，祭天皇大帝，魯不得祭之。"據此則疏說是鄭玄說者，蓋《禮記·郊特牲》說也。《郊特牲》注云："三王之郊，一用夏正，魯以無冬至祭天於圓丘之事，是以建子之月郊天。"正與此疏述鄭意合，范此注明用鄭《禮記注》。

文公

二年：大事于太廟。○《集解》：時三年之喪未終，而吉祭于太廟，則其譏自明。○城按，《詩·玄鳥》疏引鄭《魯禮禘祫議》云："魯禮，三年之喪畢則祫于太祖。"范此注用鄭《禘祫議》。

成公

元年：相與立胥閭而語。○《集解》：胥閭，門名。○城按，《文選注》引《尚書大傳注》："胥餘，里落之壁。"范云"胥閭，門名"者，正謂胥閭是里門之名也。此注本鄭《大傳注》

六年：立武宮。○《集解》：《明堂位》曰："魯公之廟，文世室也。武公之廟，武世室也。"言世室則不毀。○城按，《禮記·明堂位》注："世室者，不毀之名也。"范此注用鄭《禮記注》。

十年：齊人來媵。○《集解》：異姓來媵，非禮。○城按，本疏云："何休以爲異姓亦得媵，故鄭《箴膏肓》難之云：'天子云備百姓，博異氣，諸侯直云備酒漿，何得有異姓在其中？'是亦以異姓不合媵也。"范此注用鄭《箴膏肓》。

昭公

八年：禽雖多，天子取三十焉。○《集解》：取三十以共乾豆賓客之庖。○城按，《詩·車攻》箋云："三十者，取禽三十也。"范此注本鄭《詩箋》。

十九年：羈貫成童。○《集解》：羈貫，謂交午剪髮以爲飾。○城按，《禮記·內則》注："鬌，所遺髮也。午達曰羈。"范此注用鄭《禮記注》。

定公

元年：正棺乎兩楹之間。○《集解》：兩楹之間，南面之君聽治之處。○城按，《禮記·檀弓》注："兩楹之間，南面鄉明，人君聽治正坐之處。"范此注用鄭《禮記注》。

哀公

十三年：而請冠端而襲。○《集解》：襲，衣。○城按，《禮記·玉藻》："服之襲也，充美也。"注："所敬不主於君則襲。"《傳》云："襲"者，即其義也。范此注本鄭《禮記注》。

（補）僖公

三年：委端搢笏而朝諸侯。○《集解》：端，玄端之服。○城按，《論語·先進》："端章甫。"鄭注："端，玄端①。諸侯日視朝之服。"范此注用鄭《論語注》。

隱公

元年：信道而不信邪。○信、申字，古今所共用。○城按，《儀禮·士相見禮》注："古文伸作信。"范此注本鄭《儀禮注》。

貝玉曰含。○《集解》：含，口實。○城按，《周禮·太宰》注："含玉，死者口實。"范此注用鄭《周禮注》。

桓公

二年：孔，氏。父，字諡也。○《集解》：孔父有死難之勳，故其君以字爲諡。○城按，《儀禮·少牢饋食禮》注："大夫或因字爲諡。"范云"以字爲諡"，即本鄭《儀禮注》。

九年：則是故命也。○《集解》：射姑廢曹伯之命可。○城按，《書·

---

① 中華書局影印本（嘉慶）《論語注疏》下有"也"。

堯典》："方命圮族。"疏引鄭曰："方讀爲放，謂放棄教命①。"范以放命爲廢命，本鄭《尚書注》。

莊公

二十二年：禮有納采。○《集解》：采擇女之德性也。其禮用雁爲贄者，取順陰陽往來。○城按，《儀禮·士昏禮》注云："女氏許之，乃後使人納其采擇之禮。"又云："納采而用雁爲贄者，取其順陰陽往來。"范此注用鄭《儀禮注》。

有問名。○《集解》：問女名而卜之，知吉凶也。○城按，《儀禮·士昏禮》注："問名者，將歸卜其吉凶。"范此注亦用鄭《儀禮注》。

有納徵。○《集解》：徵，成也，納幣以成婚。○城按，《儀禮·士昏禮》注："徵，成也。使使者納幣以成昏禮。"范此注亦用鄭《儀禮注》。

有告期。○《集解》：告迎期。○城按，《儀禮·士昏禮》注云："期，取妻之日。"范此注亦本鄭《儀禮注》。

僖公

三十三年：公薨于小寢。○《集解》：小寢，内寢。非路寢。○城按，《周禮》："宮人掌王之六寢之脩。"注："路寢一，小寢五。"其下即引此經文，范此注本鄭《周禮注》。

成公

五年：梁山崩。君親素縞，帥羣臣而哭之。○《集解》：素衣縞冠，凶服也。○城按，《周禮·司服》："大札、大荒、大裁，素服。"注："君臣素服縞冠，若《春秋傳》梁山崩，晉伯宗問於絳人所云②。"范此注用鄭《周禮注》。

---

① 中華書局影印本（嘉慶）《尚書正義》此二句作"鄭、王以方爲放，謂放棄教命"。
② 中華書局影印本（嘉慶）《周禮注疏》此句作"若晉伯宗哭梁山之崩"。案，成公五年《左傳》云："梁山崩，晉伯以傳召伯宗。"吉城或因《左傳》，誤記鄭玄注。

九年：季孫行父如宋致女。○《集解》：致敕戒之言於女。○城按，《禮記·坊記》："舅姑承子以授婿，恐事之違也。以此坊民，婦猶有不至者。"注："父戒女曰：'夙夜無違命。'母戒女曰：'毋違宮事。'不至，不親夫以孝舅姑也。《春秋》成公九年春二月，伯姬歸于宋。夏五月，季孫行父如宋致女。"范此注本鄭《禮記注》。

左氏鄭義述

吉　城　著　祝浩涵　點校 *

周禮·天官

大宰

以八則治都鄙。○注：都鄙，公卿大夫之采邑，王子弟所食邑，周、召、毛、聃、畢、原之屬在畿内者。○疏：僖二十四年。

又，八曰臣妾聚斂疏材。○注：臣妾，男女貧賤之稱，晉惠公卜懷公之生，曰：“將生一男一女，男爲人臣，女爲人妾。”生而名其男曰圉，女曰妾。及懷公質於秦，妾爲宦女焉。○疏：僖十七年。

又，一曰祀貢。○注：鄭司農云：“祀貢，犧牲包茅之屬。”○疏：僖四年。

又，六曰主，以利得民。○注：玄謂“利”讀如“上思利民”之“利”，謂以政教利之。○疏：桓六年隨季良之辭。

又，乃懸治象之灋于象魏。○注：鄭司農云：“象魏，闕也，故魯災，季桓子御公立于象魏之外，命藏象魏，曰‘舊章不可忘’。”○疏：哀三年。

又，作大事則戒于百官。○注：《春秋傳》曰：“國之大事，在祀與

---

* 祝浩涵，清华大學哲學系 2017 級博士生。本文標點及對照，參照彭林整理：《周禮注疏》，上海：上海古籍出版社，2010 年。

戎。"○疏：成十三年。

小宰

聽取予以書契。○注：書契，謂出予受入之凡要。凡簿書之最目，獄訟之要辭，皆曰契。《春秋傳》曰："王叔氏不能舉其契"。○疏：襄十年。

宰夫

賓賜之飧牽。○注：鄭司農云："飧①，夕食也。《春秋傳》曰：'飧有陪鼎。'牽牲，牢可牽而行者。《春秋傳》曰：'餼牽竭矣。'"玄謂飧，客始至所致禮。○疏：昭五年、僖三十三年。又見《掌客》。

又，凡邦之弔事，掌其戒令，與其幣器財用。○注：凡喪，始死弔而含襚，葬而贈賵，其間加恩厚，則有賻焉。《春秋》譏武氏子來求賻。○疏：隱三年《公羊》文。

宮正

夕擊柝而比之。○注：《春秋傳》曰："魯擊柝，聞於邾。"○疏：哀七年。

又，國有故，則令宿。○注：鄭司農云："故謂禍災。令宿，宿衛王宮。《春秋傳》曰：'忘守必危，況有災乎。'"○疏：昭十八年。

又，春、秋以木鐸脩火禁。○注：火星以春出，以秋入。《疏》："服注《春秋》云：'火出，於夏爲三月，於商爲四月，於周爲五月。'故云'以春出'也。季秋昏時伏於戌，火星入，故云'以秋入'。"○昭十七年。

又，凡邦之事蹕，宮中廟中則執燭。○注：玄謂事，祭事也。邦之祭社稷、七祀於宮中，祭先公、先王於廟中。《春秋傳》曰："有大事於

---

① "飧"，十三經本皆作"飱"，阮校云："《釋文》、唐石經'飱'作'飧'，從夕。《釋文》云一本作'賓賜掌其飧牽'。案此本注內及疏文并作'飱'。"唯吉書所引經文作"飱"，餘皆作"飧"。

大廟。"又曰："有事於武宮。"○疏：文七年、昭十五年。

膳夫

邦有大故則不舉。○注：鄭司農云："大故，刑殺也。《春秋傳》曰：'司寇行戮，君爲之不舉。'"○疏：莊二十年。

又，凡祭祀之致福者，受而膳之。○注：致福，謂諸臣祭祀，進其餘肉，歸胙於王。○疏：《春秋左氏》昭十六年，子產云"祭有受脤歸脤"。彼注云："歸脤，謂大夫祭，歸肉於公也。"今彼雖據諸侯禮，王之臣致胙亦然。

庖人

掌共六畜。○注：六畜，六牲也。始養之曰畜，將用之曰牲。《春秋傳》曰："卜日曰牲。"○疏：僖三十一年。

甸師

祭祀，共蕭茅。○注：鄭大夫云："'蕭'字或爲'茜'，'茜'讀爲'縮'。束茅立之祭前，沃酒其上，酒滲下去，若神飲之，故謂之縮。縮，浚也。故齊桓公責楚不貢苞茅，王祭不共，無以縮酒。"杜子春讀爲'蕭'。蕭，香蒿也。玄謂茅以共祭之苴，亦以縮酒，苴祭①藉祭。縮酒，沛酒也。○疏：僖四年。

獸人

及弊田，令禽注虞中。○注：珥焉者，取左耳以致功，若斬首折馘。故《春秋傳》曰："以數軍實。"○疏：襄二十四年、隱三年、僖三十三年。

蟸人

蚔。○注：蚔，蛾子。《國語》曰："蟲舍蚔蝝。"○疏：諫宣公

---

① "祭"，十三經本作"以"。

之文。

疾醫

兩之以九竅之變，參之以九藏之動。○注：能專是者，其唯秦和乎。○《釋文》：昭元年。

凌人

正歲。○注：正歲季冬，火星中，大寒，冰方盛之时。《春秋傳》曰："火星中而寒暑退。"○疏：昭三年。

又，夏頒冰。○注：《春秋傳》曰："古者日在北陸而藏冰，西陸朝覿而出之。"○疏：昭四年。

籩人

形鹽。○注：鄭司農云："築鹽以爲虎形，謂之形鹽。故《春秋傳》曰：'鹽虎形。'"玄謂形鹽，鹽之似虎者。○疏：僖三十年服注。

宮人

掌王之六寢之脩。○注：六寢者，路寢一，小寢五。《春秋》書魯莊公薨于路寢，僖公薨于小寢，是則人君非一寢明矣。○疏：莊三十二、僖三十三年。

掌舍

棘門。○注：鄭司農云："棘門，以戟爲門。"杜子春云："棘門或爲材門。"○疏：隱十一年："子都扳①棘以逐之。"故知棘即戟也。閔二年，齊桓公共門材，故知棘門亦爲材門也②。

玉府

若合諸侯，則共珠槃、玉敦。○注：合諸侯者，必割牛耳，取其

---

① "扳"，十三經本阮校云當作"拔"。
② "亦爲材門也"，十三經本作"亦得爲材門"。

血，歃之以盟。珠槃以盛牛耳，尸盟者執之。○疏：哀十七年。又見《戎右》。

又，凡王之獻金玉。○注：古者致物於人，尊之則曰獻，通行曰饋。《春秋》曰"齊侯來獻戎捷"，尊魯也。○疏：莊三十一年。

閽人

掌守王宮之中門之禁。○注：鄭司農云："王有五門，外曰皋門，二曰雉門，三曰庫門，四曰應門，五曰路門。路門一曰畢門。"玄謂雉門，三門也。《春秋傳》曰："雉門災，及兩觀。"○疏：定二年。

又，潛服、賊器、奇服。○注：潛服，若衷甲者。兵物皆有刻識。奇服，衣非常。《春秋傳》曰："尨奇無常。"○疏：襄公二十七年"楚人衷甲"、定十年"叔孫氏之甲有物"、閔二年。

九嬪

而以時御敘于王所。○注：御猶進也，勸也，進勸王息，亦相次敘。○疏：《左傳》云："君子晝以訪問，夜以安身。女者定男於夜，節宣其氣。"故云勸王息也。○昭元年。

内司服

凡命婦。○注：凡者，凡女御與外命婦也。言"及"言"凡"，殊貴賤也。《春秋》之義，王人雖微者，猶序乎諸侯之上，所以尊尊也。○僖八年。

縫人

衣翣柳之材。○注：鄭司農云："'接'讀爲'翜'。《春秋傳》曰：'四翜不蹕。'"○疏：襄二十五年。

追師

追衡。○注：衡，持冠者。《春秋傳》曰："衡紞紘綖。"○疏：桓二年。

地官

大司徒

制其畿疆而溝封之。○注：疆猶界也。《春秋傳》曰："吾子疆理天下。"○疏：成二年。

又，則民不愉。○注：愉謂朝不謀夕。○疏：襄三十一年、昭元年。

又，凡造都鄙。○注：《春秋傳》曰："遷鄭焉而鄙留。"○疏：桓十一年《公羊》文。

又，其附于刑者歸于士。○注：鄭司農曰："士謂主斷刑之官，《春秋傳》曰：'士榮爲大士。'"○疏：僖二十八年。又見《小司農》。

又，移民。○注：移民，辟災就賤。其有守不可移者，則輸之穀。《春秋》定五年"夏，歸粟於蔡"是也。

小司徒

以比追胥。○注：追，逐寇也。《春秋》莊十八年夏，公追戎于濟西。○疏：服注。

又，凡國之大事。○注：大事謂戒事也。○疏：成公《傳》。

又，而井牧其田野。○注：鄭司農云："井牧者，《春秋傳》所謂井衍沃、牧隰皋者也。"玄謂隰皋之地，九夫爲牧，二牧而當一井。今造都鄙，授民田，有不易，有一易，有再易，通率二而當一，是之謂井牧。昔夏少康在虞思，有田一成，有眾一旅。一旅之眾而田一成，則井牧之法先古然矣。○疏：襄二十五年、哀元年。

又，四邱爲甸。○注：甸之言乘也，讀如"衷甸"之"甸"。○疏：哀十七年。

鄉師

及窆。○注：窆謂葬下棺也。《春秋傳》曰："日中而堋。"《禮記》

所謂封者。○疏：昭十二年。及《遂師》同，又《大僕》。

州長

各掌其州之教，治政令之法。○注：鄭司農云："二千五百家爲州。《春秋傳》：'鄉取一人焉以歸，謂之夏州。'"○疏：宣十一年。

封人

歌舞牲。○注：鄭司農云："封人主歌舞其牲，云博碩肥腯。"○疏：桓公六年《傳》隨季良之辭。《充人》同。

鼓人

救日月則詔王鼓。○注：《春秋傳》曰："非日月之眚，不鼓。"○疏：莊二十五年。

牧人

凡祭祀共其犧牲。○注：犧牲，毛羽完具者①。周景王時，賓起見雄雞自斷其尾，曰："雞憚其爲犧。"○疏：昭二十二年。

牛人

軍事，共其槁牛。○注：鄭司農云："槁師之牛。"○疏：僖三十三年。

充人

碩牲，則贊。○注：《春秋傳》曰："故奉牲以告曰：博碩肥腯。"○詳上《封人》，桓六年。

載師

凡宅不毛者，有里布。○注：鄭司農云："布參印書，廣二寸，長

---

① "者"，十三經本作"也"。

二尺以爲幣，貿易物。或曰布，泉也。《春秋傳》曰：'買之百兩一布。'"○疏：昭二十六年。

師氏

掌國中失之事。○注：故書"中"爲"得"，杜子春云："當爲'得'，記君得失，若《春秋》是也。"○疏：此《春秋》即魯史是也。

調人

凡過而弒傷人者，以民成之。○注：鄭司農云："以民成之，謂立證佐成其罪也。一說以鄉里之民共和解之，《春秋傳》曰'惠伯成之'之屬。"○疏：文七年。

又，主友之讎。○注：主，大夫君也。《春秋傳》曰："晉荀偃卒而視不可含，宣子盥而撫之，曰：'事吳敢不如事主。'"○疏：襄十八年。

司關

國凶札。○注：鄭司農云："札，謂疾疫死亡也。《春秋傳》曰：'札瘥夭昏。'"○疏：昭十九年。

又，凡四方之賓客敂關，則爲之告。○注：鄭司農説以《國語》曰："周之秩官有之曰：'敵國賓至，關尹以告，行理以節逆之。'"

遂師

及窆。○注：鄭司農云："窆，謂下棺時。《春秋》謂之窆①。○昭十二年。見前《鄉師》，後《大僕》。

稻人

以防止水。○注：鄭司農説豬防以《春秋傳》"町原防，規偃豬"。○疏：襄二十五年。

又，夏以水殄草而芟夷之。○注：鄭司農説以《春秋傳》"芟夷蘊

---

① "窆"，十三經本作"塴"。

崇之"。今时謂禾下麥爲黃下麥，言芟刈其禾，於下種麥也。○疏：隱
六年。又见《秋官》属官。

誦訓

掌道方志。○注：説四方所志久遠之事，以告王觀博古。所識若魯
有大庭氏之庫，殽之二陵。○疏：昭十八年、僖三十二年。

掌蜃

以共闉壙之蜃。○注：將井槨，先塞下以蜃御濕也。鄭司農説以
《春秋傳》曰"始用蜃炭"，言借天子也。○疏：成二年。

又，祭祀共蜃器之蜃。○注：飾祭器之屬也。《鬯人職》曰："凡四
方山川用蜃器。"《春秋》定十四年秋"天王使石尚來歸蜃"。蜃之器以
蜃飾，因名焉。鄭司農云："蜃可以白器，令色白。"○疏：《公羊》。又
《大行人》"歸脈"，《大宗伯》又見，《司士》又見。

春官

序官，乃立春官宗伯。○注：鄭司農云："故《國語》曰：'使名姓
之後，能知四時之生，犧牲之物，玉帛之類，采服之宜，彝器之量，次
主之度，屏攝之位，壇場之所，上下之神祇，氏姓之所出，而率舊典者
爲之宗。'《春秋》'禘于太廟，躋僖公'，而《傳》曰：'夏父弗忌爲宗
人'，又曰'使宗人釁夏獻其禮'。"○疏：文二年、哀廿四年。

又，籥師。○注：籥，舞者所吹。《春秋》宣八年"壬午，猶繹，
萬入去籥"，《傳》曰："去其有聲者，廢其無聲者。"○疏：《公羊傳》
文。又見《大司樂》。

又，典庸器。○注：鄭司農云："庸器，有功者鑄器銘其功，《春秋
傳》曰：'以所得於齊之兵，作林鍾而銘魯功焉。'"○疏：襄十九年。

又，司干。○注：干，舞者所持，謂楯也。《春秋傳》曰："萬者
何？干舞也。"○宣八年《公羊》文。

又，眂祲。○注：魯史梓慎云："吾見赤黑之祲。"○昭十五年。

大宗伯

以血祭祭社稷。○注：社稷，土穀之神，有德者配食焉，共工氏之子曰句龍，食於社；有厲山氏之子曰柱，食於稷。湯遷之而祀棄。○疏：昭二十九年。又○注：玄謂五德之帝，亦祀此神焉。少昊氏之子曰重，爲句芒，食於木；該爲蓐收，食於金；脩及熙爲玄冥，食於水；顓頊氏之子曰黎，爲祝融、后土，食於火、土。○疏：昭二十九年。

又，以肆獻祼享先王，以饋食享先王。○注：魯禮，三年喪畢，而祫於大祖；明年春，禘於群廟。自爾以後，率五年而再殷祭，一祫一禘。○疏：魯禮指《春秋》文二年、僖八年、宣八年，"五年而再殷祭"《公羊》文。

又，以弔禮哀禍烖。○注：禍烖謂遭水火。宋大水，魯莊公使人弔焉，曰："天作淫雨，害於粢盛，如何不弔。"○疏：莊十一年。

又，以禬禮哀圍敗。○注：同盟者會合①財貨，以更其所喪。《春秋》襄三十年冬，會於澶淵，宋烖故，是其類。○襄三十一年。又見《大行人》。

又，時見曰會。○注：時見者，言無常期，諸侯有不順服者，王將有征討之事，則既朝覲，王爲壇於國外，合諸侯而命事焉。《春秋傳》曰"有事而會，不協而盟"是也。○疏昭三年。

又，以脤膰之禮，親兄弟之國。○注：脤膰，社稷宗廟之肉，魯定公十四年："天王使石尚來歸脤。"○前《掌蜃》同，又成十三年。又見後《司士》。

又，以九儀之命，正邦國之位。○注：每命異儀，貴賤之位乃正。《春秋傳》曰："名位不同，禮亦異數。"○疏：成二年。

又，六命賜官。○注：玄謂此王六命之卿賜官者，使得自置其臣，治家邑如諸侯。《春秋》襄十八年冬，晉侯以諸侯圍齊，荀偃爲君禱河，既陳齊侯之罪，而曰："魯臣彪將率諸侯以討焉，其官臣偃實先後之。"

又，九命作伯。○注：上公有功德者，加命爲二伯，得征五侯九伯

---

① "會合"，十三經本作"合會"。

者。○疏：僖四年賈、服注。

小宗伯

掌建國之神位。○注：故書“位”作“立”。鄭司農云：“‘立’讀爲‘位’，古者‘立’‘位’同字。古文《春秋經》‘公即位’爲‘公即立’。”

又，賜卿大夫士爵則儐。○注：賜猶命也。儐之，如命諸侯之儀。《春秋》文元年“天王使毛伯來錫公命”，《傳》曰：“錫者何？賜也。命者何？加我服也。”○疏：《公羊傳》文。

又，若大師，則帥有司而立軍社，奉主車。○注：社主曰軍社，遷主曰祖。《春秋傳》曰：“軍行祓社釁鼓，祝奉以從。”○疏：定四年。

肆師

以歲時序其祭祀，及其祈珥。○注：玄謂機衈者，釁禮之事。《小子職》曰“掌珥于社稷，祈于五祀”是也。亦謂其宮兆始成時也。《春秋》僖十九年夏，“邾人執鄫子，用之”。《傳》曰：“用之者何？蓋叩其鼻以衈社也。”○疏：《公羊》文。

鬯人

祭門用瓢齎。○注：禜，謂營酇所祭。門，國門也。《春秋傳》曰：“日月星辰之神，則雪霜風雨之不時，於是乎禜之；山川之神，則水旱癘疫①之不時，於是乎禜之。”魯莊二十五年：“秋大水，鼓，用牲于門。”○疏：昭元年，與賈、服《傳》不同。又見《大祝》。

又，凡王弔臨。○注：以尊適卑曰臨。《春秋傳》曰：“照臨弊邑。”○疏：昭二年。

司尊彝

其朝踐用兩獻尊，其再獻用兩象尊。○注：鄭司農云：“‘獻’讀爲

---

① “癘疫”，十三經本作“疫癘”，阮校云：“余本、岳本、閩本同，監、毛本誤倒，嘉慶本作‘疫癘’，此本作‘癘’，亦非也”。

‘犧’。犧尊，飾以翡翠。象尊以象鳳皇，或曰以象骨飾尊。《春秋傳》曰：‘犧象不出門。’”○疏：定十年。

又，其饋獻用兩壺尊。○注：壺者，以壺爲尊。《春秋傳》：“尊以魯壺。”○疏：昭十五年。

又，朝享。○注：玄謂朝享，謂朝受政於廟。《春秋傳》曰：“閏月不告朔，猶朝於廟。”○疏：文六年。

司几筵

設莞筵紛純，加繅席畫純。○注：鄭司農云：“‘純’讀爲‘均服’之‘均’。純，緣也。‘繅’讀爲‘藻率’之‘藻’。”○疏：僖五年、桓二年。《藻典瑞》又見。

天府

掌祖廟之守藏。○注：祖廟，始祖后稷之廟。其寶物世傳守之，若魯寶玉大弓者。○疏：定八年。

又，以貞來歲之美①惡。○注：《國語》曰：“貞於陽卜。”○疏：《吳語》。

典瑞

繅藉。○注：鄭司農云：“‘繅’讀爲‘藻率’之‘藻’。”○同上《司几筵》。

又，諸侯相見亦如之。○注：鄭司農云：“亦執圭璧以相見，故邾隱公朝於魯，《春秋傳》曰：‘邾子執玉高，其容仰。’”○疏：定十五年。

又，祼圭有瓚。○注：鄭司農云：“《國語》謂之鬯圭。”○疏：臧文仲以鬯圭如齊告糴。

以治兵守。○注：兵守，用兵所守，若齊人戍遂，諸侯戍周。○疏：莊十三、昭二十七年。

---

① “美”，十三經本作“嫩”。

又，穀圭以和難。○注：難，仇讎。和之者，若《春秋》宣公及齊侯平莒及郯，晉侯使瑕嘉平戎於王。○疏：宣四年、成元年。

典命

凡諸侯之適子誓於天子，攝其君。○注：《春秋》桓九年，曹伯使其世子射姑來朝，行國君之禮是也。

又，公之孤四命，以皮帛眡小國之君。○注：鄭司農云：“九命上公，得置孤卿一人。《春秋傳》曰：‘列國之卿，當小國之君，固周制也。’”○疏：昭二十三年。

司服

祭社稷、五祀則希冕。○注：“希”讀爲“絺”，或作“黹”，字之誤也。王者相變，至周而以日月星辰畫①旌旗，所謂三辰旂旗，昭其明也。○疏：桓二年。

又，凡兵事，韋弁服。○注：韋弁，以靺韋爲弁，又以爲衣裳。《春秋傳》曰“晉郤至衣靺韋之跗注”是也。○疏：成十六年。

又，大裁，素服。○注：大裁，水火爲害。君臣素服縞冠，若晉伯宗哭梁山之崩。○疏：成五年。

大司樂

以六律。○注：《國語》曰：“律所以立均出度也。”

又，九德之歌。○注：鄭司農云：“九德之歌，《春秋傳》所謂水、火、金、木、土、穀謂之六府，正德、利用、厚生謂之三事，六府三事謂之九功，九功之德皆可歌也，謂之九歌也。”○疏：文七年。

又，王師大獻，則令奏愷樂。○注：愷樂，獻功之樂。鄭司農説以《春秋》晉文公敗楚於城濮，《傳》曰：“振旅愷以入於晉。”○疏：僖二十八年。又見《大司馬》。

又，令去樂。○注：去樂，藏之也。《春秋傳》曰：“壬午猶繹，萬

---

① “畫”，十三經本作“於”。

入去籥。”萬言入，則去者不入，藏之可知。○疏：宣八年。

小胥

諸侯軒縣。○注：鄭司農云：“軒縣三面，其形曲，故《春秋傳》曰‘請曲縣繁纓以朝’，諸侯之①禮也。故曰惟器與名不可以假人。”○疏：成二年。

又，凡縣鍾磬，半爲堵，全爲肆。○注：鄭司農云：“以《春秋傳》曰：歌鍾二肆。”○疏：襄十一年。

大師

執同律以聽軍聲，而詔吉凶。○注：鄭司農説以師曠曰：“吾驟歌北風，又歌南風，南風不競，多死聲，楚必無功。”○疏：襄十八年。

瞽矇

諷誦詩，世奠繫。○注：鄭司農云：“諷誦詩，主誦詩以刺君過，故《國語》曰‘瞍賦矇誦’，謂詩也。”杜子春云：“世奠繫，謂帝繫，諸侯卿大夫世本之屬是也。故《國語》曰：‘教之世，爲之昭明德而廢幽昏焉，以休懼其動。’”○疏：《楚语》。

典同

侈聲筰。○注：杜子春讀“筰”爲“行扈唶唶”之“唶”。○疏：《左氏傳》：“少皞以鳥名宮，有行扈唶唶。”○昭十七年。

鍾師

以鍾鼓奏《九夏》。○注：杜子春云：“《肆夏》，詩也。《春秋傳》曰：‘穆叔如晉，晉侯享之，金奏《肆夏》之②三，不拜；工歌《文王》之三，又不拜；歌《鹿鳴》之三，三拜，曰：《三夏》，天子所以享元侯也，使臣不敢與聞。’《肆夏》與《文王》、《鹿鳴》俱稱三，謂其三章

---

①② 十三經本無“之”字。

也．’以此知《肆夏》詩也。 《國語》云①：‘金奏《肆夏》《繁遏》
《渠》，天子所以享元侯。’《肆夏》《繁遏》《渠》，所謂《三夏》矣。”玄
謂以《文王》、《鹿鳴》言之，則《九夏》皆詩篇名。○疏：襄九年。

又，掌鼜，鼓纆樂。○注：“鼓”讀如“莊王鼓”之“鼓”。
○《疏》：“讀從《左氏傳》‘莊王親鼓’之‘鼓’。”○宣四年。

鑄師

夜三鼜。○注：杜子春云：“一夜三擊，備守鼜也。《春秋傳》所謂
賓將趨者，音聲相似。”○疏：昭二十年。又見《掌固》。

典庸器

○注：庸器，伐國所藏之器，若崇鼎、貫鼎及以其兵物所鑄銘也。
○詳上序官。

大卜

三曰咸陟。○注：陟之言得也，讀如“王德翟人”之“德”。○疏：
僖二十九年。

又，“觭輡②”。○注：玄謂“觭”讀如“諸戎掎”之“掎”，掎亦
得也。亦言輡之所得，殷人作焉。○襄十四年。

又，二曰象。○注：鄭司農云：“象謂災變雲物，如眾赤鳥之屬有
所象似。《易》曰‘天垂象，見吉凶’，《春秋傳》曰‘天事恒象’，皆是
也。”○疏襄六年、昭十七年，《眠祼》同。

又，一曰征。○注：玄謂征亦云行，巡守也。○疏：鄭良霄云“先
王卜征五年”，襄十三年。

又，五曰果。○注：果謂以勇決爲之，若吳伐楚，楚司馬子魚卜
戰，令龜曰“鮒也以其屬死之，楚師繼之，尚大克之”吉，是也。○
疏：昭十七年。

---

① “云”，十三經本作“曰”字。
② “輡”，十三經本作“夢”字。

又，以八命者贊《三兆》《三易》《三夢》之占。〇注：鄭司農云：“《春秋傳》曰：‘筮襲於夢，武王所用。’”〇疏：昭七年。

又，卜大封。〇注：卜大封，謂竟界侵削，卜以兵征之，若魯昭元年秋，叔弓帥師疆鄆田是也。

占夢

以日、月、星辰占六夢之吉凶。〇注：日月星辰，謂日月之行及合辰所在。《春秋》昭三十一年：“十二月辛亥朔，日有食之。是夜也，晉趙簡子夢童子倮而轉以歌，旦而日食，占諸史墨。對曰：‘六年及此月也，吳其入郢乎，終亦弗克。入郢必以庚辰，日月在辰尾。庚午之日，日始有謫。火勝金，故弗克。’”必以日月星辰占夢者。其術則今八會其遺象也，用占夢則亡。〇疏：張逸問。

眠褪

二曰象。〇注：鄭司農云：“象者，如赤鳥也。”〇詳前《大卜》。哀六年。

大祝

四曰禜。〇注：鄭司農云：“禜，日月星辰山川之祭也。《春秋傳》曰：‘日月星辰之神，則雪霜風雨之不時，於是乎禜之；山川之神，則水旱癘疫之災，於是乎禜之。’”玄謂：“禜，如日食以朱絲縈社。”〇疏：昭元年。見前《瞽人》。“日食”，莊二十五年《公羊傳》。

又，二曰命。〇注：鄭司農：“胥命于蒲，主為其命也。”〇疏：《公羊傳》。

又，五曰禱。〇注：鄭司農：“禱，謂禱於天地、社稷、宗廟，主為其辭也。《春秋傳》曰鐵之戰，衛大子禱曰：‘曾孫蒯聵敢昭告皇祖文王、烈祖康叔、文祖襄公，鄭勝亂從，晉午在難，不能治亂，使蒯討之。蒯聵不敢自佚，備持矛焉。敢告無絕筋，無破骨，無面夷，無作三祖羞。大命不敢請，佩玉不敢愛。’若此之屬。”〇疏：哀二年。

又，六曰誄。〇注：鄭司農：“誄，謂積累生時德行，以錫之命，主爲其辭也。《春秋傳》曰孔子卒，哀公誄之曰：'閔天不淑，不憖遺一老，俾屏余一人以在位，嬛嬛予在疚。嗚呼哀哉尼父！無自律。'"○疏：哀十六年。

又，玄謂一曰祠者，交接之辭。《春秋傳》："古者諸侯相見，號辭必稱先君以相接。"辭之辭也。○疏：莊四年《公羊傳》。

又，設軍社。○注：鄭司農說設軍社，以《春秋傳》曰所謂"君以師行，被社釁鼓，祝奉以從"者也。○疏：定四年。又見《小宗伯》，又見後《大司馬》。

小祝

大師，掌釁祈號祝。○注：鄭司農云："釁謂釁鼓也。《春秋傳》曰：'君以軍行，被社釁鼓，祝奉以從。'"○疏：定四年。同上《大祝》，又見前《大宗伯》。

喪祝

及朝。○注：鄭司農云："殷朝而殯于祖，周朝而遂葬，故《春秋傳》曰：'凡夫人不殯于廟，不祔于姑，則弗致也。''晉文公卒，將殯於曲沃'，就宗廟。晉宗廟在曲沃，故曰'曲沃，君之宗也'，又曰'丙午，入于曲沃。丁未，朝于武宮'。"○疏：僖八年、僖三十二年"晉文公卒"、莊二十八年"君宗"、僖二十四年丙午。

又，王弔則與巫前。○注：鄭司農云："《春秋傳》曰：'楚人使公親襚，公使巫以桃茢先被殯，楚人弗禁，既而悔之。'君臨臣喪之禮，故悔之。"○疏：襄二十九年。

又，掌勝國邑之社稷，之祝號。○注：勝國邑，所誅討者。社稷者，若亳社是矣。存之者，重神也。蓋奄其上而棧其下，爲北牖。○疏：哀四年《公羊傳》。

詛祝

作盟詛之載辭。○注：鄭司農云："載辭以《春秋傳》曰'使祝爲載書'。"○疏：哀二十六年。

又，載辭，爲辭而載之於策，坎，用牲，加書於其上也。○疏：襄二十六年。又見後《司盟》。

司巫

若國大旱，則帥巫而舞雩。○注：鄭司農云："魯僖公欲焚巫尪，以其舞雩不得雨。"○疏：僖二十一年。

大史

○注：大史，日官也。《春秋傳》曰："天子有日官，諸侯有日御，日官居卿以底日，禮也。日御不失日以授百官於朝。"○疏：桓十七年。

又，正歲年以序事。○注：定四時，以次序授民時之事。《春秋傳》曰："閏以正時，時以作事，事以厚生，生民之本，於是乎在。"○疏：文六年。

又，頒國①朔於邦國。○注：鄭司農云："'頒'讀爲'班'。班，布也。以十二月朔，佈告天下諸侯，故《春秋傳》曰：'不書日，官失之也。'"○疏：桓十七年。

又，大師，抱天時，與大師同車。○注：鄭司農云："史官主知天道，故《國語》曰：'吾非瞽史，焉知天道'。《春秋傳》曰：'楚有雲如眾赤鳥，夾日以飛，楚子使問諸周大史。'大史主天道。"○疏：《周語》、哀六年。

小史

掌邦國之志。○注：鄭司農云："志謂記也，《春秋傳》所謂《周志》，《國語》所謂《鄭書》之屬是也。史官主書，故韓宣子聘于魯，觀書大史氏。○殽之役，文二年"晉襄公縛秦囚"、昭二年。

又，史以書敘昭穆之俎簋。○注：祭祀，史主敘其昭穆，次其俎簋，故齊景公疾，欲誅於祝史。○疏：昭二十年。

---

① "國"，十三經本作"告"。

馮相氏

以會天位。○注：《國語》曰："王合位于三五。"

又，冬夏致日。○注：此長短之極。極則氣至，冬無愆陽，夏無伏陰。○疏：昭四年。

保章氏

以星土辨九州之地。○注：鄭司農説星土以《春秋傳》曰"參爲晉星""商主大火"，《國語》曰"歲之所在，則我有周之分野"之屬是也。○疏：昭元年、襄九年。

又，以十有二歲之相，觀天下之妖祥。○注：鄭司農云："太歲所在，歲星所居。《春秋傳》曰'越得歲而吳伐之，必受其凶'之屬是也。"○疏：昭三十七年。

又，以五雲之物，辨吉凶、水旱降豐荒之祲象。○注：鄭司農云："以二至二分觀雲色，青爲蟲，白爲喪，赤爲兵荒，黑爲水，黃爲豐。故《春秋傳》曰：'凡分至啓閉，必書雲物，爲備故也。'"○疏：僖五年。

又，以十有二風察天地之和，命乖別之妖祥。○注：十有二辰皆有風，吹其律以知和不，其道亡矣。《春秋》襄十八年，楚師伐鄭，師曠曰："吾驟歌北風，又歌南風，南風不競，多死聲，楚必無功。"是時楚師多凍，其命乖別審矣。○服注。見前《大師》。

内史

凡命諸侯及孤卿大夫，則策命之。○注：鄭司農説以《春秋傳》曰："王命内史興父策命晉侯爲侯伯。"策謂以簡策書王命。其文曰："王謂叔父，敬服王命，以綏四國，糾逖王慝。"晉侯三辭，從命，受策以出。○疏：僖二十八年。

又，掌四方之志。○注：謂若魯之《春秋》、晉之《乘》、楚之《檮杌》。

又，掌三皇五帝之書。○注：楚靈王所謂《三墳》《五典》。○疏：昭十二年。

典路

掌王及后之五路，辨其名物與其用説。○注：鄭司農云："説，謂舍車也。《春秋傳》曰：'雞鳴而駕，日中而説。'"○疏：宣十二年。

車僕

掌戎路之萃，廣車之萃，闕車之萃。○注：廣車，橫陳之車也。闕車，所用補闕之車也。《春秋傳》曰"公喪戎路"，又曰"其君之戎，分爲二廣"，則諸侯戎路、廣車也。又曰"帥斿闕四十乘"。○疏：莊九年、宣十二年"斿闕"同。

神仕

以猶鬼神示之居。○注：《國語》"古者民之精爽不攜二者"云之。

又，以夏日至致地示物魅。○注：百物之神曰魅。《春秋傳》曰："螭魅魍魎。"○疏：宣三年服注，又文十八年。

夏官

序官，輿司馬。○注：輿，眾也。○疏：僖二十八年："晉侯聽輿人之誦。"

又，行司馬。○注：行，謂軍行列。晉作六軍而有三行，取名於此。○疏：僖二十八年。

又，王六軍，大國三軍，次國二軍，小國一軍。○注：鄭司農云："故《春秋傳》有大國、次國、小國，又曰：'成國不過半天子之軍。周爲六軍，諸侯之大者三軍可也。'《春秋傳》曰：'王使虢公命曲沃伯以一軍爲晉侯。'此小國一軍之見於《傳》也。"○疏：成三年、襄十四年、莊十六年。

又，百人爲卒，廿有五人爲兩。○注：鄭司農云："故《春秋傳》曰：'廣有一卒，卒偏之兩。'"○疏：宣十二年。

大司馬

賊賢害民則伐之。○注：《春秋傳》曰："粗者曰侵，精者曰伐"，又曰："有鍾鼓曰伐"，則伐者，兵入其竟，鳴鍾鼓以往，所以聲其罪。○疏：莊十八年《公羊》文、莊二十九年。

又，暴内陵外則壇之。○注：鄭司農云："壇讀從'憚之以威'之憚。"○昭十年。又見《矢人》。

又，賊弑其親則正之。○注：正之者，執而治其罪。《王霸記》曰："正，弑之也。"《春秋》僖二十八年冬，晉人執衛侯，歸之于京師，坐弑其弟叔武。

又，乃以九畿之籍。○注：故書"畿"爲"近"。鄭司農云："近當言畿。《春秋傳》曰：'天子一畿，列國一同。'"○疏：襄二十五年。

又，中春，教振旅。○注：凡師出曰治兵，入曰振旅，皆習戰。○疏：莊八年。

又，帥以門名。○注：帥，謂軍將及師帥、旅帥至伍①長也。以門名者，所被徽識如其在門所樹者也。凡此言以也、象也，皆謂其制同耳。軍將皆命卿。古者軍將，蓋爲營治於國門，魯有東門襄仲，宋有桐門右師，皆上卿爲軍將者也。○疏：昭三十二年、昭二十五年。

又，車驟徒趨。○注：趨者，赴敵尚疾之漸也。《春秋傳》曰："先人有奪人之心。"○疏：昭二十一年。

又，蒞釁主。○注：凡師既受甲，迎主于廟及社主，祝奉以從。○疏：定四年。見前《小宗伯》《大祝》。

又，愷樂獻于社。○注：兵樂曰愷。《司馬法》曰："得意則愷樂，愷歌，示喜也。"鄭司農云："故城濮之戰，《春秋傳》曰：'振旅愷以入于晉。'"○疏：僖二十八年。又見《大司馬》。

又，若師不功，則厭而奉主車。○注：鄭司農云："厭謂厭冠，喪服也。軍敗則以喪禮，故秦伯之敗於殽也，《春秋傳》曰：'秦伯素服郊次，鄉師而哭。'"○疏：僖三十三年。

---

① "伍"，十三經本作"似"。

又，大役，與慮事屬其植。○注：鄭司農云：“國有大役，大司馬與謀慮其事也。植謂部曲將吏。故宋城，《春秋傳》曰‘華元爲植巡功’。屬謂聚會之也。”玄謂慮事者，封人也。于有役，司馬與之。植，築城楨也。屬，賦丈尺與其用人數。○疏：宣二年、“封人慮事”宣十二年①、“丈尺”“人數”昭三十二年、宣十一年。

馬質

綱惡馬。○注：鄭司農云：“‘綱’讀爲‘以亢其讎’之‘亢’。亢，御也，禁也。”○疏：僖二十八年。又見《服不氏》。

司爟

季春出火，民咸從之。季秋内火，民亦如之。○注：火所以用陶冶，民隨國而爲之。鄭人鑄刑書，火星未出而作②火，後有災。鄭司農云：“以三月本時昏，心星見於辰上，使民出火。九月本黄昏，心星伏在戌上，使民内火。故《春秋傳》曰‘以出内火’。”○疏：昭六年“刑书”、昭十七年“三月本”、襄六年“以出内大”。

掌固

掌脩城郭、溝池、樹渠之固。○注：鄭司農説樹以《國語》曰：“城守之木，於是乎用之。”○疏《楚語》。

又，夜三鼜以號戒。○注：杜子春云：“讀鼜爲造次之造，謂擊鼓行夜戒守也。《春秋傳》所謂‘賓將趣’者與？趣與造音相近，故曰‘終夕與燎’。”○疏：昭二十年，賈、服讀異。見前《鼜師》。

候人

各掌其方之道治。○注：《國語》曰“候不在境”，譏不居其方也。○疏：《周語》。

---

① 今檢十三經，“封人慮事”唯出現在《左傳》宣十一年傳文中。
② “作”，十三經本作“出”。

又，及歸，送之于竟。○注：《春秋傳》曰"晉欒盈過周，王使候人出諸轘轅"，是其送之。○疏：襄二十一年。

環人

掌致師。○注：致師者，致其必戰之志。古者將戰，先使勇力之士犯敵焉。《春秋傳》曰："楚許伯御樂伯，攝叔爲右，以致晉師。許伯曰：'吾聞致師者，御靡旌摩壘而還。'樂伯曰：'吾聞致師者，左射以菆，代御執轡，御下，摛馬掉鞅而還。'攝叔曰：'吾聞致師者，右人壘，折馘執俘而還。'皆行其所聞而複之。"○疏：文十二年"輕者肆焉"、隱九年"嘗寇"、宣十二年。

又，訟敵國。○注：敵國兵來，則往與之①訟曲直，若齊國佐如師。○疏：成三年。

又，降圍邑。○注：圍邑欲降者，受而降之。《春秋傳》曰："齊人降鄣。"○疏：莊三十年《公羊》。

射人

則贊射牲。○注：《國語》曰："禘郊之事，天子必自射其牲。"○疏：《楚語》。又見《司弓矢》。

服不氏

凡祭祀，共猛獸。○注：謂中膳羞者。《春秋傳》曰"熊蹯不熟。"○疏：宣二年。

又，賓客之事則抗皮。○注：鄭司農云："'抗'讀爲'亢其雠'之'亢'。"○疏：僖二十八年。見前《馬質》。

司士

孤卿特揖，大夫以其等旅揖，士旁三揖。○注：鄭司農云："卿大夫士皆君之所揖，《禮》《春秋傳》所謂三揖在下。"○疏：哀二年。

---

① "與之"，十三經本作"之與"。

又，作士適四方使，爲介。○注：士使，謂自以王命使也。介，大夫之介也。《春秋傳》曰："天王使石尚來歸脤。"○疏：定十四年。見前《掌蜃》《大宗伯》。

虎賁氏

若道路不通。○注：不通，逢兵寇若泥水。《春秋》隱公七年冬，戎伐凡伯于楚邱以歸。

節服氏

送逆尸從車。○注：從車，從尸車送逆之往來。《春秋傳》曰："晉祀夏郊，董伯爲尸。"

方相氏

毆方良。○注：《國語》曰："木石之怪夔罔兩。"

大僕

贊王鼓，救日月亦如之。○注：《春秋傳》曰："非日月之眚不鼓。"○疏：莊二十五年。

又，窆亦如之。○注：鄭司農云："窆謂葬下棺也。《春秋傳》所謂'日中而塴'，《禮記》謂之封。"○疏：昭十二年，又見《鄉師》、《遂師》。又，"窆"讀如"慶封氾祭"之"氾"。○襄二十八年。

又，王不眂朝，則辭於三公及孤卿。○注：辭謂以王不視朝之意告之。《春秋傳》曰："公有疾，不視朔。"○疏：文十六年。

祭僕

大喪，復于小廟。○注：小廟，高祖以下也。始祖曰大廟。《春秋》僖八年："秋七月，禘於大廟。"○疏。

司弓矢

王弓、弧弓以授射甲革、椹質者。○注：甲革，革甲也。《春秋傳》

曰："蹲甲而射之。"○疏：成十六年。

又，唐弓、大弓以授學射者、使者、勞者。○注：勞者，勤勞王事，若晉文侯、文公受王弓矢之賜者。○疏：僖二十八年。

又，其矢箙皆從其弓。○注：從弓數也。每弓者一箙百矢。○疏：僖二十八年。

又，共射牲之弓矢。○注：《國語》曰："禘郊之事，天子必自射其牲。"○見前《射人》。

戎右

掌戎車之兵革使。○注：使謂王使以兵，有所誅斬也。《春秋傳》曰："戰於殽，晉梁宏①御戎，萊駒爲右。戰之明日，襄公縛秦囚，使萊駒以戈斬之。"○疏：文二年。

又，贊牛耳桃茢。○注：鄭司農云："贊牛耳，《春秋傳》所謂執牛耳者。"玄謂尸盟者割牛耳取血，助爲之，及血在敦中，以桃茢拂之，又助之也。耳者盛以珠盤，尸盟者執之。○疏：襄十七年。見前《玉府》。

大馭

及犯軷。○注：行山曰軷。犯之者，封土爲山象，以菩芻棘柏爲神主，既祭之，以車轢之而去，喻無險難也。《春秋傳》曰："跋涉山川。"○疏：襄二十八年。

校人

一師四圉。○注：鄭司農云："養馬爲圉，故《春秋傳》曰：'馬有圉，牛有牧。'"○疏：昭七年。

圉師

春除蓐、釁廄、始牧、夏庌馬。○注：《春秋傳》曰："凡馬，日中

---

① "宏"，十三經本作"弘"。

而出，日中而入。”○疏：莊二十九年。

職方氏

八蠻、七閩。○注：閩，蠻別也。《國語》曰：“閩，芈蠻矣。”○《鄭語》。

又，周知其利害。○注：害，神姦，鑄鼎所象百物也。○疏：宣三年。

又，其浸波溠。○注：《春秋傳》曰：“楚子除道梁溠，營軍臨隨。”則溠宜屬荆州，在此非也。○疏：莊四年，此屬豫州。

家司馬。○注：大夫家臣爲司馬者。《春秋傳》曰：“叔孫氏之司馬鬷戾。”○疏：昭二十五年。

秋官

序官，司烜氏。○注：烜，火也，讀如“衛侯燬”之“燬”。○僖二十五年。

又，冥氏。○注：鄭司農云：“‘冥’讀爲《冥氏春秋》之‘冥’。”

又，薙氏。○注：書“薙”或作“夷”。鄭司農云：“掌弑草，故《春秋傳》曰：‘如農夫之務去草，芟夷蘊崇之。’又今俗間謂麥下爲夷下，言芟夷其麥，以其下種禾豆也。”○疏：隱六年，見前《稻人》。

又，掌訝。○注：鄭司農云：“‘訝’讀爲‘跛者訝跛者’之‘訝’。”○疏：《公羊傳》文。

大司寇

以邦成弊之。○注：鄭司農云：“弊之，斷其獄訟也，故《春秋傳》曰‘弊獄邢侯’。”○昭十四年。又見《方士》。

小司寇

凡命夫命婦，不躬坐獄訟。○注：爲治獄吏褻尊者也。《春秋傳》曰：“衛侯與元咺訟，寧武子爲輔，鍼嚴子爲坐，士榮爲大理。”○疏僖二十八年。亦見前《大司徒》。

又，四曰議能之辟。○注：能謂有道藝者。《春秋傳》曰："夫謀而鮮過，惠訓不倦者，叔向有焉，社稷之固也，猶將十世宥之，以勸能者。今壹不免其身，以棄社稷，不亦惑乎?"○疏：襄二十一年。

士師

六曰爲邦盜。○注：竊取國之寶藏者。○疏：定八年"陽虎竊寶玉大弓。"①

鄉士

肆之三日。○注：鄭司農云："故《春秋傳》曰：'三日棄疾請尸。'"○疏：襄二十二年。

縣士

掌野。○注：鄭司農云："掌三百里至四百里，大夫所食。晉韓須爲公族大夫，食縣。"○疏：昭五年。

方士

司寇聽其成于朝。○注：成，平也。鄭司農説以《春秋傳》曰："晉邢侯與雍子爭鄐田，久而無成。"○疏：昭十四年。見前《大司寇》。

訝士

四方有亂獄。○注：亂獄，謂若君臣宣淫、上下相虐者也。○疏：宣九年。

又，客出入則道之。○注：出入，謂朝覲於王時也。《春秋傳》曰："晉侯受策以出，出入三覲。"○疏：僖二十八年。

司約

治神之約爲上。○注：神約，謂命祀、郊社、羣望及所祖宗也。爕

---

① 此句十三經本作"陽貨盜竊寶玉大弓"。

子不祀祝融，楚人伐之。○疏：僖二十六年。

又，治民之約次之。○注：民約，謂徵稅、遷移、仇讎、既和，若懷宗九姓在晉，殷民六族、七族在魯、衛皆是也。○疏：定四年。

又，小約劑，書於丹圖。○注：丹圖，未聞。或有彤器簠簋之屬，有圖象者與？《春秋傳》曰：“斐豹，隸也，著於丹書。”今俗語有鐵券丹書，豈此舊典之遺言？○疏：襄二十三年。又見《司厲》。

又，若有訟者。○注：玄謂訟，訟約，若宋仲幾、薛宰者也。○疏：定元年。

又，若大亂，則六官辟藏，其不信者殺。○注：大亂，謂偝約，若吳、楚之君，晉文公請隧以葬者。○疏：僖二十五年。

司盟

掌盟載之灋。○注：載，盟辭也。盟者書其辭於策，殺牲取血，坎其牲，加書於上而埋之，謂之載書。《春秋傳》曰：“宋寺人惠牆伊戾坎用牲，加書，爲世子痤與楚客盟。”○疏：襄二十六年。亦見前《詛祝》。

又，盟萬民之犯命者，詛其不信者亦如之。○注：盟詛者，欲相與共惡之也。犯命，犯君教令也。不信，違約者也。《春秋傳》曰：“臧紇犯門斬關以出，乃盟臧氏。”又曰：“使卒出豵，行出犬雞，以詛射潁考叔者。”○疏：襄二十三年、隱十一年。

司厲

其奴，男子入于罪隸。○注：鄭司農云：“故《春秋傳》曰：‘裴豹，隸也，著於丹書，請焚丹書，我殺督戎。’恥爲奴，欲焚其籍也。”○疏：襄二十三年，見前《司約》。

司圜

凡圜土之刑人也，不虧體。○注：《國語》曰：“罷士無伍，罷女無家。”言爲惡無所容入也。

掌戮

掌斬弒賊諜而搏之。○注："搏"當爲"膊諸城上"之"膊"，字之誤也。膊，謂去衣磔之。○疏：成二年。

夷隸

養牛馬，與鳥言。○注：鄭司農云："夷狄之人或曉鳥獸之言，故《春秋傳》曰：'介葛盧聞牛鳴，曰：是生三犧，皆用矣。'是以貉隸職掌與獸言。"○僖二十九年。

司寤氏

禁宵行者。○注：宵，定昏也，《書》曰："宵中星虛。"《春秋傳》曰："夜中，星隕如雨。"○疏：莊七年。

庭氏

若神也，則以大陰之弓與枉矢射之。○注：神，謂非鳥獸之聲，若或叫于宋大廟譆譆訕訕者。○襄三十年。

大行人

致禬以補諸侯之烖。○注：補諸侯烖者，若《春秋》澶淵之會，謀歸宋財。○疏：襄三十一年。見前《大宗伯》。

又，九州之外謂之蕃國。○注：《春秋傳》曰："杞，伯也，以夷禮，故曰子。"然則九州之外，其君皆子男也。○疏：僖二十七年。

又，同度量。○注：量，豆区釜也。○疏：昭三年晏子語。

又，殷相聘也。○注：鄭司農說殷聘以《春秋傳》曰："孟僖子如齊殷聘，是也①。"又及："君即位，大國朝焉，小國聘焉。"○疏：文元年、昭九年。

---

① 此句十三經本作"孟僖子如齊殷聘，禮也"。

小行人

凡諸侯入王，則逆勞于畿。○注：鄭司農云："入王，朝於王也。故《春秋傳》'宋公不王'，又曰'諸侯有王，王有巡守'。"○疏：隱九年、莊二十三年。

又，若國師役，則令槁檜之。○注：師役者，國有兵寇以匱病者也。使鄰國合會財貨以與之。《春秋》定五年夏，"歸粟于蔡"是也。

司儀

私面。○注：鄭司農説私面以《春秋傳》曰："楚公子棄疾見鄭伯，以其乘馬私面。"○疏：昭六年。

掌客

上公五積，皆視殄牽。○注：鄭司農説牽云："牲可牽行者也，故《春秋傳》曰：'餼牽竭矣。'"○疏：僖三十二年。見前《宰夫》。

冬官考工記

以飭五材。○注：鄭司農云："《春秋傳》曰：'天生五材，民並用之。'謂金、木、水、火、土也。"○疏：襄二十七年。

燕無函。○注：鄭司農云："'函'讀如國君'含垢'之'含'。"○疏：宣十四年。

鸜鵒不逾濟。○注：《春秋》昭二十五年："有鸜鵒來巢。"《傳》曰："書所無也。"鄭司農云："不逾濟，無妨於中國有之。"

妢胡之笴。○注：杜子春云："'妢'讀爲'焚咸邱①'之'焚'。"○疏：桓七年。

攻木之工，輪、輿、弓、廬、匠、車、梓。○注：廬，矛戟矜祕也。《國語》曰："侏儒扶廬。"○疏：《晉語》。

---

① "邱"，十三經本作"丘"。

設色之工，畫、繢、鍾、筐、□。○注：鄭司農云："□讀爲'芒芒禹迹'之'芒'。"○疏：襄四年。

刮摩之工，玉、楖、雕、矢、磬。○注：鄭司農云："'楖'讀如'巾櫛'之'櫛'。"○疏：僖二十二年。

搏埴之工，陶、瓬。○注：玄謂"瓬"讀如"放於此乎"之"放"。○隱二年《公羊傳》文。

不微至，無以爲戚速也。○注：《春秋傳》曰："蓋以操之爲已戚矣。"○疏：莊三十年《公羊傳》文。

不樸屬，無以爲完久也。○注：鄭司農云："'樸'讀如'子南僕'之'僕'。"○疏：襄二年。

輪人

牙也者，以爲固抱也。○注：鄭司農云："'牙'讀如'跛者訝跛者'之'訝'。"

又，故竑其輻廣以爲之弱。○注：鄭司農云："'竑'讀如'紘綖'之'紘'。"○桓二年。又見《擇人》。

又，桯圍倍之，六寸。○注：鄭司農云："桯，蓋杠也。讀如'丹桓宮楹'之'楹'。"○疏：莊二十三年。

鞼人

凡揉輈，欲其孫而無弧深。○注：杜子春云："'弧'讀爲'浄而不汙'之'汙'。"○成十四年。

函人

櫜之，欲其約也。○注：鄭司農云："謂卷置櫜中也。《春秋傳》曰'櫜甲而見子南。'"○疏：昭元年。

鮑人

卷而搏之。○注：鄭司農云："'搏'讀爲'縛一如瑱'之'縛'。"○疏：昭二十六年。

畫繢

天時變。○注：子家駒曰“天子僭天”，意亦是也。○疏：《公羊傳》文。

幌氏

渥淳其帛。○注：“渥”讀如“繒人渥菅”之“渥”。○疏：哀八年。

矢人

則雖有疾風，亦弗之能憚矣。○注：鄭司農云：“‘讀’當爲‘憚之以威’之‘憚’，謂風不能驚憚箭也。”○昭十年。見前《大司馬》。

梓人

其聲大而宏。○注：鄭司農云：“‘宏’讀爲‘纮綖’之‘纮’，謂聲音大也。”○桓二年。見前《輪人》。

又，上兩個，與其身三。○注：玄謂‘個’讀若“齊人搚幹”之“幹”。

廬人

細則校。○注：鄭司農云：“‘校’讀爲‘絞而婉’之‘絞’。”○昭元年。又見《弓人》。

匠人

方十裏爲成。○注：《春秋》宣十五年秋，初稅畝。《傳》曰：“非禮也。穀出不過藉，以豐財也。”又鄭司農説以《春秋傳》曰“有田一成”，又曰“列國一同”。○疏：襄元年、襄二十五年。

弓人

居幹之道，菑栗不迆。○注：“栗”讀爲“裂繻”之“裂”。○疏：

隱元年。

又，恒當弓之畏。○注："畏"讀如"秦師入隈"之"隈"。○疏：僖二十五年。

又，凡昵之類不能方。○注：杜子春云："'檵'讀爲'不義不昵'之'昵'，或爲□。"○隱元年。

又，凡相筋，欲小簡而長。○注：鄭司農云："'簡'讀爲'攔然登陴'之'攔'。"○昭十六年。

又，今夫莢解中。○注：鄭司農云："'挍'讀爲'絞而婉'之'絞'。"○昭元年。見前《廬人》。

又，謂唐弓之屬。○注：《春秋傳》曰："盜竊寶玉大弓。"○疏：定八年。

域外經義

經學的起源[＊]

[日] 武内義雄　著　廖　娟　譯

《漢書·武帝紀》贊中言：

> 武帝初定，卓然罷黜百家，表章六經……興太學……號令文
> 章，焕焉可述。

自武帝表章六經以來，說起儒教，似乎就是經學，但先秦的儒學與
此趣旨頗殊。不過，對經學（即古典）的尊崇，并不一定是漢代以後才
興起的風尚，在原始儒教的孔子時代似乎就已經萌芽，這一點可從《論
語·述而》"子曰：志於道，據於德，依於仁，游於藝"一節中的"游
於藝"一語推測得出。何晏《集解》釋此"藝"字爲"六藝也"，但
"六藝"亦有兩解，第一説認爲六藝是"禮樂射御書數"之六藝，第二
説認爲六藝是《易》《書》《詩》《禮》《樂》《春秋》之六經。《禮記·少
儀》中"士依於德，游於藝"一句的鄭注爲：

> 德，三德也，一曰至德，二曰敏德，三曰孝德。藝，六藝也，
> 一曰五禮，二曰六樂，三曰五射，四曰五御，五曰六書，六曰
> 九數。

這是依《周禮》師氏之三德、保氏之六藝來解釋"德"與"藝"，
《論語》的鄭注在此處恰巧佚失，但《禮記·學記》"不興其藝，不能樂
學"，鄭注亦作"藝謂禮、樂、射、御、書、數"，果然也是將"藝"解

　　＊ 原載《日本學士院紀要》第九卷第一號（1951 年），後收入《武内義雄全集》第四卷
《儒教篇三》，東京：角川書店，1979 年。

作“六藝”，所以《論語》的鄭注恐怕也是將“藝”作“六藝”解。因
而何晏《集解》可能也是因襲鄭注，皇侃《義疏》與刑昺《正義》本於
鄭玄的六藝説，將何晏的解釋予以展開，能得其當。鄭玄到底還是東漢
大儒，是折中今古文、會通三禮的學者，他以《周禮》的“六藝”解釋
《論語》與《禮記》的“藝”字，是極爲自然的事。後世學者多視其爲
不刊之論，但《周禮》本來祇是西漢至東漢前期才爲人所知的書籍，仍
存在真僞的問題，不能無條件地認同基於此書的鄭注。不僅如此，西漢
的學者皆不將六藝解釋爲“禮樂射御書數”六種技術，而解釋爲《易》
《書》《詩》《禮》《樂》《春秋》之六經。例如，司馬遷《史記》中屢次
出現“六藝”的字眼，皆是作爲“六經”的意思來使用。《孔子世家》“言
六藝者折中於夫子”、《伯夷列傳》“考信於六藝”、《太史公自序》“儒者以
六藝爲法”中的“六藝”，皆是“六經”的意思。特別是《滑稽列傳》中：

> 孔子曰：六藝於治一也。《禮》以節人，《樂》以發和，《書》
> 以道事，《詩》以達意，《易》以神化，《春秋》以道義。

這一條最明確地證明了“六藝即六經説”。再有，《史記》《漢書》
的《司馬相如（列）傳》，以及《文選》的“賦類”所記載的司馬相如
《上林賦》中有：

> 游乎六藝之囿，騖乎仁義之塗。（《漢書》與《文選》中“騖”
> 字之上有“馳”字，今從《史記》而引用。）

晉代的郭璞將此“六藝”解釋爲《周禮》的“六藝”，但《漢書》
顏師古注排斥郭説，注爲：“六藝謂六經也。”《文選》李善注同樣支持
顏注。司馬相如在該句之下，續云：“覽觀《春秋》之林，射《貍首》，
兼《騶虞》……悲《伐檀》，樂《樂胥》，修容乎《禮》園，翱翔乎
《書》圃，述《易》道。”以此觀之，當然是郭説誤而顏注爲是。而且，
《漢書·藝文志》中有：

> 儒家者流，蓋出於司徒之官……游心於六經之中，留意於仁義
> 之際……（“心”字在現行諸本中作“文”，現依《穀梁傳》所引，
> 改爲“心”）

這一句遠承《論語》"依於仁游於藝"之意，近襲司馬相如"游乎六藝之圃，鶩乎仁義之塗"之文而又稍加變形，特別是將"六藝"改爲"六經"，最爲確實地證明了"六藝即六經説"。而且《漢書·藝文志》"六藝略總敘"中説：

> 六藝之文，《樂》以和神，仁之表也。《詩》以正言，義之用也。《禮》以明體，明者著見，故無訓也。《書》以廣聽，知之術也。《春秋》以斷事，信之符也。五者蓋五常之道，相須而備，而《易》爲之原。

此亦可以爲"六藝即六經説"的證據。要之，雖然東漢以後的學者多依《周禮》解釋"六藝"，但可知西漢的學者乃是將"六藝"釋爲"六經"。因而，龜井南冥的《論語語由》[1] 道：

> 藝者何，《詩》《書》六藝是也。夫士君子所以成道德者，能久游息六藝，樂群厴飫，務而時敏，厥修乃來。故曰游於藝，夫然故不遊其藝，不能樂學；不樂其學，不能養德；不養其德，不能行道。行道以德，養德以藝，道德仁藝，互相因仍而來，非秩然有次序。

做如此論，不得不説這確實是極有識見的解釋。不過，直接以西漢"六經説"來解釋《論語》的"藝"，到底好不好，猶有需要思考的問題。

> 孔子之時，周室微而禮樂廢，《詩》《書》缺。追迹三代之禮，序《書傳》……故《書傳》《禮記》自孔氏。

> 古者《詩》三千餘篇，及至孔子，去其重……三百五篇，孔子皆弦歌之，以求合《韶》《武》《雅》《頌》之音，禮樂自此可得而述。

> 孔子晚而喜《易》，序《彖》《繫》《象》《説卦》《文言》，讀《易》，韋編三絶，曰："假我數年，若是，我於《易》則彬彬矣。"

---

① 譯者注：武内義雄原文作"《論語由》"，龜井南冥作品當爲"《論語語由》"，《武内義雄全集》修正了這一錯誤。

魯哀公十四年春……西狩見麟……乃因史記作《春秋》……孔
子曰："後世知丘者以《春秋》，而罪丘者亦以《春秋》。"

孔子以詩書禮樂教，弟子蓋三千焉，身通六藝者七十二人。

上述五節抄録自《史記·孔子世家》，據此，司馬遷似乎認爲六經
出自孔子手訂，但孔子做《春秋》一事始出自《孟子》的傳說，《論語》
中無一辭提及，關乎《易》的傳說則有基於《論語·述而》"子曰：加
我數年，五十以學《易》，可以無大過矣"一句，但"韋編三絕"與寫
作《易傳》的說法未曾在《論語》中出現過。再有，《史記》的"《序》
《象》《繫》《象》《說卦》《文言》"八字，一般讀爲"序象繫象說卦文言
(有序《象》《繫》《象》《說卦》《文言》)"，意即創作了《序卦》、《象
傳》上下、《繫辭》上下、《象傳》上下、《說卦》、《文言》，亦即《十
翼》。但《十翼》非孔子所做一事，已經爲歐陽修所論明，清儒崔述也
贊同其說。另外，山片蟠桃《夢之代》中將《文言》的"文"字誤作
"爻"字，讀此句爲"序《象》《繫》《象》，說卦爻言"，理解爲"作
《象》《象傳》，而解釋卦辭與爻辭"之意，若依此，則孔子的創作僅爲
《象》《象傳》。不過即使如此，也不能將其視作夫子的述作。而且，《述
而》"五十以學《易》"一句，據《釋文》說，《魯論》中"易"爲"亦"
字，清儒惠棟《論語古義》將其說爲"五十以學，亦無大過"。東漢
《外黃令高彪碑》(《隸釋》卷十所載)有"恬虛守約，五十以斅"一句，
"斅"爲"學"的正字，"五十以斅"是因襲了《論語》"五十以學"的
文句，"斅"與"約"字押韵，在此處句讀是沒有疑問的，所以自然可
以想象東漢時期的學者據《魯論》的文本，讀作"五十以學，亦可以無
大過"。因而《論語》的此章未必是與《易》相關的文句，可能孔子的
時代里《易》尚未成爲儒家經典。果然如此的話，可以想象一下，《史
記》中所謂"身通六藝者七十二人"，祇是在六經齊備并成爲儒家經典
的遙遠後世，基於後人的傳說的記事，"孔子以詩書禮樂教"之上半句，
記述了孔門教學的實情，而孔子所謂"游於藝"一藝，不是"六經"的
意思，而是詩書禮樂四種。而且，比照《論語》的記載，這一想象仍然
是妥當的。《論語·述而》说：

子以四教，文行忠信。

若將之比於《雍也》《顏淵》的“子曰：君子博以學文，約之以禮，亦可以弗畔矣”來看，可以想象，“四教”的“文”相當於“博學於文”的“文”，“行”相當於“約之以禮”的“禮”。更有，對照《述而》的“子所雅言《詩》《書》，執禮亦雅言也”來説，可知“文”指《詩》《書》，“行”指禮。如此，再考慮到《論語》中屢次連稱“禮樂”，則“禮”可能也包含有“樂”的意思，意爲“禮樂”，所以“文”爲《詩》《書》，“行”爲禮樂，“四教”的“文、行”相當於《史記》“孔子以詩書禮樂教”中的“詩書禮樂”，即可判明“游於藝”中“藝”本來指詩書禮樂之四者。但是，這四者中，“詩書”二者因指記録於文字中的古典，所以稱爲“文”；“禮樂”二者在當時尚未成爲儒家的經典，作爲制度習慣、行爲約束，未進入“文”中，則被稱爲“行”。上引《論語·述而》“雅言章”的鄭注云：

讀先王典法，不可有所避諱，禮不誦，故言執也。（敦煌出土本鄭注殘卷）

其言誦讀詩書的場合，與執禮之際有所區別，表明了在孔子的時代裏，被視作先王之典籍而學習的，不過是《詩》《書》二經，禮樂祇是作爲行爲上的規范而被尊奉。因此，依據《詩》《書》二經，學先王之教法與先民之美德，以禮樂的規范來修飾之，這就是孔子所謂的“游於藝”，對《詩》《書》二經的尊崇，就是經學的起源。

因而《論語·爲政》中：

《詩》三百，一言以蔽之，思無邪。

可以説是以《詩》來講忠信之德；同篇中引《逸書》之文“孝乎惟孝，友於兄弟”二句，講明政治的根本不在實踐之外，可以説是以《書》來教孝弟之道。實際上，《詩》《書》二者爲孔門最初的教科書，亦即經學的起源。

私淑於孔子、以學孔子爲所愿的孟子，亦傳習《詩》《書》，《孟子》七篇中到處有引用《詩》《書》以助其論斷，是一證據。但是，孟子在

《詩》《書》之外，又加以《春秋》一經。孟子認爲，《春秋》是孔子爲救衰亂之世而修訂魯史的述作，爲《詩經》之後續出的經典，因此他自信要承繼這一精神，以"正人心，辟邪說"爲己之天職，并著力弘揚。所以說至孟子之時，《詩》《書》二經之外又增加《春秋》一經。

孟子之後所繼出的大儒是荀子。荀子於《詩》《書》《春秋》三經之外，又增《禮》《樂》二經。故云：

> 《禮》之敬文也，《樂》之中和也，《詩》《書》之博也，《春秋》之微也，在天地之間者畢矣。（《勸學》）

又云：

> 學惡乎始？惡乎終？曰：其數則始乎誦經，終乎讀禮。（《勸學》）

所謂"誦經"，即是指讀《詩》《書》《春秋》，所謂"讀禮"，即是指讀《禮》《樂》的經典。這裏可以判明，《詩》《書》《春秋》《禮》《樂》之五經已經具備。如此，將"讀禮"二字與《論語》的"執禮"做一對照，即可領悟到，孔子之時僅僅在制度習慣上流傳的"禮樂"，在荀子的時代，已經作爲儒典而被尊奉。據劉向的《荀子敘錄》，荀子的門人浮邱伯，精傳荀子學問，秦滅學之際，他爲避名利而隱遁爲生，堅固守節，傳學不怠，浮邱伯門人魯申培尤長《詩》學，再傳弟子孔安國以《尚書》起家，同爲其再傳弟子的瑕丘江公傳《詩》與《春秋》，江公弟子韋賢長於《禮》學，考慮到這些，可以認爲，浮邱伯繼承了荀子的學問，兼通《禮》《樂》《詩》《書》《春秋》五者，漢初的經學多起於他的門下。

據《史記·仲尼弟子列傳》，魯人商瞿子木從孔子受《易》，傳於馯臂子弓，其後，矯疵子庸、周豎子家、光羽子乘相繼傳其學至田何子莊，經由田何而《易》盛於漢初，《漢書·儒林傳》中也有與此大同小異的說法，但這些《易》學傳承人物在其他的史傳中未能得見，且自孔子至漢初，僅僅五傳，便至田何，這種說法也很可疑。再者，對以紹述孔子而自任的孟子，無一句言及，這一點也令人訝異。荀子的書中僅有三回言及《易》，其中兩回出現在據說出於後學之手的《大略篇》中，很難認定爲荀子的言論，其中一回出現在《非相篇》中，該篇論述君子對言語的尊重，并引《易》中的"括囊無咎無譽"，斥其爲腐儒之説。因此，雖然《易》在荀子的年代已漸漸抬頭，但不過是起於某一派儒生之説，在正統派的儒者看來作爲腐儒之言而被輕視。然而，至《吕氏春秋》，則頻繁引用《易》，視其如經典，這可能是因爲，秦時禁《詩》《書》，而《易》獨爲卜筮之書，基於這一理由而免於燒弃，故而當時的儒家因《易》而垂教，所謂《易》之《十翼》，如《彖》《象》之類尤稍爲古早，而《繫辭》《文言》等恐怕就是這個時候的作品了。這樣，入漢而田何之門有王同、服生、周王孫、丁寬之徒輩出，盛行製作《易傳》又盡力宣傳的緣故，《易》遂與五經并列而成一經，所謂六藝，或曰六經由此具備而成。

另外，《漢書·藝文志》"六藝略"中，分一《易》、二《書》、三《詩》、四《禮》、五《樂》、六《春秋》六類，羅列各經經注。《藝文志》還於六藝之下，更附加七《論語》、八《孝經》、九小學三類，雖然將六藝分類爲九，但真正稱爲六藝的經典，不過是《易》《書》《詩》《禮》《樂》《春秋》六經，附加的《論語》、《孝經》、小學，不過是以此三類解釋六經之書，詳細説的話，是視《論語》與《孝經》爲解釋六經精神之書，視小學爲解釋六經文字之書。如若其然，則漢代的經學是本於小學的知識而解讀六經之古典，仿《論語》《孝經》之例而發揮其精神。小學是以其訓詁，《論語》《孝經》是以其精神而展開的注解。現在《漢書·楊雄傳》贊曰"傳莫大於《論語》"，《翟方進傳》中成帝的册書中"傳曰"乃是引《孝經》之文，這些都可以證明，漢初的學者以《論語》和《孝經》爲六經之傳，即六經之注釋。如此説來，《論語》中評論《詩》《書》諸處，與《孝經》每章末尾引用《詩》《書》來作結的做法，正可以説是經學之濫觴。

後世的經學將訓詁與理論分離，漢唐長於訓詁，宋明長於理論，但在漢初，兩者緊密結合，并未分離，這一點從《漢志》"六藝略"之後附加《論語》、《孝經》與"小學類"的做法中可以得到證明，亦即，當時的經學，基於訓詁小學來解釋六經的文字，仿效《論語》《孝經》之例來發揮其精神。不過，我感到不可思議的一處，是《漢書·藝文志》

"《孝經》類"中，有如下記録：

> 《孝經古孔氏》一篇。　　二十二章。
>
> 《孝經》一篇。　　十八章。　　長孫氏、江氏、后氏、翼氏四家。
>
> 《長孫氏説》二篇。
>
> 《江氏説》一篇。
>
> 《翼氏説》一篇。
>
> 《后氏説》一篇。
>
> 《雜傳》四篇。
>
> 《安昌侯説》一篇。
>
> 《五經雜議》十八篇。
>
> 《爾雅》三卷二十篇。
>
> 《小爾雅》一篇。
>
> 《古今字》一卷。
>
> 《弟子職》一篇。
>
> 《説》三篇。
>
> 凡《孝經》十一家，五十九篇。

　　理應屬"小學類"的《爾雅》《小爾雅》《古今字》之三種雜存於"《孝經》類"，這一分類頗爲費解，在後世的目録家之間也被當作一個問題，很有可能是現行本《漢志》的錯亂所致。既然與《爾雅》幾乎同屬一類的楊雄《別字》十三卷，即《方言》十三卷被著録爲"小學類"，那么《爾雅》也應當被歸屬於"小學類"。計算一下，《漢志》"孝經類"最終著録十一家，其中所録著作凡十四種，多出三種，因此我猜測一下，可能《爾雅》《小爾雅》《古今字》三種本來位於"小學類"的開頭。但這種錯亂可能是相當早前就已經有了，故《隋書·經籍志》於六經之後列《孝經》《論語》兩類，《論語》類中《爾雅》《小爾雅》《方言》等雜記其中，可能是沿襲了《漢志》之錯亂的結果，而到兩《唐志》之時，所有這一類書都被移置於"小學類"之首，可能是對這種錯亂的糾正。如此依兩《唐志》之例而正《漢志》，使得《論語》《孝經》二類成爲六經的精神解釋（即窮理之學），"小學"一類成爲文字的解釋

（即訓詁學），於是經學算是達至完成，但在孔子之時，小學一面尚未清晰展現，僅在《論語》《孝經》對《詩》《書》加以論評，由這一點可見經學之濫觴。

話說得有點遠了。我所想說的是：第一，經學的起源在孔子所謂“游於藝”一句中；第二，此句中的“藝”在後來雖展開爲“《易》《書》《詩》《禮》《樂》《春秋》”之“六藝”，但最初僅爲《詩》和《書》兩種；第三，可由《論語》《孝經》中論述到《詩》《書》的部分，窺見到原始經學之一斑。

徵稿啓事

　　本叢書擬每年出版兩期，條件成熟時改爲季刊或月刊。欄目設置主要爲：

一、專題論文，由一到數篇同主題論文構成。

二、經學研究，即對經學的義理闡發。

三、經學史研究，即經學史上重要著作、人物的研究。

四、經學文獻研究，即對經部著作的文獻學研究。

五、與經學相關的制度、事件研究。

六、書評，即對經學專著的評論。

七、舊文新刊。

八、翻譯。

投稿請寄：

陳壁生：bishengchen@163.com

助理編輯：宫志翀

圖書在版編目（CIP）數據

曹元弼的生平與學術/干春松，陳壁生主編. —北京：中國人民大學出版社，2018.12
（經學研究）
ISBN 978-7-300-26511-7

Ⅰ.①曹… Ⅱ.①干…②陳… Ⅲ.①曹元弼-生平事迹②曹元弼-思想評論…
Ⅳ.①B259.9

中國版本圖書館 CIP 數據核字（2018）第 282255 號

經學研究　第四輯
曹元弼的生平與學術
干春松　陳壁生　主編
Cao Yuanbi de Shengping yu Xueshu

出版發行	中國人民大學出版社	
社　　址	北京中關村大街 31 號	**郵政編碼**　100080
電　　話	010 - 62511242（總編室）	010 - 62511770（質管部）
	010 - 82501766（郵購部）	010 - 62514148（門市部）
	010 - 62515195（發行公司）	010 - 62515275（盜版舉報）
網　　址	http://www.crup.com.cn	
	http://www.ttrnet.com（人大教研網）	
經　　銷	新華書店	
印　　刷	北京東君印刷有限公司	
規　　格	155 mm×235 mm　16 開本	**版　　次**　2018 年 12 月第 1 版
印　　張	25.75 插頁 2	**印　　次**　2018 年 12 月第 1 次印刷
字　　數	379 000	**定　　價**　89.00 圓